퇴계의 삶과 성리학

퇴계의 삶과 성리학

초판 1쇄 인쇄 2014년 2월 5일
초판 1쇄 발행 2014년 2월 12일

지 은 이 유정동
펴 낸 이 김준영
펴 낸 곳 성균관대학교 출판부
출판부장 박광민
편   집 신철호 · 현상철 · 구남희
디 자 인 이민영
마 케 팅 박인봉 · 박정수
관   리 이경훈 · 김지현
등   록 1975년 5월 21일 제 1975-9호
주   소 서울특별시 종로구 성균관로 25-2
대표전화 02) 760-1252~4
팩시밀리 02) 762-7452
홈페이지 press.skkup.edu

ISBN 979-11-5550-034-7   94150
     978-89-7986-493-9(세트)

잘못된 책은 구입한 곳에서 교환해드립니다.

유교문화연구총서 15

퇴계의 삶과 성리학

유정동 지음

儒敎文化硏究所
성균관대학교 동아시아학술원

1554년 10월 10일 퇴계는 일기장에 다음과 같이 기록하였다.

"투호를 했는데 신묘하게 맞았다[投壺神中]"

1975년 봄, 현담 유정동 선생님께서 이 구절을 인용하시면서 퇴계가 일상적인 삶의 현장에서 마음을 다스리는 경공부를 실천하고 계셨다는 점을 강조하셨다. 대학원 석사과정 3학기 강좌였다. 교수회관 좁은 선생님의 연구실에서 강의를 듣던 그 정경이 생생한데 선생님께서 우리 곁을 떠나신 지 어언 30년이 되었다.

선생님께서 정리해놓은 퇴계의 일기를 다시 펼쳐보니 "닿는 곳마다 모두 리이니 어느 때인들 즐겁지 않겠는가[觸處皆理, 何時不樂]"라는 구절이 눈에 띈다. 퇴계가 사단을 '리의 발현'으로 규정하지 않을 수 없었던 심정을 알 것도 같다. 현담 선생님이 퇴계의 일기를 중시한 것은 당신께서 퇴계의 삶 자체를 흠모하셨기 때문이다. 선생님께서 퇴계학의 정수를 파악할 수 있었던 이유도 퇴계의 이론만을 본 것이 아니라 그 이론을 산출한 정신세계와 삶을 온전히 이해하셨기 때문이다. 선생님은 유교적 규범을 몸으로 체득하고 실천하신 이 시대의 선비셨다.

　대학교 1학년 가을이었다. 유학과 학생들이 선생님을 모시고 우암 송시열 선생의 얼이 배어 있는 청주 화양동으로 답사를 떠났다. 그날 저녁식사를 마치고 시내로 나간 선배 몇 명이 늦도록 숙소로 돌아오지 않았다. 모두들 걱정하고 있는데 12시가 거의 다 되어 파출소에서 연락이 왔다. 술을 마시고 행인들과 사소한 말다툼이 있었는데 사건이 커진 모양이었다. 무릎을 꿇고 앉아 있는 선배들 앞에서 선생님이 갑자기 회초리를 들어 당신의 팔을 내리치셨다. "내가 부덕한 탓이다." 선배들은 선생님의 팔을 붙잡고 울음을 터트렸다. 이를 지켜보던 학생들도 모두 눈시울을 적셨다. 선생님은 진정한 스승이셨다.

　선생님은 형식 논리로서 포착할 수 없는 퇴계의 학문세계를 어떻게 체계적으로 설명할 수 있는가에 대하여 고민하셨다. 그리고 퇴계의 이론체계에 불투명함이 있음을 시사하면서 "정의조작情意造作이 없는 리가 어떻게 발하느냐" 하는 문제가 이발설의 난해점이라고 말씀하셨다. 1981년 선생님의 〈화갑기념논총〉에 졸고「퇴계에 있어 리의 능동성에 관한 논리적 접근」을 게재한 것은 선생님이 제기한 문제에 대하여 나름대로 천착해보고 싶었기 때문이다. 그러나 논리체계의 불투명성이라는 폐단이 있다고 해도 윤리적 기능을 강화하고자 하는 것이 퇴계학의 근본정신이라는 선생님의 말씀을 잊은 적은 없다.

　최근 퇴계에 대한 학위논문을 지도하고 대학원에서 학생들과 퇴계/고봉의 사단칠정논변서를 정밀하게 독해하면서 퇴계의 사단칠정론이 내함하고 있는 근본문제가 무엇인지 새삼스럽게 생각하고 있다. 선생님의 논문들을 다시 읽어본다.

　이 저서는 현담 선생님께서 남긴 원고를 체계적으로 정리한 것이다. 선생님이 작고하신 이듬해인 1985년과 그 이듬해인 1986년에 '현담 유정동 선생 기념사업회'에서 유고를 모아 『한국유학의 재조명』, 『동양철학의 기초적 연구』라는 이름으로 출간한 적이 있다. 하지만 이 책들은 원문들이 그대로 실려 있고 한자가 노출되어 있어 독자들이 접근하기에 어려운 점이 없지 않았다. 유교문화연구소에서 이 두 저서에 수록되지 않았던 박사학위 논문 『퇴계의 철학사상 연구』를 추가하고, 원문을 번역하고 문장을 일부 수정하여 가독성을 높여 연구총서로 발간하는 것이다. 그 이유는 무엇보다 선생님의 논문이 30~40년 전에 발표되었지만 지금까지도 한국 유학의 연구자들이 많은 시사를 받으며 핵심적인 논거로서 인용하고 있는 현재성을 갖고 있기 때문이다. 며칠 전에 심사한 퇴계학파의 '이도설理到說'에 대한 논문에서도 선생님의 논문은 핵심적인 선행연구로 제시되어 있었다. 본서의 출판을 계기로 선생님의 학설과 연구업적이 재조명되기를 기대한다.

이 책을 발간하는 또 하나의 이유는 선생님께 대한 죄스러운 마음 때문이다. 선생님이 입원하셨다는 소식을 듣고도 지방대학에 있다는 핑계로 차일피일 미루다가 그만 부음을 듣고 말았다. 장례를 치른 뒤 몇 달 동안 선생님을 꿈에 뵈었다. 평생 한이 될 것이라는 후배의 말이 새삼스러웠다.

겨울이 깊어간다. 30여 년 전 겨울, 대학원 종강을 한 뒤에 선생님을 모시고 안동 퇴계 종택에 머물면서 도산서원을 답사하고 퇴계 묘소를 참배했던 일이 떠오른다. 서울로 돌아오는 날 함박눈이 내렸다. 청량리행 기차 안에서 우리는 내리는 눈을 바라보며, 맥주를 마시면서 인생과 학문에 대하여 참으로 많은 이야기를 나누었다. 선생님은 떠나셨지만 그때 함께했던 동학들의 가슴속에 선생님은 영원히 자리하고 계실 것이다.

원문을 번역하고 수정하는 지루하고 힘든 작업을 최영성 교수와 이형성 박사가 맡아서 수고하였다. 그리고 유교문화연구소의 임태홍 책임연구원과 자오티엔이텐[趙甛甛] 연구원, 백준철·성은하 조

교가 편집과 교정을 담당하였다. 이 자리를 빌려 감사드린다. 그리고
성균관대학교출판부 관계자 여러분께 감사를 드린다.

2013년 12월 11일

유교문화연구소에서
최영진

|차례|

■ 서문 / 5

제1부 │ 조선조 초기 성리학의 특성과 사회적 기능

Ⅰ. 서론 : 조선조, 유교입국으로의 전환 ·························· 13
  1. 불교의 타락 ······································· 13
  2. 조선 건국의 명분 ······················· 16
  3. 주자학의 영향 ·························· 18

Ⅱ. 본론 ·· 19
  1. 주자학 형성의 이론적 배경 ············· 19
  2. 주자학의 이론 체계 ···················· 36
  3. 주자학의 특징 ····················· 52
  4. 조선 초기에 끼친 영향 ············· 56

Ⅲ. 결론 : 리 · 의와 남는 문제 ················· 81

제2부 │ 퇴계의 삶과 학문정신

제1장 존리정신과 경 사상 ···················· 85
제2장 퇴계의 한국 철학사적 위치 ············· 100
제3장 퇴계의 '격물물격고' ···················· 123

제4장 퇴계의 '경'에 관한 윤리적 고찰 ·················· 151

제5장 『성학십도』와 퇴계의 교육정신 ····················· 183

제6장 『자성록』을 통해 본 퇴계의 윤리사상 ··············· 195

제7장 「무진육조소」를 통해 본 퇴계의 정치관 ············· 209

제8장 퇴계의 철학사상과 현대사회 ····················· 215

제3부 | 퇴계의 철학사상 연구

서론 ··· 232

Ⅰ. 사상의 형성과 그 변천 과정 ························· 234

　1. 형성 과정 ·· 234

　2. 변천 과정 ·· 245

Ⅱ. 철학사상의 내용 ···································· 253

　1. 원두처 ··· 254

　2. 심·성·정과 인심·도심의 문제 ··············· 277

　3. 사칠변론에 관하여 ································ 294

　4. 궁리와 거경에 관하여 ····························· 324

결론 ··· 365

제1부 조선조 초기 성리학의 특성과 사회적 기능

Ⅰ. 서론 : 조선조, 유교입국으로의 전환

Ⅱ. 본론

Ⅲ. 결론 : 리 · 의와 남는 문제

I. 서론 : 조선조, 유교입국으로의 전환

고려의 쇠망 이후 조선조 건국이 유교로 이루어지는 과정은 세 가지 요인으로 볼 수 있다. 첫째 불교의 타락으로 더 이상 불교문화의 유지가 어렵게 되어 다른 새로운 문화가 요청된 것이요, 둘째는 변혁에 대한 응당한 명분이 필요했다는 점이요, 셋째는 그 이론의 뒷받침으로서 주자학의 기능을 들 수가 있다.

1. 불교의 타락

불교의 타락은 사원의 이욕利欲의 소굴이 된 것, 사원을 마구 짓는 것, 교계敎界가 부패한 것을 꼽을 수 있다. 역대 조정의 숭불정책과 인심의 귀의로 말미암아 사원 경제가 크게 발전되었으나, 국내 각 사원은 사전寺田 · 기진전寄進田 · 전포田圃의 매수 · 개간 및 점탈 등으로 광대한 토지를 영유하게 되었다. 이뿐만 아니라 사원은 노비를 점유하고 수천, 수백을 헤아리는 수원승도隨院僧徒, 즉 사원에 딸려서 토지를 경작하는 농민을 거느리는 일종의 대장원大莊園으로 변화하였다. 토지에서 얻는 수익 이외에 주류酒類 · 양조 · 축산 · 고리대 등 각종 영리사업을 경영함으로써 사원은 점점 모리謀利의 소굴로 변해갔다.

현종 18년(1027)에는 양주楊州의 장의사(庄義寺: 지금의 彰義門 밖), 삼천사三川寺 · 청연사青淵寺 등의 승도들이 법금法禁을 범하여 쌀 360여 석으로 술을 만들다가 단죄된 일이 있었다.[1] 사원에서 원금은 그대로 둔 채 이자놀이를 하는 존본취식存本取息의 부패는 고리대업으로 변신하는 추태마저 보이게 된다. 정종은 곡식 7만 석을 여러 큰 사원에 시납施納하고 각각 불명경보佛名經寶와 광학보廣學寶를 만들어서 불법을 배우는 자를 권장하였다.

현종은 그의 양친[考妣]의 명복을 빌고자 도성 남쪽에 광대한 현화사玄化寺를 짓고 안서도安西道의 둔전 1,240결을 그 절에 시납하였다. 또 새로 주조鑄造한 종을 기념하기 위하여 조곡租穀 2천여 석을 희사하고 여러 신하들에게 옷가지와 비단[衣物匹段]을 시납하게 하여 금종보金鍾寶를 설립하였다.

왕은 송나라에 청하여 『금자대장경金字大藏經』을 들여다가 시납하는 한편, 『대반야경大般若經』 600권, 『삼본화엄경三本華嚴經』 · 『금광명경金光明經』 · 『묘법연화경妙法蓮華經』을 조판하여 이 절에 두고 반야경보般若經寶를 설치, 이 여러 경전을 길이 서방에 인시印施[2]하게 하였다. 이러한 여러 가지 보寶는 사원 경제에서 이익을 취하는 자본이 되었던 것이다.

이 밖에 왕자 및 권문귀족 자제의 출가자 중에는 거부巨富를 누리고 횡포를 자행한 자도 있었다. 문종의 다섯째 아들인 도생 승통道生僧統은 누거만累鉅萬의 재물을 누리고 사람에게 후하게 베푸니 이익을 취하는 자들이 그에게 많이 붙게 되므로, 마침내 고발되어 거제도로 귀양 가서 죽기도 하였다. 이러한 승려들의 재물을 늘리는 풍조는

---

1 『高麗史』, 「世家」, 현종 18년 6월 癸未條.

2 인쇄.

고려 중엽 이후 점점 더 심해져 명종 때는 승도가 거친 지포紙布를 강제로 백성들에게 대여하는 일이 있어서 관에서 이를 금지하였다.

고종 때는 권신 최이崔怡의 서자인 만종(萬宗: 晋州 斷俗寺), 만전 (萬全: 綾州 雙峯寺)이 출가하여 모두 무뢰한 악승들을 모아서 문도를 삼고, 오직 재물을 불리는 것으로 업을 삼아 금은 곡백穀帛이 엄청난 양을 헤아리게 되었다. 그들은 최씨의 권력을 배경으로 각각 유명한 절을 차지하고 원근에 위세를 부려 불의를 자행하였다. 혹은 남의 아내를 강간하며 혹은 관리를 능욕하여 못하는 짓이 없었다. 기타 호화생활을 하는 승도들도 만종·만전의 제자라 사칭하여 도처에 횡행함으로써 관리들도 두려워 몸을 사리는 등 감히 어쩔 수 없는 지경에 이르러 백성들의 원성이 높아만 갔다. 그 밖에 또 출가를 공인받는 도첩제度牒制는 법령의 해이와 간교한 백성의 위법으로 힘써 실행되지 못하였다. 공역公役을 도피해 사원으로 들어가서 이름을 승적僧籍에 올리는 자가 해마다 늘어갔다. 문종 10년(1056) 9월에 중외中外 사원에 영을 내려 계행을 정수精修하는 자는 안주하게 하되, 법금을 어기는 자는 법으로 다스릴 것을 엄하게 명한 바 있다.

이것을 보면 당시 승려들의 부패·타락은 청정해야 할 도량이 영리장營利場으로 변화하고, 공역 도피의 은신처가 되면서 더욱 촉진되었다. 그리고 승도에게는 면역의 특전이 있을 뿐만 아니라 사원의 토지[寺田]에는 또 면세의 특혜가 있으므로 간사한 무리들은 그들의 토지를 사원에 맡겨서 탈세를 도모하였다. 이렇게 해서 절에 속한 토지의 증대와 군역을 피하려는 백성의 증가는 국가 경제에 중대한 파탄을 가져왔다. 이는 권문호족權門豪族들의 토지겸병, 노예 흡수와 아울러 고려조 쇠망의 경제적 근인近因이 되었다. 이 밖에 국가 재정을 소모하게 한 또 하나의 사태는 역대 왕실의 사탑남조寺塔濫造[3]와

3 절과 탑을 무분별하게 짓는 것

도량 · 법석法席 · 연등燃燈 · 재승齋僧 등의 과도한 불사남설佛事濫設
로 막대한 재물이 낭비된 것이다.

2. 조선 건국의 명분

조선의 태조 이성계는 명나라 황실을 황통으로 받드는 데서 건국
의 명분과 대의를 찾았다. 원나라와 명나라의 세력이 교체되면서 인
접국인 고려는 그 대외정책에서 대내적으로 대원파對元派와 대명파
對明派의 대립이 생겼다. 때로는 친원 혹은 친명으로 흔들리기도 하
였으나 여말선초는 친명으로 이어져갔다.

고려는 원에 귀속되어 몽골의 강압과 폭력을 감내하기 어려웠으
나 충렬왕 이후로는 장인과 사위[翁婿]의 관계를 맺고 충정왕忠定王
까지는 친교를 유지해갔다. 그러다 공민왕 대에 이르러 초년부터 군
웅群雄이 봉기하여 원나라 황실이 위태롭게 되자, 왕은 종래의 태도
를 바꾸어 반항의 태도를 취하기에 이르렀다. 공민왕 17년(1368) 8
월, 원나라 순제順帝가 명나라 군사에게 패주하게 되자 고려는 친명
으로 기울었다. 다음 해 4월, 공민왕은 백관을 인솔하여 명나라의 책
봉을 받았다.[4] 여기서 반원 태도를 밝힘과 동시에 고려는 '지정至正'
이라는 원나라의 연호를 쓰지 않기로 하고, 명나라 도읍에 사은사謝
恩使 홍상재洪尙載 등을 보내 명나라 태조의 즉위를 축하하면서 명나
라가 중국 황통을 계승하였음을 승복하였다.[5] 강자 앞에서 약세임을
한탄할 수도 있겠으나 명나라를 송나라의 계통으로 명분화한 점은

---

4 『高麗史』, 공민왕 18년 4월조 "大明皇帝, 致書高麗國王, 自有宋失馭, 天絶其祀,
元非我類."

5 『高麗史』권41, 「恭愍王世家」"秉錄膺圖, 復中國皇王之統, 禮元居正, 同萬邦臣
妾之心, 景命有歸, 懽聲旁達."

유의할 만한 일이다.

그러나 공민왕이 23년(1374)에 최만생崔萬生·홍륜洪倫 등에 의해 시해당하고 당시 재상인 이인임李仁任은 친원책을 쓰게 되었다. 명나라 사신을 살해한 사건이 있은 후 대명 관계를 우려하던 기회에 원나라 사신이 온 것이 계기가 되었다.[6] 그러나 정몽주는 원나라 사신을 맞이해서는 안 된다고 상소하며 명나라와 친교를 유지하여 정통의 천자를 받들어야 함을 주장하였다.[7] 박상충朴尙衷 또한 정몽주와 같이 원나라 사신을 물리칠 것을 상소하여 이해를 생각해도 시비를 생각해도 화를 입을 것이 두렵고, 이치로 보나 형세로 보나 명나라를 받드는 일이 의義임을 말하였다.[8] 그러나 이인임은 이것을 듣지 않고 오히려 정도전을 시켜서 원나라 사신을 맞게 하였지만, 정도전도 반론을 펴다가 유배를 당하였다.

그 뒤에 이첨李詹과 김백영金伯英 등이 이인임의 처사를 비난하여 "이인임이 뒤에서 김의金義와 천자의 사신을 모살謀殺하고도 살아남은 것은 요행이다. 백성들이 절치통심切齒痛心하는 바이다"[9]라고 상소하였다. 그러나 우왕은 도리어 그들을 좌천시켰을 뿐만 아니라, 배원排元 관계자들을 모두 장살杖殺하거나 유배 보냄으로써 친원의 기반을 굳혔다. 더 나아가 명나라 연호 대신 원나라 연호 '선광宣光'을 사용토록 하였다. 그러나 오래 못 가서 이인임 일파가 쓰러지게 되니

---

6 『高麗史』권126, 「李仁任傳」 "伯顏帖木兒王, 背我歸明, 故赦爾國弑王之罪."

7 『圃隱集』권3, 「請勿迎元使疏」 "頃者, 元氏自取播遷, 大明龍興, 奄有四海, 我上昇王, 灼知天命, 奉表稱臣, 皇帝嘉之, 對以王爵, 錫賚相望者, 六年于玆矣."

8 『東文選』권52, 「請却北元使疏」(朴尙衷) "此乃危急有亡之一大機也. 勢事如此, 雖至愚者, 且知其利害是非之所在, 今之言者, 略不乃此, 畏禍之甚者也, 以理而言, 則惠廸吉從逆凶, 以勢而言, 則南强北弱, 人之所共知者也, 夫弃信而從逆, 天下之不義也, 背强而向弱, 今日之非計也."

9 『高麗史』권126, 「李仁任傳」 "守侍中李仁任, 陰與金義謀殺天使, 幸而獲免, 此國人所以切齒痛心者也."

명나라 연호를 다시 쓰게 되었고, 정몽주는 우왕 12년(1386) 남경南
京에 다녀옴으로써 복식을 명복明服으로 고치고『가례家禮』를 도입하
게 되었다.

　공민왕의 황통 존중은 국력의 약세에서 오는 사대事大로 볼 것이
아니라 유학사상의 영향[10]을 입은 것이라고 본다. 사명파事明派 내에
유학자가 많았던 것은 그들이 주자학으로부터 받은 춘추사상春秋思
想의 대의명분에 입각[11]했음이 분명하다고 하겠다.

3. 주자학의 영향

　주자학은 조선조의 문화 · 사회의 방향을 가늠하는 데 큰 힘을 발
휘하였다. 불교의 타락으로 쇠운을 맞은 고려의 국운은 이성계의 득
세와 함께 역성혁명을 가능케 했고, 신풍新風이 요청되는 조선조 초
기에 불교의 퇴폐를 씻어내는 힘을 주자의 배불론에서 찾게 되었다.
그 당시 고려의 유학이 사장詞章 · 훈고訓詁에 머물렀던 만큼, 새로운
유학이 요청되던 터에 주자의 성리학은 여말선초의 전환기에 사회
의 새 이론으로 새로운 문화 방향에서 시의時宜를 얻게 되었다.

　주자학을 이어간 학자의 대표들로는 정도전鄭道傳 · 권근權近을 비
롯하여 정몽주鄭夢周 · 길재吉再 · 김숙자金叔滋 · 김종직金宗直 · 조
광조趙光祖 등을 열거할 수 있다.[12] 여기서 전자들은 건국공신 계열,

10　尹瑢均,『尹文學士遺稿』第2章　第2節,「朱子學の傳來とその影響について」"恭
　　愍王は單に明の勢力を賴んで その冊封を受けたのではなく 華夷精神が深く動
　　いてるたことを知らねばならぬっえは勿論當時の儒學思想の影響と云はざるを
　　得ない."

11　위와 같음, "この時事南派に儒者の多かったのは彼等が朱子學より受けにた春秋
　　思想の大義名分に依ることが明たである."

12　『靜庵集』附錄第一,「事賢」"以東方學問之次言之, 則以夢周爲東方理學之祖, 吉
　　再學於夢周, 金叔滋學於吉再, 金宗直學於叔滋, 金宏弼學於宗直, 趙光祖學於宏

후자들은 통統을 존중하는 의리학파의 계열로 그 시원을 이루었다. 이 전후 양자들은 같은 주자학의 입장에 서면서 배불론을 중심으로 사회를 개신改新해가는 측과 이론을 중심으로 의리를 강조해가는 측 사이에 대립 양상을 띠게 된다. 주자학이 중국에서 송대 유학을 집성하는 것이었다면, 한국의 주자학은 사회 개혁의 구체적인 면과 의리 사상의 실제적인 면을 역사적으로 실현하는 데 공을 세운 점이 특색이라 하겠다.

　이제 주자학이 조선조 초엽에 어떻게 기능하였는지를 보다 상세하게 살피기 위하여 주자학의 이론을 먼저 살펴보기로 한다.

Ⅱ. 본 론

1. 주자학 형성의 이론적 배경

　송대는 유학이 성리학으로 특징 지어지는 시기이다. 주자는 주염계 · 장횡거 · 정명도 · 정이천의 이론을 집대성함으로써 주자학의 위치를 굳혔다. 송유들의 주장은 우주론 · 성론性論 · 실천론 · 배불론으로 분류, 집약할 수 있다. 정립되는 주자학에의 주 · 장 · 이정의 이론적 연계는 그 특징을 이해하는 데 배경이 됨을 간과할 수 없다.

　우주론에서는 무극태극론無極太極論과 허기대립론虛氣對立論이, 성론에서는 심心 · 성性 · 정情, 본연本然 · 기질氣質 등이, 실천론에서는 성誠 · 정靜 · 경敬 등이, 배불론에서는 인성人性과 불성佛性의 '성'이 주요 문제였다.

弼, 自有源流也."

A. 우주론의 배경

'무극태극'은 주염계의 『태극도설太極圖說』에서 비롯되고, 허虛와 기氣를 나누어 말한 것은 장횡거의 『정몽正蒙』에서 시작된다. 전자는 리理에 관한 측면이, 후자는 기氣에 속한 측면이 중심사였다. '무극'은 실체 개념을 초월한 관념 영역에, 허와 기는 분설하기는 하나 허즉기虛卽氣라고 하여 실체 영역에 속성을 둔다.

주염계는 만유의 생성을 오행五行의 호상互相 작용으로 전개하고, 그 오행은 음양이기陰陽二氣의 상감相感 관계로 도출하였으며, 그 이기二氣를 태극으로 통일하였고, 태극을 다시 무극으로 귀결시켰다.[13] 『태극도설』의 첫머리에 "무극이면서 태극無極而太極"이라 하였고, 말미에 다시 "태극은 본래 무극이다太極本無極也"라고 한 것을 보아 알 수 있다. 주염계의 근본 원리는 '무극이태극'이다. 무극과 태극은 이물二物이 아니며, 양자는 모자母子 관계가 아니다. 만물의 근저根柢라는 측면에서 '태극'이라 하고, 소리도 없고 냄새도 없다는 측면에서 '무극'이라는 것이니, 소재에 이처二處가 있을 수 없고, 유시有時에 선후가 있을 수 없는 것이다.

장횡거는 태극을 '일一'로 생각하였다.[14] '일'과 '이'는 떨어질 수 없는 관계이다. 이 '이'를 허실虛實 · 동정動靜 · 취산聚散 · 청탁淸濁으로 이해하지만, 궁극적으로는 '일'이라는 것이다.[15] 그는 이 '일'을 태화太和로 생각하고,[16] 태화는 기의 전체며 태허요 기의 본체로

---

13 『太極圖說』 "無極而太極, 太極動而生陽, 動極而靜, 靜而生陰, 靜極復動, 一動一靜, 互爲其根, 分陰分陽, 兩儀立焉, 陽變陰合, 而生水化木金土, 五氣順布, 四時行焉, 五行一陰陽也, 陰陽一太極也, 太極本無極也."

14 『易說』 권3 "有兩則有一, 是太極也, …… 一物而兩體, 其太極之謂歟."

15 『正蒙』, 「太和」 "兩不立則一不可見, 一不可見則兩之用息, 兩體者, 虛實也, 動靜也, 聚散也, 淸濁也, 其竟一而已."

16 馮友蘭, 『中國哲學史』 제12장, 〈張橫渠〉 조 "此一, 又謂之爲太和."

파악한다.[17] 이렇듯 태허가 기에 즉卽해 있으니 '무無'란 있을 수 없고,[18] 오직 '유有'뿐인 것이다. 따라서 노자老子의 이른바 '유'는 '무'에서 생긴다[19]는 주장은 부당하게 된다. 이 태허에는 기가 없을 수 없으며, 이 기의 취산 운동은 부득이한 것이다.[20] 이것이야말로 질서적인 의미에서 리理[21]인 것이고, 또한 생물의 천서天序 · 천질天秩로 생각된다.[22]

이정二程의 경우, 우주를 리기의 상관관계에서 설명한다. 즉 정명도는 리기가 서로 떨어질 수 없다는[不相離] 측면에서, 정이천은 리기가 서로 섞일 수 없다는[不相雜] 측면에서 지론을 편다. 사상 전체의 경향을 보면 정명도의 경우 평등 원리를 강조하고, 정이천의 경우 차별 원리에 주력하는 것으로 보인다.[23]

정명도는 만물과 천리를 불상리不相離로 언급하였다.[24] 천天을 리理로 인식[25]하였음은 송대 성리학을 개성화하는 데 한몫하였다. 즉 천하의 만물은 리理가 나타남이니, 물物이 있으면 반드시 칙則이 있

---

17 위와 같음, "橫渠所謂太和, 蓋指此等'氣'之全體而言, 在其散而未聚之狀態中, 此氣卽所謂太虛, 故橫渠謂太虛無形, 氣之本體,

18 『正蒙』,「太和」"氣之聚散於太虛, 猶氷凝釋於水, 知太和卽氣則無無."

19 『道德經』, 제40장 "有生於無."

20 『正蒙』,「太和」"太虛不能無氣, 氣不能不聚而爲萬物, 萬物不能不散而爲太虛, 循是出入, 是皆不得已而然也."

21 위와 같음, "天地之氣, 雖聚散攻取百塗, 然其爲理也, 順而不妄."

22 위와 같음, "一物之成, 有一定的結構組織, 此所謂天序天秩也."

23 常盤大定, 『支那に佛敎と儒敎道敎』, 제5장 제2절 宇宙論 "而も思想全體の傾向は明道にあっては平等原理たる性の方面强く現はれ伊川にあっては差別原理たる氣の方面重くあらはるるに似たり."

24 『程氏遺書』권2 "萬物只是一個天理."

25 『上蔡語錄』, 卷上 "明道嘗曰, 吾學雖有所受, 天理二字, 却是自家拈出來."

으므로 일물一物에는 반드시 일리一理가 있게 마련이라는 것이다.[26] 이 '리'는 도道와도 통한다. 따라서 천리와 천도의 의미를 동일하게 이해하고 있다. 그러나 기를 우주의 본체로 하여 음만으로는 이루어질 수 없으며[獨陰不成] 양만으로 생길 수 없는[獨陽不生], 즉 만물에 각각 하나의 건곤이 있다[各有一乾坤]는 논리는 앞서 말한 '리'와 더불어 밀착하여 떨어질 수 없는[密着不離] 리기관理氣觀으로 제시된다. 즉 도 밖에 물物이 없으며 물 밖에 도가 없으니,[27] 도가 또한 기器요, 기가 또한 도[28]라는 주장을 하기에 이른다.

정이천은 정명도에 비하여 리기의 분별을 명백히 하는 데 특징이 있다. 분별하는 가운데서도 리에 비중을 둔다. '리일만수理一萬殊'라고 하고, 또 리가 있으면 기가 있고 기가 있으면 수數가 있다[29]라고 한 것을 보아도 리를 중시함을 알 수 있다. 정이천은 허虛 대신 리를 말한다. 한때 태허에 관해 언급되었을 때 태허란 결단코 없다고 하여 "이것은 '리'인 것이다. 어찌 '허'라고 하랴, 천하에 리보다 실實한 것은 없다"[30]라고 한 바 있다. 이 말은 추상적인 허보다는 기에 내재하는 리를 의미한다. 정이천의 리는 추상적, 객관적이기는 하나 기를 떠나지 않는 것이라고 하겠다. 그러면서도 항상 리를 소이자所以者로서 기보다 강조함[31]은 정이천의 특징으로 지적된다.

---

26 『程氏遺書』 권18 "天下物, 皆可以理照, 有物必有則, 一物須有一理."

27 『程氏遺書』 권6 "道外無物, 物外無道."

28 『程氏遺書』 권1 "道亦器, 器亦道."

29 『程氏遺書』 권46 "有理則有氣, 有氣則有數."

30 常盤大定, 『支那に佛敎と儒敎道敎』, 제5장 제3절 "伊川は虛といるを好まず, これに代ふるに理を以てせり. 一時太虛事の說き至れる時に太虛なるものなしと斷じて「皆これ理なりいかんぞえを虛といふを得ん. 天下理より實なるなし(『程氏遺書』, 四)」と言へり."

31 『程氏遺書』 권3 "一陰一陽之謂道, 道非陰陽也, 所以一陰一陽也."

B. 인성론의 배경

주염계의 경우 인성론에서 '성性'자를 사용하지 않는다. 성誠과 기幾를 역설하면서 대체로 성선性善의 입장을 지키고 있다. 오직 인간은 만물 가운데 영장靈長으로서[32] 순수지선純粹至善하다. 이것이 이른바 성誠이라는 것이다. 이 '성'이야말로 성인의 근본이요 순수지선한 것이며 도덕성을 이루는 자질[33]이라고 생각한다. 성誠은 정靜의 측면으로 볼 때는 고요하여 움직이지 않는 것[寂然不動]이요, 동動의 측면으로 보면 감응하여 통하는 것[感而遂通]이다.[34] 그 동정動靜에 관하여 주염계는 특이한 설명을 한다.

동動이면 정靜이 없고 정이면 동이 없는 것이 물物이다. 동해도 동이 없고 정해도 정이 없는 것이 신神이다. 동해도 동이 없고 정해도 정이 없으나 부동不動도 아니요 무정無靜도 아니다. 물은 동정이 불통不通이나 신은 동정이 통하여 만물을 이룬다.[35]

물리物理의 동정과 신묘神妙의 동정을 구별하여, 성誠의 동정일관動靜一貫을 암시해주는 것으로, '동' 가운데 '정'과 '정' 가운데 '동'을 이론화해주는 부분이라 생각된다.

또 '정'은 길한 것이고 '동'은 길흉회린吉凶悔吝의 원천이라고 하여

---

32 『太極圖說』 "惟人也, 得其秀而最靈, 形既生矣, 神發知矣, 五性感動, 而善惡分, 萬事出矣."

33 『通書』, 「誠 第1」 "誠者, 聖人之本. 大哉乾元, 萬物資始, 誠之源也. 乾道變化, 各正性命, 誠斯立焉, 純粹至善者也. 故曰, 一陰一陽之謂道, 繼之者善也, 成之者性也. 元亨, 誠之通, 利貞, 誠之復, 大哉易也, 性命之源乎!"

34 『通書』, 「誠幾德三」 "寂然不動者, 誠也, 感而遂通者, 神也."

35 『通書』, 「動靜 第16」 動而無靜, 靜而無動, 物也, 動而無動, 靜而無靜, 神也, 動而無動, 靜而無靜, 非不動, 非無靜也, 物則不通, 神妙萬物,

행동에 신중을 기해야 할 것을 말하고 있다.[36] '동' 이전의 '정'은 길한 것인데, '동' 후에도 이 길吉이 계승되어야 하지만, '동' 여하에 따라 길흉회린이 갈라진다면 동시動時를 삼갈 수밖에 없다. 주염계는 그 '동시'를 다시 구분하여 미형시未形時와 이형시已形時로 나누어 생각한다. 품부된 천명성선天命性善을 승수承受하는 입장에서는 정시靜時의 '길'은 자연스럽게 동지미형시動之未形時로 이어지는 것이요, 이어진 이 '길'은 그대로 이형지동已形之動으로 전이轉移되어야 하므로 '길'로의 신동愼動이 요구된다.

이때의 이형·미형의 경계에 주염계는 '기幾' 자를 놓는다.[37] '기'를 알아서 행동한다는 것[38]은 매우 중요한 일이기 때문이다. 주염계는 정시靜時와 동지미형시動之未形時를 연결하는 성선性善의 성誠은 일一이니 무위無爲이며, 이형·미형의 분기점인 '기'에서 선악이 나뉘는 것으로 파악하고 있다.[39] 따라서 성인은 성誠일 따름이요,[40] 정시와 동지미형시의 정립을 위하여 주정主靜을 강조하게 된다.[41]

장횡거는 용어의 개념을 분명히 하여 천天은 태허로 말미암은 것, 도道는 기화氣化로 말미암은 것, 성性은 허虛와 기氣가 합치된 것, 심心은 성性과 지각이 합일된 것으로 정의한다.[42] 여기서 '성性'의 정의가 독특함은 그의 기론氣論에 입각한 것으로 보인다. 태허가 무형無

---

36 『通書』,「乾損益動 第31」"吉凶悔吝, 生乎動, 噫! 吉一而已, 動可不愼乎?"

37 『通書』,「誠幾德三」"動而未形, 有無之間者幾."

38 『周易』,「繫辭 下」"子曰, 知幾其神乎! …… 幾者, 動之微, …… 君子見幾而作, 不俟終日."

39 『通書』,「誠幾德三」"誠無爲, 幾善惡."

40 『通書』,「誠 下 第2」"聖, 誠而已矣, 誠, 五常之本, 百行之源也."

41 『太極圖說』"聖人定之以中正仁義, 而主靜立人極焉."

42 『正蒙』,「太和」"由太虛有天地名, 由氣化有道之名, 合虛與氣有性之名, 合性與知覺有心之名."

形하고 또 그것이 기의 본체라는 주장으로 미루어서 '허'와 '기'의 합치인 '성'은 바꾸어 말하여 기와 기가 합치된 것[43]이라 해도 무방할 것이다. 장횡거는 덕성德性인 천지지성天地之性에 상응하는 기질지성氣質之性을 창안하였다. 태허의 기로부터 기질지성을 도출하고 기질을 변화시켜 천지지성을 실현하는[44] 가능성을 부여한다.

여기서 장횡거가 말하는 천지지성 역시 기성氣性임을 발견하게 되며 이 천성은 인성으로 통한다.[45] 따라서 그 능력에 있어서도 천天과 인人이 다를 바 없으나, 사람은 다만 그 천성을 잃을 경우가 있는 것뿐이라고 하였다.[46] 잃지 않으려면 기욕嗜欲으로써 심心에 누累를 끼치지 말아야 하고, 소소로써 대大를 해치지 않아야 한다는 것이다.[47] 기가 모여서 개체적인 사람이 되며, 개체의 인간은 자기를 아我라 하고 여타는 비아非我라 하여 자신과 천天 또는 기氣의 전체를 구분하되, 아我의 자신은 소소요 비아인 여타는 대大로 생각한다. 즉 개인적으로 제 한 몸만을 위하는 음식취미飲食臭味로 인하여 '대'를 상실해서는 안 된다는 것이다.

이정二程의 성론性論 골자는 '성즉리性卽理'에 있다.[48] 그러나 정명도는 '도즉성道卽性'[49]이라고 했을 뿐만 아니라 '성즉기性卽氣 기즉성氣卽性'이라고도 하는 동시에 정靜 이상은 설명이 용납되지 않는다고

43　馮友蘭, 『중국철학사』 제12장(一)의 (5) "旣云太虛無形, 氣之本體, 則所謂虛與氣者, 豈非卽等於謂合氣與氣乎?"

44　『正蒙』, 「誠明」 "形而後, 有氣質之性, 善反之, 則天地之性存焉, 故氣質之性, 君子有弗性者焉."

45　위와 같음, "天性在人, 正猶水性之在冰, 凝釋雖異, 爲一物也."

46　위와 같음, "天良能, 本吾良能, 顧爲有我所喪耳."

47　위와 같음, "不以嗜欲累其心, 不以小害大, 末喪本焉耳."

48　『程氏遺書』 권18 "性卽是理, 理則自堯舜至於塗人一也."

49　『程氏遺書』 권1, 「明道告韓持國」 "道卽性也, 若道外尋性, 性外尋道, 便不是."

말한다.[50] 그래서 "성을 논할 때는 반드시 기를 함께 말해야 부족함이 없다"[51]라고 주장하기도 한다. '도가 또한 기이고, 기가 또한 도이다[道亦器, 器亦道]'라는 도관道觀에서 생산되는 성관性觀으로 생각된다. 리기불상리理氣不相離의 입장을 견지하는 정명도로서는 '도즉성' '성즉기'는 당연한 귀결이다. 따라서 선악의 문제를 하나의 천리天理에서 해득하고[52] 있음도 무리는 아니라고 하겠다.

정이천은 정명도와 함께 '성즉리'의 입장에 서지만, 리는 기를 구별하여 리에 치중하는 데 차이가 있다. 리는 성性이요 선善하다고 한다.[53] 그 '성'은 맹자의 성선性善에 입각하지만 '선악이 모두 천리'라는 정명도와는 달리 불선의 원인을 재才에서 찾는다.[54] 그 '재'는 사람이 기질을 받아서 구체화된 뒤에 갖추어진 특성이고, 그 품기稟氣의 청탁을 좌우하며, 그 청탁의 기는 선善·불선不善을 갖게 된다고 한다.[55] 또 정이천은 '심즉성心卽性'이라고도 하지만[56] 성과 정을 심의 미발·이발로 엄격하게 구별한다.[57] 그러므로 한 몸의 주재인 심

---

50 위와 같음, "生之謂性, 性卽氣, 氣卽性, 生之謂也. …… 蓋生之謂性, 人生而靜以上不容說, 才說性時, 便已不是性也."

51 위와 같음, "論性不論氣不備, 論氣不論性不明."

52 위와 같음, 第2上 "天下善惡, 皆天理. 謂之惡者, 非本惡, 但或過或不及, 便如此."

53 위와 같음, 第22上 "性卽理也, 所謂理性是也. 天下之理, 原其所自, 未有不善."

54 위와 같음, 第18 "孟子言人性善, 是也. 雖荀揚亦不知性, 孟子所以獨出諸儒者, 以能明性也. 性無不善, 而有不善者, 才也. 性卽是理, 理卽自堯舜至於塗人一也."

55 위와 같음, 第19 "性出於天, 才出於氣. 氣淸卽才淸, 氣濁卽才濁. …… 才則有善與不善, 性則無不善."

56 위와 같음, 第56 "孟子曰: 盡其心, 知其性, 心卽性也. 在天爲命, 在人爲性, 論其所主爲心, 其實只是一箇道."

57 위와 같음, "在天爲命, 在義爲理, 在人爲性, 主於身爲心, 其實一也, 心本善, 發於思慮, 則有善有不善. 若旣發則可謂之情, 不可謂之心."

이 리를 따라서 본성을 실현함은 정이천에게는 매우 중요한 일이
된다.

C. 수양론의 배경·

주염계와 전통적 가치관 사이의 차이점은 그가 '정靜'을 주장하는
데 있다. 그의 사상에서 『노자』·『주역』·『중용』의 요소를 발견하게
된다. 무욕無欲과 복귀復歸, 적연부동寂然不動과 감이수통感而遂通, 성
誠과 명명明 등의 관심은 여기서 유래된 것으로 본다. '정'에 관해서는
『태극도설』에서 인극人極을 세우는 데는 '정'에 치력致力해야 한다고
강조하고 있다.[58] 그는 이 '정'에 주력한다는 구체적인 내용을 다시
'무욕고정無欲故靜'이라고 자주自註를 가하고 있다. 욕심이 없으면
정·허·동·직靜虛動直이 실현된다고 생각한다.[59]

그는 이 무욕無欲, 주정主靜을 통해 지성至誠에 도달할 것을 기대한
다. '성誠'이란 성인의 근본이라고 말한다.[60] 이상적 인격이라고 생각
하는 성현에 있어서 현賢이란 '성'이 확립된 사람이요, 성聖이란 성립
誠立과 명달明達이 아울러 성취된 것을 의미한다. 성립과 명달의 다른
점은 무엇인가? 본성으로 회복되었다고 하더라도 아직은 '주정'의 부
담을 놓지 못한 경지를 '성립'이라 한다. 성지性之하고 안지安之하며
행동거지가 성性 그대로 합치되는 경지를 성립명달誠立明達이라고 한
다. 요컨대 이를 위해서는 신동愼動하며[61] 무망無妄해야 하며[62] 무욕

---

58 『太極圖說』"主靜立人極."

59 『通書』,「聖學二十」"無欲則靜虛動直."

60 위와 같음, "誠者, 聖人之本."

61 위와 같음,「乾損益動三十一」"吉凶悔吝, 生乎動. 噫! 吉一而已, 動可不愼乎?"

62 위와 같음 "妄復則無妄, 無妄則誠矣."

無欲해야 하며[63] 주정主靜해야 하는[64] 등 수양이 꾸준히 요구된다는 것이다.

장횡거는 기질변화氣質變化를 유난히 역설한다. 그의 사상 저변에 태화太和 · 태허太虛 · 기氣가 깔려 있음은 『정몽』「수편首篇」을 통하여 알 수 있다. 천지지성天地之性과 기질지성氣質之性의 구별은 그의 기관氣觀에 입각한 것이다. 기질을 바로잡아서 천지지성에 이르는 것은 그의 수양론의 골자이다. '성聖'을 인간 최고의 가치로 보는 것은 주염계와 다를 바 없다. '성'은 아我를 넘어선 대大의 인격자인 것이다.[65]

여기에 도달할 수 있는 수양은 대개 지례知禮와 성성成性으로 요약할 수 있다고 한다.[66] '지례'라는 것은 습숙(習熟: 오랜 습관)과 전박(纏縛: 인습적 구속)을 해제하는 방법이다. 이것을 망거妄去 또는 무아無我라고도 한다. 습숙에 오염된 습기習氣를 제거하면 기질이 변화되고, 기질이 전환되면 본성을 해치는 일이 없어 마침내 천지지성을 실현하게 된다. 이것이 성성成性이다. '성성'은 하늘이나 천도와 더불어 합일하는 경지이다. 성聖과 천도의 합치로 소대小大의 구별이 없어짐에 이르러서는 태어나도 얻어지는 것이 없고 죽어도 잃는 것이 없는, 즉 허虛로의 반反이라고 하겠다.

이것이야말로 "모여도 내 몸이요 흩어져도 내 몸이니 죽어도 죽지 않음[死而不亡]을 하는 사람이라야 비로소 더불어 본성을 말할 수 있

---

63 위와 같음, 「聖學二十」"無欲則靜虛動直."

64 『太極圖說』"主靜立人極."

65 『正蒙』, 「神化」"無我而後大."

66 常盤大定, 『支那に於ける佛敎と儒敎道敎』, 第3章, 修道說 "張子の修養說は知禮と生性とに之を槪括するを得べく……."

다."[67]는 그의 만물일체관에서 우러나오는 말이다. 요약컨대, 장횡거의 수양은 위학爲學의 방법이지만[68] 그 위학은 '지례知禮'와 '성성成性'에 있다. '지례'는 궁리진성窮理盡性하는 성誠ㆍ명明에서,[69] '성성'은 일신양화一神兩化하는[70] 묘감(妙感: 氣感)에서[71] 얻어진다고 보는 것이다.

정명도의 주론主論은 『정성서定性書』와 『식인편識仁篇』에 담겨 있다. 그의 수양설도 또한 여기서 발견할 수 있다. 역시 그는 성인聖人의 경계를 중시하며 성인의 마음에 도달하는 노력을 기울여야 한다고 하였다. 그가 생각하는 수양의 극치는 '식인識仁'의 경지에 들어가는 일이요, 천지와 더불어 일체라는 자각을 달성하는 데 있는 것이다. '의경義敬'과 '정성'과 '식인'은 그의 수양의 순서라고 할 것이다. 내외內外ㆍ동정動靜이 이분 단절되는 데서 병폐가 생긴다고 할 때, 이 벽을 헐어버리는 일은 정명도에 있어서 우선 요구되는 일이다. 만일 이 폐단에 빠진다면 '내'는 시是요 '외'는 비非라는 잘못된 견해에 사로잡혀서 항상 외물의 누累를 면할 수 없게 된다. 그러므로 '의로써 겉을 방정하게 하고[義以方外]' '경으로써 안을 곧게 하는[敬以直內]', 즉 '의義'와 '경敬'의 내면 공부를 게을리하지 말고, 지난날의 습심習心을 부지런히 제거하는 일로부터 출발해야 한다고 한다.

정명도는 '경'에 대한 관심이 더욱 짙다. 배우는 사람은 반드시 먼데서 구할 것이 아니라 가까이 몸에서 취할 것이니, "다만 천리를 밝

---

67 『正蒙』, 「太和」 "聚亦吾體, 散亦吾體, 知死之不亡者, 可與言性矣."

68 『張子全書』 권5, 「理窟」, 〈氣質〉 "如氣質惡者, 學卽能移, …… 但學至於成性, 則氣無由勝."

69 『正蒙』, 「誠明」 "自明誠, 由窮理而盡性也. 自誠明, 由盡性而窮理也."

70 위와 같음, 「參兩」 "一物兩體, 氣也, 一故神, 兩故化, 此天之所以參也."

71 위와 같음, 「神化」 "神天德, 化天道, 德其體, 道其用, 一於氣而已."

히는 데는 '경'뿐이라"[72]는 것은 이를 말하는 것이다. 이와 같이 하여 내외·동정의 단절斷絶의 벽이 무너졌을 때 정성定性이 문제 된다.

'정성'에 관해서는 장횡거에게 답하는 글, 즉 『정성서』에서 살필 수 있다. 그에 의하면 '정定'이란 동과 정이 상대로부터 넘어선 자리이다. 즉 외물의 누累로부터 벗어나서 동정·내외·장영將迎을 겸하게 되는 것이 이른바 '정'[73]이라고 한다. 성性에 내외 두 근본이 있을 수 없고 선후에 단절이 있을 수 없기 때문이다. 내심內心과 외물外物의 분열은 사심私心에서 오는 만큼[74] 이것을 제거해야 한다. 맹자의 이른바 "반드시 일을 추구하되 마음으로 미리 기필하지 말 것이며, 잊지도 말고 조장하지도 말라[必有事焉, 而勿正心, 勿忘, 勿助長]"는 노력으로 적연부동寂然不動의 정계定界에 도달해야 한다는 것이다.

정계에 안주하게 될 때 사심과 외루外累에 태연자약하게 된다. 이것을 식인識仁이라고 한다. 인仁이란 천지의 성덕性德이요 심성의 체體이므로, 식인이란 진심盡心, 지성知性, 지천知天을 겸한 것이다. 인자仁者란 천지 만물을 일체로 하는 성인이므로, 정情을 가지고 순만사順萬事하되 무정하다는 것이다. 정이 있어도 정에 누累되지 않고 정을 초월함은 '식인'의 인자요 성인이라고 그는 이해하고 있다.

정이천의 수양론은 정명도와는 차이를 보인다. 그의 수양론은 심의 정허靜虛로 시작하여 용경用敬으로 입도入道하고 치지致知로 마친다. 수양의 목적을 '치지'에 둔 것은 정명도가 '식인'을 궁극의 목표로 한 것과는 현저한 차이를 나타낸다. 동시에 성리학이 주지적主知的 경향을 갖게 되는 근인近因을 제공한다. '정허'라고 하더라도 그

---

72 『程氏遺書』 권2 "學者不必遠求, 近取諸身, 只明天理, 敬而已矣."

73 「定性書」 "所謂定者, 動亦定, 靜亦靜, 無將迎無內外. ……"

74 위와 같음, "人之情, 各有所蔽, 故不能適道, 大率患在於自私而用智, 自私則不能以有爲爲應迹, 用智則不能以明覺爲自然."

'정'은 주염계의 '주정입인극主靜立人極'의 정과는 다르다. "경敬하면 스스로 허虛하고 정靜하게 되지만 허·정을 가지고 경敬한다고 말해서는 안 된다"[75]고 하여 '정' 자를 피하고 '경' 자를 사용한다.[76] 주염계의 주정主靜이 주경主敬으로 바뀌는 모습이다. '경'하면 심중心中이 허虛하지만 또한 실實한 것이 되어서 허실虛實이 하나 되는 경을 주장하게 된다. 이것을 그는 병 속의 물[壺水]과 강호江湖의 물에 비유한다.

> 만일 경에 주력하면 자연히 안정된다. 마치 물이 든 병 하나를 바다에 던지면 병 속에 이미 물이 차 있으므로, 강호의 물이라 할지라도 병에 들어가지 못하는 것과 같다.[77]

여기서 병에 물을 채워 흘리지 않는 공부를 필요로 하게 된다. 채우기 위해서 병 속의 잡된 물건을 쏟아버리는 작업이 첫 단계로 소요된다. 이것이 허정이요, 이미 채워진 것을 유지하는 노력이 주일무적主一無適하는 '경' 공부[78]라고 하겠다.

정이천에 있어서 '경'은 '치지'와 무관할 수 없다. 함양하는 데는 경에 힘써야 하고, 학문에 나아가는 일은 치지致知하는 데 있다[79]하

---

75 『程氏遺書』 권15 "敬則自虛靜, 不可把虛靜喚做敬."

76 『程氏遺書』 권18 "纔說靜, 便入於釋氏之說也. 不用靜字, 只用敬字, 纔說著靜字, 便是忘也."

77 위와 같음, 권18 "若主於敬, 則自然不紛擾, 譬如以一壺水, 投於水中, 壺中旣實, 雖江湖之水, 不能入矣."

78 『程氏遺書』 권7 "所謂敬者, 主一之謂, 所謂一者, 無適之謂一. …… 易所謂敬以直內, 義以方外, 須是直內乃是主一之義, 至於不敢欺, 不敢慢, 尙不愧於屋漏, 皆是敬之事也. 但存此, 涵養之久, 自然天理明."

79 『二程全書』, 「易傳(四)」 "涵養須用敬, 進學則在致和."

여, 용경用敬과 치지를 매우 중시한다. 그의 주장에 따르면 치지의 방법은 다음과 같다.

진수進修의 방법은 정심正心 · 성의誠意보다 더 앞서는 것이 없다. 성의는 '치지'에 있으며 치지는 '격물'에 있다.[80]

『대학』 8조목 가운데 수기조修己條 4조목임을 알 수 있다. 이어서 그는 궁리를 다양하게 해야 함을 강조한다.

일물一物에는 반드시 일리一理가 있으니, 반드시 그 이치를 궁구해야 한다. 궁리의 방법은 많다. 혹은 독서하여 의리를 강명하기도 하고, 혹 고금의 인물을 논하여 그 시비를 가리기도 하며, 일에 응하고 물物에 접하여 그 마땅함에 처하는 것 등 모두가 이치를 밝히는 일이다. …… 모름지기 오늘에 격일건格一件하고 명일에 또 격일건하여 적습積習이 오래된 뒤에야 탈연脫然히 스스로 관통처가 있게 된다.[81]

격물치지의 계제階梯를 밝혀주고 있다. 대체로 정제엄숙整齊嚴肅하고 심허과욕心虛寡欲하며 주일무적主一無適하여 명경지수明鏡止水로 이끄는 함양 공부와, 격물치지하여 지사중리至事中理로 천리지심天理之心을 본다는 진학進學 공부는 정이천의 수양론에서 계제階梯요 두 날개이기도 하다.

80 『程氏遺書』 권18 "或問進修之術, 何先? 曰: 莫先於正心誠意. 誠意在致知, 致知在格物."
81 위와 같음, "凡一物上, 有一理, 須是窮致其理, 窮理亦多端. 或讀書講明義理, 或論古今人物, 別其是非, 或應接事物而處其當, 皆窮理也. …… 須是今日格一件, 明日又格一件, 積習旣多, 然後脫然自有貫通處."

D. 배불론의 배경

장횡거의 불교에 대한 비난은 그의 주 저서인『정몽』에 잘 나타나 있다. 그의 신랄한 비판은 대개 후유後儒들의 선봉이 되고 있다. 그의 배불론은 다음과 같이 요약된다.

일체의 연기緣起를 '오직 마음에서 만들어진 것[唯心所造]'으로 보아서 허황되고 망령되게 보는 것幻妄視은 '리'와 '성'과 '명'을 모르는 것이다. 장횡거는 신화神化를 창출하여 이것을 세계의 대도大道로 삼았다. 인생의 대사로 인정하여 불교의 환망·공적空寂을 공격하며, 불교는 실제를 모르고 인人·귀鬼·천天·도道를 모른다고 비난한다. 또 그는『서명』에서 "살아서는 내 하늘에 순응하고 죽어서는 내 편안하다[存吾順事, 沒吾寧也]"고 하였다. 이 '순順'과 '영寧'이야말로 장횡거의 영원관永遠觀이라고 생각된다. 이러한 생각은 불가뿐만 아니라 도가도 함께 비판하게 된다.

적멸寂滅이라는 것은 가고 돌아오지 않는 불교의 무생無生을 구하는 말이요, 순생집유徇生執有라는 것은 물物인데도 변화하지 않는 도가의 장생을 구하는 말이라고 한다. 장횡거가 생각하는 체體는 취산聚散에 관계없이 생사에 잃는 바가 없다[82]는 허기虛氣에서의 주장이라고 하겠다. 생사왕래가 태허 내의 일이므로 삶도 그로부터 오고 죽음도 그로 돌아가는 것이니, 증감이 없는 태허기량太虛氣量의 분신인 오체吾體에 득실이 있을 수 없다는 견해이다.

이에 대한 인식이 어떻게 가능한가? 장횡거는 진성盡性이 되면 알 수가 있다고 한다.

본성을 극진히 한 후에야 살아도 얻은 바 없고 죽어도 잃는 바가 없

---

[82] 『正蒙』,「太和」"彼語寂滅者, 往而不反, 徇生執有者, 物而不化, 二者, 雖有間矣, 以言乎失道則均焉. …… 聚亦吾體, 散亦吾體, 知死之不亡者, 可與言性矣."

다.[83]

이것은 인성관을 언급한 것이라고도 하겠다. 자사의 진성盡性,[84] 맹자의 진심지성盡心知性[85]을 생각하게 하는 부분이기도 하다. 득성 得性에서 '생生'이나 '유有'가 장애라고 보는 견해와는 적이 상반된다 고 할 것이다.

정명도는 또한 반불교·반도교의 입장에서 불교와 도교를 이단으 로 공박하면서도, 그 해로 말하면 불교가 더욱 심하다고 한다.[86] 심 할 정도가 아니라 그 해는 한이 없다고까지 말한다.[87]

첫째, 불자의 이기적인 마음[利心]을 비난한다. 불교인이 근진根塵 을 괴로워함은 이심利心에서 유래한 것이다.[88] 뿐만 아니라 죽고 사는 것을 두려워함도 이심의 소치所致라고 본다.[89] 유자는 성인聖人이 공 심公心을 다하고 천지 만물의 이치를 극진히 해서 각기 그 분수를 마 땅히 한다는 입장을 지킴에 비해, 불자는 모두 '일기지사一己之私'[90]

---

83 위와 같음,「誠明」"盡性然後, 知生無所得則死無所喪."

84 「中庸」제22장 "惟天下至誠, 爲能盡其性, 能盡其性, 則能盡人之性, …… 可以與 天地參矣."

85 「孟子」「盡心 上」"孟子曰, 盡其心者, 知其性也, 知其性, 則知天矣."

86 馮友蘭,『중국철학사』第제3편, 제12장, (二)의 (3) "今異敎之害, 道家之說, 則更 沒可闢, 惟釋氏之說, 衍蔓迷溺至深, 今日是釋氏盛而道蕭索."

87 위와 같음, "如道家之說, 其害終小. 惟佛學, 今則人人談之, 瀰漫滔天, 其害無 涯."

88 『程氏遺書』권2 "釋氏苦根塵者, 皆是自私者也."

89 『程氏遺書』권1 "佛敎只是以生死恐動人, …… 佛之學爲怕死生, 故只管說不休. …… 要之只箇意見, 皆利心也."

90 『程氏遺書』권14 "聖人致公心, 盡天地萬物之理各當其分, 佛氏總爲一己之私, 是安得同乎?"

라고 이해한다. 선종禪宗까지도 '이심'으로 몰아붙인다.[91]

둘째는 인성에 있어서 각자에 특성이 있음을 부정하고, 모든 것에 불성을 함께 인정하려는 태도를 지적한다. 유가의 '성'은 성즉리의 성이요, 천명지위성의 성이요, 각일기성各一其性의 성이니만큼 공통성과 개별성의 양면을 지니고 있다. 그러므로 불가의 실유불성悉有佛性의 성과는 자연 구별되는 것이다.

셋째는 각覺과 리理의 문제이다. 유가에서는 경이직내(敬以直內: 경으로써 안을 곧게 한다)의 '내'와 의이방외(義以方外: 의로써 바깥을 방정하게 한다)의 '외'를 함께 말하지만, 불가의 경우는 내면의 '각'을 말하면서 외면의 '의'는 도외시한다는 점이다.[92] 정명도는 다음과 같이 비판한다.

도가 밝아지지 않는 것은 이단이 이를 해치기 때문이다. 옛날의 해는 비근하여 알기가 쉬웠으나 지금의 해는 오지奧旨로 알기가 어렵다. 옛사람은 미암迷暗에 편승하여 사람을 미혹되게 하였으나, 지금 사람은 그 고명高明으로 사람들을 미혹케 하고, 스스로는 궁신지화窮神知化라고 하지만 개물성무開物成務에는 부족하다. 말은 주편周遍을 자랑하지만 실은 윤리에서 벗어나고, 궁심극미窮心極微의 불도라고 하지만 마침내 요순堯舜의 도에는 들어갈 수 없다.

정이천 배불론의 핵심은 '리'를 가지고 공격하는 데 있다. '리'를 중시하는 정이천은 불교의 이장설理障說에 대하여 '리' 자를 잘못 본

---

91 馮友蘭, 『중국철학사』, 제2편, 제12장(二) "至如禪學者, 雖自曰異此, 然要之只是此個意思, 皆利之心也."

92 『程氏遺書』 권2 "佗有一箇親之理, 可敬以直內矣. 然無義以方之義, 其直內者, 要之其本亦不是."

것이라 하였다. 천하에는 오직 일리一理가 있을 뿐이라고 하면서, 이
리를 '장障'이라고 하면 리와 내가 둘이 되는[理我爲二] 병통을 면할
수 없게 된다고 하였다. 그들은 '리'에 밝지 못하므로 그 가르침은 리
에 맞지 않는 것[93]이며, 또한 이론의 고심高深함이나 생사 번뇌를 면
하려는 것은 모두 그 주장이 자사자리처自私自利處로 귀결된다고 한
다.[94]

　이뿐만 아니라 불교의 정정定과 정정靜에 대해서는 유교의 지止와 경
敬으로 응수, 비난한다. 마땅히 '지'라 하고 '동動'이라 할 것이요 '정
定'이나 '정靜'이라고 할 수는 없다. 물物의 호오好惡는 자연히 없을
수 없다. 그러므로 '호'는 호라 하고 '오'는 오라고 해야 한다. 그래
서 "임금은 인에 머무르고 신하는 경에 머무르는[人君止於仁, 人臣止於
敬]"것이 가능한 것이다. 또 정시靜時에는 지각이 있고, 지각이 있으
면 이는 동動이라고 할 것이다. 그들은 정靜으로 천지지심天地之心을
볼 수 있다고 하나, 우리는 '동'으로 천지지심을 본다고 한다. 정이천
은 대개 이와 같이 불교를 비판하고 있다.

2. 주자학의 이론 체계

　앞에서 주염계와 장횡거, 그리고 이정자二程子의 학설을 살펴보았
다. 주자는 그들의 주장을 계승하여 리기론을 정착시켰다. 바꾸어 말
하면 주자학의 배경에는 주·장·이정周張二程의 이론이 깔려 있다.

---

93 『程氏遺書』 권15 "釋氏之學, 又不可道他不知, 亦儘極乎高深. 然要之卒歸乎自
　私自利之規模, 何以言之. 天地之間. 有生便有死, 有樂便有哀, 釋氏所在, 便須
　覓一箇纖姦打訛處, 言免死生, 齊煩惱, 卒歸乎自私."
94 『程氏遺書』 권18 "釋氏要屛事不問, 這事是合有邪. 合無邪, 若是合有, 又安可屛.
　若是合無, 自然無了, 更屛什麽, 彼方外者, 苟且務靜, 乃遠迹山林之間, 蓋非明
　理者也."

앞에서는 그들의 이론을 고찰하여 주자 이전의 송대 제설諸說을 이해하였고, 이제 주자로 이어지는 논리를 그의 태극·리기·심정론을 통하여 구명해보기로 한다.

A. 태극론

주자는 우주론에서 주염계의 무극태극설과 정이천의 리기설을 합하였다. 다시 정명도의 도기관道器觀을 참고하였다. 리와 기의 관계에 관해서는 정이천의 리일분수설理一分殊說을 계승하였고, 태극과 음양 이기二氣의 관계에 관해서는 주염계의 동정설動靜說을 계승한 것으로 보인다. 대체로 리기론을 집대성한 감이 있다.

무극태극론은 주염계가 발설하였고, 주자는 무극과 태극의 관계를 밝혔다.

　　상천上天의 일은 소리도 없고 냄새도 없으나 실로 조화造化의 추뉴樞紐요 만물[品彙]의 근저根柢이다. 그러므로 '무극이면서 태극'이라고 한다. 무극 밖에 다시 태극이 있는 것이 아니다.[95]

그러나 육상산陸象山 형제는 주염계의 저서인『통서』에 무극설無極說이 없다고 하여 문제를 제기한 바도 있었다.

주자는 이정二程이 리를 발론한 것을 응용하여 태극을 '리'로 간주하기에 이른다.[96] 정명도는 천天이 곧 리理라고 하였고, 정이천은 성즉리라고 하였다. 주자에 와서는 태극이 곧 '리'라고 명언名言하여 '리'의 개념이 복잡해져갔다. 그리하여 태극은 별도로 있는 일물一物

---

95 『太極圖說解』"上天之載, 無聲無臭, 而造化之樞紐, 品彙之根底也. 故曰, 無極而太極. 非無極之外, 復有太極也."
96 『朱子語類』권1 "太極只是一箇理字, 太極只是天地萬物之理."

이 아니라 음양과 오행, 그리고 만물 속에 있으면서 하나의 '리'로 존재할 따름이라고 한다.[97] 그러나 리와 기는 함께 있다고는 하지만, 종국적으로는 물 이전에 '리'가 있음을 시인한다.[98] 여기 '리가 있다'고 할 때의 '있다'는 말의 의미가 중요하다.

원래 리기론은 "형이상의 것을 일러 도라고 하고, 형이하의 것을 일러 기라고 한다[形而上者, 謂之道 ; 形而下者, 謂之器]"라는 도기관道器觀에 연원한다. 주자는 '리'를 정의情意와 계탁計度과 조작造作이 없는 것, 즉 형이상자形而上者로 이해하고 있지만, '리'가 이미 있다고 말할 때에는 있을 곳이 필요하게 된다. 이 있을 곳이란 바로 '기'라는 것이다. 그러므로 기 있는 곳에는 반드시 '리'가 함께 있는 것이며, 기가 없으면 '리'가 발붙일 곳을 잃게 된다는 것이다.[99] 이렇듯 리와 기는 항상 공존하고 있다고 생각한다.

다만 이렇게 말하면 현상 설명은 될지 모르나 창조를 설명하는 데는 부족하게 된다. 공존이란 함께 있다는 말이다. 존재의 선후에 관해서는 구별해주지 못한다. 그러므로 주자는 상황으로 말하자면 리와 기의 선후를 말할 수 없으나, 그 소종래所從來의 궁극자는 '리'라고 단언한다.[100] 이때 '리가 있다'고 한 데서 '있음'은 리기 공존의 현상 중의 '유有'와는 구별됨에 주의할 필요가 있다.

기는 형이하자形而下者의 기기器로, 리의 처소를 제공하는 것이다.

---

97 위와 같음, "太極非是別爲一物, 卽陰陽而在陰陽, 卽五行而在五行, 卽萬物而在萬物, 只是一箇理而已."

98 『朱子文集』권46 "雖未有物, 而已有物之理."

99 『朱子語類』권1 "理又非別爲一物, 卽存乎是氣之中. 無是氣, 則此理亦無掛搭處."

100 위와 같음, "或問, 必有是理, 然後有是氣如何? 此本無先後之可言, 必欲推其所從來, 則須說先有此理."

기器는 응결하여[101] 형기形氣를 생산한다는 것이다. '기'의 집산 응결이 형상의 생성 소멸을 가져온다는 견해는 장횡거 이후의 영향으로 생각된다. 그렇다면 이 리와 기의 양자 관계를 어떻게 설명하는가? 주자는 그 선후 문제를 흥미 있게 요리한다. 때로는 본체론에서, 혹은 현상론에서 설명하는 그는 설명의 양상을 달리하고 있다. 즉 본체론에서 논리를 전개할 때는 '리'를 대본大本으로 해야 한다[102]고 하면서도, 현상론의 측면에서는 기를 선先으로 보아야 한다고 주장한다.[103] 이와 같이 리선理先, 기선氣先으로 말하지만 이것은 현상의 설명에 지나지 않고, 종국의 창조원에 대해서는 그의 사상의 대체로 보아서 리를 선先으로 지적하고 있음은 분명하다. 상태로 보아서는 리기의 선후를 말할 수 없으나, 소종래를 추구한다면 리가 선유先有함[104]을 인정하지 않을 수 없다는 것이다.

여기서 소홀히 할 수 없는 것은 리와 기의 성능상의 엄격한 구별이다. 즉 리와 기는 현실적으로 공존하지만, 그 양자의 성능을 혼합해서는 안 된다는 것이다. 주자는 리는 소이자所以者로서 기의 주재요, 기는 음양으로서 리의 졸도卒徒 구실을 한다고 본다.[105] 이른바 "하나이면서 둘이요, 둘이면서 하나[一而二, 二而一]"라 함[106]은 바로 그러한 의미이다. 태극과 음양 이기二氣의 우주 본체론적인 이해는

---

101 위와 같음, "理在氣中發見處如何? 曰, 如陰陽五行錯綜, 不失條緒, 便是理. 若氣不結聚時, 理亦無所附著."

102 『中庸大全』 권30 "若論本原, 卽有理, 然後有氣, 若論稟賦, 則有是氣而後, 理隨以具, 故有是氣, 則有是理, 無是氣, 則無是理."

103 『朱子語類』 권4 "才有天命, 便有氣質, 不能相離. 若闕一便生物不得, 旣有天命, 須有此氣, 方能承當得此理. 若無此氣, 則此理如何頓放."

104 『朱子語類』 권1 "理氣本無先後之可言. 然必欲推其所從來, 則須說先有是理."

105 『中庸章句』 서문.

106 『朱子全書』 권49, "太極只在陰陽之中, …… 太極自是太極, 陰陽自是陰陽. …… 所謂一而二二而一也."

이와 같이 설명되지만, 생성론 내지 시간론적인 영원성에 대한 이론
은 보충되어야 할 것이다.

운동하는 것은 기요, 운동하게끔 하는 것이 소이所以로서의 리라
고 할 때, 형이상자인 리의 유일성은 관념적으로 추측된다고 하겠다.
그러나 기의 변화상의 영원성은 파악하기도, 설명하기도 쉽지 않다.

음양은 다 같이 기이기는 하나 운동은 음지양지陰之陽之하여 그 질
상質狀의 변화태變化態를 이름한 것이다. 이물상대二物相對가 아니
다.[107] 즉 일물이지만 변화 양상에 따라서 명명된 것이다. 이 일물로
서의 음양은 운동상으로 선후를 나눌 수 없다.[108] 즉 선후로 갈라지
지 않는다. 이것은 타력으로 나눌 수 없다는 뜻이며, 스스로 연속으
로 운동하는 가운데 선후를 갖는다는 의미이다.[109] 당초의 일물은 담
연일기湛然一氣로 설정되며, 설정된 일기는 양의兩儀로 운동하되 무
시무단無始無端의 극즉반極則反하는 연속 양상으로 파악하는 것이다.
주염계의 동정관動靜觀에 자뢰하고 정명도의 정설定說이 이어져서
일기장존체一氣長存體의 자능自能으로 이해된 것으로 생각된다.

끝으로 유일자와 잡다雜多의 관계에 대한 주염계의 설명을 언급
하고자 한다. 리기 관계에서 이미 보았듯이, 리로서의 태극과 잡다한
만물과의 관계는 공존불리共存不離 관계에서 설명된다. 즉 태극은 만
물의 이치이므로 천지 만물 중에 없는 곳이 없다.[110] 전체를 종합하
며 통체統體하는 일태극一太極을 말할 수 있다. 또 한편 분석해서 말

---

107 『朱子文集』권50 "陰陽只是一氣, 陰氣流行則爲陽, 陽氣凝聚則爲陰, 非直有二
物相對也."
108 『朱子語類』권49 "陰陽無始, 不可分先後."
109 『朱子文集』권49 "陰陽無始, 本不可以先後言. …… 又自有先後也."
110 『朱子語類』권1 "太極只是天地萬物之理, 在天地言, 則天地之中有太極, 在萬
物言, 則萬物中有太極."

할 때는 분석한 대로 물물각각物物各各에 '일태극'을 수긍한다.[111] 여기서 본체일리本體一理가 현상으로 나타나게 되며, 정이천의 리일분수설을 인용하게 된다.[112] 그렇다고 통체의 '일태극'이 분열하여 각구일태극各具一太極의 현상을 가져오는 것은 아니다. 분수의 리도 일태극에 지나지 않는다고 한다.[113]

B. 인성론

주염계의 인성론에서 장횡거와 정이천이 주장한 요소를 발견하게 된다. 정이천의 리기설에 바탕하고 장횡거의 천지지성·기질지성을 계승하여 리에 기인함을 천지지성, 기에 소종所從을 기질지성이라 하고, 이 양성 간에 이이일二而一의 의미를 부여하면서 리일분수의 이론을 인정한다.[114] 천지지성은 변하지 않는 것이지만, 기질지성은 기의 정편正偏과 청탁수박淸濁粹駁에 의해서 인人과 물物의 차이를 가져온다. 그래서 사람과 사람 사이에도 성범聖凡의 구별을 자아낸다.

성인이란 음양이 합덕合德하고 오성五性이 온전하게 갖추어진 중정자中正者이다. 이것은 주염계의 설을 계승한 것으로 생각된다. 천지지성이나 기질지성은 편의상 이분한 것뿐이요, 현실적으로는 기

---

111 『太極圖說解』"人人有一太極, 物物有一太極, 合而言之, 萬物統體一太極也, 分而言之, 一物各具一太極也."

112 『朱子語類』권1 "問理與氣, 曰, 伊川說得好, 曰, 理一分殊, 合天地萬物而言. 只是一個理, 及在人, 則又各者有一個理."

113 『性理大全』권1, 「太極圖註」"本只一太極, 而萬物有稟受, 又自各全具一太極爾."

114 『朱子大全』, 「性說」"有天地之性, 有氣質之性. 天地之性, 則太極本然之妙, 萬殊之一本也. 氣質之性, 則二氣交運而生, 一本而萬殊也."

질지성 중에 천지지성이 공존하여 양분될 수 없다는 것이다.[115] 이와
같은 착상은 리기의 불리부잡성不離不雜性에서 유래되는 것이다. 즉
천지지성은 리만을 가리켜서 말한 것이고, 기질지성은 리와 기를 섞
어서 말한 것이다.[116] 이러한 '성'을 주자는 태극에 견주어 생각하였
다. 또 리와 기가 모여서 사람이 태어난다[117]고 하여 태극·리기로
인간 이해를 시도하였다.

> 성은 태극과 같고 심은 음양과 같다. 태극은 다만 음양 중에 있고 음
> 양을 떠나서는 있을 수 없다. 그러나 궁극적으로 말하면 태극은 태극
> 이고 음양은 음양이니 서로 섞이지 않는다. 성과 심 또한 그러하다.[118]

여기서 주자 인성론의 성리학적 체계가 엿보인다. 그의 심·성·
정의 이론도 이러한 기반 위에서 성립된다.

위에서 심은 음양과 같다고 말하였다. 뿐만 아니라 "심은 기의 정
상精爽이다"[119]라고도 하고, "심은 성과 정을 통섭한다"[120]고도 한다.
음양과 같다고 한 심은 음양을 떠나서 존재할 수 없다는 데서 하는
말이다. '기의 정상精爽'이라고 하는 심은 심의 영성靈性을 의미하며,
통성정統性情이라고 하는 심은 주재성에서 하는 말이다. 이제 리·
심·성·정의 호상互相 관계를 좀 더 자세하게 알아본다. 우선 주자
는 개념을 다음과 같이 설정한다.

---

115 『朱子語類』 권4 "天命之性, 若無氣質, 却無安頓處."
116 위와 같음, "論天地之性, 則專指理言, 論氣質之性, 則以理與氣, 雜而言之."
117 위와 같음, "人之所以生, 理與氣合而已."
118 『朱子全書』 권49 "性猶太極也, 心猶陰陽也, 太極只在陰陽之中, 非能離陰陽
也, 然至論太極自是太極, 陰陽自是陰陽, 惟性與心亦然."
119 『朱子語類』 권12 "心者, 氣之精爽."
120 『朱子文集』 권30, 「答張欽夫」 "橫渠說的最好, 心統性情者也."

인·의·예·지는 성이고 측은·수오·사양·시비는 정이다. 인으
로써 사랑하고 의로써 미워하고 예로써 사양하고 지로써 인식하는 것
은 심이다. 성이란 심의 리理요 정이란 성의 동動이니, 심이란 성·정
의 주主인 것이다.[121]

이와 같이 심을 전체로 보아 혼륜일물渾淪一物로, 또는 분석하여
성·정으로 구분하기도 한다.
성설性說에 관해서는 맹자로부터 정자로 이어지는 전통 입장에서
성선性善을 견지[122]하면서 본연지성과 기질지성으로 나누어 선악을
설명한다.

본연지성은 본래 혼연지선渾然至善하여 선악을 넘어선 순수선이다.
이것은 하늘이 나에게 부여한 것이다. 그러나 행위는 사람에게 달려
있으므로 선이 있고 악이 있다.[123]

사람이 가지는 기질에 선악이 있는 것이요 본연은 천리이므로 순
수선이라고 주장한다. 성선性善과 악인惡因을 이해함에 있어 순수선
과 기질 선악의 선이 같은가, 다른가 하는 판단은 주자의 성론性論
가운데 매우 중요한 부분이라고 할 것이다. 주자는

---

121 『朱子大全』,「性說」"仁義禮智, 性也. 惻隱羞惡辭讓是非, 情也, 以仁愛, 以義
惡, 以禮讓, 以智知者, 心也. 性者, 心之理也. 情者, 性之動也, 心者, 性情之主
也."

122 『朱子語類』권5 "性情心, 惟孟子說得好. 仁是性, 惻隱是情, 須從心上發出來,
心統性情者也."

123 『朱子語類』권101 "本然之性, 固渾然至善, 不與惡對, 此天之賦與我者然也.
然行之在人, 則有善有惡."

　　만일 본연지선本然之善이 있고 또 선악 상대善惡相對의 선이 따로 있다면 이것은 두 개의 성이 있는 것이 된다. 하늘에서 얻은 것도 이 성이며 행하여 얻은 선도 이 성이다.[124]

라고 하여 선의 두 개 근원을 부정한다. 일원一源의 선을 본연과 상대선相對善으로 구별하는 곳에 천리와 인욕을 엄격하게 구분하는 의미를 가진다.[125] 일원을 고수하는 한, 본연과 기질, 천리와 인욕이 동원同源일 수밖에 없다. 따라서 중절中節을 잃은[126] 인간 행위에 악의 원인을 돌리고 있다.

C. 수양론

　　주자의 수양론에서는 거경궁리居敬窮理, 격물치지格物致知가 그 중추를 이룬다. 정명도의 '천리'와 정이천의 '경'을 계승한 것으로 보인다. 천리와 인성은 형이상학적인 '리'에 속한 것으로 대자적對自的인 '지智'의 문제요, 격물과 치지는 현상론적인 기에 속한 것으로 내외동정內外動靜을 일관하는 경의 문제로 이해된다. 그러나 심은 기·리·지·경 모두에 관련되는 속성을 가진다.

　　심이 '기의 정상'이며 허령虛靈이 심의 본체[127]라는 것은 심 가운데 기의 측면을 지적하여 말한 것이다. 이것은 성과는 구별해야 할 점이 있다. 즉 심 가운데 기의 측면을 리와 혼동할 수는 없다. '영처靈

---

124 위와 같음. "若如其言, 有本然之善. 又有善惡相對之善, 則是有二性矣. 方其得於天者, 此性也. 及其行得善者, 亦此性也."

125 『朱子文集』 권42 "然謂性之爲善, 未有惡之可對則可, 謂終無對則不可. 蓋性一而已, …… 若乃善之所以得名, 是乃對惡而言. 其曰性善, 是乃所以別天理於人欲也."

126 『朱子語類』 권55 "惡不可謂從善中直下來, 只明不能善, 則偏於一邊爲惡."

127 『朱子語類』 권12 "虛靈, 自是心之本體."

處'라고 하더라도 이것을 성, 즉 리와 동일시해서는 안 된다는 것이다.[128] 뒤집어서 말하자면, 기의 요소를 지니는 심은 리에 맞을 수도 있고 맞지 않을 수도 있으므로 선악을 함께 가질 수 있지만 성에는 불선不善이 있을 수 없다는 것이다.[129]

성이란 심 가운데 리의 측면이요, 정이란 심 가운데 동動의 측면이니,[130] 순선은 성이며 선악은 정에 속한다. 그러므로 경계해야 할 것은 심 가운데 리의 측면인 성의 자선自善보다는 동시動時의 겸선악兼善惡 측면임은 자명한 일이다. 자연히 심은 성과 정을 통섭함이 요구되는 것이다.[131] 정이란 동처動處에 속하며 선악을 겸유하므로 선을 지키고 불선을 막으려는 심의 주체적인 통솔 기능이 필요하게 된다. 그러므로 심상心上의 수양은 바로 심통성정心統性情하는 '통統'에 있다고 할 것이다. 정情은 성에 따를 수도 있고 거역할 수도 있으니, 심통心統의 심은 결국 정의 문제로 낙착된다.

'통'은 천리를 따르는 도심道心의 작용이고, 정은 인욕人欲의 중절中節을 지킬 수 있는 인심人心의 기능이라 하여, 주자는『중용장구中庸章句』서문에서 도심이 주가 되어야 함을 언급하고 있다. 이분될 수는 없는 일이지만 편의상 심을 분류하여 인심과 도심으로 구분하고, 도심으로 하여금 항상 일신의 주가 되어서 인심이 일마다 명령을 듣도록 하면 안착安著과 중용의 실實을 얻을 수 있다고 주자는 주장한다.[132] 요컨대, 주자에서의 수양 문제는 심의 '통'을 따르고 정의 중

---

128 위와 같음, "虛靈處只是心, 不是性, 性只是理."
129 위와 같음, "心有善惡, 性無不善."
130 『朱子文集』권30,「答張欽夫」"性者, 心之理, 情者, 心之動."
131 위와 같음, "橫渠說得最好, 心統性情者也."
132 『中庸章句』, 序文 "然人莫不有是形, 故雖上智不能無人心. 亦莫不有是性, 故雖下愚, 不能無道心, …… 必使道心, 常爲一身之主, 而人心每聽命焉, 則危者安, 微者著, 而動靜云爲, 無過不及之差矣."

절을 기할 수 있는 도심의 확립으로 집약될 수 있다. 그는 이를 위한 방법으로 거경궁리와 격물치지를 제시한 바 있다.

거경과 궁리 두 가지 일은 다 같이 중요한 것이다. 궁리 공부가 능하면 거경 공부가 날로 진보하며, 거경공부가 능하면 궁리 공부가 날로 밀접해진다고 하여 그 상호 관계를 말하였다.[133] 궁리는 소이연지리所以然之理와 소당연지리所當然之理를 밝히는 것이다. 소이연을 알면 지志가 미혹되지 않고, 소당연을 알면 행行이 오류에 빠지지 않는다고 한다.[134] 궁리는 격물치지와 관련시켜 고찰하면 이해에 도움이 된다.

『대학혹문』 제1장에서는 "천하의 사물은 반드시 소이연의 까닭과 소당연의 법칙을 함께하고 있으니 이를 리라 한다"라고 하였다. 또 「보망장補亡章」에서는

심신성정心身性情의 덕과 인륜 일용人倫日用의 오상五常으로부터 천지 귀신天地鬼神의 변화와 조수 초목鳥獸草木의 바름[宜]에 이르기까지, 스스로 그 일물一物 가운데 마땅히 그러해야만 하는 당위와 반드시 그럴 수밖에 없는 것을 함께 가지고 있지 않음이 없다.[135]

라고 하였다. 사물에 구비되어 있는 이러한 이치를 궁구함이 궁리인 것이다. 그러므로 주자가 "궁리란 사물의 소이연과 그 소당연을 알고자 하는 것뿐이다"[136]라고 한 것이다. 소이연의 까닭이란 리의

---

133 『朱子語類』 권9 "學者工夫, 惟在居敬窮理二事, 是二事互相發. 能窮理則居敬工夫日益進, 能居敬則窮理工夫日密, 其實只是一事. ……"

134 『朱子大全』 권64 "知其所以然, 故志不惑, 知其所當然, 故行不謬."

135 『大學』, 「補亡章」 "心身性情之德, 人倫日用之常, 以至天地鬼神之變, 鳥獸草木之宜, 自其一物之中, 莫不有以見其所當然而不容已, 與所以然而不可易者."

136 위와 같음, "窮理者, 欲知事物之所以然, 與其所當然者而已."

원두처源頭處와의 관련이요, 소당연의 법칙이란 실처實處의 리임을 감안할 때, 이 양자의 연계는 인식론의 핵심적인 부분임을 주의하게 된다. 이와 같은 리를 궁구하려면 격물치지 공부가 요청된다. 주자는 이 공부의 요령이 즉물궁리即物窮理에 있음을 다음과 같이 말하였다.

이른바 '치지가 격물에 있다'는 것은 나의 지知를 완성하고자 할 때 물物에 즉卽하여 그 이치를 궁구함에 있다. 대개 인심의 신령스러움이 지知를 두지 않음이 없고, 천하의 사물에 이치가 있지 않음이 없으련만, 오직 이치에 미궁未窮함이 있으므로 그 지知에도 미진함이 있는 것이다.[137]

앎을 극진하게 하는 것[知盡]이 즉물궁리 여하에 달려 있음을 알 수 있다. 여기서 다시 즉물궁리의 구체적인 격치格致 공부가 밝혀져야 할 것이다. 주자는 정이천의 격치설을 이어서, 금일에 격일물格一物하고 명일에 또 격일물하는 용력用力이 오래 쌓인 뒤에 중리衆理와 오심吾心의 정추대용精粗大用이 밝아진다고 한 바 있다.[138] 이와 같은 궁리·격치는 '내 마음의 지知'에 속하는 인식 공부요, 이 밖에 다시 거경居敬 수련을 병행해야 함을 주자는 강조한다.

경敬은 본래 의지 상태에서 하는 공부이다. 정이천은 이것을 함양涵養이라고 하였다. 함양은 경하는 데서, 진학進學은 치지하는 데서

137 『大學章句』, 「格致補亡章」 "所謂致知在格物者, 言欲致吾之知, 在卽物而窮其理也. 蓋人心之靈, 莫不有知, 而天下之物, 莫不有理, 惟於理有未窮, 故其知有不盡也."

138 위와 같음, "必使學者, 卽凡天下之物, 莫不因其已知之理而益窮之, 以求至乎其極, 至於用力之久, 而一旦豁然貫通焉, 則衆物之表裏精粗無不到, 而吾心之全體大用無不明矣."

달성된다고 정이천은 말한다.[139] 주자는 경을 논함에 동정일관動靜一
貫을 주장한다. 미발시未發時의 혼연함을 경의 체體라 하고, 기발시旣
發時의 성찰을 경의 용用이라고 한다.[140]

　대개 경은 "경이직내敬以直內, 의이방외義以方外"[141]에 근거한 것
으로 통용되고 있으나, 미발처未發處의 공부를 '경'으로, 기발처의 행
行을 '의義'로 구별해왔다. 이 경과 의를 협지夾持해야 '곧장 천덕에
상달하는 것[直上達天德]'이 가능한 것[142]으로 받아들였다. 또 정자의
뜻을 계승할 때 경을 '중中'으로[143] 소화했을 뿐만 아니라, 경이란 자
연 조화의 도리유행道理流行에 간단間斷 없는 것으로 파악하기에 이
른다.[144] 무한성을 '중'에서 이해하고 영원성을 '경'에서 파악하고
자 한 것이다. 천·지·인 삼재三才로 천지에 참여하는 인간에게 이
'중'과 '경'의 현실화는 더없이 중요한 일이 아닐 수 없다.

　이러한 의미에서 천지자연상으로는 실리實理요 인신상으로는 실
심實心이라고 하여, 주자는 불성무물不誠無物[145]을 말하고 있다. 천도
가 유행流行하여 쉬지 않는 것이 실리요, 인간은 경하는 데서 실심처
實心處의 현실화가 가능하다는 것이다. 인간 의지상의 간단 없는 실심
이야말로 경의 소산이며, 이 경이 사회적으로 행동으로 구현된 것이

---

139 『二程全書』,「伊川易傳(四)」"涵養須用敬, 進學則在致知."

140 『朱子文集』권43,「答林釋之」"敬字, 通貫動靜. 但未發時渾然, 是敬之體.
　　……　旣發則隨事省察, 而敬之用行焉. …… 故敬義非兩截事."

141 『周易』, 坤卦,「文言傳」.

142 『朱子文集』상권,「另一書」"仲思問, 敬義夾持, 直上達天德. 曰: 最是他下得夾
　　持兩字好, 敬主乎中, 義防乎外. 二者相夾持, 要放下霎時也不得."

143 『朱子語類』권96 "只敬而無失, 便不偏不依, 只此便是中."

144 위와 같음, "易是自然造化, 聖人本意, 只說自然造化流行. 程子是將來就人身
　　上說, 敬則這道理流行 不敬便間斷了."

145 위와 같음, "就天地之間言之, 是實理, 就人身上言之 惟敬然後, 見得心之實處
　　流行不息. 敬才間斷, 便不誠, 不誠便無物, 是息也."

의義라는 이해는 '경이직내' '의이방외'의 뜻에서 벗어나지 않는다.

　주자는 내경외의內敬外義의 일관성을 중시하고, 경을 주일主一로 해석한[146] 정이천의 뜻을 계승하여 주일을 겸동兼動으로 추리한다.[147] 정명도의 정성설定性說에 보이는 '정定'과 주염계의 『태극도설』에 보이는 '정靜'을 의미상으로 연결시키려는 의지가 엿보인다.

　이상으로 격물치지와 거경궁리를 살펴보았다. 격물치지의 '지'와 거경궁리의 '경'은 실심으로 현실화하는 데 없어서는 안 될 양면임을 보았다. '지'는 인식론상의 문제요, '경'은 실천지實踐志에 관한 문제라고 할 때, 인식을 위한 격물치지와 실천을 위한 거경궁리는 하늘을 나는 새의 두 날개와도 같이 수양성덕修養成德에서 큰 비중을 차지한다고 할 것이다.

　다음은 주자의 학설 중 배불排佛에 관한 부분을 언급하고자 한다.

　D. 배불론

　주자의 배불 이론은 대개 리理와 심心의 양면으로 분류할 수 있다. 리는 유리有理와 실리實理, 무리無理와 공리空理로 유·불을 평하고, 심은 불성佛性과 성리性理를 대조 비교한다. 먼저 리에 관하여 살펴본다.

　불가는 공리를 설하고 유가는 실리를 설한다.[148] 도가와 불가의 '무無'를 비난하여 그 '무'일 수 없음을 주장한다.[149] 중리衆理를 머금

---

146 『程氏遺書』 권7 "敬, 只是主一也."

147 『朱子語類』 권96 "主一, 兼動靜而言."

148 『朱子語類』 권126 "釋氏說空, 不是便不是. 但空裏面, 須有道理始得. 若只說道我是個空, 而不知有個實底道理, 却做甚用."

149 위와 같음, "謙之問, 今皆以佛之說爲無, 老之說爲空, 空與無不同如何? 曰: 空是兼有無之名. 道家說半截有, 半截無, 已前都是無. 如今眼下都是有, 故謂之空. 若佛家之說, 都是無. 已前也是無, 如今眼下也是無, 色卽是空空是色, ……"

고 있는 태극으로 말하면 비록 시공時空을 초월하여 영원히 존재한
다고 할지라도 생성 변화하는 음양지기陰陽之氣와 무관할 수 없다.
이것을 '공'이라고는 할 수 없다. 따라서 허실이일虛實二一로 유·불
을 비교하여 말하게 된다.[150] 같은 불생불멸不生不滅의 지경을 말한
다고 하더라도 유가에서는 이것을 '리'라 하고, 불교에서는 이것을
'신식神識'이라고 한다는 것이다.[151] 송대 당시에는 선종禪宗이 성했
고, 선종의 화두인 공적空寂과 무의無義를 유가에서의 의리義理 투철
함과 비교 고양하기도 한다.[152] 공리와 실리는 이를 저변으로 하는
양자의 심성관에도 반영된다.

심에 있어서도 불가에서는 심공이무리心空而無理요, 유가에서는
심공心空이기는 하지만 만리萬理가 구비되어 있다는 것이다.[153] 명덕
明德을 "뭇 이치를 갖추고 만사에 응한다[具衆理, 應萬事]"라고 주석하
는 저의가 보이기도 하지만, 심합리기心合理氣라는 그의 심성론에서
유래된다고 하겠다.

또한 주재적인 '심'의 경우 의견을 달리한다. 즉 심이란 일신의 주
재요, 심 밖에 또 다른 심을 설정할 수는 없다. 심은 주객主客으로 대
립시켜서는 안 되는 것이다. 심을 가지고 심을 구한다든가, 심으로써
심을 부린다는 등의 일[154]은 부당하게 된다. 따라서 불가의 식심識心

一齊都歸於無."

150 위와 같음, "釋氏虛, 吾儒實. 釋氏二, 吾儒一. 釋氏以事理爲不緊要而不理會."

151 위와 같음, "學禪者, 只是把一個話頭去看. …… 只是如此敎人, 但他都無義
理, 只是個空寂. 儒者之學, 則有許多義理. 若看得透澈, 則可以貫事物, 可以洞
古今."

152 위와 같음, "儒者以理爲不生不滅, 釋氏以神識爲不生不滅."

153 위와 같음, "彼見得心空而無理, 此見得心雖空而萬理咸備."

154 『朱子文集』 권69, 별집 5 "夫心者, 人之所以生乎身者也. 一而不二者也, 爲主
而不爲客者也. 命物而不命於物者也. 故以心觀物, 則物之理得, 今復有以反觀
乎心, 則是此心之外, 復有一心, 而能管乎此心也. 釋氏之學, 以心求心, 以心使

이나 견성見性은 별도로 일심一心을 세워서 일심을 인식한다는 것이
되니,[155] 불가하다는 것이다.

성에 관해서도 '천명지위성'의 성, '성즉리'의 성의 입장에 서는 유
가에 비해서, 불가는 리의 성이 아니라 성을 작용시作用視하여[156] 유
가의 심과 혼동한다고 한다. 서자융徐子融이 고고枯槁에 성이 있는지
여부를 물었을 때, 주자는 "성은 리이다. 사물이 있으면 이 리가 있
다. 자융이 착각한 곳은 심을 성으로 삼은 대목이다. 바로 불교와 서
로 비슷하다"[157]라고 대답하였다. 성을 작용으로 생각한다면 유가의
심이나 정과 혼동되는 셈이다. 천명天命에 이어서 그 순수성을 지키
려는데 리의 의미를 부여하고자 하는 주자의 주장으로 생각된다.

이와 같은 주자의 입장에서는 성을 심으로 이해하고 심을 의意로
파악하는[158] 불가의 설을 긍정하기는 어려운 일이다. 천명의 성을 심
이나 정과 구분하지 않은 채 혼용하고 있다는 점 때문에 결국 불가는
도리를 모르는 것이고, 그들의 성관性觀은 고자告子의 생지위성生之
謂性을 의미하는 데 불과하다는 견해이다. 위에서 살펴본 리와 심에
대한 대불對佛 비판은 장횡거의 공적空寂·환망幻妄, 정명도의 성관
性觀, 정이천의 리설理說 등에 힘입은 바라고 생각된다.

이상으로 주자학의 이론 체계를 우주론·인성론·수양론·배불

心, 如口齕口, 如目視目."

155 『朱子文集』, 별집 8 "所以識心者, 則必別立一心, 以識此心, 而其所謂見性
者, 又未嘗觀天民之衷, 物之則也, 旣不觀天性之本然, 則物之所感, 情之所發,
…… 槪以爲己累而盡絶之, 雖至於反易天常殄滅人理而不顧."

156 『傳法正宗記』 "王問曰: 何者是佛? 婆羅提曰: 見性是佛. 王曰: 師見性耶? 答
曰: 我見佛性. 王曰: 性在何處? 答曰: 性在作用."

157 『朱子語類』 권126 "性只是理, 有是物斯有是理. 子融錯處, 是認心爲性, 正於
佛氏相似."

158 위와 같음, "上蔡云, 佛氏所謂性, 正聖人所謂心, 佛氏所謂心, 正聖人所謂意."

론 순으로 살펴보았다. 주자의 학문 형성의 배경과 체계를 통하여 볼
때, 그의 학설의 특징을 다음과 같이 이해할 수 있겠다.

3. 주자학의 특징

앞에서 주자학은 주염계 · 장횡거 · 정명도 · 정이천의 사상을 기
반으로 형성되었고 그 기반 위에 이론이 체계화되었음을 보았다. 여
기서 그의 학설의 특징을 다음의 몇 가지로 요약해볼 수 있다.

첫째, '집대성'이라는 특징이 발견된다. 그의 저서와 주석서는 그
양으로 보아서 압도적임을 알 수 있다. 그의 저서로는 문집 121권과
제자들과의 문답 내용을 엮은『어류』140권이 있다. 문집은 문하의
고제高弟가 편찬한 것이요,『어류』는 제자들이 필록筆錄한 것이다.
후인들에 의해 발췌된 것으로는『주자전집朱子全集』64권,『주자서
절요朱子書節要』20권, 장백행張伯行의『주자문집』18권, 섭룡자葉龍
子의『주자어록유요朱子語錄類要』18권 등을 비롯하여 기타 수십 종
이 있다.

주석서 가운데 가장 심혈을 기울인 것이『사서집주四書集註』이다.
후세에 이『집주』없이는 사서四書를 말하지 못할 정도로 중요시되
었다.『논어집의論語集義』34권,『대학』·『중용』의 장구章句와 혹문或
問 등은『집주』를 완성하기 위해 엮은 것이다. 이 밖에 중요한 주석서
로는『주역본의周易本義』12권,『역학계몽易學啓蒙』4권,『의례경전통
해儀禮經傳通解』37권,『가례家禮』5권,『시집전詩集傳』8권,『태극도
설해太極圖說解』1권,『통서해通書解』2권,『서명해西銘解』1권,『음부
경주陰符經註』1권,『초사집변증楚辭集辨證』8권,『동후어同後語』6권,
『한문고이韓文考異』10권, 기타『시괘고오蓍卦攷誤』·『맹자지요孟子指
要』·『중용집략中庸輯略』·『효경간오孝經刊誤』등이 있다.

편찬서로는『상채어록上蔡語錄』3권,『정씨유서程氏遺書』25권,『정

씨유서외서程氏遺書外書』12권,『근사록近思錄』14권,『이락연원록伊
洛淵源錄』16권,『연평답문延平答問』1권,『송명신언행록宋名臣言行錄』
전후 24권,『소학小學』6권,『자치통감강목資治通鑑綱目』60권이 있
다. 이처럼 많은 양을 통하여 주장을 보이게 되었으니 그의 성실성과
정력이 놀랍다. 학설상의 결점 유무나 창견 여부보다도 후대에 끼친
영향이 지대하다. 우선 주자학은 조선조 500년을 풍미했고, 일본에
서도 도쿠가와 시대[德川時代]의 주류를 이루었다. 주자를 '후공자後
孔子'라 하고, 율곡을 '후주자後朱子'라고 한 송갑조(宋甲祚: 송시열 부
친)의 말[159]이 타당한 것으로 받아들여진다.

둘째, 그의 학설의 초점은 '리理'에 있다. 성즉리性則理나 태극이
'리'라고 하는 견해는 역시 주자가 송대의 성리학을 정립한 핵심처
이다. 앞서 살펴보았듯이 주염계의 『태극도설』, 정이천의 리기론이
기반이 되어 주자의 '리'론이 성립되었고, 이 '리'에서 모든 논리가
도출되었다고 할 수 있다.

리와 기가 현실적으로 묘합공존妙合共存하면서 논리적인 부잡不雜
과 주종主從을 이룬다는 점에서 주자적 리의 성격이 특징지워진다고
하겠다. 우주의 태극지리太極之理와 인간의 인극지리人極之理는 극極
의 리理로서 일리一理이기는 하지만, 인간은 명지命之하는 천天에 비
하여 물物일 수밖에 없고, 물인 이상 청탁수박淸濁粹駁의 제한을 면
할 수 없다. 따라서 제한을 받지 않는 천과 리를 구별하지 않을 수 없
고, 리에 있어서 통通의 일리一理와 색塞의 수리殊理로 양면을 생각하
게 된다. 이 양면의 개통開通 작업이야말로 주자가 집중적인 노력을
기울인 곳이다. 이로 인해 바로『대학』의「보망장補亡章」을 찬술하게
되었으며, 활연관통豁然貫通의 개통을 주장한 격물치지론이 나오게

159 『宋子大全』권151,「告皇考睡翁先生, 皇妣貞敬夫人郭氏墓文」"因又策勵曰,
朱子後孔子也, 栗谷後朱子也."

된 줄 안다. 궁리窮理하는 격물과 진성盡性하는 치지가 지명至命하는 활연경豁然境을 가져온다는 의미로 이해된다.

주자의 학설을 가리켜서 선지후행론先知後行論이라고 한다. 이는 논리상으로 식리(識理: 인식)가 선행되어야 한다는 말이요, 현상에서 지행의 선후를 구별함이 아니다. 그러므로 논리상 리는 항상 주主가 되며 사리상의 기는 종從이 되어야 한다는 것이다. 이러한 리는 정치 제도상으로나 농업 경제상으로나, 인간의 교육상으로나 사회 윤리상으로 일관되는 하나의 구심처이자 귀일점으로 간주된다. 주자의 리는 백행百行이 도출될 수 있는 가치의 주체요 만선萬善의 근원이라고 하겠다. 이렇게 생각할 때 주자의 리기론에서는 종국에 '리'를 인식하는 인식론이 매우 중요하다. '선지후행'이란 행보다 지를 앞세운다고 하는 현상에서의 선후 구별이 아니다. 인식하는 논리에서 '리'가 선先임을 명백히 해야 할 것이다.

셋째, '리'는 지켜져야 하고 '비리'는 배격되어야 한다는 등 변척辨斥을 분명히 한다는 점이다. 양주楊朱·묵적墨翟이나 허무적멸虛無寂滅을 배격하는 까닭이 여기에 있다. 이것은 학설상의 변척이지만 역사에서 대의명분을 밝히는 이유도 여기에 있고, 도리를 수호하며 대의명분의 종통宗統을 높이고자 하는 의미도 여기에 있다고 할 것이다.

북방의 금나라가 무도無道를 자행하여 남송을 침릉侵凌하는 것을 주자는 견딜 수 없었다. 그런 만큼 호도護道의 적극성을 보였다. 이 역시 '리'를 근거로 하는 국가의 종통으로 유로流露되는 현상의 한 단면이었던 것으로 생각된다. 사마광司馬光이 『통감通鑑』에서 세력을 주로 하여 위魏를 정통으로 인정한 데 비하여, 주자는 도리를 주로 하여 촉蜀에 정통성을 부여하였다. 주자가 『통감강목通鑑綱目』을 펴낸 뜻은 다름 아닌 '리'를 통근統根으로 해야 한다는 집념 때문이었을 것이다. 학문상으로 '리'를 정립한 주자는 『통감강목』을 통해 '리'

중시적 사관史觀을 수립하였고, 생활상으로는 '직直'으로써 '리' 철학을 현현顯現하였음을 볼 수 있다.

넷째는 그 '직直'을 들 수 있다. 논리에서는 인식하는 지知가 소중하지만, 실천하는 데는 지행知行이 시간상으로 선후가 있을 수 없다. 이 의미는 리기불리理氣不離의 묘합 속에서 리기부잡理氣不雜의 주종主從 논리를 나타내는 것이다. 바꾸어 말하면 이 주종은 통統의 의미요, 이 통의 비인위적인 발로는 다름 아닌 '직'으로 생각된다. 공자가 "사람은 직直으로 태어나는 것이다. 이것 없이 살 수 있다면 그것은 요행이다"[160]라고까지 함을 보면 사람은 '직'이어야 한다는 것이다. 맹자가 "직하지 못하면 도는 나타나지 아니한다"라고 한 것은 인심유위人心惟危를 경고한 것으로 이해된다. 이처럼 공맹의 유학에서 '직'은 소이연所以然과 소당연所當然을 이어주는 교량에 '직'을 놓은 것임을 알 수 있다. 따라서 자연계의 생생生生도 이로 인해서 무궁하고, 사회계의 질서도 이로 인하여 정연하며, 인간계의 선악도 이로 인하여 혼동되지 않는다고 할 것이다.

주자가 임종 당시 천지가 생만물生萬物하는 소이所以와 성인이 응만사應萬事하는 소이는 '직'뿐이라[161]고 한 이유를 알 수가 있다. 그러므로 송시열이 공자와 맹자와 주자의 전심傳心하는 법이 '직' 한 글자에 있다고 한 것[162]은 타당한 생각이 아닐 수 없다. 다만 일리一理에서 파생된 형국 속의 만리萬理는 인간의 경우 선정善情으로 실천

---

160 『論語』,「雍也」"子曰, 人之生也直, 罔之生也, 幸而免."(追記)

161 『朱子大全』부록 권6,「연보」, 庚申, 71세조 "爲學之要, 惟事事悉求其是, 決去其非, 積累日久, 心與理一, 自然所發, 皆無私曲. 聖人應萬事, 天地生萬物, 直而已."(追記)

162 『朱子大全』, 부록 권11, 27a「연보」, 己巳, 83세조 "天地之所以生萬物, 聖人之所以應萬事, 直而已. 孔孟以來相傳, 惟是一直字, 而朱子臨終, 所以告門人者, 亦不外此矣."(追記)

되어야 하겠기에, 순舜과 같이 위位를 버리고 어버이와 함께 도주해야 하며, 공자의 말과 같이 부모는 자식을 위해서, 자식은 부모를 위해서 감추는 일이 생긴다고 이해된다.[163] 주자의 활연관통豁然貫通의 일리一理와 '직' 한 글자뿐이라는 생활 의리는 주자학의 특징을 나타내는 단면이라고 하겠다. 주자학이 가지는 이론의 특징들은 조선 초기의 격동 속에 스며들게 되었다.

4. 조선 초기에 끼친 영향

조선조의 문화는 유교로 특징지워진다. 주자학이 중심이 되었음은 건국 초의 유교정책에 힘입은 바도 없지 않지만, 기본적으로 주자학이 가지는 특징에 영향을 받은 것임을 소홀히 보아 넘길 수 없다.

여말선초의 변혁 명분을 합리화한 이면에서 주자의 종통관宗統觀이 작용하였음을 볼 수 있다. 사상적 측면에서의 수도守道는 배불사상排佛思想에서 볼 수 있고 존통尊統하는 춘추의리春秋義理는 조선조를 일관하는 의리사상의 시원적始原的 구실을 하였다. 뿐만 아니라 정치·경제·교육·사회·윤리에 끼친 영향은 실로 지대하였다. 주자학이 가지는 하나의 핵심에서 가지로 퍼져 나가는 학문적 체계에서 이해되어야 할 문제이다.

고려조가 조선조로 교체됨에 있어서 주자학이 이론과 실제상으로 끼친 기능은 사회 전반에 걸쳐서 살필 수 있겠다. 우선 부불腐佛의 제거 쇄신과 건국의 대의명분에서 찾아보고, 나아가 정치·경제·교육·사회·윤리순으로 고찰해보고자 한다.

---

163 『論語』, 「子路」 "葉公語孔子曰, 吾黨有直躬者, 其父攘羊, 而子證之. 孔子曰, 吾黨之直者, 異於是, 父爲子隱, 子爲父隱, 直在其中矣."

A. 숭유정책의 저변이 된 배불론

주자의 배불론이 유교입국儒教立國의 송조宋朝 역사를 지나면서 주장된 것에 비하여 조선 초의 배불론은 불교가 극도로 부패한 시대 배경을 가지고 있는 점이 다르다고 생각된다. 따라서 정도전이 느낀 배불의식은 주자보다 그만큼 강렬했으리라고 생각된다. 『심기리心氣理』 3편과 『불씨잡변佛氏雜辨』에서 그의 배불 이론을 읽을 수가 있다. 『심기리』 3편에서는 유·불·도 삼교를 논하면서 불교를 공격하고 있다. 석씨釋氏의 수심修心과 노씨老氏의 양기養氣, 유가의 의리義理를 비교하여 불가의 비非를 논하고 있다. 이 3편의 서序에 따르면 "이 『심기리』 3편은 삼봉 선생이 지은 것이다. 선생은 항상 도학을 밝히고 이단을 배척하는 것으로써 임무를 삼았다"고 전제하고, 불가의 치심治心과 도가의 양생養生에 대하여 각각 하나를 지키고 두 가지를 버리는 것이라 비난한다. 여기에 비하면 유가는 리를 주로 하여 심과 기를 다스리니 그 일一을 근본 삼고 이二를 버리는 것이 아니라 다스린다고 하여 유儒의 이理를 고조시킨다. 이는 주자의 배불론에서 볼 수 있었던 무리無理와 허리虛理를 공격하고 유리有理와 실리實理를 내세우는 입장이 계승되고 있음을 의미한다.

『불씨잡변』은 윤회지변輪廻之辨·인과지변因果之辨·심성지변心性之辨·작용시성지변作用是性之辨·심적지변心跡之辨·매어도기지변昧於道器之辨·훼기인륜지변毀棄人倫之辨·자비지변慈悲之辨·진가지변眞假之辨·지옥지변地獄之辨·화복지변禍福之辨·걸식지변乞食之辨·선교지변禪敎之辨·유석동이지변儒釋同異之辨·불법입중국佛法入中國·사불득화事佛得禍·사천도이담불과舍天道而談佛果·사불심근계대우촉事佛甚謹季代尤促·벽이단지변闢異端之辨 등의 제변諸辨으로 불교의 비非를 논하였다. 대개 심공心空·성실性實의 비리非理와 허탄虛誕의 비윤리를 들어서 이단으로 몰고 있다. 여말 유학자들은 한결같이 불교를 비난하지만 이론을 세워 그 부당함을 지적한 것은 정도전이 처음이다. 따라서 후대에 끼친 배불 영향도 그만큼 컸다고 할 것이다.

정도전의 배불론을 다음에 조별로 요약해본다.

윤회 : 태극리기太極理氣의 왕이과往而過와 내이속來而續하는 영원성을 말하고, 윤회설이 세상을 미혹케 함이 더욱 심함을 통박한다.

인과 : 리기음양理氣陰陽의 생성으로 통색편정通塞偏正함과 청탁후박淸濁厚薄의 차등이 생김을 논하여 인과설이 황당하고 오류투성이임을 논한다.

심성 : 유가에서의 심은 심통성정心統性情의 심이요, 성은 성즉리性則理의 성이다. 불교에서는 관심견성觀心見性을 주장하여 심으로써 심을 본다는 모순을 범하였다. 석씨釋氏는 허虛요 오유吾儒는 실實, 석씨는 이二요 오유는 일一, 석씨는 간단間斷이요 오유는 연속이다.

작용시성作用是性 : 성은 순수지선의 리理라고 하여 작용과 리를 구별하는 주자의 입장을 지킨다. 주자의 이른바 "작용을 성이라고 하면 사람이 어찌 칼을 잡고 남을 죽이는 것[執刀殺人]을 다스릴 수 있으랴"고 한 말을 인용하면서, 형이상의 리와 형이하의 기를 엄격하게 구별한다.

심적心跡 : 체용일원體用一源, 현미무간顯微無間을 말하여 마음과 자취를 구별하는 유경무의有敬無義를 공박하는 정자의 말을 인용, 불교의 고고무의枯槁無義함을 심하게 비판한다.

도기道器 : 형이상의 도와 형이하의 기器는 단 하루도 떨어질 수 없을 뿐만 아니라 섞일 수도 없는 부잡불리不離不雜 관계에 있다. 도기道器를 두 갈래로 보는 불교, 특히 반야사상般若思想에서 이른바 "무릇 형상이 있는 것은 모두가 허망하다. 형상을 형상이 아닌 것으로 보면 곧 여래를 보게 되리라[凡所有相, 皆是虛妄. 若見諸相非相, 卽見如來]"고 한 것을 공박한다.

인륜 : 정명도의 말을 인용, '도'의 잠시도 떠날 수 없는 인륜의 중요성을 강조하면서 훼인륜毁人倫 거사대去四大의 불교 입설立說을 변별한다.

자비 : 불교의 자비와 유교의 측은惻隱을 비교 논급하되, 유교의 친친親親 · 인민仁民 · 애물愛物을 설명하면서 인륜이 하나의 가합假合에 불과하다고 보는 불교의 무의무리無義無理함을 공박한다.

진가眞假 : 유가의 태극조리太極條理를 밝히고, 유가의 심성心性을 진상眞常이라 하며, 천지만물을 가합假合이라고 함을 도리에 어두운[迷昧] 것으로 비판한다.

지옥 : 지옥이 없다면 사람이 두려워할 바 없으므로 악을 행하게 된다고 생각하는 불승에 대하여 "군자가 선을 좋아하고 악을 미워함은 호색好色을 좋아하고 악취를 싫어함과 같아서 모두 중中으로부터 나와서 저절로 되는 것이라"고 변설한다.

화복禍福 : 천도의 복선화음福善禍淫과 인도의 상선벌악賞善罰惡은 내 마음의 정正 · 부정不正과 오기吾己의 수修 · 불수不修에 달려 있는 것이요, 구求 · 불구不求에 있는 것이 아니라고 하면서 사정시비邪正是非를 논하지 않고 부처로의 귀歸 · 불귀不歸가 화복을 좌우한다고 하는 잘못을 밝히고 있다.

걸식乞食 : 생활 속에서 식食은 대사大事에 속하므로 홍범팔정洪範八政 중에서도 식화食貨를 으뜸으로 쳤다. '식'을 생민生民의 도로 중시하여 가색稼穡이 천하의 대본大本으로 엮어온 것을 강조하면서 남경여직男耕女織을 떠나서 걸식을 일삼는 불씨의 무의무리無義無理를 비판한다.

선교禪敎 : 불씨의 소론所論이 인과응보설에 기반하여 어리석은 민중을 유혹하거나 속일 뿐이라고 비판한다. 인사人事를 폐기하고도 화복선악禍福善惡을 논하고 징권지계懲勸持戒를 설하는 종래의 전통에다 달마達摩가 중국에 들어온 뒤로 불립문자不立文字와 견성성불

見性成佛의 선교禪教가 한 번 나오게 됨으로써 계율지신戒律持身의 도 마저 잃게 되었다고 하며, 주자의 말을 인용하여 변박辨駁한다.

유석동이儒釋同異 : 허무적멸虛無寂滅을 유·불로 비교하면서 실학 과 허학으로 구분한다. 또 주자의 설을 이끌어 유가의 심론心論을 밝 히면서 불교는 겉만 번지르르하는 피음사둔詖淫邪遁이 심함을 비난 한다.

벽이단闢異端 : 주자의 이른바 "불씨의 말은 이치에 더욱 가까우면 서[彌近理] 크게 진리를 어지럽히는 것[大亂眞者]이라"는 변설을 인 용하면서 그 고묘高妙한 말이 무부무군無父無君의 양묵楊墨의 해보다 도 더욱 심하다고 통박한다.

정도전의 배불론 요점을 집약하면 첫째 불교가 허학虛學이라는 점, 둘째 인륜을 해친다는 점, 셋째 비생산적이라는 점 등으로 지적 된다. 이와 같이 척불론의 기치를 높이 든 정도전의 영향은 조선조를 일관하면서 배불론을 유지하는 원동력 구실을 하였다.

B. 의리사상

주자는 의리지설義利之說을 유학에서 으뜸으로 생각하였다.[164] 무 엇이 의義이며 무엇이 이利인가의 판단은 유학사상의 실천을 논하는 자리에서 소홀히 할 수 없는 매우 중요한 문제이다.

고려가 쇠망하고 조선이 건국되면서 주자의 의리사상이 중시되었 다. 의리사상의 초점은 의리지변義利之辨에 있었다. 한편은 불사이군 不事二君하는 충의忠義로, 또 한편은 친명親明 외교의 존통尊統으로 춘추대의에 초점을 두는 두 가지 경향으로 나누어졌다. 조선조 초기 에 이미 이루어놓은 역성혁명을 어떻게 정착시켜 나갈 것이냐 하는 점이 사상적으로, 정책적으로 크게 문제 되지 않을 수 없었다. 여기

---

164 「朱子文集」 권17, 「上延平先生」 "義利之說, 乃儒者第一義."

에 의義가 중시되었고, 전조前朝 수호의 충의도, 친명존통親明尊統의 대의도 주자가 중시하는 의리義利의 '의'로 모아졌던 것이다.

a. 전조 수호의 의리

죽음으로써 전조前朝를 지키려 했던 정몽주는 그의 학설을 전하는 저서가 미비하지만 후인들은 그의 학문을 높이 평가하고 있다. 이색李穡은 "정몽주의 논리가 횡설수설하여 이치에 맞지 않는 것이 없다[夢周論理, 橫說竪說, 無非當理]"라고 극찬한 바 있다. 우암 송시열은 "어떤 말씀을 하셨는지 알지 못하니 안타까움을 이길 수 있으랴[未知 爲何等語也, 可勝惜哉 -「重刊序文」]"고 한 바와 같이 그의 논리를 밝혀주는 저서가 전하지 않음을 아쉬워하고 있다.

퇴계 이황은 "우리 동방의 성리학은 정포은을 조종祖宗으로 삼는다[嘗言吾東理學, 以鄭圃隱爲祖]"[165]라고 하여 정몽주를 한국 성리학의 시조로 삼고 있다. 장지연張志淵이

포은은 곧 우리 동방 리학의 종조宗祖이다. 송유宋儒 정주程朱의 학문이 실로 여기서 시작되었다.[166]

라고 한 표현을 보면 리학의 시조일 뿐만 아니라, 정주학의 시원을 여기서 찾고 있음을 알 수 있다. 현상윤의 『조선유학사』에 따르면 "타고난 자질이 지극히 높아 호매豪邁함이 다른 사람보다 뛰어났으며, 충효대절이 있었다[天分至高, 豪邁絶倫, 有忠孝大節]"고 하여 그의 큰 절개를 높이고 있다. 이병도李丙燾의 『한국유학사 초고韓國儒學

---

165 『退溪全書』 하권, 성균관대학교 대동문화연구원, 717쪽.

166 『朝鮮儒敎淵源』 권1, 〈鄭夢周〉조. "圃隱卽吾東理學之宗祖, 而宋儒程朱之學, 實濫觴於此也."

史草稿』에서도 "추존하여 동방 이학의 종조로 삼았다[推爲東方理學之祖]"고 하고 있음이 보인다.

위에서 본 바와 같이 정몽주가 이학의 시조로 공인되어 있음은 사실이다. 다만 이론적 근거를 밝힐 수 없는 것이 아쉽다. 그의 〈단심가丹心歌〉가 알려주듯이 충효대절은 부동심不動心으로 실천되었거니와, 숙종 대왕도

절의가 천고에 높으니 평생 내가 경중敬重하였네, 열성조께서 누차
포숭褒崇하였으니 사림치고 누근들 용동聳動하지 않으리오.[167]

라고 하여 그를 지극히 높인 바 있다. 이 밖에 그의 사상에서 배불의식과 함께 유학의 일상지도日常之道를 강조하고 있음은 주목할만한 일이다. 즉 정몽주는 불가의 관공적멸觀空寂滅과 사친척멸辭親戚絶의 철학과 윤리를 비난하면서 유가의 일상의 도리로 요순堯舜의 도를 높이고 있음을 「경연계사經筵啓辭」에서 읽을 수 있다.[168] 이뿐만 아니라 선죽교善竹橋에서 순절한 그의 절의를 볼 수가 있다. 명나라 조정에 조천사朝天使로 가기를 모두 꺼리는 터에 정몽주는 "군부君父의 명령은 물이나 불로도 피할 수 없거늘 하물며 천조天朝에 조회하는 일이겠는가[君父之命, 水火尚不避, 況朝天乎]"[169]라고 하여, 대행한 그의 군명君命에 대한 태도는 순도지사殉道之士의 자세를 일찍부터 보여준 것이라 하겠다. 장지연의 지적과 같이 정주학

167 『肅宗實錄』 "節義千秋高, 平生我敬重. 烈祖屢褒崇, 士林孰不聳."

168 『圃隱集』, 「經筵啓辭」 "儒者之道, 皆日用平常之事, 飲食男女, 人所同也, 至理存焉. 堯舜之道, 亦不外此. 動靜語默之得其正, 即是堯舜之道, 初非甚高難行. 彼佛氏之敎則不然, 辭親戚絶, 男女獨坐巖穴, 草衣木食, 觀空寂滅爲宗, 是豈平常之道?"

169 위와 같음, 「年譜」, 洪武 17年條.

이 들어와서 그가 리학으로 시원을 열어주었음과 함께 주자학이 그에게 끼친 영향을 짐작할 수 있는 부분이라고 하겠다.

b. 대의명분의 의리

의義 가운데 큰 의를 대의라고 한다. 대의 중에서도 존통尊統의 의는 '대의 중의 대의'라고 생각된다. 그러므로 국통國統이나 관통官統 등 종통을 존중하는 일은 통체일태극統體一太極과 각구일태극各具一太極의 조리條理에서 볼 때, 유학사상에서 가장 중시되는 것이라 하겠다.

역성혁명의 명분을 찾는 일을 대외 정책상 친명親明 시책에 두었다. 친명존통親明尊統의 의의는 주자의 정통관으로부터 영향을 받은 것이라 하겠다. 이마니시 류今西龍에 따르면 한국인의 정통 천자사상正統天子思想은 주자학으로부터 유래된 것이라고 한다.[170] 사마광의『자치통감』을 기초로 하여 정통을 분명히 하고자 한 것은 주자가『통감강목』을 저술한 이유였다.

주자가 「강목서綱目序」에서

연대의 오래됨과 가까움, 국통國統의 분열과 통합, 사사事辭의 자세함과 생략됨, 의론議論의 같고 다름 등을 하나로 관통하고 환하게 분석하여 마치 손바닥 위에서 가리키듯이 하였으니 이름하여 '자치통감

---

170 今西龍,『朝鮮史の栞』,「李氏朝鮮」"元に入りて若くば在りて學問せし高麗人の子弟は少數ならざりき. 彼等は元に在りて學びしと雖も其學問は支那民族の學問にして從て彼等が感染せし思想は實に宋人の思想(朱子學)にしてこれらは宗主國たる帝國が正統のものなりや僞統のものなりやの問題に重きを置き正統の天子と支那人にして三代以來繼承する所あるものなりき. 蓋し高麗には文士多かりき. 末だ元に服屬せざる時代に李奎報あり李仁老あり吳世才あり次で崔滋ありしが半島の正統天子思想は朱子學より來るもの多し."

강목'이라 한다. 무릇 약간권若干卷이다.[171]

라고 함을 보면 국통의 일관성을 주시하였고, 그 통統의 원류를 멀리 하·은·주의 주周에서 잡고 있다.[172] 공자가 "주나라를 따르겠다"[173]고 한 것은 중국 문화의 국통이 주나라로 계승됨을 의미한다. 이를 인정하고 있음에 비추어 주자가 주나라를 계통繼統으로 파악하고 있음은 당연하다고 하겠다. 친원親元과 친명親明의 외교 기로에서 신흥 명나라를 중국의 정통으로 긍정하는 일은 친명책親明策을 결정하는 명분으로 가장 적절한 일이 아닐 수 없었다. 공민왕이 한갓 명나라의 세력에 굴복해서가 아니다. 오랑캐를 혁파하겠다는 정신의 발로요 유학사상의 영향이다. 주자의 춘추사상에 입각한 대의명분의 실현[174]이라는 이유를 여기서 발견할 수 있다. 그러나 여기서 주의하고자 하는 것은 '존통'이라는 의미가 명나라에 종속되고 나아가 중국의 속국이 되어 주권을 포기함을 뜻하는가 하는 문제이다. 각국의 주체를 주체일 수 있게 할지언정, 주체를 횡령橫領하는 의미의 존통일 수는 없다.

맹자가 말하는 '이소사대以小事大'를 모화慕華로만 오해해서는 안 될 것이다. 맹자의 진의는 인정仁政에 있고 패도覇道에 있지 않다. '이소사대'란 '이대사소以大事小'하는 낙천樂天을 외면하는 것일 수는 없다. 사대와 사소는 한결같이 주체를 존중하는 의미를 지닌 맹자

---

171 "使夫歲年之久近, 國統之離合, 事辭之詳略, 議論之同異, 通貫曉析, 如指諸掌, 名曰資治通鑑綱目, 凡若干卷, ……"

172 『資治通鑑綱目』, 「序」 "歲周於上, 而天道明矣. 統正於下, 而人道定矣. 大綱槪擧, 而監戒昭矣. 衆目畢張, 而幾微著矣, 是則凡爲致知格物之學者, 亦將慨然有感於斯, ……"

173 『論語』, 「八佾」 "子曰, 周監於二代, 郁郁乎文哉? 吾從周."

174 『尹文學士遺稿』, 제2장, 제2절, 「朱子學の傳來とその影響について」 참조.

의 인정에서 주장된 표현이다. 강자가 약자를 침해하는 생각과 행동을 배격함이 곧 『춘추』의 의리사상이기 때문에 야만족인 청나라 세력이 명나라를 침범하는 비의非義를 용납하지 않았으며, 종통을 범한 원나라의 비리非理 또한 묵과할 수 없었던 것이다.

공자의 『춘추』는 중국사에서 처음으로 역사 편찬을 통해 존통의 의미를 보인 것이었고, 주자의 『통감강목』은 춘추 이후 계통繼統의 역사였다. 주변 국가로서의 조선은 주자학 도입 이래 자유적 존통에 고심을 겪은 시대라고 인정할 수 있다. 국사 편찬에 힘을 기울이게 되는 당시 자주 존통의 모습에 주의할 필요가 있다. 그러나 주나라 무왕武王 이래 기자箕子가 조선후朝鮮侯가 되었고 그 이후 자립해왔음을 주장하면서, 여후麗後 역성혁명의 합리성을 명분화한 것[175]을 정도전의 『조선경국전朝鮮經國典』에서 발견할 수 있다.

c. 사회에 끼친 영향

조선조 건국은 이성계에 의해서 개창되었으나, 초기에는 국호를 그 전대로 고려라 하고 모든 제도와 조직을 바꾸지 않았다. 일견 구 왕조의 연장과 같은 느낌을 주었다. 즉위 2년 2월에 가서야 '조선'으로 정식 국호를 삼았으며 아울러 집권적 봉건제를 확립하였다.[176] 경제 시책으로는 농본주의에 입각하여 농업을 장려하고 전야를 개간하며, 호구를 증식하는 데 힘을 기울였다.

---

175 『朝鮮經國典』 "海東之國, 不一其稱, 爲朝鮮者三, 曰檀君, 曰箕子, 曰衛滿. 若朴氏昔氏金氏, 相繼稱新羅, 溫祚稱百濟於前, 甄萱稱百濟於後. 又高朱蒙稱高句麗, 弓裔稱後高麗, 王氏代弓裔, 仍襲高麗之號, 皆竊據一隅, 不受中國之命, 自立名號, 互相侵奪, 雖有所稱, 何足取哉? 惟箕子受周武之命, 封朝鮮侯. 今天子命曰, 惟朝鮮之稱, 美且遠, 可以本其名而祖之, 體天牧民永昌後嗣. 蓋以武王之命箕子者, 命殿下旣矣, 言旣順矣."

176 "欽奉聖旨, 東夷之稱, 惟朝鮮之稱, 美且其來遠, 可以本其名而祖之, …… 創業垂統, 旣得更國之稱."

태종은 사병제私兵制를 혁파하고 조선 왕조의 확립과 집권 체제를
굳게 하였다. 유교로 나라를 다스리는 의도는 점차로 더욱더 굳어져
갔다. 재래로 폐해가 많았던 사원寺院을 정리하고 폐사廢寺의 사전寺
田을 회수하였다. 태종 3년(1403)에는 동활자를 주조하여 다수의 서
적을 출판하였다. 비기秘記나 도참서圖讖書를 불태워 금하고, 가례家
禮를 실천한 것 등은 태종의 유교 시책 중에서 두드러지는 치적으로
꼽힌다. 이제 주자학의 영향을 좀 더 자세히 살피기 위하여 네 가지
측면으로 구분해본다.

정치적 측면

주자의 정치관에서 강조되는 점은 그의 존통尊統에서 살필 수가
있다. 조선조에서는 고려의 대명외교大明外交를 그대로 계승하였다.
황명皇明은 주후周後인 송宋을 통統으로 하고 있다는 데서 명분을 찾
았다. 존주尊周의 대의명분은 춘추의리 사상에서 온 것이다. 주자의
이러한 역사의식은 그의 철학 이론의 반영으로 생각된다.
주자는 다음과 같이 말한다.

나는 항상 '리(理: 통치의 원리)'는 과거에 있어서나 현재에 있어서
나 하나이며 똑같다고 생각한다. 그 리를 따르는 자는 성공하고 어기
는 자는 실패한다. 옛 성인은 본래부터 홀로 그것을 실행했을 뿐만 아
니라, 현대의 영웅호걸 중에서도 역시 리를 따르지 않고 하등의 공적
을 쌓은 사람은 아무도 없다.

요순堯舜 · 삼왕三王 · 주공周公 · 공자의 도가 그 이후 실현된 일이
없으나 마침내는 잔멸殘滅시킬 수 없는 것이요, 이것을 이어야 한다
는 주장이다. 한당漢唐으로부터 내려온 통치는 패도정치였고, 그 사

이에 잘못된 통統은 역사상으로 바로잡아 서술되어야 한다는 착안은 마침내 『통감강목』을 편찬하기에 이른다.

주자는 『통감강목』 서문에서 "연대의 구근久近, 국통의 이합離合, 사사事辭의 상략詳略, 의론의 동이同異를 꿰뚫어 통하고 분명하게 분석케 하여 '자치통감강목'이라 이름한다"라고 하면서, 스스로 위로는 천도를 밝히고 아래로는 계통을 바르게 하여 인도를 정한다고 언명하고 있다. 소주부지부蘇州府知府 사응史應의 「중각서重刻序」에서는 "회암晦庵 주자는 『춘추』를 계승하여 『강목』을 지어서 천도를 밝히고 인륜 기강[人紀]을 바로잡았다"라고 하였다. 계통을 존중하는 주자의 역사 의식은 왕조 교체기에 조선사통朝鮮史統을 세우려는 고무제鼓舞劑가 된 줄 안다.

대명 관계에서의 '존통'뿐만 아니라, 존통적 입장에서 국사國史 정리를 하게 된 것은 태조의 노력이었다. 정도전과 정총(鄭摠: 1358~1397) 등이 『고려사』 37권을 편찬하여 바쳤을 때(1395), 태조는 정치하는 데 거울로 삼을 수 있고, 또 고려의 사실을 제대로 알아볼 수 있다고 크게 칭찬하며 말·주단·백은白銀을 상으로 내리기도 하였다.

태종 때 와서는 하륜(河崙: 1347~1416)의 지휘 아래 다시 『고려사』가 편찬되었다. 태종은 말하기를 "내가 『고려사』를 보려 함은 고려 때의 잘된 일은 본받고 잘못된 일은 경계하는 데 거울로 삼으려는 것이다. 큰일을 하는 데에는 항상 그 제도 자체를 고증하고 정비하는 데 근거를 삼을 만한 것이 있어야 한다. 따라서 보려는 것이다"고 하였다. 우리나라가 고려조에 처음 세워진 것이 아니라면 당연히 국통을 찾아야 할 것이고, 그러기 위해서는 고려 이전의 역사도 정리해야할 것이다. 태종은 2년(1402) 6월에 하륜·권근·이첨(李詹: 1345~1405)에게 삼국사三國史를 편찬하도록 명하였다. 권근은 『삼국사략三國史略』을 올리는 글에서 "나라가 잘 다스려지고 못 다스려진 사실들은 지나간 역사에서 찾아볼 수 있다"고 전제하면서 우리나라는 참으로 하늘이 지은 나라이다. 단군께서 처음 나라를 세워 천여 년을 이어왔고, 기자箕子가 이 땅에 봉해져서 팔조八條로 나라를 다스렸다고 하나, 연대가 너무 오래되어서 문적文籍의 전함이 별로 없다. 사군四郡이 서로 갈라진 지 오래이다. 또 삼국이 서로 다투었으나 이것을 합칠 힘이 그 어느 나라에도 없어서 서로 싸우기만 하였다. 삼국에서는 각각 그 나라의 사기史記가 있으나 거기에 전해 내려오는 사실은 너무나 황당무계한 것이다. 또 기록을 보면 역사 기록으로서 적어야 할 것을 고루 다 다루지 못한 폐단이 없지 않다. 그 뒤 고려에 와서 김부식金富軾이 사마천의 『사기』 체제를 모방하여 『삼국사기』를 편찬했으나 이것 역시 깨끗하게 정리되지 못한 점이 많다.[177]

라고 하였다. 새로 삼국사를 편찬하게 된 동기를 밝힌 뒤 이전 역사 기록의 번잡하고 뒤섞인 폐단을 수정하기는 했으나 마구 깎지는 않았으며, 되도록 사실에 충실하려고 노력한 편집이라고 논하였다. 여기서 한 가지 새로운 사실은 단군 문제였다. 일찍이 태조 원년 (1392) 8월에 예조전서禮曹典書 조박(趙璞: 1356~1408) 등이 글을 올려 종묘·사직·산천·성황·문선왕文宣王의 제례를 의논하면서, 단군이 우리나라에서 제일 먼저 천명을 받은 임금이라고 지적한 바 있다. 태조 3년(1394) 8월 조준(趙浚: 1346~1405)과 김사형 (金士衡: 1333~1407)이 태조에게 국도國都 선정을 청할 때에도, 단

---

177 『陽村先生文集』 권19, 「三國史略序」 "惟我海東之有國也. 肇自檀君朝鮮. 時方鴻荒. 民俗淳朴. 箕子受封. 以行八條之敎. 文物禮義之美. 宗基於此. 衛滿竊據. 漢武窮兵. 自是而後或爲四郡. 或爲二府. 屢更兵燹. 載籍不傳. 良可惜也. 逮新羅氏與高句麗, 百濟鼎立. 各置國史. 掌記時事. 然而傳聞失眞. 多涉荒恠. 錄其時事. 未克詳明. 且多雜以方言. 辭不能雅. 前朝文臣金富軾輯而修之爲三國史. 乃倣遷史. 國別爲書. 有本紀有列傳. 有志有表. 凡五十卷. 以一歲而分紀. 以一事而再書. 方言俚語. 未能盡革. 筆削凡例. 未盡合宜. 簡秩繁多. 辭語重復. 觀者病其記此遺彼而難於參究也."

군 이래로 통일과 분열이 섞여서 내려왔으나 각각 도읍을 갖고 있
었다고 하면서 단군 기록을 역사적 기준으로 삼았다.

태종조에 들어 하륜이 단군 제사를 기자의 제례로 따르도록 건의
하여, 단군을 시조로 기자와 함께 사당에 제사 드리도록 청하였다
(1412). 이렇게 하여

> 우리나라의 시조는 단군이다. 하늘에서 왔으니 천자가 분봉分封해
> 준 것이 아니다. 단군이 이 세상에 내려오기는 당요唐堯 무진년으로,
> 지금까지 3천여 년이 된다. 하늘에 제사하는 예는 어느 때 시작되었는
> 지 잘 모르겠으나, 1천 년이 넘도록 아직 하늘에 제사하는 일을 바꾸
> 지 않고 있다. 우리 태조도 이에 따랐으므로 하늘에 제사하는 일은 폐
> 지할 수 없다.[178]

는 주장이 태종 16년(1416)에 확고한 예로 규정되었다. 국통에 대
한 역사적 천명은 태종의 업적 가운데 첫 번째로 꼽을 일이다. 국가
의 정신적 기틀을 예에 두고자 하여 유교를 국교로 삼으면서 여러
가지 법을 제정하려는 조선조 초기의 모습이 이런 데서 드러나 보
이고 있다.

유학이 전래되기는 372년, 고구려 소수림왕 2년으로 기록되어 있
다. 그러나 유학의 이론을 전한 것은 주자였고, 주자의 성리설은 여
말선초의 정치 변혁 속에서 다방면으로 영향을 끼쳤다. 개혁의 이론
과 실제에서 유신儒臣들에 의하여 활용되어갔음을 알 수 있다.

춘추사관春秋史觀은 공자의 역사관이요, 『통감강목』은 주자의 역

---

178 『太宗實錄』, 태종 16년 6월 1일(辛酉) "吾東方, 檀君始祖也. 蓋自天而降焉,
　　非天子分封之也, 檀君之降, 在唐堯之戊辰歲, 迄今三千餘祺矣. 祀天之禮, 不
　　知始於何代, 然亦千有餘年, 未之或改也. 惟我太祖康獻大王亦因之而益致謹
　　焉, 臣以爲, 祀天之禮, 不可廢也."

사관에 따라 서술된 것이다. 세종은 일찍이『춘추』를 읽었다. 또 4년 (1422)으로부터 5년(1423)까지 경연에서『통감강목』강의를 받기도 하였다. 이러한 흐름 속에서 우리 역사의 종통이 정리되어갔음은 지 극히 자연스러운 일이었을 것이다.

역사의 정리와 편찬은 새로운 제도를 창안하고 그 기틀을 바로잡 기 위하여 여러 가지 제도적 근거를 발견하려는 것이기도 하였다. 태 조 때에는 정도전이『경제문감』·『조선경국전』을 편찬하여 국가 정 치의 바른길을 밝히려 하였다. 이어서 국가적 차원에서『경제육전經 濟六典』을 편찬하기에 이르렀다. 태종 4년(1404)에는 다시 논의되었 고, 태종 13년(1413) 봄에 가서 치정治政하는 공식 법전으로『속육전 續六典』을 출판하여 정부의 각 부서에 배포, 시행하게 되었다. 그러나 완전한 법전으로 완성되기까지는 그로부터 50년 이상 소요되었다.

태종의 법치法治는 지극히 합리적이었다. 이러한 합리, 합법적 통 제는 전국적으로 산재하던 도참에 관한 서적을 불사르고 이후 엄하 게 금지하기에 이르렀다. 처음 태조가 도읍을 한양으로 옮기려고 할 때 하륜이 지리도참서를 따라 무악산 기슭에 정하자고 주장할 정도 로 상하 사람들이 도참설을 널리 믿고 있었다. 그런데 태종은 이에 철퇴를 가하여 단호하게 금지하였다. 그 이면에는 왕권 확립을 위하 여 민간 사회에 떠도는 왕위 계승에 관한 많은 잡설들을 일소하여 민 심을 통제, 안심시키려는 뜻도 없지 않다. 태종 주변에 있었던 조정 유신儒臣들의 영향이 크게 작용하였다고 할 것이다.

태종의 치정治政의 합리, 합법성은 태종 17년(1417) 서운관書雲觀 에 비치되어 있던 음양陰陽에 관한 서적을 불살라버린 데서도 볼 수 있다. 이러한 것이 모두 고려시대의 음양설을 맹신하는 데서 이어져 오는 것이라고 하여 일신하는 데 노력을 기울였다. 태종은 고려 풍습 으로 전해 내려오는 것이라면 장례의 법까지도 고치는 데 서슴지 않 았다.

국사를 바로 써서 국통의 본원을 밝히고, 여기에 근거하여 새로운 제도로 고쳐간다는 것은 위정상爲政上 바람직한 일이 아닐 수 없다. 백성을 다스리는 데 필요하고도 구체적인 여러 가지 법적 규정은 지루하고 단편적인 것이 아니라, 산만한 것 같은 속에서도 하나의 근본으로 귀일되는 체계의 의미가 있어야 한다. 국사로 뿌리를 밝히고 법전으로 치민治民의 체계를 삼으려고 한 조선조 초기의 정치 양상은 확실히 고려 말기와는 달리 획기적으로 쇄신되는 모습이라고 하겠다.

정치상에서 기본 법전을 마련하였던 것처럼 농업경제 정책에서도 합리적인 방법이 강구되어갔다.

경제적 측면

경제의 중심이 농업이었던 만큼 국가 경제에 관해서는 농사가 그 중심을 차지하였다. 민民은 농민인 까닭에 관민官民의 이해는 농법農法이 그 열쇠가 된다. 공법貢法과 세법稅法으로 관官과 민民의 이해가 상반相伴되어야 함에도, 고려 말기부터 누적되어 내려오던 적폐積弊는 백성들의 불평을 샀다. 따라서 이것을 시정하여 공평하게 하는 일은 특히 변혁기에 먼저 유의해야 할 일의 하나라 하겠다. 공자는 족식足食을 민신民信 다음가는 것으로 보았고, 맹자는 국가의 기본 경제를 정전 영농井田營農에 두었다. 토지제도의 적폐를 일신하여 공세貢稅를 원만하게 하는 일은 당시 농민들에게 활력소를 불어넣는 것이 된다.

여민동락與民同樂하는 입장에서는 공부貢賦가 문제 될 것이 없다. 즉 백성이 생활 기반을 가진 상태에서는 세금이 문제가 되지 않는다는 것이다.[179] 농업 사회에서는 생산 기반이 토지인 만큼 토지 소유를 공정하게 하는 일은 토지제도를 바르게 하는 데서 이루어진다. 또이 제도를 바르게 시행함이 어진 정치라고 맹자는 말한다.[180] 주자또한 먼저 경계를 바르게 해야 백성을 곤궁 속에서 구할 수 있다고생각하였다.[181]

고려 말기 토지제도의 문란은 조선조의 농지 개혁에 큰 자극이되었다. 전제田制 정비는 왕도를 실현한다는 명분과 민심을 수습할수 있다는 현실적인 이점을 생각할 수 있다. 고려 말기에 태동된 전제 개혁은 조준趙浚을 통하여 창왕昌王에게 다음과 같이 건의된 바있다.

8월에 대사헌 조준 등이 소를 올리기를, "적이 생각하옵건대, 사전私田은 사문私門에만 이익이 되고 나라에는 이익이 없으며, 공전은 국가에 이익이 되고 백성에게도 매우 편합니다. 사문에 이익이 되면 겸병이 이로써 일어나게 되고, 용도가 이로 말미암아 부족하게 되고, 국가에 이익이 되면 창고가 차고 국가의 재용이 넉넉하게 되며, 송사가그치고 백성이 편안하게 될 것입니다. 국가를 가진 이는 마땅히 경계經界를 인정仁政의 시초로 삼아야 될 것이온데, 어찌 겸병의 문을 열어서 백성을 도탄에 빠지게 해서야 되겠습니까. 전지는 본래 사람을 기르기 위한 것인데 사람을 해치는 데 알맞게 되었으니, 사전의 폐해가이 지경으로 극도에 달하였습니다. 다행히 하늘이 국가를 도와서 여러

---

179 『論語』,「顏淵」"百姓足, 君孰與不足? 百姓不足, 君孰與足."
180 『孟子』,「滕文公上」"夫仁政必自經界始, 經界不正, 井地不均, 穀祿不平. 是故, 暴君汗吏, 必慢其經界, 經界旣正, 分田制祿, 可坐而定也."
181 『朱子語類』권111,「論民財」"今上下賣乏勢, 須先正經界, 賦入旣正, 總見數目, 量入爲出, 罷去冗費, 而悉除無名之賦, 方能救百姓於湯火中, 若不認百姓是自家百姓便不恤必大."

대에 쌓인 폐단을 제거하게 되었으니, 사전을 개혁하여 공전으로 회복하는 이해利害는 분명히 알 수 있는데도 세신世臣과 대가大家들은 오히려 폐단이 있는 풍속을 이어받아 말하기를, '본조本朝의 이루어진 법을 하루아침에 갑자기 개혁해서는 안 되며, 만일 이를 개혁한다면 사군자士君子의 생계가 날로 곤란해져 반드시 공업과 상업에 마음을 기울이게 될 것이다.' 하면서, 서로 부언浮言을 선동하여 여러 사람의 귀를 현혹시키고 사전을 일으켜 부귀를 보전하고자 하니, 그것이 한 집의 계책으로서는 잘된 일이지마는 사직과 생민은 어찌되겠습니까. 만약 사전을 일으키면 이는 삼한三韓의 백만 민중을 기름불 속에 밀어 넣는 것입니다. 지금 나라가 잘 다스려지기를 도모하면서 도리어 백성들에게 걱정을 끼치게 되니, 불가한 것이 아니겠습니까. 적이 생각하건대, 경기의 땅으로 왕실을 보위하는 사대부의 전지로 삼아 그것으로 생계를 이바지하고 업을 두텁게 하며, 나머지는 모두 개혁하고 제거하여 위에 바치거나 제사 지내는 용도에 충당하고, 녹봉과 군수의 비용을 넉넉하게 하여 겸병의 문을 막고 쟁송爭訟의 길을 근절시키는 영원히 아름다운 법을 정해야 할 것입니다." 하였다.[182]

토지제도를 바로잡아서 백성들을 안정시켜야겠다는 생각은 이성

---

182 『高麗史節要』권34, 공양왕, 己巳元年 "○八月, 大司憲趙浚等, 上疏曰, 竊惟私田, 利於私門, 而無益於國, 公田利於公室, 而甚便於民, 利於私門, 則兼幷以之而作, 用度由是而不足, 利於公室, 則倉廩實, 而國用足, 爭訟息, 而生民安矣, 有國家者, 當以經界, 爲仁政之始, 豈可開兼幷之門, 使民陷於塗炭乎, 夫田本以養人, 適足以害人, 私田之弊, 至此極矣, 幸賴天佑國家, 祛曠世之積弊, 革復利害, 分明可見, 而世臣巨室, 猶踵弊風, 以爲本朝成法, 不可一朝遽革, 苟革之, 則士君子, 生理日蹙, 必趨工商, 胥動浮言, 以惑衆聽, 欲復私田, 以保富貴, 其爲一家之計, 則得矣, 其如社稷生民何, 如或復之, 是擧三韓百萬之衆, 而納之膏火之中也, 今欲圖治, 而反眙患於生靈, 無乃不可乎, 竊謂當以京畿之地, 爲士大夫衛王室者之田, 以資其生, 以厚其業, 餘皆革去, 以充供上祭祀之用, 以足祿俸軍需之費, 杜兼幷之門, 絶爭訟之路, 以定無疆之令典."

계 일파의 개혁론자들뿐만 아니라, 외세를 배제하고 자립을 꾀하던 신하들도 한결같이 토지 개혁을 생각해왔던 것이다.

그러나 실제로 과거의 전통을 일절 배제하고 개혁 후에는 이전의 어떠한 조건도 용납할 수 없다는 강경한 주장은, 실권을 잡고자 하는 편에서는 이제까지 집권층이 쥐고 있던 권력과 부력富力을 한꺼번에 잡아낼 수 있는 일이 되지만, 당시 고려의 왕실과 그 주변의 권력층으로서는 극히 불리한 것이었다. 따라서 사군자士君子의 살림이 궁핍해진다는 이유로 한때 강한 반대에 부딪치기도 하였다.

반대하던 구신舊臣들이 추방되고 나서 공사전적公私田籍을 모아다가 송도松都에서 모두 불태워버렸으나(1390), 그로부터 2년 뒤 7월, 이러한 상황에서 하루아침에 토지제도를 개혁할 수 없다고 판단한 이성계는 '전제田制는 고려조를 그대로 따르겠다'고 결심하고 개국공신을 위시하여 정사공신定社功臣, 좌명공신佐命功臣들에게 공신전功臣田을 내려주기 시작하였다. 논공행상은 정국의 안정을 가져오는 데 매우 중요한 일이고, 토지대장을 소각한 뒤 토지 분배로 대두되는 불평은 새 왕조로서는 간과하거나 쉽게 처리할 수 없는 문제이다. 점유의 공평을 기하기 어려웠고 특수층의 토지 점유 집중 현상을 새롭게 막아내지 못하여 폐단을 답습한 결과가 되었다는 것이다. 그러나 토지제도를 합리적으로 개혁하려는 세력은 목소리를 꾸준히 높여갔다. 태종 초기에는 국가 재정의 안정을 위해서도 전력을 기울이게 되었다. 전지田地의 관리와 공세 징수의 공정한 방안은 중대한 국정 과제가 되었다.

세종 25년(1443)에는 그동안 논의되어온 전제를 우선 정리하기 위하여 전제상정소田制詳定所가 마련되었다. 전국의 토지 조사와 공법貢法·세법稅法의 연구가 진행되어 점차로 농경의 안정과 민중의 후생이 정착되어갔다.

교육적 측면

숭유억불崇儒抑佛로 전환된 조선조의 교육은 유학 중심의 제도 아래 이루어졌다. 한양에 유학을 전공하는 최고 학부로 성균관을 두고 경내京內에 오부학당五部學堂을, 그리고 각 지방에는 부·목·군·현에 향교를 설치하여 교육을 하였다. 국사를 정립하여 국통을 밝히고 법전을 편찬하여 정치의 근본을 지키면서 국가 장래를 위한 교육을 유학에서 구하게 되었다.

성균관에서 주된 기능을 하는 시설은 문묘文廟와 명륜당明倫堂이다. 그 밖에 여러 가지 부속 건물들이 배치되어 있다. 존경각尊經閣은 중요한 도서를 보관하는 곳으로, 성종 6년(1475)에 지었다. 계성사啓聖祠는 숙종 27년(1701)에 세워서 공숙량흘(孔叔梁紇: 공자의 부친), 안무요(顏無繇: 안회의 부친), 증점(曾點: 曾參의 부친), 공리(孔鯉: 孔伋의 부친), 맹격(孟激: 孟軻의 부친)을 향사享祀하였다. 비천당丕闡堂은 현종 5년(1664)에 불교를 금하는 방침 아래 북쪽에 있던 두 비구니 사원[尼院]을 헐어다가 지었다. 주자의 이른바 "대도를 크게 밝혀 사도邪道를 억제하고 정학正學을 일으킨다[丕闡大猷, 抑邪興正]"고 한 말에서 '비천丕闡' 두 글자를 따온 것이다.

모시는 성현도 유교 일색이다. 또한 불사佛舍를 헐어서 유궁儒宮을 지었을 뿐만 아니라, 비천당 서측 남북 모퉁이에 지은 일량재一兩齋와 벽입재闢入齋만 보더라도 배불의식이 시설 면에까지 나타나 있음을 볼 수 있다. 이는 일찍이 주자가 절집을 헐어다가 유궁을 지은 다음 '일거이양득지一擧而兩得之'란 말을 빌려 '일량재'라 하고 "배척한 뒤에 도에 들어갈 수 있다[闢之而後, 可以入道]"라고 한 것에서 '벽입재'라고 한 점을 본뜬 것이다. 주자학의 초점이 '리'에 있고 보면 교육에서 이 리를 밝히는 궁리窮理가 중요시된 것은 당연하다고 하겠다.

주자는 교육의 목표를 다음과 같이 말하였다.

옛 성현들이 사람을 가르치고 학문을 하는 뜻은, 배우는 사람들로
하여금 의리를 강명하고 자신을 수양한 뒤에 다른 사람들에게 미치게
하지 않음이 없다. 기억하고 열람하는 것[記覽]에만 힘쓰고, 사장詞章
을 일삼아 명예를 낚고 이록利祿을 취하는 일은 하지 않는다.[183]

의리가 강조되고, 명리名利를 경계함이 천명되어 있다. 백록동서
원白鹿洞書院에 게시된 이 학규學規는 다음과 같다.

「백록동서원 게시」[184]
부모와 자식 간에는 친함이 있어야 하며, 임금과 신하 간에는 의가
있어야 하며, 부부 사이에는 구별이 있어야 하며, 어른과 아이 사이에
는 서열이 있어야 하며, 친구 사이에는 신의가 있어야 한다.
[父子有親, 君臣有義, 夫婦有別, 長幼有序, 朋友有信.]

위의 다섯 가지 항목은 요순이 설契을 사도로 삼으면서 그에게 공경
히 다섯 가지 가르침을 펴라고 하였는데, 곧 이것들이다. 배우는 자는
이것을 배울 뿐이다. 그 배워야 하는 순서에는 또한 다섯 가지가 있으
니, 그 구별은 다음과 같다.

---

183 『朱子大全』 권74, 「白鹿洞書院揭示」 참조.

184 윤휴, 『白湖先生文集』 권29, 「朱子白鹿洞規」 "父子有親. 君臣有義. 夫婦有別.
長幼有序. 朋友有信. 右五敎之目. 堯舜使契爲司徒. 敬敷五敎. 卽此是也. 學者
學此而已而其所以學之序. 亦有五焉. 其別如左. 博學之. 審問之. 愼思之. 明
辨之. 篤行之. 右爲學之序. 學問思辨四字. 所以窮理也. 若夫篤行之事. 則自修
身以至于處事接物. 亦各有要. 其別如左. 言忠信行篤敬. 懲忿窒欲. 遷善改過.
右修身之要. 正其義不謀其利. 明其道不計其功. 右處事之要. 己所不欲. 勿施
於人. 行有不得. 反求諸己. 右接物之要."

[右五教之目, 堯舜使契爲司徒, 敬敷五教, 卽此是也.185 學者學此而已, 而其所以學之之序, 亦有五焉, 其別如左.]

널리 배우며, 자세히 물으며, 신중히 생각하며, 밝게 분변하며, 독실히 행하여야 한다.
[博學之, 審問之, 愼思之, 明辨之, 篤行之.]186

위의 학문하는 순서에서 학·문·사·변 네 글자는 궁리하는 것이다. 독실히 행하는 일과 같은 것은 몸을 닦는 것으로부터 일을 처리하고 사물을 응대하기까지 또한 각자 요체가 있으니, 그 구별은 다음과 같다.
[右爲學之序, 學問思辨四字, 所以窮理也, 若夫篤行之事, 則自修身以至于處事接物, 亦各有要, 其別如左.]

말은 충실하고 믿음직스럽게 하고, 행동은 독실하고 경건해야 하며, 분노와 사욕을 억제하고, 선으로 옮겨 허물을 고쳐야 한다.
[言忠信, 行篤敬, 懲忿窒欲, 遷善改過.]

위는 몸을 닦는 요체이다.
[右修身之要.]

그 의義를 바르게 하고 이익을 도모하지 않으며, 그 도道를 밝히고 공功을 계산하지 않는다.

---

185 『書經』, 「虞書」, 〈舜典〉 제19장 "帝曰 契, 百姓不親, 五品不遜, 汝作司徒, 敬敷五敎, 在寬."
186 『中庸』 20장 "博學之, 審問之, 愼思之, 明辨之, 篤行之."

[正其義, 不謀其利, 明其道, 不計其功.]

위는 일을 처리하는 요체이다.
[右處事之要.]

자신이 하고자 하지 않는 것을 남에게 베풀지 말라. 행하여 얻지 못하거든 자기 몸에 돌이켜 찾아야 한다.
[己所不欲, 勿施於人. 行有不得, 反求諸己.]

위는 사물을 응대하는 요체이다.
[右接物之要.]

위의 게시 내용은 『서경』 「순전舜典」에 보이는 오교오전五典五敎에서 유래된 것이며, 맹자가 명인륜明人倫을 교육 지표로 삼았던 것을 백록동서원 학규로 삼은 것이다. 현재 성균관 명륜당에도 이 백록동서원 학규가 게시되어 있다. 퇴계 이황은 이것을 그의 주저인 『성학십도』 제6도에 수록하고 있다.

성균관에서의 교과는 사서와 오경의 유학 경전을 주로 하여 『근사록』, 제사諸史, 「여씨향약呂氏鄕約」, 『정속이륜행실正俗二倫行實』 등이었다. 불서佛書나 노장老莊 서적과 기타 잡서는 독서가 금지되었다. 주어지는 교육 내용과 권장하는 독서도 유학 중심이었음은 물론, 학규마저 백록동서원의 것을 원용하고 있다. 이는 주자의 사상을 얼마나 강하게 받고 있는가 하는 것을 짐작하게 한다.

백록동서원 학규는 대체로 인륜에 관한 것이다. 교육의 중심이 인륜에 있으니 교육이 잘 이루어짐으로써 사회에 윤리 질서가 안정되며 사해동포가 명名과 부富를 누릴 수 있다고 한 김종직金宗直의 견해[187]는 당시의 교육이 윤리를 중시했음을 말해준다. 또한 윤리는 효제孝悌가 중심임을 말한 점[188]으로 미루어, 고려조 교체의 역사 배경에서 추구하고 있는 교육 방향을 이해할 수 있다. 이러한 교육의 윤리적 내용은 일상생활이나 사회 규범으로서 구체적인 것이 요구되기도 하였다.

윤리적 측면

새로 건국된 조선왕조에서 법질서와 함께 필요했던 것은 윤리적 질서였다. 태조 · 정종 · 태종 3대에 걸쳐 고려조의 왕통을 바로잡으려는 역사 편찬과 함께 사회 윤리를 바로잡으려 한 일은 국가의 기강을 세우는 의미에서 중대한 정책이 아닐 수 없었다. 효제충신孝悌忠信의 유교 윤리는 시대 상황의 요청이기도 하였다. 불교식 예법은 점차 유교식으로 바뀌게 되었고, 그 과정에서『주문공가례朱文公家禮』가 큰 몫을 하게 되었다.

모든 것을 리理에서 풀어내는 주자에게서 예는 천리天理의 절문節文이요 인사人事의 의칙儀則이었다.[189] 가례家禮의 기본은 명분을 지키고 애경愛敬을 실천하는 데 있다. 관혼상제冠婚喪祭, 의장도수儀章度數는 가례의 문文이라고 한 것[190]을 보면, 명분을 지키고 애경을 실

187『佔畢齋集』권2,「密陽鄕校記」"講學苟明, 則孝悌忠臣之敎, 人人服習, 由庠序而及閭巷, 熏蒸條鬯不能自已, 五倫各得其序, 四民各安其業, 比屋可封之俗, 亦因以馴臨矣."

188 위와 같음, 권2,「安陰縣新創鄕校記」"爲學有本原, 孝弟是也. 孝弟也者, 無所不在. 諸君在家, 則有家廟之事, 於校則有奠采之禮. ……"

189『論語』,「學而」"禮者, 天理之節文, 人事之儀則."

190『家禮』二,「序」"凡禮有本有文, 自其施於家者言之, 則名分之守, 愛敬之實, 其本也. 冠婚喪祭, 儀章度數者, 其文也."

천함이 가례의 근본이요, 관혼상제의 의식은 가례의 형식임을 알 수 있다. 주자가 이『가례』를 지은 것은 습속을 바로 하고 임사臨事의 응절應節을 알맞게 하는 데 뜻이 있었다. 완성 후에 한 동자童子가 훔쳐 갔다가 주자가 세상을 떠난 뒤 세상에 다시 나와서 행해지게 되었으므로 주자에 의해서 개수된 바는 없다. 세대가 멀어져서 삼대의 예가 현실에 맞지 않기 때문에, 현실에 맞는 예서의 출현이 요구되었다.『가례』는 이런 필요성에서 세상에 나온 것이다. 주자에 따르면 대개 관례는 사마씨司馬氏에서 취했고, 혼례는 여러 사마씨와 정씨程氏를 참고했으며, 상례는 사마씨에 근본했다가 또 고씨高氏의 것을 가장 좋은 것으로 참고했고, 제례 또한 사마씨와 정씨를 겸해서 참고했다고 한다.

정몽주에 의해서『가례』가 비로소 실행되기 시작한[191] 이후, 유교로 입국한 조선조로 들어서면서『가례』의 실천은 점점 활성화하였다. 주자가례를 따라 태조의 장례 절차를 기록한『상장의궤喪葬儀軌』도 나왔다. 태종의 장례도 같이 유교식으로 치렀다. 나아가 세종 2년(1420)에는 오복五服 문제를『주자가례』와『대명률大明律』에 따라서 중요하게 다루도록 하였다. 이뿐만 아니라 상례와 장례에 관해서는 『주자가례』만을 따르고, 불교의 의식과 절차는 일절 금지하는 데까지 이르렀다.

한편『가례』의 출판은 일찍이 태종 3년(1403) 8월 29일 평양부에서 이루어졌다. 150부를 각사各司에 반포, 하사한 바 있다.[192]

191『圃隱集』,「연보」,〈洪武 23년〉조 "倣朱子家禮, 立廟作主, 以奉先祀, 禮俗復興, ……."

192『太宗實錄』권6, 태종 3년 8월 甲戌條.

Ⅲ. 결론 : 리 · 의와 남는 문제

고려의 쇠망과 조선조의 건국을 이어주는 역사 과정에서 주자학이 끼친 영향을 살피기 위하여 먼저 주자학의 이론에서 그 형성 배경과 체계, 특징을 먼저 알아보고, 숭유정책의 저변이 된 정도전의 배불론, 의리사상, 사회에 끼친 영향을 정치 · 경제 · 교육 · 윤리 순으로 고찰하였다.

여말선초의 역사 변혁 속에서 가장 필요했던 것은 사회 안정을 위한 근본 정책이었다. 태조 · 정종 · 태종의 3대를 이어가면서 추구되었던 조선조의 정책 방향은 주자학의 이론에 힘입은 바 크다고 할 것이다.

주자의 근본 사상에는 '리理'가 자리 잡고 있다. 이 '리'는 현실의 모든 지엽적인 것을 하나로 수렴, 통섭하는 구심점 역할을 하는 것이었다. 주자의 종통宗統 · 대일통大一統에 대한 견해라든가, 이 '통'에서 어긋나는 것에 대한 비판, 변척이라든가, '직直'을 중시하는 독특한 실천의식과 같은 것들은 '리' 사상에서 도출, 파생된 것들이라고 하겠다.

주자의 '리' 중시적 경향은 조선 초기에 건국의 명분을 세우는 데큰 힘이 되었을 뿐만 아니라 국사를 편찬하는 계기를 제공하였다. 부패된 불교를 추방하는 데 배불론이 원용되었으며, 국통國統을 지키려는 의리정신을 북돋아주는 에너지를 제공하였다. 고려조를 지키려는 충忠이나, 후일 단종을 복위시키려는 의義나, 호족胡族 앞에 국권을 사수하려는 '의'나, 왜족倭族 침략에서 조국을 수호하려는 '의'를 일관하는 정신적 맥락에 자양분이 되었다. 나아가 정치 · 경제 · 교육 · 윤리에서도 본말선후本末先後의 체계적인 수행遂行을 각각 보여주었다. 인정仁政과 균전均田과 인륜과 본문本文은 정치적 · 경제적 · 교육적 · 윤리적 일리一理요, 법전 편찬과 토지제도와 오륜 교육과 가례 반포 등은 '일리' 실현의 도구들이었다. 이러한 도구들은 조선조 초창기에 면목을 일신하는 데 큰 힘이 되었다.

그러나 여기서 배제할 수 없는 남은 문제가 있다. 한국이 중국이 아닌 이상, 주자학을 수용하기 이전에 이미 지니고 있었던 민족정신 위에 주자학이 수용되었음을 생각해야 할 것이다. 또 그 수용에서 긍정적인 면과 부정적인 면이 있었다면 과연 어떠한 것인가 하는 것들은 다시 구명究明되어야 할 중요한 과제라고 생각된다.

제2부 퇴계의 삶과 학문정신

제1장 존리정신과 경 사상

제2장 퇴계의 한국 철학사적 위치

제3장 퇴계의 '격물물격고'

제4장 퇴계의 '경'에 관한 윤리적 고찰

제5장 『성학십도』와 퇴계의 교육정신

제6장 『자성록』을 통해 본 퇴계의 윤리사상

제7장 「무진육조소」를 통해 본 퇴계의 정치관

제8장 퇴계의 철학사상과 현대사회

제1장 존리정신과 경 사상

I. 서론: 퇴계의 생애와 사상의 편모

'조선시대'라고 하면 문화적으로 유교를 생각하게 되고, 유학자하면 퇴계와 율곡을 연상하게 된다. 이제 퇴계가 가신 지 400주년이된다. 안동에서 도산陶山 가는 길로 접어들면, 서원을 찾는 길손들의발길이 연중 끊이지 않음을 본다. 세태는 변해서 서양 사조가 이 강산을 휩쓸고 있건만, 줄이은 탐방객들이 돌아가는 길에는 저마다 무엇인가를 거두고 갖고 오게 된다. 이제 그 400주년에 즈음하여 퇴계의 생애와 그 사상의 편모를 여기 엿보고자 한다.

1. 어린 시절의 몇 가지 모습

이름 있는 분들의 유년 시절은 적지 않은 일화가 있다. 1501년 안동군 도산면 온계리溫溪里에서 태어난 퇴계에게서 몇 가지 이채로운모습을 볼 수 있다. 퇴계는 연산군 7년, 진사 이식李埴의 7남 1녀 가운데 막내둥이로 출생하였다. 생후 7개월 만에 부친을 여의고 홀어머니 손에서 자랐다. 홀어머니가 여러 남매를 키우느라 괴로움이 무척 많았으나, 그와 같은 역경을 극복해가는 어머니로부터 받은 감화도 컸던 것 같다.

세상 사람들이 흔히 과부의 자식이라고 허물하기 쉽다. 너희들은 정신을 가다듬고 다른 아이들보다도 몇백 배 몇천 배 힘써 공부하여야 한다. 그렇지 않으면 이런 비난을 면할 길이 없을 것이다.[1]

퇴계의 어머니는 무거운 살림을 한 손에 맡아 하는 가운데서도 이렇게 자녀들을 격려해가며 장래에 희망을 걸기도 했던 것이다.

8세 되던 해, 형이 칼을 쓰다가 잘못하여 손을 다쳤다. 선혈이 낭자하게 흐르는 형을 붙들고 우는 모양을 보다 못해 그 어머니가 "네 형은 손을 베이고도 울지 않는데 네가 왜 우느냐?"고 했더니 "형이 울지는 않지만 저렇게 피가 흐르는데 얼마나 아프겠습니까?"라고 했다는 것이다. 항상 공부하는 마음가짐에 대하여 "글공부란 글이나 잘 짓고 잘 외우는 것을 일삼는 것으로 능사를 삼아서는 아니 된다"고 늘 타일러, 지식을 받아들이되 몸가짐과 행동을 예의 바르게 해야 한다는 것을 일깨워 주었다고 한다.

이 같은 사실은 현대에 들어서면서 더욱 고조되었지만, 인간의 각성 내지 개조란 단순한 지식의 흡수만으로 이루어지는 것은 아니다. 거기에는 역경을 이겨내는 인내와 자기 수련을 통한 덕성의 함양이 뒤따라야 한다. 퇴계의 어머니는 어려서부터 그 점을 엄하게 가르쳐 주었던 것이다.

퇴계는 일찍이 숙부에게 『논어』를 배웠다고 한다. "집안에 들어가서는 부모님께 효도를 하고 나아가서는 웃어른들께 공경을 다해야 한다."고 한 곳에 이르러서는 "사람의 아들이 되어서는 도리가 마땅히 이와 같아야 한다."고 자탄自嘆하기도 했다 한다. '리理' 자를 주석한 곳에 이르러 '리'라는 글자의 의미에 대하여 문득 스스로 느끼는 바 있었다. 그 글자의 정확한 뜻을 숙부께 물었으나 바로 대답하지

---

1 『退溪文集』, 「연보」.

않으므로 "모든 일의 옳은 것이 '리'입니까?"라고 물어 숙부를 놀라게 하였다고 한다.

철인哲人들은 대개 어려서부터 그 생각의 방향이 특이한데, 이러한 바를 퇴계의 경우에도 볼 수 있다. 주자가 4세 때 하늘과 태양을 물어서 그의 부친을 놀라게 하였던 것처럼, 이학을 대성한 퇴계는 '리' 자를 물어 그의 스승인 숙부를 경탄케 하였던 것이다.

퇴계는 성균관에 유학하면서 점차 학문을 인정받게 되었고, 성숙과 더불어 생애 38년간의 관직 생활이 시작되었다.

2. 관직으로 점철된 생애

벼슬은 사람마다 원한다. 등용되면 누구나 높은 자리를 탐하는 것이 평범한 사람들이다. 퇴계는 관직에 오래 있으면서도 항상 물러나는 데 주저하지 않았다. 주군主君이 부르면 사양하다가 부득이하면 다시 나왔다. 출처거취出處去就에서 추호도 고집함을 볼 수 없다. 다만 사화士禍가 몰고 간 상처 때문에 사림의 심기心氣가 흔들린 것이 사실이었으리라고 생각된다.

퇴계가 너무 소극적이어서 나라 사랑하는 마음이 모자란다거나 용기가 부족하다든가 등등으로 경솔하게 말하며 퇴계를 피상적으로 경박하게 평하는 사람들이 없지 않다. 이는 그의 인생관이나 세계관의 깊은 내면을 모르는 소위所爲라고 하겠다.

34세에 예문관 검열檢閱, 춘추관 기사관記事官을 필두로, 36세에는 성균관 전적典籍 겸 중학교수中學教授가 되었고, 43세에 성균관 사성司成, 48세에 단양군수, 52세에는 성균관 대사성에 올랐다. 사학四學에 통문을 보내 "학교는 풍화風化의 근원이요 수선首善의 땅이다. 사자士者는 예의지종禮義之宗이요 원기元氣가 깃들인 곳"이라고 한 것도 이때의 일이다. 65세에는 홍문관 대제학, 예문관 대제학, 경연관을 역임하였다. 67세에는 예조판서로 임명되었으나 병으로 부임하지 않았다. 그 이후 여러 차례 벼슬에서 물러날 것을 간청하였으나 허락되지 않았다.

명종은 즉위하자 퇴계를 모시고자 초청하였다. 그러나 나오지 않으므로 화가를 보내 도산서당의 풍경을 그려오게 하고, 그 그림에 퇴계의 〈도산잡영陶山雜詠〉 시를 써서 병풍을 만들어 사모하였다고 한다. 이것은 퇴계의 인격을 말해준다. 후일에 고관이 되어 명성을 얻은 뒤에 한탄한 말 가운데 다음과 같은 말이 있다.

어머니께서 일찍이 "네가 벼슬을 하더라도 자그마한 고을의 책임자는 괜찮지만, 중앙의 고급 관리 노릇은 그만두는 것이 좋겠다. 세속 사람들이 너를 용납지 못할까 근심스럽다"고 하신 바 그대로 지키지 못하고 부질없이 이름에 이끌려 전전해온 것이 후회된다.

이를 보면 어머니의 영향과 그 인품을 생각하게 한다.

평소의 검소한 생활 또한 여러 가지 일화를 남기고 있지만, 좌상 권철權轍이 찾아왔을 때 담박한 소찬素饌을 내놓자 먹지 못하고 돌아갔다는 이야기는 그 중에서도 유명한 것이다. 이러한 이야기와 그 임종 때에 모습을 보면, 듣는 이로 하여금 신심을 두텁게 하며 그 인격에 머리를 숙이게 한다.

돌아가시는 날은 옆에 놓인 매화분을 다른 곳으로 옮기게 하고, 유언하기를 "예장禮葬을 사양하고 비석을 세우지 말되, 자그마한 돌에 '퇴도만은진성이공지묘退陶晚隱眞城李公之墓'라고 새기라"고 조카 영宵에게 일러주었다. 지금도 묘소에 가면 비석이 유언대로 만들어져 서 있음을 본다. 세상에 금권金權과 허명虛名이 횡행할 때 퇴계는 조용히 경종警鐘을 길이 울려줄 것으로 생각된다.

이러한 일생은 그 사상 내지 철학의 표현이라고 믿어진다. 그 성장

해간 자취를 다음에 잠시 살펴보고자 한다.

3. 사상 형성의 자취

12세 때『논어』를 배우다가 효제孝悌에 관해 물어 그 숙부가 기특
해했고, '리' 자에 대해서 '모든 일의 옳은 것이 리[凡事之是者是理]'라
고 하여 송재松齋가 놀란 것은 이미 앞에서 언급한 바 있다. 이것은
사상가 · 철학가로서 맹아기萌芽期의 모습이라고 생각된다. 도연명陶
淵明의 시를 좋아했고, 독서할 때에 좁은 글방에서도 잡담에 참여하
지 않고 벽을 향해 잠심潛心했다는 14세 때의 모습은 그의 학문이 지
식학이 아니었음을 알게 한다. 그 학적 방향을 예시해주는 것 같기도
하다. 18세 때에는 벌써 그의 학문 세계가 천리天理의 유행면流行面
에 닿고 있음을 그 시에서 볼 수 있다.

露草夭夭繞水涯 곱고 고은 들풀이 물가에 둘려 있고
小塘淸活爭無沙 작은 연못은 맑고 깨끗하여 모래 한 점 없구나.
雲飛鳥過元相管 흐르는 구름 지나는 새 서로 어울리는데
只怕時時燕蹴波 다만 때때로 제비가 물결 차서 흐려놓을까 두렵
네.[2]

19세에는 태허太虛를 보았다.

獨愛林廬萬卷書 홀로 숲속 오두막에서 만권 서적을 사랑하고
一般心事十年餘 잠심해온 지 십 년이 넘었네.

---

2 『退溪先生年譜』 권1, 〈十三年戊寅〉, 先生十八歲: ○有遊春詠野塘一絶云. 露草
夭夭繞水涯. 小塘淸活淨無沙. 雲飛鳥過元相管. 只怕時時燕蹴波.

邇來以與源頭會 근래에 근본 이치에 만난 듯하고
都把吾心看太虛 내 마음에 태허를 보았노라.[3]

『성리대전』의 첫 권과 마지막 권을 구해서 읽은 것도 이때였다. 20세 되던 해에는 일생의 병약病弱을 초래할 원인이 된 『주역』 읽기에 몰두하였다. 『주역』은 '역경'이라고 해서 오경 중에서도 가장 어려운 것이요, 고인들이 공부할 때도 제일 나중에 배운 것이다.

늘 『심경心經』을 즐겨 읽었다고 하는데, 이것은 23세 때부터 시작된 일이다. 심학의 연원과 심법의 정미精微를 얻은 것이 이 『심경』을 통해서라고 그 스스로 언급하고 있다.

48세 단양군수 때의 시

青松白鶴雖無分 청송 백학이 비록 구분은 없지만
碧水丹山信有緣 푸른 강물 단풍 든 산, 진실로 인연이로다.[4]

에서는 요산요수樂山樂水의 뜻을 읽을 수 있다.

53세 대사성 때 사학四學에 발송한 통문에 강조된 "사제師弟 사이에는 예의가 가장 존중되어야 한다[師生之間, 尤當以禮義相先云云]"고 한 것을 보면, 그 사상은 근원에서 규범으로 현실화되어 가고 있음을 알 수 있다. 같은 해 10월에 유명한 추만秋巒 정지운鄭之雲의 『천명도설天命圖說』을 개정해준 바 있다. 문제가 된 곳은 "사단은 리에서 발하고[四端發於理], 칠정은 기에서 발한다[七情發於氣]"라고 한 대목이

---

3 위와 같음, 〈十四年己卯〉, 先生十九歲: ○有詠懷詩. 獨愛林廬萬卷書. 一般心事十年餘. 邇來似與源頭會. 都把吾心看太虛.

4 위와 같음, 〈二十七年戊申〉, 先生四十八歲: 先生乞外有深意. 求青松不得. 授丹陽有詩云. "青松白鶴雖無分. 碧水丹山信有緣."

다. 퇴계는 이 문구를 "사단은 리가 발한 것이요[四端理之發], 칠정은 기가 발한 것이다[七情氣之發]"라고 바꾸었다. 인의예지仁義禮智의 사단이란 리에서 발하고, 희노애구애오욕喜怒愛懼愛惡欲의 칠정은 기에서 발한다고 해서, 발하는 근원을 리와 기로 갈라 본 데서 발단이 되었다.

철학이란 하나의 근본을 찾고자 하는데, 어떤 것은 리에서 나가고 어떤 것은 기에서 나간다고 할 경우, 아무래도 하나의 근원을 구축하는 데 이원성을 면할 수가 없다. 그렇지 않다 하더라도 발하는 '발'이 문제 안 될 수 없다. 퇴계는 고쳐주고 난 뒤에 고봉高峯 기대승奇大升에게도 말한 바와 같이, 자신이 한 말에 흠이 없는 것은 아니라고 인정하면서도 끝내 리발을 고수하였다.

56세에『주자서절요朱子書節要』가 이루어졌다. 퇴계 스스로 "주자는 내가 스승으로 섬기는 분이시다[朱子吾所師也]"라고 한 바 있다. 주자의 그 많은 저서를 후학들이 다 보기도 어렵지만, 또한 방향을 그르칠 염려가 있어『절요』의 편찬을 기획하였음을 짐작할 때, 주자학에 대한 퇴계의 신봉이 어느 정도인가를 엿볼 수 있다. 57세에는 20세 이후로 온축을 쌓아온『주역』공부의 결실을 보아『역학계몽』의 전의傳疑를 지었다. 사상의 깊이는 더욱 더해갔다.

59세에는 이미 중국 송·원·명대 성리학자들에 대한 사상 편력이 끝나고,『송계원명이학통록宋季元明理學通錄』이 편성되었다. 60세 11월에는 기대승과의 논변이 시작되었다. 리를 높이는 마음은 점점 두터워갔고, 61세 되던 9월에는 이단을 명백하게 분변分辨하는「심무체용변心無體用辨」을 지었다. 이단자에 격분하는 것이 아니라 그 마음은 매우 평온하였음을 볼 수 있다.

어느 날 도산을 나와 시내를 따라서 거닐어 때마침 벼랑에 핀 봄 꽃을 읊었다.

花發巖崖春寂寂 봄날 고요한데 꽃은 바위 언덕에 피어났고

鳥鳴澗樹水潺潺 산새는 산골짜기 나무 사이에 울며 시냇물은 졸졸 흐르네.

偶從山後攜童冠 우연히 동관童冠 몇 사람 데리고 산 뒤로부터 오는 데

閒到山前看考槃 어느새 산 앞에 이르러 고반을 보네.[5]

제자 이덕홍李德弘이 "이 시는 상하가 하나로 어울려서 각각 그 정처定處를 얻은 묘를 읊은 것이 아닙니까"라고 물으니, 퇴계는 "그 뜻이 약간 없지는 않지만 추어올리는 말[推言]이 너무 심하다"라고 하였다 한다.[6] 학문의 온축이 날로 더해져 침중沈重한 모습처럼 느껴지기도 한다.

성현을 존경하는 생각은 날로 더해가면서 65세 때에는 『경현록景賢錄』을 개정하기에 이르렀다. 66세에 「심경후론心經後論」을 지은 것을 보면, 23세 이후로 애송해온 생각이 한층 더 견고해진 것을 미루어 짐작할 수 있다.

이렇게 철학적 연구는 퇴계의 심성관心性觀을 굳혀주었다. 고인들에 대한 추모와 나라 근심하는 마음으로 바뀌어갔던 모습은 68세에 올린, 저 유명한 「무진육조소戊辰六條疏」를 보면 넉넉히 짐작할 수 있다. 뿐만 아니라 만기萬機를 장악하는 주군主君의 정치적 책임은 누구보다도 무겁고, 그 영향은 곧 민족과 국가 발전에 직결되는 것이므로, 애국애족하는 심려는 퇴계가 『성학십도』를 지어 올리는 동기가

---

5 『退溪先生年譜』권2, 〈四十年辛酉〉, 先生六十一歲: 一日. 先生自溪上步出陶山訪梅. 有詩曰. "花發巖崖春寂寂. 鳥鳴澗樹水潺潺. 偶從山後攜童冠. 閒到山前看考槃."

6 위와 같음, 〈四十年辛酉〉, 先生六十一歲: 李德弘問曰. "此詩有上下同流. 各得其所之妙." 先生曰. "雖略有此意思. 推言之太過."

되었다.

성경誠敬으로 일관한 『십도』는 곧 선조에게 바친 충성이면서 아울러 퇴계 학문의 결정이기도 하다. 퇴계는 일견一見을 보았다 해서 학문을 그치지 않았다. 항상 전진前進 노력하는 모습은 학문하는 사람들이 쉽게 따를 수가 없다. 세상을 떠난 70세 때 기대승의 의견을 따라 지난날의 그릇된 견해를 씻고 새로운 경지를 얻었다고 답한 「개치지격물설改致知格物說」을 보면, 후학이 좀처럼 추종하기 힘든 문순文純한 경지를 우러르게 한다.

이러한 과정 속에서 형성된 퇴계 사상의 편모를 다음에 관견해본다.

4. '리'와 '경'으로 전개된 사상

일반적으로 퇴계의 학설은 리기설로 알려져 있고, 종생토록 치력한 '경' 사상으로 요약할 수가 있다. 그동안 학계 일각에서는 리를 높이는 퇴계의 근본 정신을 밝힘이 없이 무조건 리발이 모순이라고 공박을 하고, '경'을 주장함을 존경은 하되 경을 높이게 되는 까닭에 대해서는 불투명함을 보게 된다.

퇴계의 논리의 생명은 리발이 불완전함을 스스로 인정하면서도 끝까지 지킨 점에 있다고 본다. 경설敬說은 하나의 학설로, 종래의 것을 계승했다기보다도 그 주체관에서 심각하게 우러나온 점에 있음을 간과해서는 안 될 줄로 안다.

사람이 이성과 감성을 아울러 지니고 있다는 점은 동서고금의 철학자들이 한가지로 생각해왔음이 사실이다. 그 어느 쪽에 중점을 두어서 생각하느냐에 따라 유심론도 나올 수 있고, 유물론도 나올 수 있다. 과학철학도 나올 수 있으며, 종교철학도 나올 수 있다. 정치로 말하면 공산주의도, 민주주의도 있을 것이다. 리와 기에 대한 주장에도 유사한 점이 있다. 이 문제에 대해서는 중국 송대 이후로 학설이 분분한 가운데 우리나라로 들어와서는 퇴계와 율곡에 이르러 전성기를 이루었다.

리를 무형無形하고 무위無爲한 것으로 생각하고, 기를 유형有形하며 유위有爲한 것으로 볼 때, 여러 가지 문제가 일어난다. 무형무위한 리와 유형유위한 기가 어떻게 관계 지어지느냐 하는 점은 이해하는데 난삽한 자리이다. 이 연관에 대하여 종래 "하나면서 둘이요 둘이면서 하나라[一而二, 二而一]"는 말로 표현, 설명되어왔다. 리와 기는 즉 '일이이'요 '이이일'이라는 체용일원體用一源에서 보아야 하는 것이니, 체용일원이나 현미무간顯微無間의 묘가 풀리지 않는다면 아무리 조리條理를 세워보려 하여도 표면상의 모순을 면할 방법이 없다. 퇴계의 논리에서 문제가 된다면 이러한 점일 것이요, 율곡이 우계牛溪 성혼成渾에게 〈리기영理氣詠〉을 보낸 뜻도 바로 여기에 있지 않은가 한다.

퇴계는 처음 "사단은 리가 발한 것이요, 칠정은 기가 발한 것이라"고 주장하였다 그러다 "사단은 리가 발함에 기가 따르는 것이요[四端理發而氣隨之], 칠정은 기가 발함에 리가 타는 것이라[七情氣發而理乘之]"고 정정하였다. 그러나 리가 무형무위한 것이라면 그것이 어떻게 발할 수 있느냐는 공격에 부딪히게 되고 그 설명이 지루하게 된다. '발'한다는 말은 이미 유위하는 동작에 관한 말이니 기에 속하는 것이다. 리의 소관이 아니라는 것이다. 리 없는 기가 없고 기 없는 리가 없다고 보면, 리발이라고 해서 기가 유리遊離되는 것이 아니고, 기발이라고 해도 리가 제거될 수 없는 관계에서, 리에 주력主力해서 말할 수도 있고 기에 주력해서 말할 수도 있다는 것이 퇴계의 입장이다. 그러나 주력해서 말한다고 하더라도, 유위·무위로 구분해서 설명하자면 발은 유위에 속하는 문제인 까닭에 역시 기의 소관이요, 리가 관여할 수 없는 한계라고 하는 반박을 처리할 수가 없게 된다.

그러나 그렇다고 해서 퇴계의 진리의 세계를 부족한 것으로 단정해도 좋을 것이냐 하는 점이다. 한국 민족이 하와이나 일본에서 2세, 3세 살아가는 동안에 말도 달라지고 습관도 달라지게 된다. 그래도 한국 민족임에는 틀림이 없을 것이다. 원주原住 한민족에서 여러 지방의 교포를 볼 때 쉽게 이해할 수가 있겠지만, 각 지방의 교포 모습의 다양성 속에서 단일민족을 볼 때에는 세대가 멀어질수록 이론이 나옴직도 하다.

결코 이민족이 아니련만, 그렇다고 해서 그 자리 그때의 교포 모습이 곧바로 원주하던 한민족과 꼭 같은 것이라고 말할 수 있을까 하는 것도 의심스럽다. 지루한 감이 없지 않지만, 퇴계는 리발과 기발에서 무엇보다도 염려했던 것이 인욕人欲을 천리天理로 잘못 알아서는 안 된다고 한 점이다. 그래서 대추를 씨도 안 빼고 그대로 삼켜서는[鶻圇呑棗] 위험하다는 것을 경계하였던 것이다. 후기의 주기학파主氣學派들은 '주리'를 맹렬히 비난하지만, 두 갈래[二岐]의 병을 면할 수 없는 퇴계인가 하는 점은 경솔하게 말해서는 안 될 줄 믿는다.

화담花潭 서경덕徐敬德을 따르던 연방蓮坊 이구李球가 김취려金就礪를 통해 '심무체용心無體用'에 대해서 질문해왔을 때의 변론을 보면 어느 정도 저의底意가 짐작된다. '심통성정心統性情'이나 '심은 리기가 합쳐진 것이다[合理氣]'라는 송대 이후의 전통을 견지하면서 정자의 말을 인용하여 심은 하나일 뿐이라[心一而已], 즉 마음은 하나인데 체용으로 갈라서 잘못 이해하면 체 없는 용과 용 없는 체로 분석이 되기 쉽다고 하였다. 이어서 '체용'이라는 두 글자는 활법活法이지 사법死法이 아니라고 지적하고, 체용지간體用之間이나 일동일정지간一動一靜之間이 바로 묘처妙處요, 그 밖에 묘처가 따로 있는 것이 아니라고 설파하였다.

이 체용설에 대해서 좀 더 자세히 살펴보자. 적연부동寂然不動과 감이수통感而遂通은 대역大易에서 말한 체용이요, 미발未發과 이발已發은 자사子思의 『중용』에서 말한 체용이다. 성性과 정情은 맹자가 말한 체용이요, 동과 정은 『예기』에서 말한 체용이라 하고 나서 이것들은 다 '심의 체용'이라고 하였다. '심은 리기의 합'이라 하는 말은 리기를 합친 것이라는 의미가 아니다. 리기지묘理氣之妙나 동정지간자動靜之間者로서의 합이라고 하는 관점에서 하는 말임을 이해해야 할 줄로 생각된다.

그 글의 끝머리에 언급된 것처럼 동은 정을 상대하지 않고서는 동을 말할 수 없고, 정은 동을 상대하지 않고서는 정을 말할 수 없다. 그러나 정을 가리켜서 체라고 할 때에는 다시 가리켜 무체처無體處라 할 수 없게 되고, 동을 가리켜서 용이라고 할 때에는 다시 가리켜 무용처無用處라고 할 수 없게 된다고 하였다. 어느 한쪽에 집착함이 없어야 하나이면서 둘[一而二]이라 할 수 있고, 상대적이 아닌 하나의 근원일 수 있다는 것이다. 또 거기서 오는 것이 지선至善일 수 있다고 본다. 다시 말하면 리기상대理氣相對의 리가 아니라 리일理一의 리에서 나오는 순선純善이라고 할 수 있다는 것이다.

상대적 리도 선이요, 리일의 리도 선임에는 틀림이 없다. 그러나 어디까지나 리일의 순선에서 유래한 것이 사단이라고 주장을 꺾지 않았던 것이 퇴계의 지론이었다. 선에 있어서는 다름이 없을 터이지만 그 소유래처所由來處를 엄격하게 구별하는 것이다. 이러한 생각은 경설敬說을 강력하게 주장해온 근저가 되기도 했던 것으로 생각된다.

'경'이라고 하면 『논어』에서 "거처할 때는 공손히 하고, 일을 처리할 적에는 경건하게 한다[居處恭, 執事敬]"라고 하여 외모와 태도에 적용한 태도 면의 말이다. 『맹자』에서는 "숙보를 공경한다[敬叔父]"라 하고, "남을 공경하면 남도 항상 나를 공경한다[敬人則人恒敬之]"라 하여 공경하는 마음이라는 뜻으로 사용되었다. 그러던 것이 한대 이후 당대를 지나 송대에 이르면 그 해석이 철학성을 띠면서 심오해지게 되었다. 즉 도교가 성행하는 시기, 불교가 전성을 다했던 시대를 거쳐오면서 정靜을 대단히 중요시하였다. "사람이 나면서 고요한 것은 하늘이 부여한 천성이다[人生而靜, 天之性]"라고 해서 원초原初의 자리를 정靜으로 높여오게 되었다.

그러니 이 자리를 소중하게 대한 나머지 동정상대動靜相對의 정을 높이고, 동을 부정不淨한 것, 즉 상대적인 정과의 구별이 분명치 못할 뿐만 아니라, 창조원創造源으로서의 능력이 부족함을 면할 수 없어서 이 폐단을 불식할 것이 요구되었다. 더구나 주염계의 『태극도설』에서 "정을 주로 하여 인극을 세웠다[主靜立人極]"라고 한 뒤에 정이 인극을 세우는 데 강조되어왔으나, 앞서 말한 바와 같은 폐단을 시정하는 의미에서 정자程子는 정을 경敬으로 바꾸어 중요하게 문제 삼기에 이르렀다.

경을 주일무적主一無適이라 풀이하면서 개개인의 주체 파악에 간과할 수 없는 요소로 생각하게 되었다. 주자에 와서는 거경궁리居敬窮理라고 해서 지성과 덕성을 인격 형성의 양대 핵심처로 보아 경을 대단히 긴요한 것으로 다루어왔다. 우리나라에 주자학이 수입된 뒤 퇴계가 이것을 이어받아서 충실하게 주장하였다. 마음은 일신一身의 주재요, 경은 일심一心의 주재라고 하였다. 도에 투철한 사람은 성인이요, 성인은 모든 사람이 본받아야 하는 것이요, 경은 성인을 배우는 시작과 끝이라는 것이다.

여기서 '성인'과 '경'에 대해서 깊이 생각하고 이해해야 할 필요가 있다. 앞에서 이미 말한 바와 같이 체용에 관한 일이다. 즉 성인은 체용일원의 경지인 사람이요, 경은 동정을 일관하는 것이라는 점이다. 『전습록傳習錄』에 의하면 성인의 대중지정大中至正의 도로 말하면 형이상·형이하에 철저하게 일관하는 것이니, 어찌 상일단上一段이나 하일단에만 치우치는 일이 있겠느냐고 해서, 『주역』에 이른바

한 번 음陰하면 한 번은 양陽하는 것, 이것을 일러 '도'라고 한다. 이

것을 계승한 것은 선善이요, 이것을 형성하는 것은 사람의 본성이다. 인자仁者는 이 도를 보고 '인'이라 하며, 지자智者는 이 도를 보고 '지'라 한다. 일반 백성들은 날마다 이 도를 쓰고 있으면서도 그것이 무엇인지를 알지 못한다. 그러므로 군자의 도를 갖춘 자는 드물다.[7]

라고 한 것을 들어 예증하고 있음을 본다. 불기不器하는 원융무애圓融無碍의 세계에는 이것이 능하면 저것이 불능하게 되고, 저것이 능하면 이것이 미진未盡하게 되는 일편一偏 되는 일이 없을 것이다. 즉 바꾸어 말하면 '체용일원'이란 말인 줄 안다. '경'으로 말하면 애당초 '정靜'을 이것으로 고쳐 생각하게 된 동기가 그러했으며, 동·정을 초월하는 정성定性의 의미에서 강조되어온 것이다. 다시 말하면 '동정무간動靜無間'이란 말인 줄 안다. 태극을 리라고 할 때, 그 리는 적연부동寂然不動과 만상삼연萬象森然을 일관하는 '리'라고 하였다. '일원'이나 '무간'이나 일관에서 말하는 원두처를 체용體用이나 현미顯微나 리기를 상대적 입장에서뿐만 아니라 분석단절分析斷切시켜 평하는 것은 결코 온당하다고 생각하기 어려울 것이다.

5. 신세기의 여명을 향해서

현대는 정치적으로는 폭발하는 인구와 식량문제 해결이 시급하다. 그렇지만 인간의 각성 없이는 방법적으로 해결이 된다 하더라도 바람직한 것이 되지 못할 것이니 세계 평화는 달성이 어려울 것이다. 우리나라의 남북통일이 가장 급한 일로 생각되지만, 생명의 존엄성이라든가 사람을 사랑해야 한다는 인심仁心 없이는 달성된다고 하더

---

7 『周易』, 「繫辭 上」 "一陰一陽之謂道, 繼之者善也, 成之者性也. 仁者見之, 謂之仁, 知者見之, 謂之知, 百姓日用而不知, 故君子之道鮮矣."

라도 처참한 결과를 초래할 것이다.

20세기 문명은 2천 년을 두고 쌓아 올린 문화의 탑이련만, 역사상 어느 때보다도 불안하다. 이것은 여러 나라들이 레이더망을 구축, 기습에 대비하고 있는 실정을 보아 알 수 있다. 인류는 2천 년을 두고 지성을 닦아왔지만 오늘처럼 감정이 둔화된 시대가 일찍이 없었다. 이것은 인간이 기계의 노예가 되어가고 있음을 보아 짐작할 수 있다.

창조주는 만물을 사랑으로 창조했다. 인간은 이것을 본받아야 한다. 본받는다고 함은 맹종한다는 것이 아니라 자기를 심화하여 내재하는 신성성神聖性을 스스로 발견함으로써 창조주와 일련의 관계에 있다는 것을 뜻함이 아닐까? 적감寂感이나 체용體用이나 현미顯微를 단절하는 리라면, 리발이기수지理發而氣隨之의 모순을 지적받아도 무방할 것이다. 그러나 그렇지 않다면 자기 수련으로써 창조원을 찾아가는 과정에서 성경誠敬은 가장 지름길이 될 것이라고 믿는다. 적감이나 체용이나 현미를 유리遊離하는 경이라면 기발이리승지라고 해도 말은 되겠지만 본지는 다르다 할 것이다. 그러나 그렇지 않다면 투철한 궁리로 성인을 향하는 과정에서 격물공부格物工夫는 가장 좋은 방법이 될 것이라고 믿는다.

니체는 "신은 죽었다"고 말했다. 신은 죽었지만 인간은 죽지 않았다고 해야 할 것이다. 그러나 신이 죽고 인간이 살 수는 없으며, 인간이 죽고 신이 살 수는 없는 일이 아닐까?

세계는 평화를 달성해야 하며 인류는 각성을 위한 노력을 아끼지 말아야 할 것이다. 그러나 그것을 발 디딜 곳이 없는 인류의 종교에서도, 그리고 향할 바를 잃어버린 짧은 인간의 지성知性에서도 구하지는 못할 것이라는 점을 생각하면서, 이미 400년 전에 가신 정치가로서 인격자로서의 성경誠敬, 학자로서의 퇴계의 이론을 되뇌여보며 추모의 뜨거운 성감性感을 다시 한 번 품어본다. 한국의 퇴계가 아니라 세계의 퇴계임을 자부하면서……

제2장 퇴계의 한국 철학사적 위치

I. 서론

한국 유학의 주류와 중축中軸은 철학적 방면인 정주학에 있었다고 현상윤玄相允 씨는 지적하고 있다.[1] 정주학이 전래되기 이전의 철학 사상과의 회우會遇와 수입 이후의 한국적 수용은 한국 철학사 이해에 고려되어야 할 문제라고 할 것이다.

한국의 철학사에서 특별히 토론된 것으로 무극이태극론無極而太極論, 리기론理氣論, 성정론性情論, 인심도심론人心道心論, 예설禮說, 인물성동이론人物性同異論 등의 문제를 들 수 있다.

첫째, 무극이태극론은 회재晦齋 이언적(李彦迪: 1491~1553)과 망기당忘機堂 조한보(曹漢輔: ?)가 왕복 논변한 사상 최초의 문제였다. 망기당의 노장적老莊的 · 선적禪的 요소를 비판하고 사도斯道의 본원에 대하여 천명한 회재의 입장을 밝혀주고 있다. 그의 이러한 이론은 「서망재망기당무극태극설후書忘齋忘機堂無極太極說後」를 통해 분명해진다. 더욱이 주자학을 충분히 소화면서 『대학장구』에 대한 자기 견해를 『대학장구보유大學章句補遺』[2]로 제시하고 있음은 괄목할 만한

---

1 현상윤, 『조선유학사』, 민중서관, 1949, 3쪽.
2 『晦齋全書』 권5, 「書忘齋忘機堂無極太極說」.

일이다.

둘째, 리기론과 성정론은 퇴계 이황(1501~1570)과 고봉 기대승 (1527~1572) 사이의 7년간에 걸친 토론으로서, 역사상 가장 유명한 것으로 알려지고 있다. 리기론에서는 주로 '발發'이, 성정론에서는 '순선純善'이 문제의 초점이었다. 이 변석辨析은 질과 양에서도 놀랄 만하다. 왕래된 서간은 『퇴계전서』 권16, 『고봉집』과 『리기왕복서理氣往復書』 상·하권에 수록되어 있다.

셋째, 인심도심론은 율곡 이이(1536~1584)와 우계牛溪 성혼(成渾: 1535~1598) 간의 '심'에 관한 토론이었다. 성정性情과 관련하여 인 심도심을 분변하였으나 상호 불충분한 이해로 끝나게 된다. 성정이 하나의 선善으로 이어지고 인심도심이 하나의 심心으로 공약共約되 는 일이 우계에게는 매우 어려웠다. 이것을 간파한 율곡은 우계에게 '리기영理氣詠'[3] 한 편을 주어 심사숙고할 것을 권유하였다.

넷째, 예설에 관해서는 우암尤庵 송시열(宋時烈: 1607~1689)과 백 호白湖 윤휴(尹鑴: 1617~1680) 사이에 벌어졌던 복상服喪에 대한 예 설 토론이었다. 차자次子로서 계위繼位한 효종이 승하한 뒤에 계모인 조 대비趙大妃가 입어야 할 상복이 기년碁年이냐 3년이냐 하는 논란 이 벌어졌으나, 기년으로 일단락되었다. 박문약례博文約禮라는 공자 정신에 비추어 예의 이론적 전개는 매우 가치 있는 일이라고 하겠다. 윤휴는 용학庸學과 제경諸經의 주해[4]를 지어서 주자朱子 중심이었던 당시 학계를 놀라게 하였다.

끝으로 인물성동이론은 외암巍巖 이간(李柬: 1677~1727)과 남당南 塘 한원진(韓元震: 1682~1751) 사이에 인성과 물성의 동이同異를 가 지고 토론된 논변이었다. 두 학인은 수암遂庵 권상하(權尙夏: 1641~

3 『栗谷全書』 권10, 「答成浩原」, 〈理氣詠〉.

4 尹鑴, 『讀書記』.

1721)의 제자로 동문同門의 관계이다. 인성과 물성이 서로 같다는 이간의 주장에 상반하여 한원진은 그 같지 않음을 역설하였다. 마침내 호락학파湖洛學派로 갈라지기에 이르렀다. 유학에서의 성론性論이 중요시된 결과로 생각된다. 한원진은 『주자어류』의 내용을 확인하는 작업을 우암 송시열로부터 계승하여 『주자언론동이고朱子言論同異攷』를 펴내기도 하였다.

위의 다섯 가지 논변된 문제를 통해서 두 가지 특색을 지적하고 싶다. 철학적이면서 인간학적이라는 점이 그 첫째요, 주자학이 연면하게 저변에 흐르고 있다는 점이 그 둘째이다. 그 문제들이 철학의 문제이면서도 인간이나 사회성을 떠나지 않고 있으며, 주장의 근거를 대개 주자학에 두고 있다고 생각된다.

조국肇國 이래의 홍익인간弘益人間의 사상으로부터 인내천人乃天의 동학사상으로 일관하는 사상사적, 문화사적 배경에서 학문이 인간학적 성격에서 이탈할 수 없었음은 당연하다고 하겠다. 그 흐름 속에서 '리'와 '순선'을 밝히고 높이는 퇴계의 학문 경향은 그의 논리에 자세하게 반영되고 있다. "학문을 강명講明하면서 분석을 싫어하고 합일合一에 힘쓰는 것을 옛사람 '골륜탄조鶻圇吞棗'라고 하였으니 그 병통이 적지 않다"[5]라고 한 지칭은 고봉에게 친절히 일러준 말이었다.

이제 퇴계의 이론 중에서 만년(70세)에 정립된 치지격물설致知格物說에 대하여 인식론적 측면에서 고찰해보고자 한다.

5 『退溪全書』 권16, 「答奇明彦」 참조.

Ⅱ. 본 론

1. '치지격물설'의 문제점

대학 팔조목大學八條目 중의 '치지격물'에 대한 주자의 주해는 다음과 같다.

'치致'는 미루어 지극하게 함이요, '지知'는 '식識'과 같다. 나의 지식을 미루어 지극히 하여 그 아는 바가 다하지 않음이 없고자 하는 것이다. '격格'은 이름[至]이요, '물物'은 '사事'와 같다. 사물의 이치를 궁구하여 그 극처極處가 이르지 않음이 없고자 하는 것이다.[6]

「보망장補亡章」에서는

이른바 앎을 지극히 하는 것이 사물을 궁구함에 있다는 것은, 나의 앎을 지극히 하고자 한다면 사물에 나아가 그 이치를 궁구함에 있음을 말한 것이다. 사람 마음의 신령함은 앎이 있지 않음이 없고, 천하의 사물은 이치가 있지 않음이 없지만, 오직 이치에 대하여 궁구하지 않음이 있기 때문에 그 앎이 다하지 못함이 있는 것이다.[7]

라고 하여 치지격물의 방법을 말함과 동시에 물격지지物格知至에 관해서는

---

6 『大學』, 經一章 주자 주석 "致. 推極也; 知, 猶識也; 推極吾之知識, 欲其所知無不盡也. 格. 至也; 物. 猶事也. 窮至事物之理. 欲其極處無不到也."

7 위와 같음, 「補亡章」 "間嘗竊取程子之意. 以補之曰. 所謂致知在格物者, 言欲致吾之知. 在卽物而窮其理也. 蓋人心之靈. 莫不有知. 而天下之物. 莫不有理. 惟於理有未窮. 故其知有不盡也."

　　반드시 배우는 사람들로 하여금 무릇 천하의 사물에 나아가서 이미 그 아는 이치로 인하여 더욱 그것을 궁구하여 그 극極에 이름을 구하지 않음이 없도록 하는 것이다. 그리하여 힘쓰기를 오래해서 하루 아침에 활연관통豁然貫通하게 되면, 곧 모든 사물의 표리表裏와 정조精粗가 이르지 않음이 없을 것이요, 내 마음의 전체全體와 대용大用이 밝지 않은 것이 없을 것이다. 이를 일러 물격物格이라 하고, 이를 일러 앎의 지극함[知之至]이라고 하는 것이다.[8]

라고 하여 치지격물의 결과를 언급하고 있다. 즉 즉물궁리卽物窮理는 "모든 사물의 표리와 정조에 이르지 않음이 없고, 내 마음의 전체와 대용이 밝지 않은 것이 없다"는 공효를 가져온다는 것이다. 여기서 우선 문제 되는 것은 궁리하는 '나'와 궁리의 객체인 '물'과의 관계라고 하겠다. 인식되는 대상에 대한 문제로 지적된다.

　　둘째, 즉물궁리란 어떻게 하는 것인가[9] 하는 문제로, 인식방법에 속하는 것이라고 하겠다. 『대학혹문大學或問』에 의하면, 주객主客과 궁리에 관하여 주자의 친절한 견해를 읽을 수 있다. 사마온공司馬溫公이 격물치지에 대해 "외물外物을 한어扞禦해서 지도至道를 능지能知한다"고 했고, 공주한孔周翰이 "외물의 유혹을 막아 제거[扞去]함으로써 본연의 선善이 자명해진다"고 말한 데 대하여 비판을 가한다. 즉 '외물을 막고 제거하여 지도를 능히 안다'라고 함은 부자의 관계를 끊은 뒤[絶父子後]에 효자孝慈를 알고, 군신의 관계를 단절한 뒤[離君臣後]에 인경仁敬을 안다고 하는 것과 같으니, 이런 이치는 없다

8　위와 같음, 「補亡章」 "必使學者. 卽凡天下之物. 莫不因其己知之理而益窮之. 以求至乎其極. 至於用力之久. 一旦豁然貫通焉. 則衆物之表裏精粗無不到. 而吾心之全體大用無不明矣. 此謂物格. 此謂知之至也."

9　『大學章句大全』經一章, 八條目註.

고 하면서 사마온공의 격물의 '물'을 외물시外物視하는 비리非理를
지적하였다.

이에 비해 공주한의 견해대로 격물의 '물'을 '불선지유不善之誘'로
보는 것이 타당하다고 동조하는 뜻을 표한다. 외물지유外物之誘로 말
하자면 음식남녀飮食男女보다 더한 것이 없는데, 이것을 막는다 함은
폐구절종閉口絶種함과 다를 바 없어서 부당하며, 외물의 유혹을 막아
제거한다 함은 음식남녀에서 유혹하는 것[所誘]을 물리치고 '본연
의 선'대로 행한다 함은 그 설이 좋다고 칭찬을 하였다. 그리고 천리
天理와 인욕人欲을 분변하는 궁리의 필요성을 말하고 정자程子의 "격
물은 궁리"라는 주장을 인용한다.

사실상 외물과 자신은 분리될 수 없는 일이다. 태양과 공기와 물,
일상생활에서의 음식 · 남녀, 사회생활에서의 사건 등등으로부터 자
신을 제외할 수 없다고 해서 무분별할 수도 없는 일이다. 대기와 수
질의 오염, 공해음식公害飮食, 남녀관계, 사회 불의社會不義 등은 잠시
도 등한히 할 수 없는, 자신과 직결되어 있는 외물이다. '물격'의 '물'
을 이 외물로 생각할 때 그 유혹을 막아서 제거[扞去]하고 선을 지킨
다[守善]고 함은 결코 부당하다고 할 수 없을 것이다. 외물의 유혹을
불선으로 보아 그 불선을 제거한다는 견해에 동조하면서 궁리를 강
조한다.

궁리를 문제 삼을 때, '리'의 내용과 '궁'의 방법으로 나누어 생각
할 수 있을 것이다. '궁'에 대한 이해는 점수漸修와 돈오頓悟가 갈라
질 수 있는 곳이며, 리에 관한 해명은 일리一理와 사리事理, 천리와
인욕이 밝아지는 자리라고 생각된다. 주자는 이 '궁'과 '리'를 여대림
呂大臨 · 사상채謝上蔡 · 양구산楊龜山 · 윤화정尹和靖 · 호오봉胡五峯
의 견해를 인용, 평가하면서 자신의 주장을 입론한다.

만리동출萬理同出을 궁구함을 격물이라 하며, 만물동리萬物同理를
인식함을 지지知至로 생각하여 천인물아天人物我가 하나[一]요, 사생

유명死生幽明이 하나요, 인수어별人獸魚鼈이 하나요, 천지산천天地山川이 하나라는 여대림의 주장에 대해서 "일리一理를 강조함은 이해할 만하지만 재기지리在己之理에 어둡게 되는 폐단을 면할 수 없다"라고 하였다.

궁리란 옳은 곳을 찾는 것이지만 반드시 서恕를 근본으로 삼고, 또 대자大者를 앞세운즉, 일처一處에 이통理通하여 촉처觸處가 모두 통하게 된다는 사상채의 주장에 대해서는 "시처是處를 찾는다 함은 옳지만 서恕는 구인求仁하는 방법이지 궁리가 아니다. 대자를 앞세움은 근자近者를 앞세움만 못하다. 일처통一處通이 일체통一切通이라 함은 안자顏子도 어려우니 정자程子가 감히 말할 수 없는 바이다"라고 비판하여 점수漸修의 주장을 피력하고 있다.

천하의 물物을 남김없이 모두 궁구할 수 없다고 하지만, 만물은 나에게 갖추어져 있어 밖으로부터 얻어지는 것이 아니므로 반신이성反身而誠이면 천하의 물이 나에게 있지 않음이 없다는 양구산의 말에 대해서는 근사近似함을 인정하면서도, '반성이성反省而誠'은 물격지지物格知至 이후의 일이므로 '공부에는 차례가 있다'는 점에 유의할 것을 권한다.

"오늘에 격일물格一物하고 명일에 격일물한다"는 것이 정자의 말이 아니라는 윤화정의 주장에 대해서는 제가諸家가 기록한 바와 같은 것이 한두 가지가 아니지만, 지경持敬과 관리觀理가 편폐偏廢되지 않아야 한다는 것을 주자는 제시하고 있다.

또 물물物物을 치찰致察하여 완전귀기宛轉歸己한다 함은, 하늘의 운행을 살펴서 자강自强하고 땅의 형세를 살펴서 덕을 두텁게 하는 것과 같다고 한 호문정胡文定의 말에 대해 주자는 "그 말이 그럴듯하지만 '물물치찰'이란 말은 정자의 반드시 천하지물을 다 궁구하는 것이 아니라는 뜻을 살피지 못한 결과며, '완전귀기'란 말도 정자의 '물아物我가 일리一理이므로 저것을 밝히면 곧 이것이 분명해진다'

는 뜻을 살피지 못한 소치이다"라고 하였다. 다만 호오봉의 "사물에 즉하여 싫어하지도 않고 버려두지도 않고 몸소 친히 그 이치를 궁구하여 그 지知를 정일精一하게 한다[卽事卽物, 不厭不棄, 身親格之, 以精其知之]"는 말이 옳다고 하면서 정자의 궁리설을 높이 평가한다.

이상의 궁리(격물)설을 통해서 궁의 방법으로는 격일격格一格을, 리의 인식에서는 지경持敬과 관리觀理를 편폐偏廢할 수 없음을 제시한 주자의 경향에 주의하고자 한다.

당군의唐君毅 씨는 주자가 치지격물의 뜻을 말하는 데는 두 가지 문제가 있음을 주의해야 한다고 하였다. 하나는 격물의 목표와 범위를 어떻게 규정짓느냐는 문제요, 또 하나는 이 격물하는 일은 외부에서 구하는 것인가 혹은 내면에서 구하는 것인가 하는 문제라고 제기하였다.[10]

대개 치지격물에서의 문제를 요약한다면 물아일리物我一理와 내외일관內外一貫으로 공약共約할 수 있을 것 같은바, 인식론상 일리일관이 그 핵심을 이루고 있음을 알 수 있다. 일리일관을 인식하는 데 지경과 식리識理 아닌 '관리'의 관觀을 말하고 있는 점에 주의하여야 할 것으로 생각한다.

"주자는 나의 스승이다"[11]라고 한 퇴계는 이 치지격물에 대한 견해를 세상 떠나기 직전에 정립한 것으로 전해진다. 퇴계에게는 주자의 지론持論이 병도 되고 약도 된 듯하다. 한문을 이해하는 데 이두 현토吏讀懸吐의 습관상 우리나라 사람들은 치지격물의 문법적 견해 차이로 주장이 갈라지기도 하였다. 여기에 대한 제설諸說을 먼저 엿

---

10 唐君毅, 『中國哲學原論』, 原教篇, 265쪽 "朱子之讀書原卽致知格物之一事. 而關于朱子之言致知格物之義旨. 則有二問題. 爲吾人所當注意. 一是格物之目標與範圍如何規定之問題. 一是此格物之事畢竟是求諸外或求諸內之問題."

11 『退溪全書』 권16, 「答奇明彦」 "朱子吾所師也."

보기로 한다.

2. '이격이도'의 입장

『대학』경문의 '격물'과 '물격', 주자朱子 주석에서의 '욕기극처무
부도欲其極處無不到'와 '물리지극처무부도物理之極處無不到'를 해독하
는데, 우리나라 사람들 사이에 이론異論이 있었다. 이병도 박사는 세
가지로 분류하고 있다.[12] 이 분류는 퇴계가 정자중鄭子中에게 답한
글에 의한 것으로서 다음과 같다.

	格物, 物格吐	朱子註吐
제1설	A 格物-物(乙)格 B 物格-物(厓)格	A 欲其極處(厓)無不到也 B 物理之極處(厓)無不到也
제2설	A 格物-物(乙)格 B 物格-物(是)格	A 欲其極處(是)無不到也 B 物理之極處(是)無不到也
제3설	A 格物-物(乙)格 B 物格-物(厓)格	A 厓是吐亦好 B 同上

제1설은 회재 이언적의 주장이요, 제2설은 노천老泉 김식(金
湜: 1482~1520)과 표도瓢道 박광우(朴光佑: 1495~1545)와 윤탁(尹
倬: 1472~1534)의 설이요, 제3설은 낙봉駱峯 신광한(申光漢: 1484~
1555)이 주창한 것이다. 퇴계는 낙봉의 설이 옳다고 하였다.[13]
퇴계의 생각으로는 당시 사람들의 토의 '애'와 '이'에 대한 의심을
두 가지로 분류하였다. 리는 본래 내 마음에 있어서 피차彼此가 없으

---

12 李丙燾, 『韓國儒學史草稿』, 1959, 205쪽 "考退溪集答鄭子中書, 當時學者之間.
對於此問題, 似有三種解釋."

13 『退溪全書』권26, 「答鄭子中別紙, 格物格兩註說記嘗聞見諸公語」 "滉竊詳中公
此語. 實得其意."

므로 '애'나 '이'로 읽으면 리와 내가 둘이 되어서 피차로 나누어지기 때문에 불가하다는 것이 하나요, '공효功效' 주에서 '애'나 '이'로 읽으면 공부착력工夫著力의 일련성을 해치게 되는데 불가의 요인이 있다[14]고 한다는 것이다. 그러나 이러한 의심에 대하여 퇴계는 제3설대로 격물에서는 '물을'로 읽고 물격에서는 '물애'로 읽으며, 주자주에서는 '욕기극처'와 '물리지극처' 공히 '애' 또는 '이'로 읽어도 무방하다는 것이다.[15] 즉 내외피차內外彼此로 분열될 염려가 없다는 뜻이다.

사물의 이치가 내 마음에 갖추어져 있어서 내외가 일관되어 있으므로 비록 리가 사물에 산재한다고 하더라도 차此를 배제하고 피彼만을 말하는 것이 아니며, 비록 즉사즉물卽事卽物을 말하더라도 '기己'를 버리고 피彼로 나가는 것이 아니라는 점이다. 그러므로 '예기극처其極'이라든가 '도극처到極處'라든가 '도진처到盡處'라고 하더라도 마음의 구각軀殼을 떠나서 '차'로부터 '피'로 내달리는 것을 말하는 것이 아니기 때문에, '애'나 '사'로 읽어도 사물과 오심의 리가 분리되는 것이 아닌즉 아무 의심할 것도 없다는 주장이다.[16] 문학 표현이 같다고 해서 의미가 반드시 같다고 말할 수는 없느니만큼, 가리키는 뜻을 바르게 이해해야 할 것이다.

---

14 위와 같음, 권26,「格物物格俗說辨疑, 答鄭子中」"一謂理本在吾心, 非有彼此. 若云厓是, 則是理與我爲二而分彼, 此故不可也. 一謂工效, 註若云厓是, 則是涉工夫著力, 故不可也."

15 위와 같음, 권26,「答鄭子中別紙, 格物格兩註說記嘗聞見諸公語」"讀之以厓是辭, 何不可之有哉."

16 위와 같음, 권26,「格物物格俗說辨疑, 答鄭子中」"惟其事事物物之理, 卽吾心所具之理, 不以物外而外, 亦不以此內而內. 故先儒雖謂之理在事物, 非遺此而言彼也. 雖謂之卽事卽物, 非舍己而就彼也. 雖曰詣其極, 曰到極處, 曰到盡處, 亦非謂心離軀殼, 而自此走彼之謂也. 然則讀之以厓是辭, 非有與理爲二之嫌, 有何所疑乎?"

만일에 어떤 사람이 이곳으로부터 군읍郡邑을 경과해서 수도首都
에 도착하는 것을 격물치지의 공부와 같고, 이미 군읍을 지나서 수
도에 도달한 것을 물격지지物格知至의 공효와 같다고 한다면, 공부의
경우는 "郡邑匡是歷行爲也京師匡是來之他爲也[(사람이) 군읍에 두루 지
나서 수도에 왔다]"17라고 해야 할 것이며, 공효의 경우는 "郡邑是已歷
爲也京師是已至羅沙[군읍이 이미 지나쳐서 경사가 이미 이르러서]"18라고
하게 되어서 이미 경과한 자는 사람이 아니라 군읍이요, 이미 도달한
자는 사람이 아니라 경사가 되어버린다. 따라서 물격의 '격'자는 내
가 아니라 물이요, 극처의 '도'자는 내가 아니라 '극처'가 되어버려
서 어불성설이라, 애사匡辭만이 족하게 된다.19 그러나 퇴계는 시사
是辭도 통한다고 하여 그 이유를 다음과 같이 진술한다.

사辭는 같은데 지의旨義가 다르기 때문이다. 사람들이 이해하는 '是
[이]'는 '物理之極處是自無不到於吾心[물리의 극처가 나의 마음에 이르
지 않음이 없다]'의 '시'로서 견예향리牽拽向裏의 병통을 초래하게 되므
로 부당하다고 하지만, 내가 말하는 '시'는 '衆理之極處是無一不到處
也[중리의 지극한 곳에 이르지 않음이 없다]'의 '시'로서 리가 사물에 자
재自在하고 나의 궁구가 무일불치처無一不致處일 뿐이므로 또한 통할
수 있는 것이다.20

---

17 위와 같음, "可以言郡邑(匡是)歷行(爲也)京師(匡是)來至(他爲也). 以爲工夫之
說."

18 위와 같음, "於已歷已至, 必變辭曰郡邑(是)已歷(爲也)京師(是)已至(羅沙), 乃
可謂功效耶."

19 위와 같음, 권26, 「格物物格俗說辯疑, 答鄭子中」"若如此說, 則已歷者, 非人也,
乃郡邑也. 已至者, 非人也. 乃京師也. 釋極處, 則到者非我, 乃極處也. 此不成言
語, …… 只從匡辭, 足矣."

20 위와 같음, "何以云(是)辭亦通乎? 曰: 此與今人所云(是)辭者, 辭同而旨異者也.
今夫所云, (是)者, 謂物理之極處(是)自無不到吾心, 卽牽拽向裏之病, 非也. 吾

즉 '에'만을 옳다고 하는 측에서는 사물과 나[吾]를 구별하는 태도
이며, '이'나 '에'가 공히 통한다고 하는 퇴계의 견해는 사물과 내 마
음을 분사分辭 구별해서는 안 된다는 입장이다. 그래서 퇴계는 "물
마다 격한 뒤에[物庶多格爲隱後厓]"라고 하면 그 속에 '무부도無不到'
의 뜻이 포함되어서 쟁단爭端을 면할 수 있겠으나, 사람들이 새로운
말을 처음 들어도 반드시 믿지는 않을 것이라고 겸손하게 말하고 있
다.[21] '物是' 또는 '物厓'에서 다른 견해가 유발되므로 "물마다 격한
뒤"의 '마다'로 창안했음을 알 수가 있다. 그러나 퇴계의『사서석의四
書釋義』에는 격물에 대하여 "在格物 …… 물을 격함에 있나니라, 一
云 '물에 격함에', 차설오此說誤"라고 하여 '물애'는 잘못이고 '물을'
로 해독해야 한다고 되어 있다. 이것은 정자중에게 답한 글에서도

　　격물: "물(을) 격함이", 주: "그 극처(에) 이르지 아니함이 없고자 한
　　다", '격' 자에는 '궁구하여 이른다'는 의미가 있다. 격물은 중심이 '궁'
　　자에 있다. 그러므로 '물을 격함이'라고 하는 것이다.[22]

라고 하여 역시 격물의 물은 '물을'로 읽어야 한다고 밝히고 있다.
그러나 물격의 경우는『석의』와 답서 사이에 차이를 보이고 있다.
『석의』에서는 물격에 대하여 "물이 격한 …… 물에 격하다는 옳지
않다"[23]라고 하여 '물에'는 불가하고 '물이'로 읽어야 하다고 하였

　　所云(是)者, 謂衆理之極處(是)無一不到之處也, 則理依然在事物, 而吾之窮究無
　　一不到之處也."

21　鄭惟一,『文峯集』권4,「上退溪先生問目」"物庶多格爲隱後厓. 如此則中含無不
　　到之意, 而無兩爭之端. 但人創聞新語, 未必相信耳."

22　위와 같음,「上退溪先生問目」"格物物乙格乎庶是, 註欲其極處厓無不到也. ……
　　格字有窮而至之義, 格物重在窮字. 故云物乙格乎庶是."

23　『四書大學釋義』"物이格한○物理之極處無不到, 駱峯申先生釋云, 物理의極處

으나, 정자중에게는

> 물격: "물(에) 격한", 주: "물리의 극처(에) 이르지 아니함이 없다",
> …… 물격은 중점이 '지至' 자에 있다. 그러므로 "물(에) 격한"이라고
> 한다. 일설에서 "물리의 극처(가)"라고 한 것 역시 통한다.[24]

라고 함을 볼 때, 전후 차이를 발견하게 된다. 격물의 해독은 '물을'
로 통일되어 있는 데 비해 물격의 경우는 '물이', '물에', '물마다'의
세 가지로 설명되어왔다. 이를 볼 때 해득에 고심하는 역정을 충분
히 생각할 수 있을 것 같다. 여기서 명백히 하고 싶은 것은 '이'나
'에'나 '마다'로 표현하고자 하는 퇴계의 기본 태도이다. 앞에서도
언급하였거니와, 물격의 '격'과 그 공효功效의 주석에 나오는 '극極'
에 대하여 정자중에게 밝힌 점이다.

> …… 이것을 미루어 물격을 풀이하면 '격'은 내가 아니요 곧 물이며,
> '극'을 풀이하는 대목에서 이른 것[到]은 내가 아니요 극처이다. 이것
> 은 말이 되지 않을 뿐 아니라 의리가 되지 못한다.[25]

여기서 보는 바와·같이 '물격'이라고 해도 그 격은 내가 격한 것이

] 니르지아니한대없다. 仍按, 指傳十章之末曰, 假如言讀此書, 自卷初至此處]
無不盡也. 苟知此意, 則雖釋云到處에亦無妨. 又曰, 極處到者窮格到此耳. 曾見
李復古說心到極處, 此說非也. 若謂心到, 則屬知止, 非格物也. ○今按, 申公此說
甚精微. 滉向問此於尹大司成倬先生曰: 所謂到者心到理極處否? 公曰: 非也. 當
時未曉, 今方覺是. 又按若因此又釋格物云, 物에格하다不可."

24 『文峯集』권4,「上退溪先生問目」"物格物庢格爲隱. 註物理之極處庢是無不到也.
…… 物格重在至字, 故云物庢格爲隱, 一說物理之極處是亦通."

25 『退溪全書』권26,「格物物格俗說辭疑, 答鄭子中」"推之以釋物格, 則格者非我,
乃物也. 釋極處, 則到者非我, 乃極處也. 此不成言語, 不成義理."

다. '물리지극처무부도物理之極處無不到'의 '도'자도 '극처'가 아니라 '내가 이른 것'으로 이해하려는 것이 퇴계의 집념이었던 것으로 생각된다. 주체적인 의미를 지닌다고 하겠다.

해독에서 문법의 기능을 무시할 수는 없지만, 문법이 본지를 해치는 경우도 있을 수 있다고 생각할 때, 문법에 집착하는 측과 문법을 초월하는 측의 양론이 있음직한 일이다. 이 사례는 만회晚悔 권득기(權得己: 1570~1622)와 잠야潛冶 박지계(朴知誡: 1553~1635) 사이에 있었던 격물, 물격에 관한 논쟁으로 유명하기도 하다.

퇴계의 '자기가 궁구하고 자기가 이른다[己格己到]'는 물격격물관物格格物觀은 그가 서거하던 해에 구견舊見을 씻어버리고 리도설理到說의 정립을 보게 된다.

3. '리도'로의 전환

물격의 '격'과 극도極到의 '도'에 대하여 기격기도己格己到로 집착하던 이유를 퇴계는 기대승에게 다음과 같이 토로하고 있다.

> 황이 잘못된 학설을 고집한 까닭은 다만 주자의 "리는 정의情意도 없고 계탁計度도 없고 조작造作도 없다"는 말만 알았을 뿐이다. 내 스스로가 물리의 극처에 궁도窮到하는 것이므로, 리가 어찌 스스로 극처에 이를 수 있겠느냐 하는 생각에서 물격의 '격'과 무부도의 '도'를 모두 '기격기도'로 생각해온 것이다.[26]

---

26 『退溪全書』권18, 「答奇明彦 別紙」 "前此滉所以堅執誤說者, 只知守朱子理無情意, 無計度, 無造作之說, 以爲我可以窮到物理之極處. 理豈能自至於極處, 故硬把物格之格, 無不到之到, 皆作己格己到看."

여기서 보듯이 원인은 주자의 '리'에 있었다고 하겠다. 그러나 기대승과 사단칠정론을 가지고 왕복 논변할 때는 처음부터 끝까지 리발기발理發氣發의 호발설을 고수한 것을 감안할 때, 주자의 "리는 정의도 없고 계탁도 없고 조작도 없다"는 말을 어떻게 받아들였나 하는 의심을 자아낸다.

리기호발설을 군히게 한 것도 주자 때문이었다. 리발의 부당성을 들고 끈질기게 육박해오는 기대승에게 다음과 같이 말하고 있다.

> 근래『어류』를 읽다가 "사단은 리의 발이요, 칠정은 기의 발이라"고 한 곳을 보고 나의 견해가 잘못이 아님을 믿게 되었다.[27]

주자의 말은『어류』속의 보한경輔漢卿의 기록이다. 남당南塘 한원진韓元震의『주자언론동이고朱子言論同異考』에서는 잘못된 기록으로 판단되어 있기도 하나, 당시 퇴계의 소신을 군히게 한 동기를 제공했던 것이다. 물격의 격과 '물리지극처무부도'의 도를 기격기도로 군히고, 리기설에서 리발설을 확신하게 된 것도 원인이 모두 주자의 리설理說에 있었던 것이다.

'기격기도'를 '리도理到'로 전환시켜준 계기는 무엇인가? 격물과 무극無極 문제는 퇴계가 종생토록 궁구해가던 과제였던 것으로 보인다. 말년에 주장을 고치게 되는 결정적인 글이 김취려金就礪와 기대승에게 보낸 서간에서 발견된다. 김취려에게 준 내용은 다음과 같다.

> [物格之釋] 지금 기대승이 인용한 '리도'에 관한 여러 설을 따라『대학혹문』을 참고해보았다. '리가 비록 만물에 산재散在하나 실로 한 사람의 마음에서 벗어나지 않는다'고 하는 대목의 소주小註에 보이는 주

---

27 『退溪全書』권16, 「答奇明彦」.

자의 설을 자세하게 생각해보고는 비로소 '리가 이른다는 말이 불가할
것이 없겠구나' 하고 깨닫게 되었다. 지금은 당연히 명언의 설을 따른
다.[28]

여기서 주자로 인하여 리도지언理到之言을 비로소 깨닫게 되었음
을 밝혔고, 그 조리를 기대승에게 자세히 전개하고 있다.[29] 여기에
의하면 처음에는 「보망장」과 『혹문』 중에 보이는 주자설을 흥미 있게
느꼈을 뿐, 회통會通하지 못하였다가 주자의 '리필유용理必有用'이라
는 말에서 자극된 것으로 짐작된다.

54세 때의 4월 24일자 일기에는 '리유동정理有動靜 고기유동정故
氣有動靜'이라고 기록되어 있다. 주자설을 인용하면서 결정되는 '리
도'는 '격물의 결과'로 판단하기에 이른다. 주자의 "리는 정의도 없
고 계탁도 없고 조작도 없다"고 할 때의 리와 '리필유용'의 리를 모
순 없이 해득하는 데 고심이 있었던 것으로 추측된다.

용지미묘用之微妙는 마음의 작용인가를 물었을 때, 주자는 "리에
는 반드시 용이 있거늘 어찌 반드시 마음의 용을 말하는가?"라고 답
한다. 이렇게 되면 리용理用, 심용心用의 분간이 문제 될 수밖에 없
다. 리무위理無爲와 리유용理有用, 리용과 심용 문제는 주자와 퇴계의
격치설格致說 이해의 근간이 될 것이다.

'물아일리物我一理'라는 관점에서 리는 비록 만물에 산재해 있지
만 용은 실로 일인지심一人之心에서 벗어나지 않는다면, 리는 자용
自用이 불능하고 반드시 인심의 용을 기다려서 발용發用되는 것으로

---

28 『退溪全書』 권30, 「答金而精」 "[物格之釋] 今因明彦引證理到諸說, 參考大學或
問, 理雖散在萬物, 而實不外一人之心一段(見補亡章或問). 小註朱子說而細思
之, 始悟理到之言, 未爲不可. 今當從明彦說."

29 『退溪全書』 권18, 「答奇明彦 別紙」 참조.

인정되어 리자도理自到는 불가한 것처럼 의심이 든다.

그러나 "리에는 반드시 용이 있거늘 어찌 반드시 마음의 용을 말하는가"라고 한다면, 리의 용이 비록 인심에서 벗어나지 않는다고 하더라도 그 용의 묘妙가 되는 소이所以는 실로 이 '리'의 발현이 인심소지人心所知를 따라서 이르지 않는 바가 없거나[無所不到], 끝없는 바가 없다[無所不盡]는 것이다. 다만 격물공부가 미급未及함을 두려워하는 것뿐이요, 리가 스스로 이를 수 없는 것을 근심하지 않는다고 한다. 리용·심용의 회우처會遇處에 대하여 이처럼 위용지묘爲用之妙로 보았고, 이 묘는 바로 리가 발현發見한 것으로서 물리와 심리의 경계가 사라진 자리로 간파한 듯하다.

격물에 따라서 리는 자도한다고 할 때 자연 리도의 불능보다 격물미지格物未至를 앞서 염려하게 된다는 것이다. 과연 리무위와 심유용이 해결이 된 셈이다. 즉 '격물'이라고 할 때는 물리의 극처에 대한 나의 궁지窮至며, '물격'이라고 할 때는 내가 궁구하는 바를 따라서 물리의 극처에 이르지 않음이 없는 리는 지신지용至神之用이라는, 체용일원體用一源의 리의 경계를 파악하게 된 것으로 보인다.

스스로 언표한 것처럼, 앞서는 본체의 무위無爲인 것만 알고 묘용妙用의 능허 현행顯行하는 것을 알지 못하였다. 마치 리를 죽은 물건으로 인식한 것 같아서 '거도역원去道亦遠'이라고 자술하고 있다.[30] 이로 보아 마침내는 리를 사물死物이 아닌 활물活物로 인정하게 된다.

우암 송시열은 이 활물이 능히 운용함을 퇴계의 특징으로 보아 주자의 뜻과 다른 점이라고 평가하고 있다.[31] 그러나 송시열이 비판한

---

30 위와 같음, "是知無情意造作者, 此理本然之體, 其隨寓發見而無不到者, 此理至神之用也. 向也但有見於本體之無爲, 而不知妙用之能顯行, 殆若認理爲死物. 其去道不亦遠乎?"

31 『宋子大全』권212,「同春宋公遺事」"其曰發見, 其曰顯行, 其曰非死物云者, 皆以爲理是活物, 故能運用, 由此至彼也. 此又與朱子之意, 不同者也."

"리는 활물이다. 그러므로 능히 운용하여 이쪽으로부터 저쪽에 이르게 된다[理是活物, 故能運用, 由此至彼也]"한 데서 '유차지피由此至彼'조에 대해서는 과연 퇴계의 의사가 그러한가 하는 데 의심을 품게 된다. 오히려 '유차지피'라든가 '유피지차由彼至此' 같은 것은 만년의 리도정설理到定說 이전의 주장일지언정 이후에는 그렇게 볼 수가 없을 것 같다. 그 이유를 다음에 몇 가지 들어보기로 한다.

첫째, 송시열의 '유차지차'란 말의 뜻이, 리가 발현한 것이 인심의 이르는 바에 따라 이르지 않은 곳이 없거나 끝나지 않은 바가 없다고 할 때, '리현理見'과 '심지心至'에 선후가 있다는 의미라면 혹 몰라도 선후가 없이 동시소치同時所致라면 유차지피란 타당치 못할 것이다. 리가 비록 만물에 산재하지만 그 용用의 미묘는 실로 한 사람의 마음에서 벗어나지 않는다는 주자의 말의 뜻을 미묘로써 리와 심의 용을 일원화한 것으로 받아들일 때, 결코 리와 심의 선후를 말할 수 없을 것이다. 주자의 이 뜻을 계승했을 때 퇴계가 표현한 무의작無意作의 리체理體와 수우발현隨寓發見의 리용理用 사이에 '유차지피'라는 사리는 성립될 수 없지 않을까 생각한다. '기격기도'를 리도로 개의改意한 것은 '물격물도物格物到'의 잘못으로부터 기격기도로 시정된 이후이다. 물과 기근의 선후를 구분해서는 안 되는 만큼 주자의 리심일용理心一用이 원용된 것으로 보아야 할 것이다.

둘째로 말하고 싶은 것은 현토에서 퇴계가 겪어오는 고심을 통하여 내려지는 단안이다. 격물의 물은 '물을'로 읽는 데 이의가 없었다. 그러나 물격의 물은 읽는 데 얼마나 초사焦思했던가? '물이', '물에'를 '물마다'로 창안해내는 심충心衷에서 '유차지피'를 읽기는 어렵지 않을까 생각된다. '물이'로 읽으면 물이 주격이 되어버리고, '물에'로 해독하면 주격이 자기가 되며, '시애是厓'로 하면 물아분열을 가져오므로 시애를 배제한 '물마다'로 시정是正했던 것으로 이해된다. 그러나 이 견해는 리도설이 주창되기 이전이고 보면, 아직은 생각뿐이지

감득感得에 미치지는 못한 때로 짐작된다. 퇴계의 말과 같이 주자설을 깊이 생각한 끝에 비로소 깨달았다는 것을 생각할 때, 여기서 '유차지피'를 어떻게 생각할 수 있을까, 의심이 없을 수 없다.

셋째, 겸해서 기대승이 리도설에 대하여 "도리道理가 자재自在하지 않는 누累가 있다"고 말한 바[32]를 살펴본다. 기대승의 이 회신은 김취려에게 서한을 보낸 2일 후인 경오년(1570) 11월 17일 부이다. 퇴계가 세상을 떠난 12월 8일보다 21일 전의 일이다. 기대승이 평한 것에 대한 응신應信이 없어 알 길은 없지만, 충분한 응답 자료를 가지고 있었으리라고 짐작된다.

'도리가 자재한다'는 말은 하나의 도에서 절대성을 띠는 것으로 감수된다. 인심소지人心所知를 기다리지 않는, 리의 자연발현自然發見을 의미하는 듯하다. 도나 리를 높이는 태도에 두 가지 유형이 있다고 한다면, 하나는 인간을 도외시하거나 절대화하여 유일자를 도리로 보는 경우와 또 하나는 인간을 중시하며 범상凡常한 속에서 순선純善이 공유되는 신성성神聖性을 도리로 보는 경우라고 하겠다.

전자에서는 자신의 경지를 천인합일로 절대시할 염려가 있고, 후자에서는 합일하는 속에 신성성(순선)을 높이는 자각(自覺: 相對善)과 경건敬虔을 발견하게 된다고 생각된다. 리발이 잘못된 것이라고 공격하는 취지를 모르는 바 아니지만, 기발을 받아들이지 않는 데는 그럴 만한 이유가 있을 것이다. 천인합일을 이해 못하는 바 아니지만, 그 경지에서 인人이 바로 천天이라고 단정하면 위험하다는 데 의미가 있는 줄 안다. 따라서 '도리의 자재'도 천도에 국한시켜 이해하는 데 그칠 것이 아니라, 인도에서 받아들이는 도리의 자재여야 할 것으

32 『高峰集』,「往復書」권3, 57면 "物格理到之說, 伏蒙評論, 忻幸不可言所辨無爲之體至神之用等語, 闡發幽微, 尤極精密, 反覆玩味. 若承面誨, 欽服尤深. 但細觀其間, 恐有道理不自在之累, 未知如何. 伏希鑑諒."

로 믿는다. 기대승의 견해는 역시 리기공발理氣共發에서 기발을 강조
하는 저변의식의 발로로 짐작된다. 리기공발의 기저에서는 리발이
라고 해도, 기발이라고 해도 잘못된 말이라고 할 수는 없을 것이다.

위에서 퇴계가 기격기도로부터 리도로 전환하는 과정을 살펴보았
다. 리발을 주장하던 기격기도 시기와 리도를 제창한 만년기와는 약
13년의 차이를 발견할 수 있다. 퇴계의 인식 논리를 이해함에 있어
서는 리발설과 리도 문제에 근간을 두어야 할 것으로 본다.

Ⅲ. '리발', '리도'의 일관성

주자의 격물궁리格物窮理를 알려면 세 가지 측면에서 고려되어야
할 것이다.[33]

첫째는 인심의 외물外物로 향하는 심면心面이요, 둘째는 외물의 이
치를 아는 지면知面이요, 셋째는 이치를 아는 지의 작용, 즉 지자체면
知自體面이라고 하겠다. 주자의 사상을 계승한 퇴계의 격물궁리를 이
해하는 데 있어서는 리발, 리도를 연결하는 일관성을 파악하는 것이
도움이 될 것이다.

리발의 해득은 사실로서가 아니라 논리로 해석해야 한다. 따라서
리발이란 말은 사실적으로는 기발을 공유하지만 시차를 두어서 리
선발理先發이라고 하지 않고, 다만 리발이라고 표현한 점이 숙고되
어야 할 것이다. 리기불리理氣不離에서 심합리기心合理氣를 생각할
수 있다. 퇴계가 심동성동心動性動에 관하여 김취려에게 답한 것을

---

33 唐君毅, 『中國哲學原論』, 原教篇 "吾人便知朱子所謂格物窮理之事實, 當自三面
了解. 其一是吾人之心之向彼在外之物, 二是知此物之理而見此理之在物, 亦在
我之知中. 三是我之知此理, 卽我之心體之有一知此理之用, 此知理之用."

보면, 동動에 있어서 심·성을 분리할 수 없다고 하였다. 그러나 그렇다고 해서 심과 성을 '발發'에서 구분하지 않을 수 없다. 이 점에 특징이 있다고 하겠다. 심·성 구분은 논리의 차원이며, 심과 성이 이물二物이 아니라고 함은 사실을 지적한 것이다.

물아일리요 심성이 이물이 아닌데 심이 재외지물在外之物로 향한다는 것이 무슨 말인가? 향한다면 어느 한 지점에서 다른 지점으로 이동한다는 말인데, 이것은 사실을 말함이 아니라 논리상의 구분임에 주의해야 할 줄 안다. 격물, 물격의 물이 사실상 물리·심리·성리性理·천리天理를 포함하고 있다면 논리상 물·심·성·천을 구분하지 않을 수 없으며, 천리로부터 물리를 보고자 하는 일차적 측면의 요구는 인식상 자연스러운 계제階梯라고 할 것이다. '물이物是'라는 해독에서 짐작할 만하다.

둘째, 물의 이치를 인식한다면 측면을 생각할 때, 이것은 '지知'의 기능상의 문제로 여겨진다. 이치는 대상인 '물'에 있고 지의 기능은 주체인 '심'에 있다고 한다면, 인식 성립에 있어 선후와 동시가 문제될 것이다. 심선물후心先物後인가, 그렇지 않으면 물심동시物心同時인가 하는 난제에 부딪히게 된다. 물격의 물을 '물이物是'라고 석의釋義함을 물 가운데 있는 천리를 존경하는 태도라고 한다면, '물에物厓'라고 훈독함은 인식 주체를 강조하는 의미가 들어 있다. 또 물격은 사람 아닌 물이 격함이 아니라 물 아닌 사람이 격하는 것이라 생각할 때, 기격기도己格己到의 주장이 나올 만한 일이다. 물리 속의 천리, 성리 속의 천리를 존귀한 것으로 하려 함은 '물이'와 '물에'라는 석의로 미루어 짐작이 간다.

그러나 '물이'와 '물에'라고 할 때, 이 양자의 대조적인 속성을 굳이 천인天人으로 구별한다면 그 구분은 회통에 장애가 될 수도 있을 것이다. 리발이 발설發說되는 좌표로 보고 싶다. 『혹문』을 읽었을 때 퇴계는 "내가 비록 그 말에 대해서 늘 의미 있게 여기면서도 여기에

대해 회통하지 못하였을 따름이다[顧滉雖常有味其言, 而不能會通
於此耳]"라고 술회하였다.[34] 이런 심정을 통해 회통 전후의 경계를
참고할 수 있으리라고 생각된다

셋째, 이치를 아는 지의 작용, 즉 '지' 자체에 관해서는 최후 단계
로 추측되며, 이 측면은 리도경理到境에 잘 나타난다고 하겠다. '리
도'로의 접근 과정은 '물이', '물에'로부터 '물마다'로 시독試讀해가
는 데서 발견된다. 그러나 '물마다'가 아직도 중물지리衆物之理의 점
철點綴 현상에 불과하다면, 이에 성공하여 달성된 곳이 리도가 아닌
가 생각된다. 리도의 '리'는 중리와 일리가 갈라질 수도 없고 모일 수
도 없는 곳이라고나 할까? 리지발용理之發用과 인심소지人心所知의
불합불리不合不離하는 좌표였던 것으로 믿어진다.

리도설에서 "리는 사물死物이 아니다"라고 하였다. 그렇다면 그
이전에는 사물이라고 생각했었던가 하는 의문이 제기될 수도 있겠
다. 이종술李鍾述 씨는 "리도설에서 말한 퇴계의 '리를 사물로 오인
할 뻔했다'는 것은 리도설만을 두고 한 것임을 알아야 할 것이고, 리
의 작용에 대한 말은 그 본의를 활간活看하지 않으면 안 될 것으로
안다"라고 하여 리도의 연원이 멀리 있었음을 시사하고 있다. 리발
의 종점을 리도로 간주할 수 없을까 생각해본다.

퇴계의 「묘갈자명墓碣誌銘」 말미에서

근심 가운데 즐거움 있고, 즐거움 가운데 근심 있네. 조화 따라 돌아
가노니 또 바랄 것이 무엇이랴?[35]

---

34 『退溪全書』 권18, 「答奇明彦」.

35 『퇴계선생문집』 권47, 「墓碣誌銘」, 〈有明朝鮮國朝奉大夫行弘文館校理, 知製敎
兼經筵侍讀官, 春秋館記注官李公墓碣銘〉: "顯允大姓. 維李廣城. 世傳公卿. 彪
德炳靈. 錫類挺生. 優繼家聲. 遭世罔極. 閹門禍丁. 萬死餘生. 天日重明. 洒荷寵
祿. 祠官見星. 俄去懋懋. 擇友窮經. 學以時進. 器以晩成. 奉母歸隱. 雪釣雲耕.

라고 함을 읽을 때, 퇴계의 모경暮境에서의 진정한 자유를 느껴보게
된다.

한 가지 부언하면서 끝을 맺고자 한다. 인식은 대상이 요구되며,
인식원認識原 대상의 초월 여부가 문제 되는 데서 난점이 생긴다는
점이다. 현상과 사실 속에서 절대 지역을 설정하는 일은 형이상학에
서 절대 지역을 설정하는 일과 똑같이 맹위猛威를 생산하는 위험성
을 지닌다. 이로 보아서 퇴계의 논리 전개 중 기대승에게 일러준 부
분은 매우 의미심장하게 감수感受된다.

학리學理를 연구할 때 정밀하게 고찰하여 같은 데서도 다름을 알고,
다른 데서도 같음이 있는 것을 알아야 한다. 나누어 둘이 되어도 그 불
리성不離性을 해치지 않고, 합쳐서 하나가 되어도 또한 부잡성不雜性
은 보전케 하여 충분히 주실무편周悉無偏하여야 한다.

인류사에는 인도人道가 정립되어야 하겠고, 민족사에는 주체성이
확립되어야 할 현실세계사現實世界史에서 퇴계의 '리'와 '경'의 결정
체를 리도로 발견할 때, 주자와 퇴계의 학문이 유학의 이론 전개에
현실적으로 기여할 바 또한 여기서 기대된다고 생각된다.

上有聖主. 羣賢彙征. 龍覯天飛. 鶴和陰鳴. 官應列宿. 自工而刑. 重錫蘆科. 緇衣
見誠. 冠峨獬豸. 步穩蓬瀛. 激揚論思. 盡我葵傾. 庶及同志. 臻治隆平. 何意羣慝.
毒淬心兵. 指忠爲逆. 俱靡震霆. 獨賴宸記. 崑炎脫瓊. 來返舊棲. 雀羅門庭. 左圖
右書. 前戒後銘. 風月君恩. 江湖義榮. 憂中有樂. 樂莫與京. 去來皆儻. 齲覆自更.
得鹿何喜. 失馬奚驚. 猗蘭在谷. 不言惟馨. 聞風者立. 覯儀者貞. 我求其故. 欲寡
心清. 斯人斯善. 詎使沈冥. 刻珉詔後. 千古亭亭."

제3장 퇴계의 '격물물격고'

I. 서론

　유학의 철학적 측면에서 격물치지格物致知는 방법론상으로 매우 중요시되고 있다. 사단칠정론의 인식론적 논쟁이 조선 유학사에서 큰 비중을 차지하고 있음은 주지의 사실이거니와, 그 밖에 격물과 물격, 그리고 그것에 대한 주주朱註의 현토懸吐를 가지고 한때 문제가 되었던 일이 있다. 본고에서는 퇴계에게 이 문제가 어떻게 이해되고 있는가를 고찰해보고자 한다.

　『대학』「경 일장(經 一章)」에

　　옛날에 명덕明德을 천하에 밝히고자 하는 자는 먼저 그 나라를 다스리고, 그 나라를 다스리고자 하는 자는 먼저 그 집안을 가지런히 하고, 그 집안을 가지런히 하고자 하는 자는 먼저 그 몸을 닦고, 그 몸을 닦고자 하는 자는 먼저 그 마음을 바루고, 그 마음을 바루고자 하는 자는 먼저 그 뜻을 성실히 하고, 그 뜻을 성실히 하고자 하는 자는 먼저 그 지식知識을 지극히 하였으니, 지식을 지극히 함은 사물의 이치를 궁구함에 있다.

　　[古之欲明明德於天下者, 先治其國, 欲治其國者, 先齊其家, 欲齊其家者, 先脩其身, 欲脩其身者, 先正其心, 欲正其心者, 先誠其意, 欲誠其意者, 先致其

知, 致知在格物①]

사물의 이치가 이른 뒤에 지식이 지극해지고, 지식이 지극해진 뒤에 뜻이 성실해지고, 뜻이 성실해진 뒤에 마음이 바루어지고, 마음이 바루어진 뒤에 몸이 닦이고, 몸이 닦인 뒤에 집안이 가지런해지고, 집안이 가지런해진 뒤에 나라가 다스려지고, 나라가 다스려진 뒤에 천하가 평안해진다.

[物格②而后知至, 知至而后意誠, 意誠而后心正, 心正而后身脩, 身脩而后家齊, 家齊而后國治, 國治而后天下平.]

이 가운데 ① 격물과 ② 물격을 읽을 때 어떻게 훈독訓讀해야 할 것인가 하는 것과, 주자주에

치致는 미루어 지극히 함이요, 지知는 식識과 같으니, 나의 지식知識을 미루어 지극히 하여 그 아는 바가 다하지 않음이 없고자 하는 것이다. 격格은 이름이요, 물物은 사事와 같으니, 사물의 이치를 궁구하여 그 극처極處가 이르지 않음이 없고자 하는 것이다.

[致, 推極也; 知, 猶識也; 推極吾之知識, 欲其所知無不盡也. 格, 至也; 物, 猶事也, 窮至事物之理, 欲其極處③無不到也.]

물에 격함[格物]은 물리物理의 지극한 곳이 이르지 않음이 없음이요, 지지至知는 내 마음의 아는 바가 극진하지 않음이 없는 것이다.

[物格者, 物理之極處④無不到也. 知至者, 吾心之所知無不盡也.]

이 가운데 ③ '욕기극처'와 ④ '물리지극처'를 읽을 때 토를 어떻게 붙여서 읽어야 할 것인가 하는 것이다. 즉 ① '격물'은 '물을 격한다'고 하여 '을'이라는 토를 달아서 읽는 데는 이론異論이 없다. 그러

나 ② '물에 격함[格物]'의 경우 '물에 격한'으로도 읽을 수 있고, '물이 격한'으로도 읽을 수 있어서 '에'로 읽어야 할지, 또는 '이'라고 현토해야 할 것인지가 의문이라는 것이다.

또 ③ '욕기극처'에서는 '극처에' 또는 '극처가' 가운데 어느 쪽으로 할 것인지, 그리고 ④ '물리지극처'는 '극처에'라고 할 것인지, '극처가'라고 할 것인지가 의심스럽다는 것이다.

II. '격물'과 '물격'

퇴계 자신은 격물에 관한 설은 『대학혹문』에 잘 갖추어져 있는 것으로 생각하였다.[1] 물격[물에 격함]이나 격물에 있어서 '물'을 어떻게 생각하느냐 하는 것은 치지致知의 '지'를 어떻게 이해하느냐와 더불어 주자 계통과 육왕陸王 계통으로 분기分岐되는 중요한 곳으로 지적된다. 철학적 인식의 난처難處는 주체와 객체 어느 쪽으로도 기울어지지 않은 조화상調和相이라고 생각된다. 주체와 객체를 다 같이 말한다고 하더라도, 말하는 이와 받아들이는 사람이 각각 자기 뜻을 갖고 말하고 이해하는 데서 거리가 생기게 된다. 즉 주체라고 할 때 객체를 초월한 순수한 측면에서, 객체라고 할 때 하나의 대상 측면에서 말하기도 한다. 또는 주객의 떨어질 수 없는 관계 양상을 전제로 말하는 경우를 생각할 수 있다. 논리적 표현과 사실적 표현은 나타난 언어가 동일해도 그 뜻하는 바를 달리할 때 거기서 저오牴牾가 생기게 된다. 뜻하고자 하는 것은 논리인데 듣는 이는 사실로 받아들이거나, 사실 면을 의미하고자 하는데 논리로 처리해서는 안 될 줄로 안다.

---

1 『退溪全書』 권28, 「答金惇敍」 "格物之說, 其於或問."

'치지는 격물에 있다致知在格物'라든가 '물격 이후에 지지知至하고'라 할 때의 '물'이란 무엇을 뜻하는 것일까? 주체적 표현인지, 객체적 표현인지, 또는 겸한 것인지, 받는 이에 따라서 이해를 달리할 수가 있다. 주격主格과 빈사賓辭는 혼동할 수 없다. 주격을 빈사로 받아들일 수 없고, 빈사를 주격으로 파악해서도 안 된다. 그렇다고 해서 주격을 떠난 빈사나 빈사 없는 주격은 생각할 수 없다고 본다. 격물이나 물격에 대한 이해도 이러한 관점에 따라서 뜻을 달리할 수 있고, 그 해석에서 현토懸吐도 차이 날 수 있을 것으로 생각된다.

1. 물

「경 일장」에 '물'이 언급된 곳을 보면

   ⓐ [物有本末] 물에는 근본과 끝이 있다.
   ⓑ [致知在格物] 지식을 지극히 함은 사물의 이치를 궁구함에 있다.
   ⓒ [物格而后知至] 사물의 이치가 궁구된 이후에 지식이 지극해진다.

등이 나와 있다. 「전오장傳五章」의 「주자보망장朱子補亡章」에는

   이른바 지식을 지극히 함이 사물의 이치를 궁구함에 있다는 것은 나의 지식을 지극히 하고자 한다면 사물에 나아가 그 이치를 궁구함에 있음을 말한 것이다.
   [所謂致知在格物者, 言欲致吾之知, 在卽物而窮其理也.]

라고 하여 '즉물卽物'이 보인다. 이상의 '물'을 어떻게 이해하느냐 하는 점이 해독의 관건이 된다.

물에는 본本과 말末이 있고, 일에는 종終과 시始가 있으니, 먼저 하
고 뒤에 할 것을 알면 도道에 가까울 것이다.
[物有本末, 事有終始, 知所先後, 則近道矣.] 「경 일장」

라고 할 때, '물'과 '사'에 대해서 어떻게 분별되는가를 묻는 이가 있
었는데, 주자는 다음과 같이 대답하였다. 즉 "상대적으로 말할 때
사는 사이고 물은 물이지만 '물'만 말할 때는 사를 겸한다"라고 하
였다.[2] 따라서 '격치格致' 조에서 주자가 '물유사야物猶事也'라고 주
석을 가한 것은 당연한 생각으로 본다.

양명에 의하면 '물' 자는 곧 '사' 요, 의意의 소재가 곧 '물'이라
고 하였다.[3] 여기서 주의하고자 하는 것은 주자나 양명이 '물'을 말
할 때 다 같이 '사'와 관련시켜 생각하는 태도이다.

일에는 종終과 시始가 있으니, 먼저 하고 뒤에 할 것을 알면 도道에
가까울 것이다.
[事有終始, 知所先後, 則近道矣.] 「경 일장」

라고 한 데서 보는 바와 같이, '사'에는 종시終始가 있다고 했다. 이
것을 시간적인 표현으로 이해한다면 "물物은 사事와 같다나[物猶事
也]," "격물의 '물物' 자는 사事 자이다.[格物的物字, 卽是事字]"에서의
'물'은 하나의 인식 대상으로서의 물만이 아니라 인식 주체와의 관
계에서 언표된 것으로 짐작된다.

2 『大學』經一章, 細註 "問: 事物何分別? 朱子曰: 對言則事是事物是物, 獨言物則
兼事."
3 『傳習錄』, 상권 "愛曰: …… 格物的物字, 卽是事字. 皆從心上說. 先生曰: 然. 身
之主宰便是心. 心之所發便是意. 意之本體便是知. 意之所在便是物."

天生蒸民 하늘이 뭇 백성을 내셨으니
有物有則 사물이 있음에 법칙 있도다.
民之秉彝 백성들은 불변하는 마음을 가져
好是懿德 아리따운 그 덕을 사모하네.[4]

라고 한 데서도 보는 바와 같이, 물은 단순한 객체를 의미하는 데 그치는 것이 아니다. 의덕懿德과 일련의 관계를 갖고 있는 물임을 발견할 수 있다.

이뿐만 아니라 『주역』 가인괘家人卦 「단전象傳」에 "말에는 진실이 담기고 행동에는 항상恒常함이 있다[言有物, 行有恒]"라고 함을 보면 '언'은 주체와 관련되고 '행'은 질서와 관계있음을 더욱 분명하게 이해할 수 있다.

요컨대 '물'이 유사猶事의 물일 때 사유종시事有終始의 '종시'와 떼어서 생각할 수 없다. "지지능득知止能得은 밭 갈아 씨를 뿌리고 김을 매고 곡식을 거두는 것과 같다"[5]라고 한 데서 사事의 '지지능득'을 '물'과 관계 지어서 생각해볼 때, "욕치기지자欲致其知者 선격기물先格其物"이라고 아니하고 '치지재격물致知在格物'이라고 하게도 되는 줄 안다.

『대학』 한 책에서는 '물'을 말하고 '리'를 말하지 않았다. 그러나 주자는 「보망장」에서 '즉물이궁기리야卽物而窮其理也'라고 주석하여 리를 말하였다. 다시 그 세주細註에서 "'즉물'은 일에 나아가고 경치에 나아가는 것과 같으니, 내가 접한 바의 사물을 따라감을 말한다[卽物, 如卽事卽景, 隨吾所接之事物也]"라고 설명을 더하고 있다. 객체로서의 물리를 궁구하되, 접지接之하는 오吾의 사물로 그 '물유본말'의 물의

---

4 『詩經』, 大雅, 「蒸民」.
5 『大學』 經一章, 〈物有本末〉 註 "知止能得, 如耕而種而耘而斂."

본지本旨 상실을 경계하고 있음을 알 수 있다.

'물'을 이처럼 생각할 때 '격'은 어떻게 이해해야 할 것인지, 다음에 격의 뜻을 살펴보기로 한다.

2. 격

주자는 '격'을 '지至'라고 하였다. 격물을 '궁지사물지리窮至事物之理'라고 한다. 이렇게만 보면 양명의

> 주자의 이른바 '격물'이라고 하는 것은 물에 즉하여 그 이치를 궁구하는 것이다. 즉물궁리는 사사물물상事事物物上에 나아가 그 이른바 정해진 이치를 탐구하는 것이다. …… 대저 '심'과 '리'를 나누어 둘로 하는 것은 고자告子의 '인내의외仁內義外'의 설이다.[6]

라고 한 바와 같이, 심과 리를 분리해버린 고자의 '의외義外'의 비난을 면할 수 없겠지만, 주자는 다시 이어서

> 그 (사물의) 극처가 이르지 않음이 없고자 한다.[7]

라고 하여 '욕欲'하는 주체를 결부시킴으로써 심과 리의 불가리不可離에 대한 심려深慮를 기울이고 있음을 볼 수 있다. 북계진北溪陳씨는

---

6 『傳習錄』, 중권 "朱子所謂格物云者, 在卽物而窮其理也. 卽物窮理, 是就事事物物上, 求其所謂定理者也. …… 夫折心與理而爲二, 此告子義外之說."

7 『大學』, 經一章, 〈格物〉朱註 "欲其極處無不到也."

　　마음은 전체로서 말한 것이며, 의는 전체에 나아가 하나의 염려念慮
가 일어나는 것이니, 격물은 반드시 내 몸이 이곳에 이르러 친히 절실
하여야 바야흐로 격하는 것이다.[8]

라고 하여 심(心: 吾身)과 의意와 물物의 일련성을 강조하였다. '격'
이란 그 일련성에서 하는 말이지 결코 단절된 일부를 지적함이 아
니라고 주장한 것으로 이해된다.

　　운봉호雲峯胡 씨는

　　사물의 이치를 궁구하여 이르게 되면 마음 밖에 이치가 없고, 이치
밖에 일이 없다. 일에 즉하여 이치를 궁구하는 것은 명명덕明明德의
첫 번째 공부이다.[9]

라고 하여 격물이 명명덕의 제일가는 공부라고 했다. '심'과 '리'와
'사'가 각각 성립할 수 없다는 주장임을 엿볼 수 있다.

　　格汝禹[이리 오너라, 우야!] (『서경』, 「大禹謨」)
　　格汝衆[이리 오너라, 너희 대중들아!] (『서경』, 「盤庚 上」)
　　格汝舜[이리 오너라, 순아!] (『서경』, 「舜典」)

에서 본다면 '격'은 지至나 래來 자의 뜻으로 풀이될 수 있고,

8　위와 같음, 經一章, 〈格物〉 細註 "北溪陳氏曰: 心以全體言, 意是就全體上發起
　　一念慮處, 言格物必如吾身親至那地, 頭見得親切, 方是格."
9　위와 같음, "窮至事物之理, 心外無理, 理外無事. 卽事以窮理, 明明德第一工夫
　　也."

格其非心[너의 나쁜 마음을 바르게 하여] (『서경』, 「冏命」)

格君心之非[임금 마음의 잘못을 바로잡아] (『맹자』, 「離婁 上」)

에서 본다면 '정正' 자의 의미로 파악된다. 즉 각각 주자와 왕양명의 해석의 단서처럼 생각된다.

格于上下[상하에 이르렀다.] (『서경』, 「堯典」)

正己而物正者也[자기 몸을 바르게 하여 남도 바르게 하는 자이다.] (『맹자』, 「離婁 上」)

라고 한 것을 미루어볼 때, 이 경우는 간단하게 '래' 자라든가 '지' 자라든가 '사물을 바르게 한다'는 뜻에 그치는 것이 아니라 그 속에는 궁窮이나 진盡의 뜻이 포함되어 깔려 있는 것으로 여겨진다. 뿐만 아니라 더 나아가

성이란 스스로 자기를 완성시킬 뿐 아니라 사물을 완성시키는 방법이다.[10]

라고 한 성기성물成己成物이나

중中과 화和를 이루면 하늘과 땅이 제자리를 잡고, 사물이 제 삶을 가질 수 있다.

[致中和, 天地位焉, 萬物育焉.][11]

---

10 『中庸』, 제25장 "誠者, 非自成己而已也, 所以成物也."

11 위와 같음, 제1장.

라고 한 데서의 '치중화致中和'와 유관하게 느껴진다. 이와 같이 '지
至'나 '래來', 또는 '정正' 자의 뜻으로 본다 하더라도 궁지窮至, 궁진
窮盡의 근원적 의미를 지니고 있는 것으로 생각된다. 이렇듯 '물'이
라고 할 때에도 하나의 대상물로 보지 않는다. 물유본말物有本末의
'물'이고 사유종시事有終始의 '사'를 겸한 물이며, 성자물지종시誠
者物之終始의 물이다. 또 격물이라고 할 때의 격은 '래'나 '지', 혹은
'정'의 격이기도 하지만 '궁진'의 뜻이 함축되어 있는 것으로 이해
된다. 현석玄石 박세채朴世采의 주장에서 더욱 분명한 내용을 읽을
수 있다.

3. 박세채의 '격물'과 '궁지'

그의 「격물훈의설格物訓義說」에 의하면 그 주장은 다음과 같다. 주
자의 성의誠意·치지致知·격물의 해석을 통해서 볼 수 있듯이, 그는
인문주의因文主義로 그 자훈字訓과 문의文義가 명백한 근거가 있는
뒤에 채택한다.

  '격'을 '지至'로 풀이한 것은 『이아爾雅』의 고훈古訓에서뿐만이 아니
  다. 정자 역시 이미 누차에 걸쳐 '격'은 '지야至也'라고 하였으니 감히
  이의가 없다.[12]

그렇지만 『대학장구』에서의 해석과 『대학혹문』에서의 해독은 일련
의 관계가 있음을 볼 수 있다는 것이다. 즉 『대학장구』 주에는 '격물'
주 아래

---

12 『南溪集』 권55, 「格物訓義說」 "訓格以至, 非但爲爾雅古訓, 程子亦旣屢以爲格至
也, 則不敢有異議然也."

사물의 이치를 궁구하여 그 극처極處가 이르지 않음이 없고자 하는
것이다.

　　[窮至事物之理, 欲其極處無不到也]

라 했고, 『대학혹문』에서는

　　'격'은 극지極至[지극함]를 이름이다. "순임금이 문조의 사당에 나아
　　가셨다"와 같으며, 궁구하여 그 극에 이름을 말한다.

　　　[格者極至之謂. 如格于文祖之格, 言窮之而至其極]¹³

　　무릇 한 가지 물이 있으면 반드시 한 가지 이치가 있으니, 궁구하여
　　그것을 지극히 하는 것이 이른바 '격물'이다.

　　　[凡有一物, 必有一理, 窮而至之, 所謂格物者也]¹⁴

라고 하였다. 격은 '격우문조格于文祖'¹⁵의 격과 같아서 극지極至를
이르는 것이며, 궁구하여 그 극에 이름[窮之而至其極]을 말한다고 하
고, 또 격물이란 것은 일물일리一物一理를 궁구하여 그에 이르는 것
이라고 함을 보아서

　　格者[격] …… 極至[지극함]
　　窮之而至其極[궁구하여 그 지극함에 이름]
　　格物者[격물] …… 窮而至之[궁구하여 지극히 함]
　　窮至事物之理, 欲其極處無不到也[사물의 이치를 궁구하여 그 극처에

13　『南溪集』 권55, 「格物訓義說」 "格者極至之謂. 如格于文祖之格, 言窮之而至其
　　極.

14　위와 같음, "凡有一物, 必有一理, 窮而至之, 所謂格物者也."

15　『書經』, 「虞書」, 〈舜典〉14장 "月正元日, 舜格于文祖."

이르지 않음이 없음]

로 정리할 수가 있다. 여기서 '지至' 자와 '궁지窮至'를 박세채는 구분해서 설명한다. 즉

> 格至者, 乃格字之正訓.[16]
> [격지라는 것은 곧 격格 자의 바른 훈이다.]
> 窮至事物之理, 欲其極處無不到者, 乃格物之全訓.[17]
> [사물의 이치를 궁구하여 그 극처에 이르지 않음이 없다는 것은 '격물'의 온전한 훈이다.]

이라고 했듯이 정훈正訓과 전훈全訓으로 구별, 이것을 주자가 정자의 뜻을 계승하여 준수한 것으로 이해한다. 또한 '궁窮'과 '지至'를 분리해서 말한 경우는, 즉

> 궁구하여 그 지극함에 이른다.
> [窮之而至其極]
> 궁구하여 그것을 지극하게 한다.
> [窮而至之]

에서는 혹 '격' 자의 정훈을 거듭 말하기도 하고, 혹 격물의 전훈을 거듭 말하기도 한 것이니, 이는 역시 주자가 정자의 설을 반복해서 밝히고 '이而' 자를 가해서 시종을 밝혔다는 것이다. 다시 말하자면 '궁지窮至'는 통일체를 뜻하고, '궁이지窮而至'는 시종 관계의 의미

---

16 『南溪集』 권55, 「格物訓義說」 "是則所謂格至者, 乃格字之正訓."
17 위와 같음, "所謂窮至事物之理, 欲其極處無不到者, 乃格物之全訓."

로 파악된다.

여기서 주의해야 할 것은 '지' 자를 이미 '격' 자의 정훈이라고 해서 궁지를 분리시켜 생각하기 쉽다는 점이다. 그렇게 되면 '궁'은 궁구窮究요 '지'는 극지極至로서 이의二義로 끊어지는 것 같아서 격은 '궁'의 의미를 떠나버린 '지至'가 되고, 궁은 격외格外에 있게 되는 오인誤認을 초래하게 된다. 그래서 『대학장구』에서 "格, 至也[격은 이름이다]"라고 할 때의 '지'와 또는 『대학혹문』에서 "格者, 極至之訓[격이라는 것은 극처에 이른다는 뜻이다]"이라고 한 '지'는 통일체의 전훈이나 시종에서의 정훈과 무관한 것이 아니라, 반드시 관계를 맺어 납득되어야 한다는 것이다.

비유컨대 한 사람의 몸에 머리가 있고 발이 있어 합성하여 전신이 되는 것과 같다. 지나가는 사람이 그 전신을 보고서 "이것은 머리이고 저것은 발이다"라고 하는 것은 그래도 괜찮지만, 단지 그 일변만을 보고는 "발은 머리가 아니요, 이 머리에는 발의 의미가 없다"라고 한다면 그 발은 반드시 전신 바깥에 있게 될 것이니, 그 말이 어떤지는 모르겠다.[18]

라고 한 데서 보는 바와 같이, 전신全身을 보고 사지四肢를 말할 때는 그 부분이 옳게 표현되려니와, 그것 없이는 전신 밖의 것이 되고 마니 그 설이 어떻게 되겠느냐는 것이다.

이상은 격물의 격을 '궁지' 그리고 '궁'과 '지'로 분석 종합해서 설명한 주장이거니와, 격물과 물격 또는 그 '공효' 주註의 현토도 이러

---

18 위와 같음, "譬如一人之身, 有頭有足, 合成全體. 過之者, 見其全體而認之曰, 此頭也, 彼足也, 則猶之可也. 顧乃見其一邊而曰, 足旣非頭, 是頭無足義. 其足也必當在於全體之外, 則未知其說何如也."

한 의미상의 납득과 관계없이 이루어질 수는 없을 것으로 생각된다.
퇴계의 이 문제를 고찰하기 위해 우선 그 이전부터의 사황事況을 다
음에 함께 알아보기로 한다.

4. 몇 가지 입장과 퇴계의 견해

이병도 박사는 그의 『한국유학사 초고』에서

『퇴계집』(권26) 「답정자중서答鄭子中書」를 고찰하면, 당시 학자들
사이에서 이 문제에 대하여 세 가지 해석이 있었던 것 같다.[19]

라고 해서 세 가지 설로 분류하고 있다.

	格物, 物格吐	朱子註吐
제1설	A 格物-物(乙)格 B 物格-物(厓)格	A 欲其極處(厓)無不到也 B 物理之極處(厓)無不到也
제2설	A 格物-物(乙)格 B 物格-物(是)格	A 欲其極處(是)無不到也 B 物理之極處(是)無不到也
제3설	A 格物-物(乙)格 B 物格-物(厓)格	A 厓是吐亦好 B 同上

제1설은 회재晦齋 이언적의 주장이요, 제2설은 노천老泉 김식金湜
과 표도瓢道 박광우朴光佑, 윤탁尹倬의 주장이요, 제3설은 낙봉駱峯
신광한申光漢의 주장이다. 이들은 퇴계의 선배였다. 퇴계는 "내가 가
만히 상고詳考해보니 신공의 이 말씀이 실로 그 본뜻을 얻었다"[20]라

19 李丙燾, 『韓國儒學史草稿』, 1959, 205쪽 "考退溪集答鄭子中書, 當時學者之間,
對於此問題, 似有三種解釋."

20 『退溪全書』 권26, 「答鄭子中別紙, 格物格兩註說記嘗聞見諸公語」 "滉竊詳申公

고 하여 신광한의 설을 옳다고 생각했다.

퇴계는 당시 사람들의 현토에서 '厓에'와 '是이'에 대한 의심을 두 가지로 분류했다. 첫째는 리와 심은 피차彼此가 없는 것인데, '애厓' 나 '시是'의 토로 인해서 피차가 분리되기 때문에 불가하다는 것이 다.[21] 둘째는 공부착력工夫著力의 일련성을 해치는 데 불가의 요인이 있다고 한다.[22] 퇴계는 신광한의 주장이 옳다고 생각하였다. 그에 의 하면 앞의 분류표의 제3설과 같다. 즉 격물에서는 '물〈을〉'로 읽고, 물격에서는 '물〈에〉'로 읽고, 그 주자주에서 '욕기극처欲其極處'와 '물리지극처物理之極處' 두 곳에는 '厓에'나 '是이' 공히 무방하다는 것이다. 당시 사람들의 의심에 대해서 아무런 구애될 필요가 없다는 것이 퇴계의 지론이어서[23] '애'나 '시'로 읽어도 아무것도 지장이 없 다는 것이다. 즉 내외·피차가 분리될 염려가 없다는 것이다.

사물의 이치가 내 마음에 갖추어져 있어서 사事와 물物과 오심吾心 이 융회融會되어 있기 때문에, '사'를 말한다 하더라도 '물'과 '오심' 이 무관한 것이 아니요, 물을 말한다 하더라도 사와 오심이 관계 있 는 것이요, 오심을 말한다고 해도 사와 물은 반드시 관계 지어지는 까닭에 리理와 둘로 절단切斷 분리하는 것이 아니니 조금도 의심할 것이 없다는 것이다.[24]

此語, 實得其意."

21 위와 같음, 권26, 「格物物格俗說辯疑, 答鄭子中」 "一謂理本在吾心, 非有彼此. 若云厓是, 則是理與我爲二而分彼, 此故不可也."

22 위와 같음, "一謂工效, 註若云厓是, 則是涉工夫著力, 故不可也."

23 위와 같음, "讀之以厓是辭, 何不可之有哉?"

24 위와 같음, "惟其事事物物之理, 卽吾心所具之理. 不以物外而外, 亦不以此內而 內. 故先儒雖謂之理在事物, 非遺此而言彼也. 雖謂之卽事卽物, 非舍己而就彼 也. 雖曰詣其極, 曰到極處, 曰到盡處, 亦非謂心離軀殼而自此走彼之謂也. 然則 讀以厓是辭, 非有與理爲二之嫌, 有何所疑乎?"

그렇기 때문에 가리킨 바를 주로 해서 표현하는 경우와 그 부분만을 척결剔抉하는 경우를 혼동해서는 안 될 것이다.

혹은 어떤 사람이 있어 이 자리에서부터 군읍郡邑을 경과해서 서울에 도착하는 것은 격물치지의 공부와 같고, 이미 군읍을 지나서 서울에 도착한 것은 물격지지物格知至의 공효功效와 같다[25]고 한다면

공부의 설- (사람이) 군읍에 두루 지나서 수도에 왔다
[工夫之說 - 郡邑厓是歷行爲也京師厓是來至他爲也][26]
공효 - 군읍이 이미 지나쳐서 경사가 이미 이르러
[功效 - 郡邑是已歷爲也京師是已至羅沙][27]

로 될 것이니, 이미 경과한 자는 사람이 아니라 군읍이요, 이미 도달한 자는 사람이 아니고 경사가 되어버린다. 따라서 격물의 '격'은 아我가 아니라 물物이요, 극처의 도자到者는 '아'가 아니라 '극처'가 되어버려서 어불성설이라 애사厓辭만이 족하게 된다.[28]

그러나 퇴계는 '애厓'에 한하는 것이 아니라 '시是'도 통한다고 생각하면서 그 이유를 말하였다.

[문] "厓[에]'라는 토를 따르는 것으로 족한데, 어째서 '是[이]'라고

25 위와 같음, "比如有人自此歷行郡邑至京師, 猶格物致知之工夫也. 已歷郡邑, 已至京師, 猶物格知至之功效也."
26 위와 같음, "可以言郡邑(厓是)歷行(爲也)京師(厓是)來至(他爲也). 以爲工夫之說."
27 위와 같음, "於已歷已至, 必變辭曰郡邑(是)已歷(爲也)京師(是)已至(羅沙), 乃可謂功效耶."
28 위와 같음, "若如此說, 則已歷者非人, 乃郡邑也. 已至者非人, 乃京師也. 推之以釋物格, 則格者非我, 乃物也. 釋極處, 則到者非我, 乃極處也. 此不成言語, 不成義理, 膠謬不通之說, 不可從也. 曰: 然則只從 厓辭足矣."

하여도 통한다고 하십니까?"

[답] "이는 오늘날 사람들이 이른바 '是[이]'라고 하는 것과 말은 같으면서도 의미는 다르다. 대저 오늘날 이른바 '是[이]'란 물리의 극처가 저절로 나의 마음속에 도달하지 않음이 없다는 것으로, 즉 내면 세계로 쏠리는 병통인지라 잘못이다. 내가 이른바 '是[이]'란 뭇 이치의 극처가 그 어느 하나라도 도달되지 않은 곳이 없다는 의미이니, 이치는 의연히 사물에 자재自在한데, 내가 궁구한 것이 한 곳도 도달하지 않음이 없다는 의미일 따름이다. 그러므로 '역시 통한다'고 한 것이다."29

'애'만을 옳다고 하는 측에서는 사물과 나[吾]를 구별하는 데서의 관점이고, '시'도 또한 통한다고 생각하는 측으로 말하면 역시 사물과 오심을 분사구별分辭區別하여 생각해서는 안 된다는 입장을 견지하는 태도이다. 그래서 퇴계는

'물마다 격한 후에'라고 한다면 그 중에 '무부도無不到'의 뜻을 포함하여 둘로 겨루는 단서는 없을 터이다. 다만 사람들이 이 새로운 말을 처음 들으면 필시 믿으려 들지는 않을 것이다.30

라고 겸손하게 말하고 있다. 그러나 『사서 대학석의四書大學釋義』에서는 다음과 같이 풀이하고 있다.

---

29 위와 같음, "何以云是辭亦通乎? 曰: 此與今人所謂是辭者, 辭同而旨異者也. 夫今所云是者, 謂物理之極處是, 自無不到於吾心, 卽牽拽向裏之病, 非也. 吾所云是者, 謂衆理之極處是, 無一不到之處也, 則理依然自在事物, 而吾之窮究無一不到處耳, 故曰亦通."

30 위와 같음, "嘗欲以愚意爲物格之釋曰, 物廠多格爲隱後厓. 如此則中含無不到之意, 而無兩爭之端. 但人創聞新語, 未必相信耳."

在格物재격물 - "物을 格하욤에 잇나니라" [물을 격함에 있다.]
一云 "物에 格홈에" 此說誤, [말하기를, "물을 격함에"는 오류이다.]

이것은 격물에 대한 것으로, '물에'는 잘못이고 '물을'로 해독해야 한다고 되어 있다. 정자중鄭子中에게 답한 글에서는

> 격물(물을 격하매)의 주석에는 "극처에 도달하지 않음이 없고자 함이다"라고 하였다. …… '격' 자는 '궁구하여 이르다[窮而至]'는 의미가 있는데, 격물에는 '궁'에 비중이 있기 때문에 '물을 격하매'라고 한 것이다.[31]

라고 하여 '을'로 할 것을 밝히고 있다. 『석의』에서는 물격에 대해서

> '물物이 격格한'에 대해 ○ '물리의 극처에 이르지 않음이 없다'에 대하여, 낙봉 신광한(1484~1555) 선생이 풀어 말하기를, "물리의 극처가 이르지 않음이 없다." 이로 인하여 내가 전10장의 끝 부분을 가리켜 말하였다. "만일 이 책을 소리 내어 읽는다면, 책의 처음부터 이곳에 이르기까지 다하지 않음이 없을 것이다." 진실로 이 뜻을 알게 된다면, 비록 풀어 말하는 것이 '도처에'라고 하여도 또한 무방하다. 또 말하기를, "극처가 이르렀다는 것은 궁격이 여기에 이르렀을 뿐이다. 이李의 복고설에 '심이 극처에 이르렀다'라는 말이 보이는데, 이 설은 잘못되었다. 만약 심이 이르렀다고 한다면 이는 지지에 속하므로 격물이 아니다." ○ 지금 내가 생각하기엔 신공의 이 설이 매우 정미하다. 내가 이것을 대사성[실제로 윤탁은 1525년에 성균관 대사성이었음]

---

31 위와 같음, "格物(物乙格乎旀是)註, 欲其極處厓, 無不到也. …… 格字有窮而至之義, 格物, 重在窮字, 故云物乙格乎旀是."

윤탁(1472~1534) 선생에게 여쭈었다. 선생께서 말씀하였다. "이른바
'이른다'라는 것은 심리의 극처인가, 아닌가? 공은 아니라고 하였다.
당시에는 아직 깨우치지 못하였으나, 지금은 그것을 깨우쳤다." 또한
내가 생각하기에 만약 이로 인하여 또한 격물을 풀어 쓸 때 "물에 격
하다"라고 한다면, 불가하다.

> 물物이 격格한 ○ [物理之極處無不到, 駱峯申先生釋云: "物理의 極處가
> 니르지아니한데없다." 仍按指傳十章之末曰: "假如言讀此書自卷初至此處ㅣ
> 無不盡也." 苟知此意, 則雖釋云"到處에", 亦無妨. 又曰: 極處到者, 窮格到此
> 耳, 曾見李復古說心到極處, 此說非也, 若謂心到, 則是屬知止, 非格物也. ○今
> 按申公此說甚精微, 滉向問此於尹大成倬. 先生曰: 所謂到者, 心理極處否. 公
> 曰非也. 當時未曉, 今方覺是. 又按若因此, 又釋格物云"物에格하다", 則不可.]

라고 하였다. 즉 '물이 격한'이라고 할 것이지 '물에 격하다'는 옳지
못하다는 것이다. 격물도 '물에'라고 해서는 불가하다는 것이다. 정
자중에게 답하는 글에서는

> 物格(물에 격한[物ㅣ格爲隱])의 주석에 "물리의 극처〈에〉 이르지 않
> 음이 없다"고 하였다. …… 물격은 중점이 '지至' 자에 있기 때문에
> "물에 격한"이라고 한 것이다. 일설에는 "물리의 극처〈가〉"라고 하는
> 데, 이것도 통한다.[32]

라고 하여 물격은 '물에 격'으로 풀이하고, 물리지극처는 '물에'나
'물이'가 다 통한다고 밝혔다.
　요컨대 『사서 대학석의』에 의하면 "물物이 격格한 …… 物理之極

---

32 위와 같음, "物格(物ㅣ格爲隱)註, 物理之極處(ㅣ是), 無不到也. …… 物格, 重在
至字, 故云物ㅣ格爲隱. 一說, 物理之極處(是), 亦通."

處(물리지극처)에[是]니르지아니한데없다"로 되어 있다. 이에 비해 정
자중에게 답한 글에서는

> 물격物格[물에 격한物庬格爲隱]의 주석에 "물리의 극처〈에〉 이르지
> 않음이 없다"고 하였다. …… "물〈에〉 격한"이라고 한 것은 일설에는
> "물리의 극처〈가〉"라고 하는데, 이것도 통한다.[33]

라고 하여 전자와 후자 사이에 차이가 있음을 볼 수 있다.

그러나 차이의 유무에 앞서 퇴계의 석독釋讀하는 진의眞意가 무엇
인지를 생각해야 할 것이다. 물격과 그 '공효功效' 주에 '격'이든 '극
極'이든 간에

> …… 이런 식으로 물격物格을 풀이한다면 격하는 것은 내가 아니라
> 물이며, 이런 식으로 극처極處를 풀이한다면 이르는 것은 내가 아니
> 라 극처가 되는 것이다. 이것은 말이 되지 않고 의리義理에 맞지 않는
> 다.[34]

라고 한 데서 보는 바와 같이, '아我의 격'이요 '아의 극처'로 이해하
려고 하는 것이 퇴계의 집념이었다. 그렇지만 기대승과의 다년간의
논변 끝에 작고하기 한 달 전 수정을 하기에 이르렀다. 정자중에게
답한 글과 『석의』에서 차이가 나는 까닭은 아마도 이러한 데서 온

---

33 위와 같음, "格物(物乙格乎庬是) 註. 欲其極處 庬 無不到也. 物格(物庬格爲隱)
註. 物理之極處庬(是)無不到也. 格字有窮而至之義. 格物, 重在窮字, 故云物
(乙)格(乎庬是) 物格. 重在至字. 故云物 (庬)格(爲隱) 一說, 物理之極處(是)亦
通."

34 위와 같음, "推之以釋物格, 則格者非我, 乃物也. 釋極處, 則到者非我, 乃極處也.
此不成言語, 不成義理."

것이 아닌가 생각된다.

5. 수정의 이유

종전의 생각은 격물의 '격'이나 극도極到의 '도'를 내가 격한 것으로, 내가 도극到極한 것으로 믿어왔던 것이다. 물리의 '리'가 어떻게 스스로 극처에 이를 수 있느냐 하는 의심은 주자의 설을 견지한 때문이라고 퇴계 스스로도 고백하고 있다.

황이 잘못된 학설을 고집한 까닭은 다만 주자의 "리는 정의情意도 없고 계탁計度도 없고 조작造作도 없다"는 말만 알고 지킨 데 있을 뿐이다. 내 스스로가 물리의 극처에 궁도窮到하는 것이요, 리가 어찌 스스로 극처에 이를 수 있겠느냐 하는 생각에서 물격의 '격'과 무부도의 '도'를 모두 '기격기도己格己到'로 생각해온 것이다.[35]

위에서 주자는 "리는 정의도 없고 계탁도 없고 조작도 없다"라고 하였다. 물리는 대상물의 이치로서 그 자체는 정의나 도량度量이나 조작이 불가능해서 사람이 관여해야만 용用을 할 수 있는 것으로 생각해왔다. 즉 심을 도외시하고는 리의 작용이 불가하다는 것이다. 이렇게 생각하면 심지용心之用과 리지용理之用이 이원화二元化되어버릴 우려가 있다. 이것은 퇴계가 항상 궁금해한 곳이었다.

이에 구견舊見을 용감히 씻어버리고 허심탄회하게 자세히 생각하

---

35 위와 같음, 권18, 「答奇明彦 別紙」 "前此滉所以堅執誤說者, 只知守朱子理無情意, 無計度, 無造作之說, 以爲我可以窮到物理之極處, 理豈能自至於極處. 故硬把物格之格, 無不到之到, 皆作己格己到看."

였는데, 먼저 '리'가 스스로 이를 수 있는지를 탐색해보았다. …… 내
가 항상 그 말을 의미 있게 여기면서도 이에 대해 환하게 이해하지 못
했던 것뿐이다.[36]

'리자도理自到' 문제가 자신을 매우 괴롭힌 것으로 표현되어 있다.
퇴계뿐만 아니라 철학에서 인식 주체와 대상인 객체와의 관계는 중
요하면서도 대단히 어려운 것이 사실이다. 하나의 근원을 찾는 자리
에서 심과 물리를 놓고 '심이다' 또는 '물리다'라고 함은 귀일하는 회
통점이 없이는 이원에 떨어질 위험이 있다고 해야 할 것이다.

퇴계가 이것을 해결하는 데는 기대승의 끈질긴 주장과 주자의 소
설所說이 영향을 끼친 것으로도 생각된다. 심의 용과 리의 용이 별개
의 것이 아니라 하나의 용일 수 있는 논리를 해결하는 데 주자의 『혹
문』 소주小註를 인용하고 있음을 본다.

리에는 반드시 용이 있는데, 구태여 심의 용을 말할 것인가.[37]

심이 한 몸의 주재이다. 리는 만물에 산재해 있고 그 용의 미묘함
은 실로 한 사람의 마음에서 벗어나지 않는다. 그렇다고 할 때 리의
용이라면 오심吾心의 용이 불구不具가 되고, 오심의 용이라면 리의
용이 무용無用이 되는 까닭에 일원적 설명이 궁해진다. 리에 반드시
작용이 있다면 하필 또 심의 용을 말할 것이 있겠느냐는 것이다. 즉
리는 만물에 산재되어 있지만 용은 심에 있다는 것이다.[38]

---

36 위와 같음, "於是, 盡底裏濯去舊見, 虛心細意, 先尋箇理所以能自到者如何. ……
顧滉雖常有味其言, 而不能會通於此耳."

37 위와 같음, "理必有用, 何必又說是心之用乎."

38 위와 같음, "心之體, 具乎是理, 理則無所不該, 而無一物之不在. 然其用實不外乎
人心. 蓋理雖在物, 而用實在心也."

산재된 만리萬理는 인심을 기다려서 발현되는 것이요, 또 그 용이 인심에 불과한 것이지만, 용의 묘妙는 바로 리의 발현이라고 설명함으로써 심과 리의 이원성을 배제하려는 시도를 한다.[39] 즉 리의 발현은 인심의 용이라고 함으로써 '무정의無情意', '무계탁無計度', '무조작無造作'의 리는 인심을 기다려야 정의, 계탁, 조작, 발현되는 것으로 생각하여 '기격기도己格己到'라는 주장을 완화하여 다음과 같이 말하였다.

그 물격을 말함에 미쳐서는 어찌 물리의 지극한 곳이 나의 궁구한 바를 따라 이르지 않음이 없는 것이라 할 수 있겠는가. 여기서 정의도 없고 조작도 없는 것은 리의 본연의 체이고, 깃들인 곳에 따라 발현하여 이르지 않음이 없는 것은 리의 지극히 신묘한 작용임을 알겠다. 전에는 단지 본체가 무위無爲한 줄로만 알았고, 신묘한 작용이 드러나게 행해질 수 있는 것을 알지 못하여 거의 죽은 물건[死物]으로 인식하였으니, 도와의 거리가 어찌 멀지 않겠는가.[40]

리에는 체와 용이 있는데, 앞서는 리의 체가 무위한 것만 알고 그 묘용의 현행顯行을 몰랐다고 솔직하게 답변하였다. 여기서 그동안 견지해오던 '격格'과 '도到'의 대아관계對我關係를 수정한 것을 명백히 읽을 수 있다.

---

39 위와 같음, "其曰, 理在萬物, 而其用實不外一人之心, 則疑若理不能自用, 必有待於人心, 似不可以自到爲言. 然而又曰, 理必有用, 何必又說是心之用乎? 則其用雖不外乎人心, 而其所以爲用之妙, 實是理之發見者, 隨人心所至, 而無所不到, 無所不盡."

40 위와 같음, "及其言物格也, 則豈不可謂物理之極處, 隨吾所窮而無不到乎? 是知無情意造作者, 此理本然之體也, 其隨寓發見而無不到者, 此理至神之用也. 向也但有見於本體之無爲, 而不知妙用之能顯行, 殆若認理爲死物, 其去道不亦遠甚矣乎?"

이병도 박사는

　　요컨대, 이때 퇴계의 생각은 물격 및 그 주석은 '내가 그 극처에 궁
도窮到하는 것을 말한다'고 여긴 것이요, 주석의 토는 신낙봉(신광한)
이 풀이한 대로 한다면 '厓'라고 하건 '是'라고 하건 간에 장애될 것이
없다고 한 것이다. 그러나 내가 보건대, 낙봉 및 이때 퇴계의 설은 모
두 잘못되었다. 문법을 무시했기 때문이다.[41]

라고 하여 문법상으로 볼 때 퇴계와 신광한 두 사람의 주장이 모두
틀렸다고 한다.

　　왜 그런가? '물격'은 곧 '격물'의 피동사로, 그 주격이 '물'에 있다.
이것을 영어로 풀이하면 'Things been investigated'이다. 물이 남
김없이 궁구된 것을 의미한다. 물을 궁구한 주체는 '나'요, 남김없이
궁구된 객체는 곧 '물'이다. '물리의 극처'운운한 것 역시 이 주석의 주
격이다. 이 밖에 앞서 주격이 생략된 것이 있는 게 아닌즉, '厓[에]'로
써 토를 다는 것은 안 된다. '是[이]'로써 토를 달아야 함이 매우 분명
하다.[42]

　　그러나 앞에서 언급한 바와 같이 퇴계는 만년에 '기격기도己格己

41　이병도, 『자료 한국유학사 초고』, 1959, 207쪽 "要之, 此時退溪之意, 謂物格及其
　　註只是(我)窮到其極處之謂. 註吐如申駱峯所釋之意, 則或厓或是, 兩無所碍云
　　爾. 然以余觀之, 駱峯及此時退溪說, 皆非, 以無視文法故也."

42　위와 같음, 208쪽 "何者? 物格卽格物之被動辭, 其主格在物, 釋之以英語, 則
　　'Things been investigated', 物被盡格之義也. 格之者是吾, 而被盡格者, 乃物
　　也. '物理之極處'云云, 亦爲此註之主格, 此外非有主格省略於前, 則不可以厓吐
　　懸之. 當以是吐甚明. ……."

到'를 '물격물도物格物到'로 시정하여 리는 사물死物이 아니고 활물活物과 같아서 사람이 격하는 바에 따라 스스로 발현해서 이르지 않는 바가 없다고 하였다. 주격이 리가 아니라 물로 취급되었음을 볼 수 있다. 그러나

> 용이 비록 사람의 마음에서 벗어나 있지는 않지만, 그 용이 되는 '묘妙'는 실로 이 리가 발현된 것이 사람 마음이 이르는 바에 따라 이르지 않음이 없고 극진하지 않음이 없는 것이다.[43]

라고 하였다. '리의 발현'이란 점으로 미루어보면 리는 '물'을 뜻하므로 리가 발현된다는 의미로 간주되지만, '수인심소지隨人心所至'라 하여 인심을 개재시킴으로써 물과 심의 단절을 예방하고 있음을 본다.

Ⅲ. 결론

근본의 하나와 다양한 현상과의 관계는 불가분으로 생각되지만, 그 논리 추구에 있어 근본의 하나는 다양한 현상에서, 다양한 현상은 근본의 하나에서 이론이 체계화되어야 할 것임은 물론이다. 여기서 한 가지 난점이 있다. 다양으로부터 하나로의 귀일은 분립分立이 지평地平으로 확산되는 것이 그 하나요, 하나로부터 다양으로의 분파는 '영원'이 '현실'로 투영되는 것이 그 둘째일 것이다. 이 경우에 사람이 그 어느 쪽에 위치하느냐 하는 경계를 설정한다는 것은 무리한 일로 생각된다.

---

43 위의 주 32 참조.

심은 비록 일신에 대해서 주가 되지만, 그 체의 허령성은 천하의 모든 이치를 관장한다. 리는 비록 만물에 산재해 있지만, 그 용의 미묘함은 실제로 한 사람의 마음에서 벗어나지 않는다. 그런데 처음에는 내외內外 · 정조精粗로써 논하는 것이 불가능하다.

[心雖主乎一身, 而其體之虛靈, 足以管乎天下之理. 理雖散在萬物, 而其用之微妙, 實不外一人之心, 初不可以內外精粗而論也.][44]

마음은 일신一身의 주主요 심체의 허령성虛靈性이 천하의 모든 이치를 관장하므로, 만리萬理가 산재하지만 그 이치의 묘용妙用은 한 사람의 마음에 불과하다. 그런데 처음에는 내외 · 정조로써 논하는 것이 불가하다는 것이다. '내'와 '정'으로써 논한다면 '외'와 '조'와 더불어 분리되어버리고, 외와 조로써 논한다면 내와 정과 더불어 별개의 것이 되어버리기 때문일 것이다. 불가하다고 함은 그러한 의미에서인 줄로 안다.

그러나 '처음에는 불가하다'는 말 이면에는 '나중에는 가하다'는 의미가 담겼을 것이다. 즉 내외 · 정조를 현실로의 투영이 아니라 무본無本의 다양으로 보는 한 불가하다는 것이니, 다양 속의 대상물이 근본으로 이르지 않음이 없는 물이요, 근본이 다양 가운데 각물各物을 하나도 빠짐없이 포괄할 수 있는 뒤에는 가하다는 뜻으로 이해된다.

따라서 하나로서의 주격은 상대적인 빈사賓辭 속에서도 살[活] 수 있고, 잡다한 빈사를 통해서 주격을 초월시킬 수 있는 경우, 주어나 술어가 문법적으로 그다지 문제 되지 않으리라고 생각된다. 그러므로 현토의 문법적 적부適否를 고집하기에 앞서 내용이 어떻게 이해되고 있는가 하는 점이 중요하다고 믿는다. 즉 '애厓'나 '시是'의 토

---

44 『退溪全書』 권18, 「答奇明彦」.

를 엄격히 가리려는 것이 본지를 얻기 위함인데도, 그 때문에 도리어 상실하는 졸拙을 범해서는 안 될 것이다. 퇴계의 현토가 옳으냐 그르냐 하는 것은, 문법상으로 따질 것이 아니라 물격의 '물'을 어떻게 이해하고 있느냐가 소중한 것으로 추측된다.

퇴계의 리발 문제는 리통기국設理通氣局說에 봉착하여 변설辨說이 어렵게 되어버렸으나, 쉬운 곳에서는 쉬울 수밖에 없고 어려운 자리에서는 역시 어려울 수밖에 없을 것이다. 물에 대한 이해 여하에 따라 퇴계의 생각이 달達했다고 여기는 이는 현토에 구애되지 않을 것이요, 미달未達이라 할 경우에는 현토의 올바름을 문법상으로 증명한다고 해도 헛수고가 될 수 있을 것이다.

퇴계는 심과 물의 관계를 "처음에는 내외·정조로 논하는 것이 불가하다"라고 한 주자의 주장을 인용하여 탁거구견濯去舊見하였다. 한편으로는 기격기도己格己到로 집착된 것도 주자 때문이었고, 수정한 것도 물론 이의를 제기하는 기대승 때문에 생각하게 되었지만 역시 주자 사상의 영향이었다고 할 수 있다. 즉 경우에 따라서 내외·정조로써 논함이 가능한 때와 불가한 때를 상정할 수 있을 것이다. 가능 시의 물이라면 석독釋讀에 별로 구애되지 않으리라고 생각한다.

철학과 윤리는 일관성 있게 다루어져야 할 것이다. 그렇지만 철학적 논리로 인해서 윤리에의 조리條理가 끊어지거나, 윤리성을 강조하는 나머지 논리의 부조不調를 가져와도 안 될 일이다. 그러나 인식적인 것과 실천적인 것의 방법상의 한계가 있다고 할 때, 두 가지를 일관하는 데는 장애가 생긴다. 완전이나 혹은 초월적인 것을 불완전이나 또는 현실적인 방법적 척도로써 조리를 구한다는 자체가 우선 문제가 아닐 수 없다. 퇴계는 발의 문제를 들고 기대승과 여러 해 동안 논변을 거듭하다가 '리' 자체의 용용用을 수정하기에 이르렀다. 그러나

> 용이 비록 사람의 마음에서 벗어나 있지는 않지만, 그 용이 되는 '묘
> 妙'는 실로 이 리가 발현된 것이 사람 마음이 이르는 바에 따라 이르지
> 않음이 없고 극진하지 않음이 없는 것이다.[45]

라고 한 것으로 미루어, 그 근저에는 여전히 리의 용이 소이자所以
者로서 동동動動하고 있음을 본다.

심의 용이라고 하거나 리의 용이라고 하거나, 그것은 모두 불완전
한 표현이다. 언어와 문자가 상대성을 벗어날 수 없는 제한성을 지
닐 때 그것을 어떻게 표현한다고 하더라도 폐단은 생기게 된다. 리의
용이라고 할 때는 발처發處가 문제일 것이요, 심의 용이라고 할 때는
달처達處가 문제일 것이다.

> 지난날 추만 정지운이 「천명도」를 지음에 "사단은 리에서 발하고 칠
> 정은 기에서 발한다"라고 한 적이 있다. 내 생각에도 추만 공의 분별이
> 너무 심한 것 같았는데, …… 그 말에 흠이 없는 것이 아니다.[46]

라고 한 데서 보듯이, 흠은 있지만 그렇게 말할 수밖에 없다는 뜻일
것이다. '물에 격'으로, '물이 격'으로 읽은 것은 묻는 이에 대한 답
변을 위함이기도 하지만, 퇴계가 그렇게 말하는 소종래所從來를 이
해함으로써 비로소 분명히 파악될 수 있으리라 생각된다.

---

45 위의 주 32 참조.

46 『退溪全書』권16,「答奇明彦」"往年鄭生之作圖也, 有四端發於理, 七情發於氣之
說. 愚意亦恐其分別太甚, …… 非謂其言之無疵也."

제4장 퇴계의 '경'에 관한 윤리적 고찰
- 황중거의 의리 질의를 중심으로 -

I. 서론

윤리 문제가 실천에 관한 것인 한 당위當爲가 문제될 것이며, 당위를 문제로 삼는 한 가치 내지 '좋음' 즉 선善이 무엇인지를 탐구하게 된다. 종래의 윤리학에서는 이러한 문제를 해결함에 있어서 일반적으로 몇 가지 경향을 나타내고 있다. 형이상학적인 경향이 그 하나요, 자연주의적인 경향이 그 둘째요, 직관론적인 경향이 그 셋째로 생각된다.

그러나 그렇다고 해서 형이상학적인 추구 끝에 무실無實한 것으로 승화昇華되어버리거나, 일반화된 법칙성 내지 선善을 위한 선善처럼 되어버리거나, 또는 자연주의적인 탐구 끝에 공식화된 경험성 내지 실천을 위한 실천으로 결과結果되거나, 혹은 직관을 지상으로 일삼은 나머지 편견을 준칙으로 오인하는 일이 있어서도 안 될 줄로 믿는다.

인간을 어떻게 이해하느냐 하는 것은 기본적인 것이면서도 매우 중요한 일이라고 생각된다. 사람은 형이상학적인 면, 자연적인 면, 직관적인 면을 겸유하고 있는 만큼 어느 한 면으로 분석, 단정할 수는 없을 것이다.

퇴계의 사상을 '경'으로 집약할 수 있다면 그 인간관은 역시 경을 통해서 본 인간관일 것이다. 여러 가지 학술적 측면도 이 경을 중심으로 이해할 수 있을 것이다. 따라서 윤리 문제도 그러한 각도에서 분석, 천명되어야 할 줄로 안다. 이제 이 논고에서는 황중거黃仲擧[1]가 질문한 '이利'와 '의義'를 중심으로 경의 윤리적 측면을 고찰해보고자 한다.

Ⅱ. 본론

1. 퇴계의 인간 이해

퇴계는 한국 유학사에서 율곡과 더불어 주축을 이루고 있다. 특히 퇴계가 일본 유학에 끼친 영향은 실로 크다. 퇴계의 『자성록自省錄』에 대한 야마자키 안사이(山崎闇齋, 1618~1682)의 평은 다음과 같다.

사단·칠정을 리기에 분속시킨 의미는 『퇴계집』에 실린 16통의 서한에서 논하였는데, 『자성록』에 실린 것이 가장 잘 갖추어져 있다. 지난날의 여러 유자들이 도달하지 못한 경지를 말했다.[2]

라든가, 퇴계의 유학이 중국 원·명간元明間의 제유諸儒와 비교가 안 된다는 와다나베 요자이(渡邊豫齋, 1796~1859)의 말이라든지,[3] 주자를 계승한 사람은 바로 퇴계라고 한 야부 코잔(藪孤山:

---

1 퇴계의 문인 황준량黃俊良(1517~1563). 자는 중거仲擧, 호는 금계錦溪.

2 山崎闇齋, 『文會筆錄』 권5 "四端七情分理氣之義, 退溪集十六數書論之, 自省錄所載最備, 道諸儒不到處."

3 佐藤直方, 『韞藏錄』, 「討論筆記」 "朝鮮李退溪東夷之産, 而悅中國之道, 尊孔孟宗程朱, 而其學識所造, 大非元明諸儒之儔矣."

1735~1802)의 말[4]에서 볼 수 있듯이 일본 주자학파에서는 퇴계의
학설이 그 중추를 형성했던 것으로 보인다. 일본 유학의 도통에 대
해 다음과 같이 언급한 것을 보더라도 그것을 분명 뒷받침해주고
있음을 읽을 수가 있다.

공자의 도는 증자와 자사에게 전해졌고 맹자에게 전해졌다. 맹자가
세상을 떠난 뒤 오랫동안 그 학문 전통을 잃었다가 송나라 때 정자·
주자에 이르러서 깊이 그 전통을 탐구하여 비로소 얻게 되었다. 그 학
문은 조선의 이퇴계에게 전해졌으며, 퇴계는 우리나라 야마자키 안사
이에게 그 전통을 전하였다.[5]

퇴계는 주자학을 충실하게 계승했고 특히 주자를 신봉하였다.

근래 『주자어류』에서 맹자가 말한 사단에 대해 논한 것을 보았는데,
마지막 한 조목에서 이 일에 대해 바로 논하였다. 그 말에 따르면 "사
단은 리가 발한 것이요, 칠정은 기가 발한 것이다"라고 하였다. 옛사람
이 말하지 않았던가? 감히 스스로를 믿지 말고 그 스승을 믿으라고. 주
자는 내가 스승으로 여기는 분이요, 또한 천하 고금 사람들이 종사宗
師로 여기는 분이시다.[6]

---

4 藪孤山, 『孤山遺稿』 권9, 「送赤彦禮序」 "大塚先生之言曰: 勉齋之狀朱子, 不如節
    要之盡朱子也. 先子亦曰, 百世之下 , 繼紫陽之緒者, 退溪其人也."

5 위와 같음, 『孤山遺稿』 권9, 「送赤崎海門序」 "孔子之道, 傳之乎曾子子思, 而傳
    乎孟子, 孟子歿後, 久失其傳, 至宋程朱二子, 深求始得焉. 其學傳乎朝鮮李退溪,
    退溪而傳之乎我國山崎闇齋."

6 『退溪文集』 권16, 「答奇明彦」 "近因看朱子語類論孟子四端處, 末一條正論此事.
    其說云, 四端是理之發, 七情是氣之發. 古人不云乎? 不敢自信而信其師. 朱子, 吾
    所師也, 亦天下古今之所宗師也."

주자는 송학을 집대성한 분이시며, 송학은 자사·맹자에게서, 자사·맹자는 공자에게서 연원하였다. 따라서 퇴계의 인간관은 이러한 계통을 생각하지 않고서는 엿보는 데 어려우리라고 본다.

인간은 천지만물과 떨어질 수 없다. 천지가 있은 뒤에 만물이 있고, 만물이 있은 뒤에 남녀가 있으며, 남녀가 있은 뒤에 부부가 있다.[7] 사람을 자연이나 하늘과 하나로 생각함은 천인天人을 따로 보지 않으려는 유학의 전통 사상에서 그러하다. 만물이나 현실 속에 존재하는 인간은 가장 뛰어나다는 것이다.[8] 사람의 힘으로 말미암아 자연도, 국가도 안정될 수가 있는 것이다.[9] 따라서 사람의 하는 일이란 지극히 성스러운 것이다. 천사天事도 인간을 통해서, 그리고 천도天道도 사람을 통해서만 실현될 수 있다는 것이다.[10]

그토록 인간이 지귀至貴한 까닭은 그러할 수 있는 존귀성을 지니고 태어나기 때문이다.[11] 맹자에 와서는 "성선性善을 말씀하시되 말씀만 하시면 요순堯舜을 칭송하였다"[12]고 하여 천명天命의 성을 '선'으로 표현하였을 뿐만 아니라, "존귀하게 되기를 바라는 것은 사람 마음이 다 같다"[13]고 하여 사람에 있어서 마음에 보편된 것을 귀한 것으로 풀이하였다. 이와 동시에

7 『周易』咸卦, 序卦傳 "有天地然後有萬物. 有萬物然後有男女, 有男女然後有夫婦."
8 「太極圖說」"惟人也, 得其秀而最靈."
9 『中庸』, 제1장 "致中和, 天地位焉, 萬物育焉."
10 『書經』, 「皐陶謨」"天工人其代之.";『論語』, 「衛靈公」"子曰, 人能弘道, 非道弘人."
11 『中庸』, 제1장 "天命之謂性.";『論語』, 「雍也」"人之生也直."
12 『孟子』, 「滕文公 上」"道性善, 言必稱堯舜."
13 위와 같음, 「告子 上」"欲貴者, 人之同心也."

마음에 있어서 어찌 유독 누구나 옳게 여기는 것이 없으랴! 누구나
마음으로 다 같이 여기는 것은 무엇인가? 리理이고 의義이다.[14]

라고 한 데서 볼 수 있는 것처럼, '리'와 '의'가 만인에 보편된 것으
로 인정하였다. 이 보편성 파악에 남보다 앞선 이가 성인라는 것이
다. 송유는 이러한 근원을 천인합일의 관점에서 논리를 전개하였
다. 『서명西銘』에서는 "천지에 가득한 기운이 내 몸을 이루었다"[15]
고도 했지만, 주자는 천심과 인심은 하나의 심이라고 생각하였다.

　　일찍이 논하건대, 심의 허령지각은 하나일 뿐이다. 인심과 도심의
　　다름이 있다고 한 것은 혹은 형기形氣의 사私에서 나오고, 혹은 성명性
　　命의 바른 것에서 근원하기 때문이다.[16]

퇴계는 정자程子의 말을 인용하면서

　　이 하나의 강자腔子가 천지만물을 통하는데 다만 이 일리一理일 뿐
　　이다. 리가 하나이고 기 역시 둘이 아니기 때문에 한 사람의 마음이 곧
　　천지의 마음이라 한다.[17]

라고 하여 천인무이天人無二를 말하기도 하였다. 또 주자의 말을 인
용하여

14　위와 같음, 「告子 上」 "至於心獨無所同然乎? 心之所同然者, 何也? 理也義也."

15　張載, 『西銘』 "天地之塞, 吾其體."

16　「中庸章句序」 "蓋嘗論之, 心之虛靈知覺, 一而已矣, 而以爲有人心道心之異者,
　　則以其或生於形氣之私, 或原於性命之正."

17　『退溪全書』 권19, 「答黃仲擧」 "自這一箇腔子, 通天地萬物, 只此一理. 理一, 氣
　　亦非二. 故曰, 一人之心, 卽天地之心."

주자도 말하기를 "장차 바깥을 향해 찾으려 하면 막연하기만 하여 어떻게 교섭할 수가 없으리라"고 하였다. 그러므로 이치를 가지고 말하면 진실로 일체一體가 되지만, 나누는 쪽으로 말하면 다르지 않을 수가 없다. 나에게 있으면 내가 큰 근본이 되고 너에게 있으면 네가 도로 큰 근본이 되는 것이다.[18]

라고 한 것처럼 같은 점과 다른 점을 설명하기도 한다.

그러나 이러한 분석된 이치에서 보다 인간의 온전한 전체 면에서 살피려 한 퇴계의 모습을 엿볼 수가 있다. 신선이란 꼭 연단鍊丹을 한 뒤에만 얻어지는 것이 아니라는 말[19]로 미루어 인위人爲에 물들지 않은 타고난 천연성에 관심이 깊었음을 알 수가 있다.

> 순풍淳風이 죽다 하니 진실로 거짓말이
> 인성人性이 어질다 하니 진실로 옳은 말이
> 천하에 허다 영재英才를 속여 말씀할까.(도산십이곡 전6곡 제3수)

인성이 천명의 성이요 성선의 성이란 뜻이 마음속에 젖어 있다.

> 춘산春山에 화만花滿하고 추야秋夜에 월만대月滿臺라
> 사시가흥四時佳興 사람과 한 가지라
> 어약연비魚躍鳶飛 운영천광雲影天光이야 어느 끝이 있을꼬.(도산십이곡 전6곡 제6수)

---

18 위와 같음, "朱子亦云, 向腔子外尋, 則莽蕩無交涉. 曰, 以理言之, 固爲一體. 以分言之, 則不能不殊. 在我則我底爲大本, 在你則你底却爲大本."

19 『退溪全書』권20, 「答黃仲擧」 "蓋地上自有神仙, 只投紱歸來之日, 是也. 何必鍊丹於赤城山下, 然後謂之仙耶?"

유무有無에 통하고 상하에 달達한 이 심경은 자연으로 화한 느낌
을 짙게 한다.

청산은 어찌하여 만고에 푸르르며
유수流水는 어찌하여 주야晝夜에 긋디 아니는고
우리도 그치지 말아 만고상청萬古常青하리라.(도산십이곡 후6곡 제
5수)

천장지구天長地久로 상록常綠을 향한 생활 자세는 노경의 원숙한
학문과 여여如如한 처세의 면모를 역연歷然하게 보여주고 있다. 이것
은 65세 때 작품이지만 70세로 임종할 때 조카 영甯에게 남긴 유계
遺戒에서 "비문을 다른 사람에게 맡겨 실없는 말을 늘어놓아 남의 웃
음을 사지 말라"고 하여, 스스로 지은 명문銘文을 유언한 바를 보면
퇴계의 인생관을 한층 더 밝게 이해할 수 있다.

生而大癡 나면서부터 크게 어리석고
壯而多疾 자라서는 병도 많았는데
中何嗜學 중년엔 어쩌다가 학문을 즐겨 했고
晚何叨爵 만년에 어이하여 벼슬을 받았던고.
學求猶邈 학문은 구할수록 아득하고
爵辭愈嬰 벼슬은 사양해도 더욱더 죄어드네.
進行之跲 나아감에는 잘못이 있었지만
退藏之貞 물러나 갈무리는 곧게 하였네.
深慙國恩 나라 은혜에 심히 부끄럽고
亶畏聖言 성현의 말씀 진실로 두려운데
有山巍巍 산은 의연하게 높이 솟아 있고
有水源源 물은 끊임없이 흐르는구나.

婆娑初服 처음 뜻대로 자유롭게 소요하니

脫略衆訕 뭇사람의 비웃음을 벗었네.

我懷伊阻 내가 품은 생각 뉘라서 알 것이며

我佩誰玩 내가 지닌 패물 누가 즐겨줄 것인가.

我思古人 내 옛사람을 생각하니

實獲我心 진실로 내 마음과 부합하는구나.

寧知來世 어찌 오는 세상을 알리오마는

不獲今兮 지금에도 얻은 것이 없는 것을.

憂中有樂 근심 속에 즐거움이 있었고

樂中有憂 즐거움 속에서도 근심 있었네.

乘化歸盡 천명으로 살다가 돌아가니

復何求兮 이 세상에 다시 무엇을 구하리오.²⁰

"자연을 따르다 죽으면 그만인 것을, 천명을 누렸거늘 다시 무엇을 의심하리오?[聊乘化以歸盡, 樂夫天命復奚疑]"라고 한 도연명陶淵明의 〈귀거래사〉가 연상되기도 한다. 이러한 즐거운 심경은 의리변석義利辨析의 장을 이루고 있으며, 이 장의 모태母胎는 '경'에 있음을 생각할 수가 있다.

'경'은 일심의 주재요, 만사의 근본이다.²¹

---

20 『退溪先生年譜』권3,「墓碣銘」,〈先生自銘. 高峯奇大升敍其後〉"生而大癡. 壯而多疾. 中何嗜學. 晚何叨爵. 學求猶邈. 爵辭愈嬰. 進行之路. 退藏之貞. 深慙國恩. 亶畏聖言. 有山巍巍. 有水源源. 婆娑初服. 脫略衆訕. 我懷伊阻. 我佩誰玩. 我思古人. 實獲我心. 寧知來世. 不獲今兮. 憂中有樂. 樂中有憂. 乘化歸盡. 復何求兮."

21 『聖學十圖』,「第四大學圖」"敬者, 一心之主宰, 而萬事之本根也."

이러한 점들은 매사 판단의 중요한 근본을 이루고 있다.

그러나 바람직한 결과를 가져오지 못할 때는 최령最靈은커녕 금수와 다름이 없게 된다.[22] 사람은 사람으로서 해야 할 일이 있다. 현실을 초연히, 사실을 무관하게 처리할 수도 없고, 금수로 전락할 수도 없다.[23] 물론 양면성을 소유하고 있다고 해서 어느 쪽으로 기울어져도 좋다고는 할 수 없다. 형이상학적인 것, 자연적인 것, 직관적인 것, 이러한 것들은 상호 조화 속에 유기적인 해결이 필요한 것으로 생각되며, 행동인으로서의 처리가 방향과 어긋남이 없어야 할 것으로 본다. 이러한 방향의 설정은 인간에 대한 이해의 기저基底 없이는 안 될 것이다. 그 기저에서 비로소 주체적 결단을 얻을 수 있으리라고 생각된다.

2. 주체적 판단

퇴계는 일반인으로서 보편성을 중요시하면서도 실존 주체성을 강조한 것으로 보인다. 기대승이 한때 그 자신의 진퇴 문제를 어떻게 정해야 좋을지 몰라서 물어온 적이 있었다.[24] 이에 대해 퇴계는 진퇴 거취 문제는 스스로 마음으로 결정할 일이지, 타인에게 도모할 것이 아니며, 또한 능히 모의謀議할 바도 아니라고 대답하였다. 즉 평소 이치에 미진함이 있다든가 그 의지가 굳세지 못할 때 시의時宜를 잃고 원모願慕에 끌려서 당위當爲를 상실하게 된다는 내용이다.[25] 이치

---

22 『孟子』,「告子 上」"其違禽獸不遠矣."

23 『論語』,「微子」"鳥獸不可與同群."

24 『退溪全書』권16,「答奇明彦」"今觀來喩之意, 自謂學未成而遽出, 恐仕宦之奪志, 欲歸而卒究大業爾."

25 "奪於願慕而失其宜耳."

를 따른다는 것은 이성의 문제요, 의지의 강약은 감성에 속한 문제이다. 이치에도 밝고 의지도 강해야 스스로의 정확한 판단이 가능하다는 말이다. 이성의 상실은 감성 때문이기 쉽고, 감성의 격앙激昂은 원모願慕에서 오며, 원모의 내용은 이불리利不利의 관계가 많은 비율을 차지하고 있는 것으로 짐작된다.

오늘날 민주주의하에서 자본과 노력을 가장 적게 들이고 가장 많은 이익을 추구하려는 것이 실정으로 되어 있어, 이利에 예민한 것은 사실이다. 과연 '이'가 주체적 판단에 장애물이 된다면 민주주의에 위배되는 결과가 될 수 있다. 이에 '이'의 진의가 무엇인지 올바른 이해가 요구된다.

3. 이익[利]의 진의

퇴계는 이명지강理明志剛을 판단력의 소재처所在處로 삼았고, 이매지약理昧志弱은 주체 상실의 원인으로 파악하고 있다. 앞서도 언급하였거니와 '리'는 이성에, '지'는 감성에 속한 것으로 생각된다. 그러나 지강志剛이라 할 때에도 리명(理明: 順理)하의 지강이어야지 그것을 떠난 것은 매우 위험한 일이다. 즉 지강이라고 해서 흥분이나 노여움을 수반해서는 안 될 것이다. 그러므로『논어』에서는

공자가 말하였다. 군자에겐 구사九思가 있다. 보는데 밝은 것을 생각하고, 듣는데 총명하기를 생각하고, 용모는 온화하기를 생각하고, 태도는 공손하기를 생각하고, 말은 충실하기를 생각하고, 일을 함에 경건하기를 생각하고, 의심나는 것은 묻기를 생각하고, 화가 날 때는 어려움을 생각하고, 이득을 보면 의로움을 생각한다.[26]

---

26 『論語』,「季氏」"孔子曰: 君子有九思, 視思明, 聽思聰, 色思溫, 貌思恭, 言思忠,

라고 하여 분을 경계할 것을 일러주었고, 『역경』에서도

　상象에 말하였다. 산 아래에 못이 있는 것이 손괘이니, 군자가 이 괘
　를 보고 분한 생각을 경계하며 욕심을 막는다.[27]

라고 하여 분욕忿慾의 감성을 억제할 것을 가르쳐주었다. 이뿐만 아
니라 공자는

　안회顔回라는 사람이 배우기를 좋아했다. 노여움을 남에게 옮기지
　않고 같은 잘못을 거듭 저지르지 않았는데, 불행히도 단명하여 죽고
　말았다.[28]

라고 하여 안자를 칭찬할 때 그 점을 높이 산 것을 볼 수 있다.

　이렇게 감성의 발동으로 이성이 침해를 받지 않으면 좋겠지만, 받
는 경우에 가장 주요 원인이 되는 것이 '의탈어원모義奪於願慕'라고
해서 '원모'를 지적했다. 그 원모의 충동이 되기 쉬운 것으로, 이불리
利不利의 '이'를 들어보았다. 그렇다면 과연 민주주의에서 추구되고
있는 것이 그릇된 것인지, 아니라면 그 진의는 어떻게 납득되어야 할
것인지가 문제 된다.
　유학의 중심 문제는 인의에 있고, 윤리적인 각도에서는 이利와 의
義가 중요하게 탐구되어온 줄로 안다. 과거의 성현들은 이 '이'에 대
하여 어떻게 말해왔는가 하는 점을 여기서 잠깐 돌이켜볼 필요를 느

　事思敬, 疑思問, 忿思難, 見得思義."
27 『周易』, 損卦 "象曰, 山下有澤損. 君子以懲忿窒欲."
28 『論語』, 「雍也」 "孔子對曰: 有顔回者好學, 不遷怒, 不貳過, 不幸短命死矣."

낀다.『논어』에 의하면 "이익만 쫓아서 행동하면 원한을 많이 사게 된다"[29]고도 하고, 또 "소인은 잇속에 밝다"[30]고 하여 매우 경계해야 할 것으로 표현되어 있다.『맹자』에서는 개권開卷 첫 장에서

> 양혜왕이 말하였다. "선생님께서 천 리를 멀다 않고 찾아와주셨으니 역시 이 나라에 앞으로 이익을 주시려 함입니까?" 맹자가 대답하였다. "왕께서는 하필 '이'를 말씀하십니까? 인의仁義가 있을 따름입니다.[31]

라고 한 바와 같이, 왕이 '이'를 청한 데 대해서 '인의'로 응수하고 있음을 본다.

이렇듯 '이'에 대해서는 바람직한 것이 못 됨을 말하고 있다. 실리를 강력하게 추구하는 현 사회에서는 대단한 문젯거리가 아닐 수 없다. 그러나 그렇듯 부정만 하고 있는가? 또 왜 부정되어야 하는가 하는 점을 밝힐 필요가 생긴다.

'이'라고 할 때 유형무형으로 사욕에서 온 것은 청탁이 다를 뿐이지 같은 것으로 조심해야 할 일이다. 그렇지만 이렇게 유해有害한 것으로만 보아야 할 것인지? 극약이라도 병이 치유되었다면 그것은 바람직한 것이다. 물질 그 자체는 이롭게도, 불리하게도 쓰여질 수 있다. 이 점으로 미루어 반드시 부정되어야 할 것만은 아니라고 본다. 아니, 물질을 떠나서 우리는 살 수가 없다. 공자께서는 불의不義에서 얻은 부귀는 뜬구름과 같다고 하여[32] 일견 부귀를 부정한 것같이 보

29　위와 같음,「里仁」"放於利行, 多怨."

30　위와 같음,「里仁」"小人喩於利, 君子喩於義."

31　『孟子』,「梁惠王 上」"王曰: 叟不遠千里而來, 亦將有以利吾國乎? 孟子對曰: 王何必曰利? 亦有仁義而已矣."

32　『論語』,「述而」"飯疏食飮水, 曲肱而枕之, 樂亦在其中矣. 不 義而富且貴, 於我如浮雲."

이지만, 이 말의 이면에는 불의로 얻은 것이 아닌, 즉 의義에서 획득된 부와 귀란 바람직하다는 뜻이 깃들어 있다고 생각한다. 또

　이익을 보면 의로움을 생각하고, 위태로운 것을 보면 목숨을 바칠 것을 생각하며, 오래된 약속이라도 평시에 한 그 말들을 잊지 않는다면 또한 성인이다.[33]

라고 한 데서 보듯이, '이'가 '의'를 해치기 쉽기 때문에 이를 보면 의를 생각하라고 했을 것이다. 해가 되지 않는 한 이를 금할 하등의 이유가 없다. 오히려 부富해야 한다고 권장하고 있는 것을 볼 수가 있다.

　염유가 "이미 백성들이 많아졌으면 또 무엇을 더하여야 합니까?"라고 묻자, 공자는 "부유하게 해주어야 한다"고 하였다.[34]

　인구가 많은 나라에서는 우선 '부'해야 한다는 점을 오히려 강조하고 있음을 본다.
　이렇게 의와 이에 관한 문제는 유학의 윤리적인 핵심 위치를 차지하고 있다. 사실상 우리의 생활 내면을 들여다볼 때, 기연旣然에서 미연未然으로 행동해가는 시시각각이란 양자를 택일해가는 연속 과정으로 보인다. 양자란 이냐 의냐 하는 것이요, 택일이란 이 중 어느 하나를 선택하는 것이다. 택일하는 마당에서는 모순 아닌 조화점이 바람직함은 두말할 필요조차 없다.

33　위와 같음,「憲問」"今之成人者, 何必然? 見利思義, 見危授命, 久要不忘平生之言, 亦可以爲成人矣."
34　위와 같음,「子路」"冉有曰, 旣庶矣, 又何加焉? 曰, 富之."

황중거는 이러한 점에 대해서 퇴계에게 질문한 바 있다. 내용은 곧 일찍이 동중서가 "그 의를 바르게 할 뿐 그 이익을 꾀하지 아니하며, 그 도를 밝게 할 뿐 그 공을 따지지 않는다"[35]고 하여 '이'와 '의'를 대립시켜서 말하고 있음에 비해,『주역』에서는 "'이'는 '의'의 화합이다[利者義之和也]"[36]라고 하여 이와 의가 모순이 아닌 것으로 보았으므로 동중서의 '불모기리不謀其利'란 부당하지 않은가 하는 의심이다. 전자는 부정적인데 후자는 긍정적인 것으로 저오(牴牾: 모순)의 결과가 나온 데 대해 질문한 것이다.

『중용』에서는 "의란 마땅한 것이다"[37]라 하고,『맹자』에서는 "의는 사람이 마땅히 가야 할 길이다"[38]라고 하였다. 이러한 '마땅함'이라든가 '사람이 가야 할 길'이 오늘날 사회에서 요구하고 있는 '이'와 어긋나는 일이어서는 안 될 줄로 믿는다. 그러나 의를 바르게 하고 이를 도모하지 말라고 하는 동중서의 말은 마치 이와 의는 전혀 별개의 것처럼 보인다. 한편 '의지화義之和'라고 한『주역』건괘 문언전의 말에서 이와 의는 일치하는 표현이고 보면, 황중거가 의심을 품는 것도 당연한 일이다. 퇴계는 여기에 대해서 두 가지로 대답하였다. 그 하나는

'이'의 근본으로부터 말하자면 '이는 의의 화和이다'라고 하였는데, 잘못된 말이 아니다. 마치『주역』에서 이불리利不利를 말하고『상서』에서 '이용利用'을 말한 것과 같은 예이다.[39]

35 董仲舒,『春秋繁露』"正其誼, 而不謀其利; 明其道, 而不計其功."

36 『周易』乾卦, 文言傳.

37 『中庸』, 제20장 "義者, 宜也."

38 『孟子』,「告子 上」"義, 人之正路也."

39 『退溪全書』권19,「答黃仲舉論白鹿洞規集解」"自利之本而言之, 利者, 義之和,

라고 하였다. 『역경』에는 과연 '이' 자가 여기저기서 산견散見된다.

"利見大人[대인大人을 만나봄이 이롭다]"(易, 乾卦)
"利牝馬之貞[이利하고 암말의 정貞함이니]"(易, 坤卦)
"利涉大川[대천大川을 건넘이 이롭다]"(易, 需 · 同人 · 蠱 · 大畜 · 頤 · 益 · 渙 · 中孚 · 未濟卦)

둘째로는

사람들이 '이'를 추구하는 관점에서 말한다면 군자의 경우엔 그 마음 작용의 해로움이 될 것이고, 보통 사람들의 경우엔 자기 탐욕의 구렁텅이가 될 것이니, 천하의 악이 모두 여기에서 나온다.[40]

라고 한 것이다. 다시 말해서 영리營利하려는 측면에서 말할 때, 군자에 있어서는 궁극적으로 선善을 위한다는 생각마저도 없이 자연적으로 선행이 이루어짐이 바람직한 일이다. 그 '위한다'는 마음이 맹자삼물孟子三勿에 비추어볼 때 혹 해가 될 수 있다는 말이며, 중인에 있어서는 이기지심의 발동으로 말미암아 드디어 헤어날 수 없는 구렁 속에 빠지게 된다는 것이다.

하나는 이치의 근본으로부터 본 체體의 측면이요, 다른 하나는 자연적 면에서 본 바 향리向利하는 용의 측면에서 생기는 해라 하였다. 그렇게 본다면 같은 '이' 자로 표현되어 있지만, 그 뜻에는 같고 다름의 차이점이 있음을 간과할 수 없다. 같은 점으로 미루어볼 때는

非有不善. 如易言利不利, 書言利用之類, 是也."
40 위와 같음, "自人之爲利而言之, 在君子則爲心有所爲之害, 在衆人則爲私己貪欲之坑塹, 天下之惡, 皆生於此."

서로 용납이 안 되는 것같이 보이나 사실은 그런 게 아니라는 것이
다.[41]

그러나 저오牴牾되는 것처럼 보이지만 실제는 저오가 안 되려면
그것은 계산하듯이 되는 것이 아니라, 그렇게 될 때까지 어느 정도의
시간이 필요하게 된다. 과실이 처음 열었을 때는 시고 떫지만 익은
뒤에는 달[甘]게 되어, 생시生時와 숙후熟後가 다 같은 과실에는 틀
림없지만 그 상거相去는 매우 멀다.[42]

흔히 리理와 의義가 인심에 있어서 사람 사람의 소동연所同然으로
파악되지 않고 저오牴牾되는 것처럼 생각되기 쉽지만 그런 것이 아
니다. 풍우란馮友蘭은 사람들이 좋아하는 점을 몇 가지 단계로 나누
어 생각해서 인간 경계를 자연 생리적自然生理的인 경계와 사회 공
리적社會功利的인 경계와 도덕, 종교적인 경계로 나누어진다고 보았
다.[43] 이러한 경계들은 각인各人이 처해 있는 세계이기도 할 것이며,
논리 수준의 구분으로도 생각할 수 있다. 모든 사람에게 보편된 것,
바꾸어 말해서 근본으로 관찰할 때 '이'와 '의'가 결코 서로 어긋나지
않는다는 것을 사람의 선천성에서 발견하려 한 것이 맹자이다.

4. 이의理義와 이의利義

음식 요리에서 사람마다 보다 맛있는 것을 취하려 함은 당연한 일
이다. 보통 흔하게 얻을 수 있는 생선과 천하진미라는 웅장熊掌은 비
교도 안 될 만큼 차이가 있는 것이므로, 두 가지 다 얻을 수 없을 때

---

41 위와 같음, "來喩所以疑其牴牾, 而其實非牴牾也."

42 『退溪全書』 권29, 「答金而精 別紙」 "譬如梨柿, 生時酸澁喫不得, 到熟後自是一
般甘美, 相去大遠, 只在熟與不熟之間."

43 馮友蘭, 『新原道』, 緖論 "人雖有各種. 但各種底, 都是人間就一個人是人說他的
最底成就, 是成爲聖人這就是說他的最高的成就, 最得到我們所謂天地境界."

에는 물론 웅장을 택하고 일반 생선을 버릴 것이다.[44] 마찬가지로 산다는 것도 사람들이 다 원하는 바이며, 의도 또한 다 원하는 바이지만, 의와 생 두 가지를 모두 얻을 수 없을 때는 생을 버리고 의를 구할 것이다.[45]

과연 사람이 다 같이 이처럼 삶까지 버리고 의를 따를 것인지 획일적으로 말할 수는 없겠으나, 적어도 이러한 경향을 천부天賦에서 찾으려고 한다. 누구나 삶에 대한 애착은 강한 것이지만 그보다도 더 강한 것이 있기에 구차스럽게 해서까지 얻으려 하지 않으며, 죽는다는 사실을 싫어하지만 죽음보다도 더 강하게 싫어함이 있기에 환난을 당하여도 굳이 피하려 하지 않는다.[46] 그래서 살 수 있다고 해도 하지 않는 경우가 있고, 난難을 피할 수 있다고 해도 하지 않는 경우가 있다.[47]

이러한 것들은 사실을 통해서 알 수가 있는 일이다. 다만 현자賢者만이 가능한 것이 아니라 누구라도 이 마음이 있는 것이요, 현자는 이 마음을 잃지 않을 따름이다. 비록 사경死境에 처한 걸인일지라도 발길로 차면서 먹으라고 할 때 조촐하게 생각하지 않는 것이니,[48] 누구에게나 심성 속 깊이 이러한 삶보다 더 존중하고 죽음보다 더 미워하는 움직일 수 없는 선천적인 한 모퉁이를 간직하고 있다는 것이다.

식성食性이 사람마다 다르지만 공통으로 좋아하는 것이 있고, 음악의 기호가 각각 다르지만 공통으로 즐겨 하는 것이 있고, 보는 눈

---

44 『孟子』,「告子 上」 "魚我所欲也, 熊掌亦我所欲也, 二者不可得兼, 舍魚而取熊掌者也."

45 위와 같음, "生亦我所欲也, 義亦我所欲也. 二者不可得兼, 舍生取義者也."

46 위와 같음, "生亦我所欲, 所欲有甚於生者, 故不爲苟得也. 死亦我所惡, 所惡有甚於死者, 故患有所不辟也."

47 위와 같음, "由是則生而有不用也, 由是則可以辟患而有不爲也."

48 위와 같음, "一簞食, 一豆羹, …… 蹴爾而與之, 乞人不屑也."

도 각각이지만 미인은 공통으로 수긍하는 점이 있는 것처럼 사람들 마음속에는 공통된 '리'와 '의'가 있다고 맹자는 지적한다.[49] 모든 사람의 내부 심연心淵에는 이처럼 만인에게 보편된 리와 의가 깔려 있다는 것이다.

맹자가 말하였다. "천하에 성性을 말함은 고故일 뿐이니, 고故라는 것은 순리順利를 근본으로 삼는다."[50]

여기서 주자는 '성'을 다음과 같이 주석하였다.

'성'이란 인과 물이 얻어서 태어난 이치이다.
[性者, 人物所得以生之理也.]

성은 리이기 때문에 "고故일 뿐이다"고 하였다. '고'는 기이연지적其已然之跡이라기보다는 까닭으로 새겨서 원인으로 이해할 수 없을까? 그렇다면 앞서 인용한 "故者, 以利爲本[고란 자연의 순리를 기본으로 한다]"를 "理者, 以利爲本[리란 이利를 근본으로 한다]"으로 바꾸어 말할 수 있어, 리와 의가 결코 모순이 아님을 알게 된다. 그렇다면 앞에서 인용한 "人心之所同然者, 理與義也[인심이 똑같이 그렇다고 여기는 것은 리와 의이다]"에서 '리'와 '의'는 '이'와 '의'로도 추측할 수 있다.

앞에서 퇴계는 두 가지로 대답하였다. 누구에게도 마음속 깊이 간직되어 있는 근본(理與義[이치와 의] 또는 利與義[이익과 의])으로부터 말하면, 결코 '이'와 의는 저오牴牾가 되지 않는다는 것이 그 첫째요,

---

49 위와 같음, "人心之所同然者, 何也? 謂理也義也."
50 『孟子』,「離婁 下」"孟子曰, 天下之言性也, 則故而己矣, 故者以利爲本."

제4장 퇴계의 '경'에 관한 윤리적 고찰 169

잇속을 위하는 점으로 말하면 군자와 보통 사람에게 해가 된다고 함
이 그 둘째이다. '이'의 근본도 나 자신에서요, 사람이 이익을 위함
[人之爲利]도 나 자신의 위리爲利일진대, 아마도 이것은 '있어야 할
나'와 '있는 나'로 바꾸어 말할 수 있지 않나 생각된다. '있어야 할
나'와 '있는 나'와는 조화됨이 바람직함은 물론이다. 여기서 '있어야
할 나'를 '의'의 면에서, '있는 나'를 '이'의 면에서 고찰해본다고 하
더라도 무방할 것으로 본다. 즉 '의'와 '이'에 관한 이 문제는 대단히
소중하게 다루어져왔다.

5. 의의 근저

주자는 그의 스승 이연평李延平에게 올리는 글에서 "의리義利의
설은 곧 유자儒者에게 가장 중요한 것"이라고 밝히고 있다.[51] 퇴계는

무릇 선비가 이 세상에 태어나서 출처出處, 우불우遇不遇 관계없이
돌아가 그 몸을 결백하게 유지하고 의를 행할 따름이다. 화복禍福은
논할 바가 아니다.[52]

라고 주장하고 있다. 황중거에게도 말한 바 있지만, 의를 바르게 하
면 '이'는 그 가운데 있다는 것이다.
유가에서는 '의'는 '의宜'라고 하여 '인'과 더불어 친친존현親親尊賢
하는 역원力源으로 삼아왔다.[53] 또 친친인민親親仁民에 그치지 않고

---

51 『朱子大全』 권17, 「上李延平書」 "義利之說, 乃儒者第一義."
52 『退溪全書』 권16, 「答奇明彦」 "夫士生於世, 或出或處, 或遇或不遇, 歸潔其身,
   行其義而已, 禍福非所論也."
53 『中庸』, 제20장 "仁者人也, 親親爲大; 義者宜也, 尊賢爲大."

애물愛物에까지 미치는 윤리적 실천의 원초점原初點을 '의'에 두어 왔다.[54] 친친親親하는 가정과 인민仁民하는 사회는 협화만방協和萬 邦하는 관계여야 하며, 협화하는 사회와 애물하는 자연은 발전하는 대동단원大同團圓으로 '위천지 축만물位天地畜萬物'을 의미하는 것 으로 간주된다.

맹자는 호연浩然의 기氣를 설명하되, 반드시 '의'와 '도'를 짝한다 하였다.

"감히 여쭙건대, 선생님께서는 무엇에 뛰어나십니까?" "나는 남의 말을 잘 이해하고, 또 나의 호연지기를 잘 기른다네." "감히 여쭙건대, 무엇을 호연지기라고 합니까?" "말로 표현하기 어려운 것이네. 그 기 의 성질은 지극히 크고 지극히 굳세며, 곧음으로 길러지는 것이어서 해가 없으며, 바로 하늘과 땅 사이에 가득 차 있는 것일세. 그 기의 성 질은 의로움과 바른 도에 짝이 되는 것이어서 그것이 없다면 허탈해진 다네."[55]

『논어』에는 자로子路 · 염유冉有 · 공서화公西華 · 증석曾晳 네 사 람과 공자가 대화한 곳이 보인다. 네 사람의 제자가 서로 각각의 뜻 을 말한 것을 보면, 자로와 염유는 스스로 정치에 자신 있음을 과시 했고, 공서화는 예악의 특기를 말하는 가운데, 증석이 홀로 사양하는 태도를 보였다. 증석이 만춘晩春에 성장盛裝을 차려입고 관자冠者 오 류 인, 동자童子 육칠 인과 기수沂水에서 목욕하며 무우舞雩에서 바람

---

54 『孟子』,「盡心 上」"親親而仁民, 仁民而愛物."

55 위와 같음,「公孫丑 上」"敢問夫子, 惡乎長? 曰: 我知言, 我善養吾浩然之氣. 敢 問何爲浩然之氣? 曰: 難言也. 其爲氣也, 至大至剛, 以直養而無害, 則塞於天地 之間. 其爲氣也, 配義與道, 無是餒也."

쐬고 시나 한 수 읊고 돌아오고 싶다고 하는 말에, 공자는 위연탄복 喟然嘆服하며 "나도 증석과 더불어 하겠노라" 칭찬을 하고 있다.[56]

앞에서 언급한 친친·인민·애물이라든가, 배의여도配義與道하는 호연지기라든가, 증석의 영이귀詠而歸는 일련의 공통성을 보여준다. 이것을 하나의 '좋음'의 세계로 집약할 수 있다면, '의'의 근거로서 이 '좋음'은 상정想定될 만한 것이요, 이 '좋음'의 실현은 곧 우리 생활의 이로움과 직결된다.

왕양명은 이 네 사람의 제자와 공자의 대화를 평한 곳에, 자로와 염구는 정치를 자찬自讚했고, 공서화는 예악을 자임自任하고 나섰으나, 이 세 사람의 뜻은 꼭 기필期必하고자 하는 뜻이 있기 때문에 이것이 가능하면 저것이 불가능하게 되고, 저것이 능하면 이것이 불능케 되어 한쪽에 사로잡히는 결과를 초래한다고 하였다.[57] 그렇지만 증석의 '영이귀' 하는 심사心思에는 기필하고 집착하는 바가 없어 '군자는 불기不器'라 생각하는 공자는 허락, 인정했을 것이다. 이 집착을 떠나는 문제는 행동할 때나 고요히 있을 때나 중요한 것이다. 만일 고요할 때나 혹은 행동할 때나 어느 한때만을 중하게 생각한다면, 한쪽을 좋아하고 다른 쪽을 싫어하는 폐단이 생겨서 허다한 병통에 떨어지게 된다.[58] 그래서 희동염정喜動厭靜이나 희정염동喜靜厭動의 폐단을 탈피하는 동정일관하는 '정定'을 정자程子는 주창하였다.

56 『論語』,「先進」"點爾! 何如? 鼓瑟希, 鏗爾舍瑟而作. 對曰: 異乎三子者之撰. 子曰: 何傷乎? 亦各言其志也. 曰: 莫春者, 春服旣成, 冠者五六人, 童子六七人, 浴乎沂, 風乎舞雩, 詠而歸. 夫子喟然嘆曰: 吾與點也."

57 『傳習錄』,"問孔子言志, 冉求任政事, 公西華任禮樂, …… 便着一邊, 能此未必能, ……"

58 위와 같음, "不管寧靜, 不寧靜. 若靠寧靜, 不惟漸有喜靜厭動之弊, 中間許多病痛."

이른바 정정이란 것은 동동 또한 정정하고 정靜 또한 정정하다. 보
내고 맞이함도 없고 내외도 없는 것이다. 만약 외물을 밖이라 여기고
자신을 이끌어 쫓아간다면 이것은 자신의 성性에 내외가 있게 된다.
…… 이미 내외로써 두 근본을 삼는다면 또한 어떻게 갑자기 정정이란
말을 할 수 있겠는가?[59]

이러한 동정·내외를 일관하는 정자의 '정정'은 앞에서 말한 일련
의 '좋음'과 상통되는 것으로, 조화된 이·의利義의 기저로 생각된다.
주염계는 『태극도설』에서 "정靜을 주로 하여 인극을 세운다[主靜立
人極]"라고 하였다. 정자는 이 '정'을 완미하여 '경敬' 자로 바꾸어 생
각하게 되었다. 이후로 도가나 불가에서의 '정'의 의미와 구분하게
되었다.

6. 경

(1) 연원

정자程子의 학설은 주자에게 큰 영향을 주었다. 주자는 퇴계가 사
사師事한 바, 간접적으로나마 학문 연원상 불가분의 관계임을 추측
하게 된다. 특히 경 사상에 있어서 그러하다. 정자는 처음에 주염계
로부터 배웠던 바, 주자周子의 주정主靜을 배운 뒤 정자는 이것을
'경'으로 대치代置했다. 경을 지킬 수 있으면 능히 주정이 가능한 것
으로 생각하였다.[60]

---

59 「定性論」"所謂定者, 動亦定, 靜亦定, 無將迎, 無內外. 苟以外物爲外, 牽己而從
　之. 是以, 己性爲有內外也. …… 旣以內外爲二本, 則又烏可遽語定哉?"

60 『宋元學案』, 〈元吳草廬〉 조 "程子初年, 受學于周子. 周子之學主靜, 而程子易之
　以敬. 蓋敬則能主靜矣."

이제 퇴계의 경을 언급하기 전에, 정자·주자 이전에 생각해오던 '경'에 관해 잠시 살펴보고자 한다. 『논어』에서는 "평소의 모습은 공손하고 일을 할 때에는 경건하게 해야 한다"[61]라 하고, 또 "경으로써 자신을 수양한다"[62]고 하여 평상 무사시에는 공손外視하고 유사시에 경敬하라고 하였으며, 자기 극복도 경으로써 할 것을 가르치고 있다. 그러나 『맹자』에서는 "남을 존경하는 사람은 남이 항상 그를 존경한다"[63]라 하고, "숙보叔父를 공경한다"[64]라 하여 당위의 사실을 들어 존경을 표한 데 불과하다. 『서경』에서는 "오교(五敎: 오륜)를 펴라! 오교는 관寬에 있다"[65]라 하여 '태도'로서 언급되어 있고, 『시경』에서도 마찬가지로 "경건하게 들려드린다"[66]고 하여 역시 하나의 사실적인 태도로 설명되어 있다.

다만 『주역』에서는 "경으로써 안을 곧게 하고 의로써 밖을 바르게 한다"[67]라고 하여 경과 의를 내외표리內外表裏로 생각하고 있음을 본다. 정자는 여기서 경에 대해

　　의가 나타나면 밖이 방정해지니, 의가 밖으로 나타나는 것이지 밖에 있는 것이 아니다. 경과 의가 서면 그 덕이 성하다.[68]

61 『論語』, 「子路」 "居處恭, 執事敬."

62 위와 같음, 「憲問」 "修己以敬."

63 『孟子』, 「離婁 下」 "敬人者, 人恒敬之."

64 위와 같음, 「告子 上」 "敬叔父."

65 『書經』, 「舜典」 "敷五敎, 在寬."

66 『詩經』, 小雅, 「巷伯」 "敬而聽之."

67 『周易』, 「坤卦」 "敬以直內, 義以方外."

68 『易傳』 "義形而外方, 義形於外, 非在外也. 敬義旣立, 其德盛矣."

라고 주석을 가하여 의와 경의 불가분의 관계를 명시하였다. 그리고

> 또 말하기를 "한 가지를 주로 하여 다른 곳으로 마음이 쏠리지 않도
> 록 함이다"라고 하였다. 경으로써 안을 곧게 하면 곧 호연지기가 있게
> 된다.[69]

라고 하여 경하면 심중이 허虛하고 동시에 실實한 것으로 믿어서
'정'과 '경'을 엄격하게 구분하였다. 주자는 "이른바 앎을 지극히 하
는 것이 사물을 궁구함에 있다는 것은, 나의 앎을 지극히 하는 것이
사물에 즉하여 그 이치를 궁구함에 있음을 말한 것이다[所謂致知在
格物者, 言欲致吾之知, 在卽物而窮其理也]"[70]라고 하여 궁리窮理를 첨가
함과 동시에 정자 수양설을 이끌어 용경用敬과 거경궁리居敬窮理를
역설하게 되었다.[71] 퇴계는 그 뒤를 계승하여 경을 매우 중요시하
기에 이르렀다.

(2) 퇴계의 경

주염계가 주정을 향한 후 정자에 의해서 '정'은 도·불과의 혼동
을 염려하여 '경'으로 바뀌게 되었다. 주자가 다시 이 경에 '궁지사물
지리窮至事物之理'를 가해서 거경궁리를 그 수양설의 골자로 삼아왔
다. 퇴계는 이 거경궁리를 계승하고 경에 대해서 더욱 역강力講하였
다. 기대승의 질의에 주체적 판단을 강조했고, 이 주체의 주재는 경
에 근원하는 것으로 생각하였다.

---

69 위와 같음, "又曰, 主一無適. 敬以直內, 便有浩然之氣."

70 『大學』, 「補亡章」.

71 『程氏遺書』 권18 "涵養須用敬, 進學則在致知."

공부의 요체는 모두 하나의 '경'을 떠나지 않는 것이다. 대개 마음이란 한 몸의 주재이며, 경은 또 한 마음의 주재이다.[72]

마음이 한 몸의 주재인데 그 마음의 주재가 경이고 보면 경이 모든 일의 근본이 아닐 수 없다.[73]

물론 매사의 결단이 타의가 아닌 자의自意의 주체적 판단인 게 바람직하기는 하지만, 어떻게 해서 그 주재력을 지닌 주체를 확립하느냐 하는 것이 결국은 문제인 것이다. 일찍이 이덕홍李德弘이 어떻게 하면 주체 확립이 가능한가를 물었더니 잠시 후에 "경이면 그것이 가능하다"고 했고, 경설敬說이 또한 허다한데 어떻게 하면 망조忘助[74]의 병에 빠지지 않겠느냐를 물었을 때 "그 많은 설 가운데서도 정程·사謝·윤尹·주朱의 설이 가장 절실한 것이라"고 대답하였다.[75] 정·사·윤·주의 설이란 정자程子·사상채謝上蔡·윤화정尹和靖·주자朱子의 주장을 의미한다.

혹자가 주자에게 '경'은 어떻게 힘을 써야 하는가를 물었을 때 주자의 답이 "정자는 일찍이 주일무적主一無適이라고 하고, 또 정제엄숙整齊嚴肅이라고도 하였으며, 그의 문인 사씨謝氏의 설은 이른바 상성성법常惺惺法이라고 했고, 윤씨尹氏의 설로 말하면 순수수렴純粹收斂을 말한다"는 것이었다.[76] 주자의 설은 앞에서 말한 바 거경궁리를

---

72 『聖學十圖』, 「第八心學圖」 "用工之要, 俱不離乎一敬. 蓋心者, 一身之主宰, 而敬又一心之主宰也."

73 위와 같음, 「第四大學圖」 "敬字, 一心之主宰, 而萬事之本根也."

74 勿忘, 勿助長.

75 『言行錄』 권2, 「類編」, 〈學問第一〉 "如何可以能立其主宰乎? 久之曰, 敬可以立主宰. 曰, 敬之爲說多端, 如何可以不陷於忘助之病乎? 曰, 其爲說雖多, 而莫切於程謝尹朱之說乎."

76 『聖學十圖』, 「第四大學圖」 "或曰, 敬若何以用力耶? 朱子曰: 程子嘗以主一無適

뜻한다.

이 정·사·윤·주의 어느 설을 막론하고 공통점을 살펴볼 때 '주일무적'이든 '정제엄숙'이든 '상성성법'이든 '기심수렴 불용일물其心收斂, 不容一物'이든 간에 간단間斷 없는 일련성에 있는 것으로 지적된다. 이렇게 함으로써 경을 잃지 말 것이며 마땅히 '경'하여 주체를 삼아야 한다.[77] 따라서 이 '경'은 성학의 시종始終이 되는 줄로 안다.[78]

역대 유학자들이 경을 매우 중요시해왔지만 퇴계는 더욱 주력主力을 기울여 강조한다.

내가 듣건대 '경' 한 글자는 성학의 처음이 되고 끝이 되는 방법이다.[79]

정·사·윤·주의 설이 일관성에 공통점이 있다고 하였으나, 성학의 시종始終도 실은 일관성을 말하는 것이다. 간단間斷 없는 시종일여始終一如는 '경' 공부만이 가능한 것이다.[80] 일할 때나 일 없이 고요히 있을 때나 동정動靜에 무관하게 '경'해야 한다. 『대학』에서 일러주고 있는 계구戒懼나 신독愼獨은 다 같이 '경' 공부라는 것이다.[81]

주체는 유사시나 무사시를 막론하고 잊어버릴 수 없는 것이다. 주재主宰는 살아 있는 한 망각될 수 없는 작용원作用源이 아닐 수 없으니, 동정이나 유사·무사시를 일관하는 이 '주체'나 '주재'야말로 경

言之, 嘗以整齊嚴肅言之. 門人謝氏之說, 則有所謂常惺惺法者焉, 尹氏之說, 則有其心收斂, 不容一物者焉云云.'

77 『退溪全書』 권28, 「答金惇叙」 "惟當敬以爲主."

78 『聖學輯要』, 「收斂章」 "敬者, 聖學之始終也."

79 『聖學十圖』, 「第三小學圖」 "吾聞敬之一字, 聖學之所以成始而成終者也."

80 『言行錄』 권2 "敬是入道之門, 必以誠, 然後不至於間斷."

81 雲峯胡氏 '戒愼' 註 "戒懼, 靜時敬也. 愼獨, 動時敬也."

의 공功이라는 것이다.[82]

경이란 실로 도에 들어가는 문이요, 들어간 뒤에 최후로 도달하는 종점은 성誠이요, 그 결과는 동정을 통관通貫해서 제반사 용공用工에 적중適中한다는 것이다. 『주역』곤괘坤卦, 「문언전」의 "경이직내敬以直內 의이방외義以方外"란 바로 이 말로도 생각된다. 이러한 적중시適中時는 하나의 '좋음' 혹은 '지선'이라고 할 수 있다. 지선이란 참으로 이같이 사사물물事事物物에 각각 가장 알맞고 좋은 도리라는 것을 황중거에게 일깨워주고 있음을 본다.[83] 이 지선의 근원은 인간 본성에 있고, 모든 일의 근본은 마음에 있는 것으로 생각된다.[84]

이상에서 대체로 이利 · 의義 · 경 · 주체 · 주재에 관하여 살펴보았다. 퇴계가 특별히 '경'에 대해 주력한 데에는 그럴 만한 까닭이 있으리라고 믿는다. 생애의 진충盡忠을 요약해서 올린 『성학십도』는 '경'을 위주로 한 것이라고 스스로 토로하고 있다.[85] 그처럼 경을 강조함은 그의 철학에서 우러나온 것으로 보인다.

인간을 하나의 개념으로 파악하려는 것이 아니라 생동하는 전인全人으로 이해하려는 태도는 이미 앞에서 살펴보았다. 이러한 점은 퇴계의 리기설에서 우선 찾아볼 수가 있다. 맹자도 사람에 있어 천착穿鑿하는 점이 바람직한 것이 되지 못함을 지적하고 있거니와, 퇴계는 기발리발설과 인심도심론은 다 천착부회穿鑿附會하면 하나도 가可한 것이 없다고 하였다.[86]

---

82 『退溪全書』권14, 「答李叔獻」"惟主敬之功, 通貫動靜, 庶幾不差於用工爾."

83 『退溪全書』권19, 「重答黃仲擧」"至善是指事事物物, 各有恰好底道理而言."

84 『退溪全書』권16, 「答奇明彦」"心爲萬事之本, 性是萬善之原."

85 『聖學十圖』, 「第四大學圖」"今玆十圖, 皆以敬爲主焉."

86 『退溪全書』권36, 「答李宏仲問目」"氣發理發之説, 人心道心之論, 皆穿鑿附會, 無一可者也."

성리지설이란 천착을 위한 것이 아니다. 상대적인 도구로서 사용되는 언어 문자를 통한 주장이 그 절대를 논술하기에 충분한 것은 아니다. 추만 정지운이 『천명도』에서 "사단은 리에서 발하고, 칠정은 기에서 발한다"[87]라고 한 것을 "사단은 리가 발한 것이요, 칠정은 기가 발한 것이다[四端理之發, 七情氣之發]"로 정정한 일이 있지만, ……생각해보면 또한 우의愚意도 그 분별이 너무 심한 것 같아 그 말에 흠이 없는 것이 아니다[88]라고 하여 언어 문자의 제한성에서 오는 폐단을 말하고 있다. 분리分離와 간단間斷이 불가한 것을 갈라서 언어로 논리를 세우려는 데 무리가 있고, 그 결과는 천착을 자행恣行하게 된다는 것이다. 철학적 논리를 체계화하기 위한 언어의 구사는 설명에 그칠 것이 아니라 윤리적 실천의 능동能動을 촉발觸發하는 힘이 있어야 할 줄 안다.

사단은 리지발, 칠정은 기지발이라고 정정한 『천명도설』이 기대승과의 논변으로 '리발기수지, 기발리승지' 설로 다시 정정됨은 유학사에서 유명한 일이지만, 리발에 대한 근본 자세는 일관해서 부동不動한 것으로 보인다. 논리성을 강조하여 철학적 체계는 확립되고, 윤리가 침해侵害되기보다는 언어 문자로 천명하여 하나의 '경'의 태도로서 철학과 윤리를 일관하고자 하는 것으로 간주된다. 인간의 지각이 때로는 '리'에 따르고 혹은 '기'에 따른다 함은 주자와 진북계陳北溪의 주장에서 볼 수 있거니와,[89] 나타난 지각 면만으로 볼 때는 그 소종원所從源을 알기 어렵다. 따라서 기발리발이 '소이所以의 주재主宰'를 의미함이 아니라 불완전한 오심주재吾心主宰로 단정하는,

---

87 鄭之雲, 「天命圖說」 "四端發於理, 七情發於氣."

88 『退溪全書』 권16, 「答奇明彦」 "往年鄭生之作圖也. 有四端發於理. 七情發於氣之說. 愚意亦恐其分別太甚, …… 非謂其言之無疵也."

89 『大學章句』 서문, 소註 "朱子之說曰, 或生於形氣之私, 或原於性命之正. 陳北溪之說曰, 這知覺有從理而發者, 有從氣而發者."

즉 천리와 인욕의 혼동을 초래할 우려를 낳게 된다는 것이다. 주염 계가 "오성五性이 감동해서 선악이 갈라진다"고 한 말이나, 정자程子 가 "선악이 다 천리다"라고 한 말이나, 주자가 "천리로 인해서 인욕 이 있다"고 한 말과 같은 것들은, 다 본원인 이치는 하나인데 지류인 현상은 둘이라는 뜻이다.[90] 본원의 '일一'과 현상의 다양이 통로가 열려서 생동하게 됨은 쉬운 일이 아닐 것이다. '리' 자를 알기가 매 우 어렵고(퇴계), 리기지묘理氣之妙는 보기도 말하기도 어렵다(율곡) 는 것도 그러한 의미에서인 줄 안다. 더욱이 이러한 난점이 지적知的 천착으로 해소될 수 없을 것이요, 또한 제한된 언어의 상대적 표현으 로 만족할 수는 없을 것이다. 형식상 논리는 타당하나 강력한 실천 원實踐源이 되지 못할 때 천명闡明 때문에 독행篤行이 희생되는 결과 가 되는 것이다. 언어의 흠이 있기는 하지만 주체를 높이는 의미에서 '리발'을 굽히지 않으며, 그것은 '경'이어야 가능한 것으로 믿는다.

그러나 리선발理先發이나 기선발, 리발·기발과는 구별되어야 한 다. 리기의 불가분리不可分離의 관계에서 지적하고자 하는 바를 가 려서 리발이니 기발이니 하는 말은 주자의 '혹생어형기지사或生於形 氣之私'나 '혹원어성명지정或原於性命之正'과 상통하는 것으로 생각 된다. 형기지사의 발發을 피하고 성명지정의 발을 보존해야 함은 물 론이요, 그것이 '경'이어야 가능하다고 생각하는 것이다. 사의私意가 생기는 것은 마음에 주재가 없는 까닭이다.[91] 마음의 주재는 '성명 지정'이 되어야 하고, 그것은 환언하면 곧 '경'이라고 생각하는 것이 다.[92]

---

90 『栗谷全書』 권14, 「人心道心說」 "周子曰, 五性感動而善惡分. 程子曰, 善惡皆天 理. 朱子曰, 因天理而有人欲, 皆此意也."; 『栗谷全書』 권10, 「答成浩原」 "源一 而流二."

91 『宋季元明理學通錄』 권5, 「陳彦忠」 "其此心無主宰, 故爲私意所勝."

92 『聖學十圖』, 「第八心學圖」 "蓋心者, 一身之主宰, 而敬又一心之主宰也."

이렇듯 퇴계에 있어서 '경'은 그 핵심을 이루고 있음을 볼 수 있다. 중요한 것은 어떻게 해서 그것을 얻을 수 있는지, 그 방법이 또한 중요시된다. 초학자의 통환通患은 찰리미투察理未透와 착공강탐鑿空强探에 있는 것으로 생각했다.[93] 이 통환을 치료하는 방법은 우선 세간의 영욕득실榮辱得失을 떠나 출세에 대한 욕심을 버려야 한다. 이 일이 가능하면 이미 오칠분五七分은 성취된 것이나 다름없다고 생각한다.[94]

퇴계는 기대승에게 주체적 판단이 흔들리는 이유를 리매지약理昧志弱 때문이라고 지적하였다. 즉 이치에 밝고 의지가 강해야 한다는 것이다. 이치에 밝음과 과욕寡慾은 '경'에서 이루어진다고 보았다.[95] 『대학』에서는 격물치지를 말했고, 『논어』에서는 학學과 사思를 말했고, 『맹자』에서는 존심양성存心養性을 말했다. 자사子思는 계신공구戒愼恐懼를 말했을 뿐만 아니라 학學·문問·사思·변辨·행行을 갖추어 말했다. 이것들은 방법적 언명言明으로 간주된다. 주자는 "정을 주로 하여 인극을 세운다[主靜立人極]"라 하고, 스스로 주해하기를 "욕심이 없으므로 고요하다[無欲故靜]"라고 하였다. 정자의 경, 주자의 거경궁리居敬窮理 등은 각각 방법론이라고 생각된다.

퇴계는 늘 리매지약을 극복해야 할 것을 주장했고, 과욕寡欲할 것을 역설했다. "마음을 수양하는 데 과욕보다 좋은 것은 없다[養心, 莫善於寡欲]"고 하여, 본심을 길러주는 데 가장 중요한 일로 삼아서 한결같이 질욕窒慾을 말하였다. 질욕의 방법을 물었을 때 이천은 '사思'

---

93 『退溪全書』 권14, 「答南時甫」 "心氣之患, 正緣察理未透而鑿空以强探, 操心昧方而揠苗以助長, 不覺勞心極力以至此, 此亦初學之通患."

94 위와 같음, "其治藥之方, 公所自曉. 第一須先將世間窮通得失榮辱利害, 一切置之度外, 不以累於靈臺, 旣辦得此心, 則所患蓋已五七分休歇矣."

95 『聖學十圖』, 「第一太極圖」 "敬則欲寡而理明."

자로 일러주고, 생각이란 언어와는 다르다는 것을 말하고 있다.[96] 다시 사思와 경敬이 어떠한가를 물으니, 사람들이 생각은 할 줄 알지만 경에는 힘을 쓰지 않으며, 또 생각으로부터 들어가면 거의 득처得處가 있을 터이니, '사' 자는 학자들이 특히 힘을 기울여야 할 자리라고 하였다.[97] 공자는 "배우기만 하고 생각하지 않으면 얻는 것이 없고, 생각만 하고 배우지 않으면 위태롭다"[98]고 하여, '사'를 '학'과 더불어 필수불가결의 것으로 말했다. 이렇게 보면 학과 사, 사와 경은 일련의 관계를 갖고 있는 것으로 이해된다. 지경持敬의 설이 허다하게 많지만, 반드시 많이 말할 필요는 없다. 다만 정제엄숙整齊嚴肅, 엄위嚴威, 엄각嚴恪, 동용모動容貌, 정사려整思慮, 정의관正衣冠, 존첨시尊瞻視 등의 말을 숙미熟味하고 실천을 기울이면 신심身心이 숙연하고 표리表裏가 여일如一하게 된다는 황승경黃升卿의 말을 인용, 설명[99]하는 것으로 미루어 퇴계의 '경' 공부를 짐작하게 된다.

Ⅲ. 결론

이상에서 퇴계의 인간의 전인적全人的 이해를 살펴 판단의 주체를 생각해보았다. 리와 의의 공통점과 차이점, 그리고 의의 근저로서의 경, 특히 인성의 순수한 리를 높이고 인심의 기성氣性과 엄격히 구별하는 퇴계의 자세에서 주장되는 경설敬說을 고찰해보았다.

---

96 『理學通錄』, 〈金敬直〉조 "何以窒慾? 伊川曰: 思此莫是言. 欲心一萌, 當思禮義, 以勝之否, 曰: 然."

97 위와 같음, "又問: 思與敬如何? 曰: 人於敬上, 未有用力處. 且自思入, 庶幾有箇巴攬處. 思之一字, 於學者極有力."

98 『論語』, 「爲政」 "學而不思則罔, 思而不學則殆."

99 『理學通錄』 권5.

친친이인민親親而仁民 인민이애물仁民而愛物이나, 의여도義與道하는 호연지기나, 증석曾晳의 영이귀詠而歸와 같은 '좋음'과 일심의 주재는 하나의 경으로 결정結晶되었다. 이러한 '경'의 생애를 통한 실천은 곧 다년간의 관직 생활이 동정일관하는 '도'의 생활처럼 보인다. 서복관徐復觀은 그의 『중국인성론사中國人性論史』에서 "자신의 주체적 적극성과 이성理性 작용을 드러내는 것이 주나라 초기에 강조된 경이다"라고 하였다.[100]

과연 거취去就에 적중을 기해주는 것은 개인의 생활이나 사회생활에서 긴요한 것이다. 퇴계는 그것의 기반이 되는 것이 이명지강理明志剛임을 말했고, 그것이 모두 '경'으로 실현되다는 것을 믿었다. 또 몸소 생애를 소신대로 보낸 것으로 생각된다.

퇴계의 철학과 윤리가 '리'와 '경'으로 요약될 수 있다면, 리에 대한 인식과 경의 실천은 그 학문의 골자라고 볼 수 있다. 더욱이 인류의 평화를 위해 신문화의 뚜렷한 방향이 요구되는 현시점에서 자기 분열의 내적 통일, 분단 국가의 정치적 통일, 양대 이데올로기의 국제 문화적 조화의 일관된 실현의, 통일의 제일 스텝으로 경 사상은 매우 의의 깊은 것으로 믿는다.

---

100 서복관, 『중국인성론사』 "周初所强調的敬, 是人的精神, 由散慢而集中, 竝解消自己的官能欲望於自己所負的責任之前凸, 顯出自己主體的積極性與理性作用."

제5장 『성학십도』와 퇴계의 교육정신

I. 서론

　의식주와 배우고 가르치는 일 가운데 어느 것이 소중한가 할 때 대개 의식주는 급하고, 교육하는 것은 덜 급한 것으로 생각하기 쉽다. 물론 먹지 않고 배운다는 것은 불가능한 일이기 때문이다. 이 말 가운데는 중대한 것이 간과되고 있음을 지적할 수 있다. 즉 먹는 일이 대단히 중요한 일이지만 교육 없이는 금수禽獸의 먹는 일과 다름이 없다는 사실이다. 경제가 급하다고 하여 교육을 제2단계로 놓을 수는 없는 일이다. 교육을 통해서만 올바른 경제 건설이 가능하다는 사실이 망각될 수는 없다. 눈앞의 정사政事는 현실적인 처리가 필요하지만 장래의 정치에 대해서는 이상적인 교육이 요구되는 것이며, 또한 여기에 현실과 이상은 하나로 요약되어야 함은 물론이다. 그러므로 교육은 정치와 분리될 수 없는 일이요, 동시에 정치는 그 주체를 잃을 수 없는 까닭에 조상을 모시는 제사와 불가분의 관계에 있었음을 우리 과거 역사에서 볼 수 있다. 교육을 정치와 밀접하게 보아 왔음을 경전에서 보고, 주체적 정치를 위한 교육이어야 함을 우리 선현의 교육관을 통해 잠깐 살펴보고자 한다.

II. 정치와 교육

계강자季康子가 공자에게 정치를 물었을 때, 공자는 '바르게 하는
것'이라고 하였다. "그대가 정正으로써 백성을 거느린다면 누가 감
히 바르지 아니하랴!"[1]라고 하였다. 누가 이 말을 부정할 수 있으랴.
동서고금을 일관할 수 있는 진리의 정치인 줄로 생각된다. 바르게 하
자면 치자治者는 수양이 있어야 할 것이요, 민중은 가르쳐야 하는 것
이니 교육이 있어야 한다. 과연 배우자니 굶고서 배울 수는 없는 노
릇이다. 공자는 먼저 배부르게 해주어야 한다고 말하였다.[2] 인구가
많은 나라에서는 부유하게 해주어야 하며, 동시에 교육을 해야 한다
고 강조하였다.

맹자도 "가난하여 부모도 섬기지 못하고 처자도 못 거느린다면 살
기에 바쁜 자가 어느 겨를에 예의를 닦겠는가?"라고 하여 교육 이전
에 우선 생활을 안정시켜주어야 함을 역설하였다.[3]

왕께서는 백성들에게 어진 정치를 베풀어 형벌을 되도록 줄이고 세
금을 가볍게 하여 백성들이 열심히 밭을 갈고 쉽게 김을 매도록 하여
야 합니다. 장정들에게는 일 없는 여가에 효제충신孝悌忠信을 배우게
하여 집안에서는 부형을 잘 섬기고 바깥에서는 어른들을 공경하도록
지도한다면, 백성들에게 몽둥이를 들리고서도 저 진나라, 초나라의 견
고한 갑옷과 예리한 무기를 두들겨 쫓게 할 수 있습니다.[4]

1 『論語』,「顔淵」"季康子問政於孔子, 孔子對曰, 政者正也, 子帥以正, 孰敢不正?"

2 위와 같음,「子路」"子適衛, 冉有僕. 子曰, 庶矣哉! 冉有曰, 旣庶矣, 又何加焉?
曰, 富之. 曰, 旣富矣, 又何加焉? 曰, 敎之."

3 『孟子』,「梁惠王 上」"今也制民之産, 仰不足以事父母, 俯不足以畜妻子. 樂歲終
身苦, 凶年不免於死亡. 此惟救死, 而恐不贍, 奚暇治禮義哉?"

4 위와 같음,「梁惠王 上」"王如施仁政治於民, 省刑罰, 薄稅斂, 深耕易耨. 壯者以

그렇다고 해서 교육을 의식주보다 중요하다고 생각할 수는 없다. 배부르면 편안해지고, 평안을 탐하면 게을러진다. 게으른 끝에는 금수와 다를 바 없어지는 까닭이다.[5] 사실적으로는 의식주의 안정이 필요하지만, 가치의 경중으로 볼 때에는 교육의 비중이 크다고 해야 할 것이다. 따라서 정치라고 하면 의식주와 동시에 교육을 시책施策해온 것이 동국東國의 정치사이다.

순舜 임금이 요堯 임금으로부터 선양을 받은 뒤에 사악四岳에게 물어 직무를 분장分掌시킬 때, 치수治水를 백우伯禹에게 명하고 다음에 설契에게 교육을 명한 것을 보면[6] 얼마나 교육을 중요시했는가를 짐작할 수 있다.

이상에서 본 내용은 퇴계의 교육관의 테두리가 형성되는 데 기초가 되었을 것으로 보인다. 그러나 교육관뿐만 아니라 모든 사회 문제가 퇴계의 인생관 내지 세계관으로부터 우러나오는 것인 만큼, 먼저 퇴계의 철학을 살펴볼 필요가 있다. 교육자는 국민의 일부를 가르치는 데 불과하지만, 군주는 모든 백성에게 영향을 끼치는 권력 근원처인 까닭에 임무로 말하면 하늘 다음일 수밖에 없다.

퇴계는 직접 대상보다는 대상을 움직이게 하는 소유처所由處를 중시하여 생각한 핵심을 모아서 『성학십도』를 엮어 선조 임금에게 올렸던 것이다. 이에 의거하여 퇴계의 근본 세계를 먼저 살펴보려고 한다.

暇日, 修其孝悌忠信, 入以事其父兄, 出以事其長上, 可使制挺, 以撻秦楚之堅甲利兵矣."

5 위와 같음, 「滕文公 上」 "飽食暖衣, 逸居而無敎, 則近於禽獸."

6 『書經』, 「舜典」 "帝曰, 契百姓不親, 五品不遜, 汝作司徒, 敬敷五敎, 在寬."

Ⅲ. 근본 사상

퇴계에게 주자의 영향이 컸던 만큼, 그 사상의 근저根底를 주자에게서 볼 수 있다. 율곡 이이는 "선생의 학문은 의리가 정밀하며 한결같이 주자의 가르침을 따랐다"[7]라고 하여, 그 학문이 주자에 근거하고 있음을 말하였다. 주자서朱子書에 전력專力하여 평생의 득력처得力處는 대개 이 주자서 중에서 발發한 것이라고 함을 「어록」에서도 볼 수 있다.[8] 아울러 『주자서절요朱子書節要』까지 편찬하기에 이른 것을 보아도 알 수가 있다.

『성학십도』 제일도第一圖에서 주염계의 『태극도설』을 제시하면서 태극에 대한 주자의 주석을 인용하였다. 태극을 '대두뇌처大頭腦處'라고 하고, 성인을 배우는 사람은 여기서 실마리[端]를 구하여 용력일구用力日久하여 일원一源에 극極한다면, 다름 아닌 '궁리진성하여 천명에 이르는 것[窮理盡性, 以至於命]'이라고 말하고 있다.[9]

주자는 태극을 과연 어떻게 이해했는가? 그는 태극을 리理라고 하였다.[10] 그러나 리라고 해서 태극이 형이상학적인 하나의 관념으로 시종始終하는 것은 아니다. 즉 태극은 다만 천지만물의 리理이다. 천지에 있어서는 천지 가운데 태극이 있고, 만물에 있어서는 만물 가

---

7 『退溪言行錄』 권1, 「遺事」〈文成公栗谷李珥〉 "先生之學, 義理精密, 一遵朱子之訓."

8 위와 같음, 권2, 「類編」 참조.

9 『聖學十圖』, 「第一太極圖」 註 "朱子謂: 此是道理大頭腦處, 又以爲百姓道術淵源. 今玆首揭此圖, 亦猶近思錄以此說爲首之意. 蓋學聖人者, 求端自此, 而用力於所大學之類, 及其收功之日, 而遡極一源, 則所謂窮理盡性而至於命, 所謂窮神知化, 德之盛者也."

10 『朱子語類』, 一 "太極只是一個理字."

운데 태극이 있으니 천지에 앞서 있는 것이 아니라고 하였다.[11] 이를 보면 결코 물物을 떠나서 따로 있는 리가 아님을 말해주고 있다. 그렇지만 "천지에 앞서 있는 것이 아니라 마침내는 이 리가 앞서 있다"[12]고 한 것을 보면, 태극은 리로서 형상 이전에 있다는 뜻을 비치고 있다. 천지에 앞서 있지 않다고 하고, 또 나중에는 먼저 이 리가 있다고도 하였으니, 전후 모순이 아닌가 하는 의심이 들게 한다.

　여기서 주의해야 할 것이 있다. 천지에 앞서 있지 않다는 말은 사실적으로 하는 말이며, 필경은 먼저 리가 있다고 함은 논리상으로 하는 말이니 까닭, 즉 소이연자所以然者로 있다는 뜻임을 구별해야 한다는 점이다. 다시 말하면 음양을 떠나서 태극이 있을 수 없다는 것은 존재적으로 하는 말이요, 음양에 앞서 있다고 함은 논리 체계상으로 하는 말임을 분명히 해야 할 것이다. 태극을 리요 음양을 기라고 할 때 리와 기의 선후先後 문제는, 사실 존재적으로 볼 때는 기를 떠날 수 없는 것이 리이지만, 논리상으로 말하면 기에 앞서 있다고 해야 한다는 것이다. 여기서 또 유의해야 할 것은, 리와 기로 태극을 분설分說할 때 그 표현의 주중점注重點을 가려서 이해하는 일이다.

　주자는 이와 같이 본체를 확립하고, 동정動靜 즉 현상 문제를 주자의 호위기근互爲其根으로 해결하며, 동정이 순환하고 무단無端하여 리기의 일이이一而二, 이이일二而一의 '체용일원體用一源 현미무간顯微無間'을 정자程子가 말한 바에 따라 조리 있게 이론을 전개하였다.

　주자의 이와 같은 생각은 퇴계에게 여실히 반영된다. 즉 무극·태극을 설명함에, 무극을 말하지 않으면 태극이 일물一物과 같아서 족히 만화萬化의 근본이 되지 못하고, 태극을 말하지 않으면 무극에 빠

11　위와 같음, "太極只是天地萬物之理. 在天地言, 則天地中有太極, 在萬物言, 則萬物之中, 各有太極, 未有天地之先, ……."
12　위와 같음, "未有天地之先, 畢竟是先有此理."

져서 능히 만화의 근본이 되지 못한다고 함을 인용하고 나서, 이와 같은 말은 사방팔면四方八面으로 주편불의周偏不倚하여 메어쳐도 깨지지 않는 말이라고 감탄하였다.[13] 이것을 본다면 주자의 태극관을 계승한 것으로 보아도 무방할 것이다.

리기에 있어서도 주자와 같이 불상리·불상잡의 이이일二而一, 일이이一而二를 준수하고, 발하는 문제 즉 본체로부터 현상으로의 운동 관계의 설명은 이달李達·이천기李天機에게 답하는 서한에서 얻을 수 있다. "태극에 동정이 있음은 천명天命의 유행인데 이것은 리가 주가 되어서 유행하게 하는가"[14]라는 물음에 대하여 다음과 같이 답하고 있다.

동정이나 유행은 스스로 하는 것이다. 어찌 시키는 것이 있으랴, 다만 무극이오無極二五가 묘합응화妙合凝化하여 화생만물化生萬物하는 곳에서 본다면, 주재가主宰家가 있어 운용運用하고 이와 같이 시키는 자가 있는 것 같다. 즉 『서경』에 이른바 "상제께서 아래 백성에게 마음을 내렸다[惟皇上帝, 降衷于下民]" 운운한 것은, 이 리가 지극히 존귀하여 상대할 것이 없어 물物을 명령하는 것이지 물에 명령받지 아니하는 까닭이다.[15]

---

13 『退溪全書』 권16, 「答奇明彦」 "至於朱子論無極而太極處, 亦曰, 不言無極, 則太極同於一物, 而不足爲萬化之根. 不言太極, 則無極淪於空寂, 而不能爲萬化之根. 嗚呼! 若此之言, 可謂四方八面, 周偏不倚, 攧撲不破矣."

14 『退溪全書』 권13, 「答李達李天機」 "太極之有動靜, 是天命之流行, 理爲主, 而使之流行歟?"

15 위와 같음, "太極之有動靜, 太極自動靜也. 天命之流行, 天命之自流行也, 豈復有使之者歟? 但就無極二五, 妙合而凝, 化生萬物處看, 若有主宰運用, 而使其如此者, 卽書所謂惟皇上帝, 降衷于下民, 程子所謂以主宰謂之帝, 是也. …… 此理極尊無對, 命物而不命於物故也."

사실상 이 자체처自體處에 도달한다는 것은 무엇보다도 먼저 해야 할 일인 줄로 안다. 모든 사회 문제는 그 자리에서 우러나오고 그곳으로 귀일되어야 하기 때문이다. 이것을 해결함에 있어 교육의 이상적 실시와 정치의 현실적 제세濟世는 자못 중요시되지 않을 수 없는 일이다.

"내가 아니면 그 누가 창생을 구하리오"하는 사자士子들의 당시의 기개와 태도도 퇴계의 삼읍이진三揖而進하고 일양이퇴一讓而退하는 풍모에 힘입어 독서 수업에 일신을 가져왔다고 하니, 과연 오늘날의 실정을 직시하면서 퇴계를 다시 생각해보게 되는 것이다.

IV. 교육정신

퇴계의 「유사학사생문論四學師生文」[16]에 보면 "학교는 풍화風化의 근원이고 수선首善의 장소이다. 선비들은 예의禮儀의 으뜸인 동시에 원기元氣의 원천이다[學校風化之源, 首善之地, 士子禮義之宗, 元氣之寓]"라고 말하고 있다. 선善과 풍화의 동원動源이 학교인 것이고, 국가 원기의 상징이요 예의의 전위대가 곧 학생이라 하며, 나아가서 하루도 폐할 수 없는 예를 강조하되 의관지식衣冠之飾, 음식지절飮食之節, 읍양진퇴지칙揖讓進退之則의 실천에 주력을 기울이라 하고 있다.

그러나 이런 것들은 다 방법에 속하는 일이다. 목적은 어디 두었던가? 맹자가 삼대三代의 교육이 모두 인륜을 밝히는 데 목적이 있다[17]고 한 바와 같이, 퇴계도 교육의 목적을 윤리를 밝히는 데 두었

---

16 『退溪全書』 권41, 雜著 참조.

17 『孟子』, 「滕文公 上」 "設爲庠序學校以敎之. 庠者, 養也. 校者, 敎也. 序者, 射也. 夏曰校, 殷曰序, 周曰庠. 學則三代共之, 皆所以明人倫也."

다.[18] 즉 인극人極을 세워 인륜을 밝히고 실천하는 데 목표를 두었던 것이다.

인륜이 치자治者에게 밝으면 아래로 백성들이 친해짐[19]은 더 말할 필요가 없을 것이니, 현실의 정치와 교육의 백년대계가 여기에 배려되어야 할 것은 쉽게 이해되는 일이다. 여기서 다만 치자와 교육자를 비교할 때 치자로서의 인주일심人主一心은 윤리적 현실에 직결되어 있는 것이다. 정치적 이상을 대계大計함이 교육일진대, 군주의 각성이 앞서 급하게 생각됨은 당연한 일일 것이다. 『성학십도』를 올리는 간절한 심충心衷을 엿볼 수 있을 것 같다.

그러면서 주자가 과거지학科擧之學을 떠나서 위기지학爲己之學을 권장한 것처럼, 퇴계도 학문은 위인지학爲人之學이 아니라 위기지학이어야 함을 힘써 말한다. 물론 이 연원은 이미 『논어』에서 공자가 "옛날의 배우는 사람들은 자기를 위하더니 오늘날 배우는 사람들은 남만을 의식한다"[20]라 하고, 또 "군자는 자신에게서 원인을 구하고, 소인은 남에게서 원인을 구한다"[21]라고 한 것을 볼 수 있지만, 퇴계가 생각하는 군자의 학문이란 위기爲己일 따름이라, 이것은 『언행록』에 실린 다음과 같은 말을 보아 이해할 수 있다.

선생께서 말씀하셨다. 군자의 학문은 자기를 위하는 것일 뿐이다. 이른바 자기를 위한다고 하는 것은 이미 장경부(張敬夫: 張栻)가 이른 바 "인위적으로 하는 바 없이 그렇게 되는" 것이다.[22]

그러면 어떻게 하는 것이 '위기爲己'인가? 일상에서 당연히 행해야 할 도리[日常當行之路]를 원만히 행하여 가는 것이라면 이 말은 순도循道를 의미함이요, 순도하려면 무소간단無所間斷하는 도와 더불어 가야 하는 것이니, 이것이 『십도十圖』의 전반과 후반의 취지인 것이다.

퇴계는 전반 오도五圖의 말미에서 "이상의 다섯 그림은 천도에 근본하되 인륜을 밝히고 덕업을 힘쓰는 데 공효가 있다[以上五圖, 本於天道, 而功在明人倫, 懋德業]"라고 하였고, 후반 종장終章에서는 "이상의 다섯 그림은 심성에 근원하되 일용에 힘쓰고 경외를 높이는 데 요점이 있다[以上五圖, 原於心性, 而要在勉日用, 崇敬畏]"라고 언급하고 있다. 즉 천도와 인도를 밝혀서 체體를 확립하고, 인성에 근원하여 자강불식自彊不息할 것을 주장한 것이다. 도의 입체立體도 힘든 일이거니와, 지건至健한 솔성率性 또한 쉬운 일이 아니기 때문에 전편의 근저根底를 일관하는 인극人極의 정초定礎를 위한 '경敬'의 정신은 퇴계가 심혈을 기울여 선조에게 드린 정성인 줄로 안다.

각 도圖마다 '경'의 섬광閃光을 볼 수가 있다.

- "도덕률을 닦느냐, 그것을 어기느냐 하는 것은 자신을 경건히 하느냐, 방심하느냐 하는 차이에 있을 뿐이다."[23]
- "쌍봉요씨雙峯饒氏가 말하였다. 『서명』의 앞부분 일절은 사람이 천지의 아들이 됨을 밝혔고, 뒷부분 일절은 사람이 천지를 섬기되 자식이 부모를 섬기는 것처럼 해야 된다는 점을 말하였다."[24]

所爲而然也."(李德弘所錄)

23 『聖學十圖』「第一太極圖」註 "修之悖之, 亦在乎敬肆之間而已矣."

24 위와 같음, 「第二西銘圖」註 "雙峯饒氏曰, 西銘前一節明人爲天地之子, 後一節言人事天地, 當如子之事父母也."

- "내가 듣건대 '경敬' 한 글자는 성학聖學의 시작이 되고 끝이 되는 것이다."[25]

- "'경'이란 상하에 다 통하는 것으로서, 공부를 착수하는 데서나 그 공부의 효과를 거두는 데서나 항상 실천하여 실수하지 말아야 할 것이다."[26]

- "원래 당우唐虞 시대 요순의 가르침은 오품(오륜)에 있었고, 삼대 三代의 학문은 전적으로 인륜을 밝히는 일이었다. 그러므로 이 규약에 담겨 있는 원리를 끝까지 탐구하고 힘써 실천하는 것은 모두 이 오륜에 근본을 두고 있다."[27]

- "학자는 진실로 지경持敬에 전일專一할 수 있어야 한다."[28]

- "거처할 때는 공손히 하고, 일을 맡아 처리할 때는 경건하게 한다."[29]

- "대개 심은 일신一身의 주재요, 경은 또 일심一心의 주재이다."[30]

- "늘 일상생활을 하면서 체험, 음미하며 경성警省하여 눈과 마음 사이에 얻은 바가 있다면, '경'이 성학의 시작이 되고 끝이 되니 어찌 믿지 않겠는가?"[31]

- "야기夜氣를 잘 기르게 되면 정貞이 다시 원元으로 돌아오니, 생

---

25 위와 같음, 「第三小學圖」 註 "吾聞敬之一字, 聖學之所以成始而成終者也."

26 위와 같음, 「第四大學圖」 註 "敬者, 又徹上徹下, 著工收效, 皆當從事, 而勿失者也."

27 위와 같음, 「第五白鹿洞規圖」 註 "蓋唐虞之敎, 在五品. 三代之學, 蓋所以明人倫. 故規之窮理力行, 皆本於五倫."

28 위와 같음, 「第六心統性情圖」 註 "學者誠能一於持敬."

29 위와 같음, 「第七仁說圖」 註 "居處恭, 執事敬."

30 위와 같음, 「第八心學圖」 註 "蓋心者, 一身之主宰, 而敬又一心之主宰."

31 위와 같음, 「第九敬齋箴圖」 註 "常宜體玩警省於日用之際, 心目之間, 而有得焉, 則敬爲聖學之始終, 豈不信哉."

각을 계속 여기에 두고 낮밤으로 끊임없이 계속 노력한다."[32]

이렇게 만기萬機가 유출由出하는 인주人主의 한마음을 각 도圖를 통하여 일깨우려 진력한 바는, 곧 퇴계의 골수骨髓에서 우러나온 교육에 대한 신념 내지 사명감의 소치所致라고 느껴진다.

V. 결론

세계 각국의 정치 경향이나 각 민족의 현 도덕 방향이 20세기를 두고 연구하고 실천해온 총화總和라고 할 때, 문화에 대한 반성 및 종교와 학문에 대한 새로운 인식과 실천 문제는 자못 현금現今에 공통된 과제인 듯하다.

인간 개혁은 오늘날 새삼스럽게 운위되는 일은 아니다. 다만, 현대처럼 강렬하게 요청된 시기가 과거에는 없었다. 그렇다면 이 역사적 사실에 관심이 집중되어야 할 것이다. 무엇이 낡은 것이요, 무엇이 새로운 것인지는 기성문화를 앞에 놓고 계산해볼 것이 아니라, 모름지기 전통과 고전 속에서, 그리고 자기와 민족과 인류의 원천을 찾는 데서 스스로 밝혀질 것으로 안다.

『성학십도』를 통해 볼 때 외부적 원심처遠心處에서가 아니라, 핵심의 정립과 그 인우소윤仁雨所潤의 평화 이상경平和理想境 실현을 얼마나 희원希願했던가를 짐작한다. 개개인을 깨우쳐주고 치자治者를 일깨워야 함이 현대의 시급한 일의 하나라고 할 때, 퇴계의 『십도』속에 서려 있는 교육정신은 그 인격과 더불어 위대하다고 할 것이다.

더욱이 일제의 식민지 교육정책을 외면했던 향학鄕學의 실태가 국

권 회복과 동시에 홍익인간弘益人間의 국시國是에로 그 방향을 옮겨
지기는 했지만, 단군 이래의 민족정기와 고유문화의 정통을 계승하
는 문제에 있어 오늘날 주체 확립의 시급성이라든가 한국 철학의 빈
곤이 운위되고 있는 환경 속에서, 후학으로 하여금 더욱더 감회를 불
러일으키게 한다. 이것은 퇴계의 온축蘊蓄된 인격을 기저基底로 하는
교육정신에서 오는 것으로 생각된다.

제6장『자성록』을 통해 본 퇴계의 윤리사상

I. 서론 : 흔들리는 현대의 가치관

사람이 태어나서 처음으로 처하는 곳이 가정이고, 성장하면서 사회의 영향을 받기도 하는 밀접한 연관을 유지해가는 것이 개인과 가정과 사회의 관계라고 생각된다. 개인이나 가정이나 사회를 '인생'으로 요약한다면, 자연과 더불어 삶을 영위해가는 것이 사람이요 민족이요 인류인가 한다. 이 땅에 이 민족이 살아온 지 유구한 반만년, 세계 열강의 틈에 끼어 "우리도 잘 살 수 있다"는 소망과 자신을 앞세우고 안간힘을 다하고 있는 것이 바로 오늘 우리의 현실인 것이다.

백두산의 서기瑞氣를 지켜오며 단기檀箕 이래 주위 강대국의 횡포와 바다 건너 해적海賊의 시달림 속에서도 끈질기게 주권을 지켜왔다. 마침내 왜적倭賊의 침략 앞에 짓밟혔다가도 민족의 정기正氣로 드디어는 물리치고 조국의 광복을 다시 가져왔다. 문명에 뒤졌다고 하나 강산은 어느 나라보다도 아름답고, 역사는 대단히 오랫동안 한족韓族의 슬기로 연면히 점철하여왔다.

청소년들은 하는 일을 어른이 말리면 반문反問할 줄을 모르고 순하게 이르는 대로 복종해왔고, 조상에 정성으로 제향을 올리는 효孝문화 속에 살아왔다. 부모가 정해주는 배필과 백년해로百年偕老하는 순풍은 우리나라 도의 기강이었고 배달민족의 미풍양속이기도 하였다.

그러나 민주정치 25년에 세태는 변모하였다. 청소년들에게 성인들은 자유를 이해해줄 줄 모르는 장애물처럼 인식되어가고 있다. 제사는 외래의 기도祈禱로 바뀌어가거나 혹은 새 시대를 모르는 구태舊態라고 경시되어가고 있다. 죽을 때까지 같이 살아야 한다는 요조숙녀窈窕淑女의 도리는 좋을 때까지만 같이 산다고 하는 방종의 풍조로 교체되어 부부夫婦는 인류의 시작이라는 생각이 점차 사라져가고, 금권·관권官權의 실리 추구 경향은 날로 점고漸高되어가고 있다. 이를 볼 때 국가 민족의 장래를 염려하게 된다. 우리 선현들의 모습을 되돌아보게 되는 이유가 여기에 있다.

II. 좋은 것은 과연 무엇?

구혼求婚에 재물을 앞세우고, 인물과 인격보다 지위를 높이는 풍조는 이제 급작스럽게 시작된 탄식은 아니다. 민주주의 사회에서 물질 자본의 비중이 크고 자유 평등의 인권사상이 주축을 이루고 있음은 주지된 상식이기도 하다. 그렇다고 해서 우리의 오늘의 현실이 만족스러운 것만도 아니다. 여기에 문제가 있다. 실리實利를 찾으려는 경향 속에서 이심利心을 버려야 한다고 한들 납득이 될 것인가? '이利'란 무엇이고, 좋은 것은 과연 무엇일까? 오늘날 여기에 대한 개념이 분명치 못한 데서 온갖 무질서가 초래되고 있다.

동중서董仲舒의 이른바 "그 도를 밝히고 그 공은 따지지 않으며, 그 의를 바르게 하고 그 잇속을 도모하지 않는다[明其道, 不計其功, 正其義, 不謀其利]"라고 한 말이 실로 봉건적 잔재가 되어버린 것일까? 실리만을 쫓는 마당에서 잇속을 도모하지 말라고 함은 부당한 것일까? 신구新舊 세대 간의 갈등, 동서 문화의 부조화, 이질 종교 간의 격차 등등은 해소될 수 없는 것일까?

아버지에게 좋은 것은 아들에게도 좋은 것이요, 동양의 진·선·미는 서양의 진·선·미요, 기독교의 성聖은 유교나 불교의 성聖과 이질적인 것이 아닐 때 비로소 갈등과 부조화의 격차를 해소할 수 있을 것으로 기대된다. 진실로 좋음은 하나일 수 있는 공동의 광장일 것이요, 그 하나인 좋음에서 전쟁을 버리는 평화의 새 시대가 도래할 것으로 믿는다. 대립되는 이기利己의 이利가 아니라 바람직한 '이'는 조화의 '이'여야 할 것이다.

Ⅲ. 대립의 이, 조화의 이

퇴계는 "심기지환心氣之患은 초학初學들의 공통된 근심거리(「答南時甫」)"라고 했고, 이것을 치료하는 처방으로 "무엇보다 먼저 세간의 궁통窮通·득실得失·영욕榮辱·이해利害를 일절 도외시하고 영대靈臺에 누累가 되지 말며, 이미 이 마음을 변득辨得하면 오칠분五七分은 치유된 것이다"[1]라고 말하여 이해利害 일체를 떠나라고 하였다. 떠나지 못한다면 심기의 병환은 치유되지 않을 것이다. 따라서 이러한 것은 좋은 것이 되지 못한다. 그래서 '이'는 버려야 한다는 것이다.

공자는 '이'에 대하여 드물게 말하였을 뿐만 아니라[2] "소인은 잇속에 밝다"[3]라고 하였다. 맹자도 "하필 '이'를 말씀하십니까[何必曰利]"라고 하였고, 또 "의리를 뒤로하고 잇속을 앞세우면 빼앗지 않

---

1 『退溪全書』 권14, 「答南時甫」 "其治藥之方, 公所自曉, 第一須先將世間窮通得失榮辱利害, 一切置之度外, 不以累於靈臺, 旣辨得此心, 則所患盖己五七分, 休歇矣."

2 『論語』, 「子罕」 "子罕言利."

3 위와 같음, 「里仁」 "小人喩於利."

고는 만족하지 못할 것이다[苟爲後義而先利, 不奪不饜]"라고 하였으니 "잇속만 좇아서 행동하면 원망이 많아진다[放於利而行, 多怨]"고 한 공자의 뜻과 다를 바 없다. 사실상 누구나 다 자신의 이익을 추구할 때 타인을 범하게 된다. 침해를 일삼는 사회는 대립 갈등의 사회이니 이러한 '이'는 대립되는 이임을 면할 수가 없다.

현실 사회의 실리풍實利風은 무시할 수 없는 일이다. 그렇다고 하여 그것이 정당화될 수도 없다. 혼잡과 타락의 원인이라면 모름지기 제거되어야 할 것이지만 일반 풍조의 현실을 거역할 수만도 없다. 따라서 여기에 '이'란 과연 어떤 것인가를 재검토하는 일이 필요하게 되는 것이다.

'이'란 대립을 초래하는, 마땅히 버려야만 하는 것인가? 아니다. '이'란 본래 그러한 뜻이 아니다. 『주역』 건괘, 문언전文言傳에 의하면 "'이'는 '의'의 조화이다[利, 義之和]"라고 하였다. 그 구성 요소를 '의'로 하는 것이 '이'이다. '의'는 모든 사람들이 긍정 호응할 수 있는 근거인 것이다. 맹자에 의하면 "인간의 마음에서 공통적으로 같은 것은 곧 이理요 의義이다"[4]라고 하였다. 조화의 실마리는 여기서 찾아야 할 것이다. 퇴계는 문인 황중거黃仲擧에게 답하는 글에서 이 점을 상세하게 논급하고 있다.

Ⅳ. 이의 참뜻은?

『주역』 건괘, 「문언전文言傳」에서는 "이利는 의지화義之和"라 하였고, 동중서董仲舒는 "그 의義를 바르게 하고 그 이利를 도모하지 않는다[正其義, 不謀其利]"라고 하였다. '이'의 의미가 서로 맞지 않는다는

---

4 『孟子』, 「告子 上」 "心之所同然者, 理與義."

점에서 의심이 생긴다. 이것을 질문한 사람이 황중거였다.

퇴계는 '리'의 의미를 양면으로 생각하였다. 그 첫째는 '이'의 근본적인 측면이요, 둘째는 사람들이 이익을 추구하는[人之爲利] 측면이다. '리'의 근본으로부터 말하면, '이'라는 것은 '의'와 조화된 상태[義之和]로서 오로지 선善한 것이다. 『주역』에서 많이 말하고 있는 '이'라든가 불리不利라고 한 것이라든가, 『서경』에서 이용利用이라고 말한 것들이 다 그것이다.[5]

사람이 이익을 추구하는 것으로 말하면 군자에게는 그런 행위로 인해 마음에 해가 있게 되고, 중인衆人에게는 사기탐욕私己貪慾의 구덩이가 되어 천하의 악이 다 여기서 생기는 것이니, '이'를 말하는 의미가 곳에 따라서 이렇듯 같지 않다고 하였다.[6] 그래서 「문언전」과 동자董子가 한 말의 의미는 이와 같이 구별, 해석된다. 즉 동중서의 입장은 '이'의 근본을 말한 것이다. 군자의 심술정미처心術精微處를 가지고 말하고 뭇사람의 함닉처陷溺處를 말하지 않은 까닭에 주자가 공자의 의화설義和說을 인용하여 보충, 해설했다는 것이다.[7]

그래도 문제는 여전히 남는다. 즉 '이'의 근본으로서의 '이'와 사람들이 이익을 추구하는 것으로서의 '이'의 관계가 어떠하냐는 점이다. 다시 말하면 '이'가 '의'와 조화를 이룬 것이라고 한다면 '이'는 '의' 밖에 있지 않은 것이니, '이'는 정의正義 그 가운데 있다는 것이요, 또 '이'를 꾀하지 말라고 하는 동중서의 말을 따른다면 '이'는 '의' 밖에 있는 것 같아서 이물二物이 되는 것이다. '의'를 행하자

---

5 『退溪全書』 권19, 「答黃仲擧論白鹿洞規集解」 "自利之本言之, 利者義之和, 非有不善. 如易言利不利, 書言利用之類, 是也."

6 위와 같음, "自人之爲利以言之, 在君子則爲心有所爲之害, 在衆人則爲私己貪慾之坑塹, 天下之惡, 皆生於此. 利之爲言, 隨處不同如此."

7 위와 같음, "董子此言, 本以君子心術精微處言之, 未說到衆人陷溺處, 故朱子引孔子義和之說而明之."

니 '이'가 안 되고 '이'를 얻자니 불의不義가 되는 이 저오(牴牾: 모순)를 의심한 사람이 바로 황중거요, 그가 퇴계에게 요청한 질문점이었다.[8] 이것은 황중거의 의심에 그칠 문제가 아니다. 오늘날 모든 사람들의 의심점일 수도 있다.

정情은 악의 원인이 될 수도 있지만, 아름다운 것이기도 하다. 따라서 정은 선을 행할 수 있는 근거[9]이기도 한 것이다. 이利도 잘못 가면 갈등과 부조不調의 원인이 될 수 있는 반면에 '의'를 수반하는 '이'는 바람직한 것이 될 수도 있다. 퇴계는 앞서 말한 황중거의 의심, 즉 의지화義之和의 '이'와 불모기리不謀其利의 '이'와의 관계에 대하여 "질문에서 상호 모순[牴牾]을 의심하였지만 기실 모순이 아니다"[10]라고 명쾌하게 대답하였다.

'이'가 비록 의지화義之和에 있다고 하더라도, 필경은 의와 상대하여 소장승부消長勝負하게 되어 있다. 이것은 '이'의 본래 의미가 그런 것이 아니라 사람이 그렇게 만드는 것이다. 이 때문에 군자의 마음이 비록 본래의 '의'를 바로 하려 하다가도 막상 일에 임해서는 간혹 '의'에 전일專一치 못하는 경우가 있다. 조금이라도 '이' 쪽에 의향意向을 둔다면 이것은 곧 어떤 소위所爲가 있어서 하는 것이니, 그 마음이 이미 '의'와 반대가 되어서 이른바 '이'라는 것이 다시 자연스러운 의義의 화和인 '이'가 될 수 없다.[11]

---

8 위와 같음, "夫以利爲義之和, 則利部在義之外, 正義而利在其中矣. 乃復言不謀其利, 則又似利在義外 爲二物, 有欲其爲此不爲彼之意."

9 『孟子』, 「告子 上」 "乃若其情, 則可以爲善."

10 『退溪全書』권19, 「答黃仲擧論白鹿洞規集解」 "此來喩所以疑其牴牾, 而其實非牴牾也."

11 위와 같음, "蓋利雖在於義之和, 畢竟與義相對, 爲消長勝負者, 非利之故然, 人心使之然也. 故君子之心, 雖本欲正義, 而臨事或不能一於義, 而少有意向於利, 則

바꾸어 말하면 '이'의 본래 의미가 의화義和에 있다손 치더라도 '의'와 상대하여 움직이는 '이'는 본래의 '이'가 아니지만, 사람 마음이 '의'에서 출발했을지라도 전일하지 못할 때 이는 '유소위위지有所爲而爲之'가 되어 의화義和에서 벗어난 '이'로 떨어진다는 것이다. 그러기에 '이'는 탐욕의 '이'가 되고, 모謀는 영구營求의 모가 되어 유소위지심有所爲之心으로 인하여 중인衆人의 구덩이[坑塹]로 전락하고 만다는 것이다.

퇴계는 의지화義之和의 '이'와 불모기리不謀其利의 '이'는 저오牴牾됨이 아니라고 하였다. 그러나 위에서 말한 바와 같이, '이'는 의지화義之和 속에 있지만 전일치 못하여 탐욕, 영구營求의 '이'로, 뭇사람의 구덩이로 화한다는 것이다. 다시 어떻게 '전일'이 유지되나 하는 의심은 아직도 남는다.

앞에서는 가치관이 흔들리는 가운데서 빚어지는 사회의 여러 가지 혼란상을 살펴보고, 참으로 좋은 것은 과연 무엇인가를 대립하는 경우의 '이利'와 조화의 '이'를 비교하여 '이'의 진의가 무엇인가를 생각해보았다. 그러나 하나로서의 조화와 잡다雜多로서의 대립이 어떻게 관계되어 일관(一貫: 專一)될 수 있을까 하는 의심은 여전히 남는다. 즉 이것은 '일'과 '잡다'가 모순으로서가 아니라 조화로서 원만을 가져오는데 신념과 조리條理와 궁행을 일관하는 것이 요구되는 것이다.

부자父子의 좋음이 하나여야 하며, 각 민족 간의 좋음 또한 하나여야 할 것이다. 그러나 여기서 주의하여야 할 것은 부자간의 좋음이 하나라고 함은 부자가 동무가 된다는 것이 아니요, 치자治者와 피치자被治者의 좋음이 하나라고 함은 무위무등無位無等을 뜻함이 아니요, 민족과 민족 사이에 좋음이 하나라는 것은 각 민족의 역사를 무

是乃有所爲而爲之. 其心已與義背馳, 而所謂利者, 非復自然義和之利矣."

시함을 의미하는 것이 아니라는 점이다. 이것은 유학에 있어서 매우 중요한 자리이며, 동시에 현실에서 주체성의 사활死活을 가늠해주는 곳으로 안다. 퇴계도 이 점에 대해 매우 신중을 기한다. 『자성록』가운데 특히 기대승에게 준 글 속에 기록된 것을 중심으로 이 점을 살펴보고자 한다.

V. 현실을 이끄는 의미 있는 생활을

우리는 끊임없는 현실의 추이趨移 속에서 항상 자신의 적절한 판단 아래 생활하고 있다. 현실은 냉혹하며 이성의 올바른 작용을 희구希求한다. 일에 부딪쳤을 때 간이簡易한 결단으로 안행安行함은 그다지 쉬운 일이 못 된다. 기대승이 일신의 출처出處를 물어왔을 때 퇴계는 다음과 같이 답하였다.

무릇 출처와 거취去就는 마땅히 스스로 마음에 결정할 일이지 다른 사람과 상의할 수 있는 것이 아니다. 또 남이 상의할 수 있는 것도 아니다.[12]

이것을 보면 처사處事에 있어서 매양 스스로 주체적 결단이 필요한 것이요, 결코 타인과 상모相謀를 하거나 타인이 능모能謀할 성질의 것도 아니라는 것이다. 그런즉 자신의 일은 자기 스스로 결정해야 할 일이라고 함을 알 수 있다. 그러나 사람마다 자신의 일이라고 하여 지체 없이 쉽게 단정할 수 있는 능력이 있는 것은 아니기 때문에

---

12 『自省錄』권1,「答奇正字明彦」"大抵出處去就, 當自決於心, 非可謀之於人, 非人所能與謀."

문제가 생긴다. 퇴계는 그 이유를 이렇게 말한다.

이치에 있어서 정밀하지 못한 바 있고, 뜻에 있어서 강하지 못한 바 있으면, 그 스스로 판결하는 바에 시의時義에 어두움을 면하지 못하고 원모願慕에 말려들어 그 적의適宜함을 잃어버린다.[13]

즉 '이치가 정밀하지 못하여 의에서 마땅함을 잃는다[理不精, 義失宜]'고 함을 해결하기 어려운 원인으로 삼고 있다. 그래서 퇴계는 지知도 진지眞知를 소중히 여겨서 "모름지기 심心이나 물物에 있어 본래 이치二致가 없다는 점을 알아서 분명 투철한 뒤에 비로소 '진지'가 된다"[14]라고 하고, 진지가 어려운 것도 '리理' 자를 알기 어렵기 때문이라고 하였다.[15]

'리'에는 이일지리理一之理와 분수지리分殊之理가 있다. 성性에는 본연지성과 기질지성이 있다. 일리一理와 본연은 '동同'에서, 분수分殊와 기질은 '이異'에서 볼 수 있다. 그래서 "자사의 이른바 천명天命의 '성', 맹자의 이른바 성선性善의 '선'은 일리一理의 원두본연처原頭本然處를 가리켜 말한 것이다"라고 하였다.[16]

퇴계는 '같다'고 하든 '다르다'고 하든 간에 '같은' 데서도 다름을, '다른' 데서도 같음을 각각 완전히 유리遊離할 수도 없고 그래서도 안 된다고 생각한다. 다시 말하면 리기에 있어서 리라고 하든, 기라

13 『退溪全書』 권16, 「答奇明彦」 "理有所未精, 志有所不剛, 則其所自決, 或不免昧於時義, 奪於願慕而失其宜耳."

14 『退溪全書』 권24, 「答鄭子中」 "須知在心在物, 本無二致處, 分明透徹, 然後始爲眞知."

15 위와 같음, "此滉前日每云, 理字難知者, 此也."

16 『退溪全書』 권16, 「答奇明彦」 "以性之二字言之, 子思所謂天命之性, 孟子所謂性善之善, …… 指此理原頭本然處言之乎, 由其所指者, 在理不在氣."

고 하든 간에 리에서도 기를, 기에서도 리를 완전히 유리할 수도 없고 그래서도 안 된다는 것이다. 기대승의 이른바 의심義心은 리지발理之發이니 기지발氣之發이니 할 때, 발發의 근원이 리기이원理氣二源인 것같이 생각되어 질문을 한 것이다.

그러나 결코 두 근원은 아니지만, 말하는 바에 있어 어느 것을 주로 하여 말하느냐에 따라 그 표현이 다를 수 있다고 보았다.

> 옛날 공자에게는 계선성성론繼善成性論이 있고, 주자周子에게는 무극태극설無極太極說이 있었다. 이는 다 리기상순理氣相循하는 가운데서 '리'만을 가려내어 한 말이다.[17]

이것은 서로 떨어질 수도, 섞일 수도 없는 리기 중에서 리를 주로 하여 말한 것이며, "공자는 상근상원相近相遠의 성性을 말하고, 맹자는 이목구비耳目口鼻의 성을 말했다. 이것은 다 리기상성理氣相成하는 가운데 나가서 기를 주로 하여 말한 것이다"[18]라고 하여 리기 가운데서 기를 주로 하여 말한 경우를 들었다.

이렇게 보면 다 리기에서 발하는데, 다만 주언主言하는 바에 따라 혹 리지발理之發 또는 기지발氣之發이라고 함을 알 수 있으나 선악 관계는 아주 불분명하다. 퇴계는 인·의·예·지의 성性에서 발하는 것은 측은惻隱·수오羞惡·사양辭讓·시비是非가 되고, 희喜·로怒·애哀·구懼·애愛·오惡·욕欲은 외물外物이 그 형기形氣와 감촉感觸하여 그 마음[中]을 동요시켜 경境을 따라 나오게 된다고 하

---

17 위와 같음, "昔者, 孔子有繼善成性之論, 周子有無極太極之說. 此皆就理氣相循之中, 剔撥而獨言理也."

18 위와 같음, "孔子言相近相遠之性, 孟子言耳目口鼻之性. 此皆就理氣相成之中, 兼指而主言氣也."

여[19] 순선純善과 유선악有善惡으로 구별하였다. 이러한 문제는 『주
역』에 '체용일원體用一源, 현미무간顯微無間'이라고 한 곳의 주조註條
에서

주자가 말했다. 리로부터 말하면 체體에 즉即하여 용用이 그 가운데
있으니 이른바 일원一源이요, 상象으로부터 말하면 현顯에 즉하여 미
微가 벗어나지 아니하니 이른바 무간無間이다. 또 말하되, 리를 말한
즉 먼저 체가 있고 용이 나중이다. 대개 체 속에 용의 이치가 이미 갖
추어 있으니 일원이 되는 까닭이다. 사事를 말하면 선현후미先顯後微
이다. 대개 사事에 즉하여 리의 체를 볼 수 있는 것이니 '무간'이 되는
까닭이다.[20]

라고 한 곳에서도 생각될 수 있다. 그러나 이러한 작용 관계는 마땅
히 활간活看해야지 경정설硬定說이 불가하다는 것이다.[21]

또한 위에서 말한 체·용을 소이연所以然과 소당연所當然으로도
말한다. 신안진씨新安陳氏의 말을 인용하여 소당연지칙所當然之則은
리의 실처實處요, 소이연지고所以然之故는 곧 그 위의 '리의 원두처'
라고 하였다. 소당연을 알면 성性을 알고, 소이연을 알면 천天을 안다
고 함은 리의 소종래를 앎을 이르는 것이라고 말한다.

이상에서 일리지리一理之理와 분수지리分殊之理라든가, 리라든가,

19 위와 같음, "惻隱羞惡辭讓是非, 何從而發乎? 發於仁義禮智之性焉爾. 喜怒哀懼
愛惡欲, 何從而發乎? 外物觸其形而動於中, 緣境而出焉爾."

20 『退溪全書』 권25, 「鄭子中與奇明彦論學, 有不合, 以書來問, 考訂前言, 以答如
左」 "體用一源, 顯微無間注, 朱子曰: 自理而言, 則即體而用在其中, 所謂一源
也. 自象而言, 則即顯而微不能外, 所謂無間也. 又曰: 言理則先顯而後用. 蓋舉
體而用上, 理已具所以爲一源也. 言事則先顯而後微. 蓋即事而理之體可見, 所以
爲無間也."

21 『退溪文集』 권25, 「答奇明彦」 "體用當隨處活看, 不可硬定說."

기라든가, 본연지성이라든가, 기질지성이라든가, 혹은 '체용일원 현미무간'이라든가, 또는 소이연이라든가, 소당연이라든가 등은 다 실實을 분석하여 둘로 설명한 데 불과한 것이다. 현실은 하나로 약동하고 있어 잠시도 쉼이 없다. 송대의 학적學的 분석이 그와 같은 설명을 가져왔지만, 선진대先秦代에는 연비어약鳶飛魚躍 또는 중中과 화和, 또는 인仁과 의義로 풀이되었다. 요컨대 우리는 생동하는 현실의 물결 속에서 자유롭게 그리고 의미 있게 살아가야 함은 더 말할 필요도 없을 것이다.

VI. 모순과 갈등의 지양의 실마리는 의에서

종교적으로 말한다면, 통천統天하는 가운데 만상萬象은 각각 생존하고 있다. 철학적으로 말한다면 일리一理 속에 잡다한 이치가 조화되어 있다. 윤리적으로 말한다면 공존하는 사회에 각인各人이 자기 분수를 지키고 있는 것이, 다름 아닌 있어야 할 우리의 현실인 줄로 안다. 정치든 경제든 교육이든 사회든 모든 문제는 둘로 분석된 처방이 아니라 하나의 실實로 해결되어야 한다. 둘로 가르면 현실은 정체되고 하나로 실행하면 현실은 살아서 움직인다. 이렇게 정체 아닌 생동케 해주는 그 하나를 퇴계는 '의義'에서 찾았다.

모든 진리는 다를 수가 없다. 종교적·철학적·윤리적 진리는 하나로 일관되어야 한다. 정치·경제·사회·문화의 각각 진리도 하나로 구심求心되어야 할 줄로 생각한다. 그 하나를 이 현실 속에서 '의'로 보았다. 개인의 이利에 있어서도 '의'의 '이'라면 결코 대립과 모순이 없을 것이요, 국제간의 전쟁에서도 의전義戰이라면 결코 침략은 아니할 것이다.

격동하는 세계, 현대의 갈등상, 80세의 역사학자이며 문명 비평가인 아놀드 토인비(Arnold Toynbee)는 흔들리고 있는 인류의 모습을 세대 간의 갈등, 삶의 가치관의 동요, 성性 문란이 빚은 타락 등으로 요약하고 나서 결혼제도에 대하여 "결혼은 양친, 그리고 나아가서는 그 자녀들의 정신적 안녕과 행복에 있어서 필요한 제도라고 나는 믿고 있다. 인류의 경험은 일부일부제一夫一婦制가 훌륭한 제도라는 것을 입증했다. 결혼은 일생 동안 계속되는 것을 의도해야 하는 것이다"라고 강조하고 있다. 역사와 전통이 우리와 다른 서양인도 경험을 통하여 그와 같은 결론을 얻고 있다. 이것은 부부간의 의리義理에 관한 문제이다.

물질 기계 문명 속의 권태를 마음껏 탈피하고자 멋대로 놀아나는 풍조의 첨단을 간다는 소위 '히피족'들 ─ 그 가운데 25세의 한 어머니는 그의 딸을 업고 전국을 유랑하면서 그 딸에 대해서는 "어떤 고난이 닥쳐와도 이겨낼 수 있는 강하고 훌륭한 사람으로 키우고 싶다"면서 스포크 박사의 육아서育兒書를 사서 보지 않을 수 없었다고 흉금을 털어놓았다. 이 히피족 여성의 말이 연초 뉴욕으로부터 보도되었다. 역시 부모 대 자녀의 의리 문제로 간주된다.

진리는 통하는 것이다. 시간의 고금古今과 공간의 동서東西가 없다. 퇴계는 모순 지양의 단시端始를 의義에서 보았고, 또 생애를 그것으로 살아간 것으로 생각된다.

선비는 세상에 태어나서 혹 출처出處 또는 우불우寓不寓에 그 한 몸을 깨끗이 하여 의義를 행할 따름이다. 화복禍福 따위는 논할 바가 아니다.[22]

---

[22] 『自省錄』 권1, 「答奇明彦」 "夫士生於世, 或出或處或寓不寓, 歸潔其身行其義, 而禍福非所論也."

선비가 살아가는데 '의'로 시종始終함은 당연한 일이기도 하지만, 국사國事에 임하면 역시 의로 경륜해나가야 할 것이다. 나라는 이利로써 이利를 삼지 말고 의義로써 이利를 삼아야 할 것이다.[23] 세계적으로 풍동風動하고 있는 혁명의 물결은 모름지기 '미리美利로써 천하를 이롭게 하는'[24] 방향으로 선도先導되어야 할 것이다.

---

23 『大學』, 傳十章 "國不以利爲利, 以義爲利."

24 『周易』, 乾卦, 「文言傳」 "乾始能以美利, 利天下, 不言所利, 大矣哉."

제7장 「무진육조소」를 통해 본 퇴계의 정치관

I.

한 나라의 주인은 백성들이요, 민족 역사의 줄거리는 그 조상들의 심적心跡이라고 한다면 한국의 미래사는 곧 우리의 소망이니, 다음 세대에게 굳건한 유형무형의 유산을 물려주려고 할 때 우리는 현실을 이상과 더불어 생각해보게 된다. 현실에서 지난날의 자취를 더듬어보는 것은 가버린 역사를 반성함이요, 이상에서 현실을 편달鞭撻하는 것은 다가올 새 역사를 형성하려는 데 의의가 있다. 이제 문호를 닫아야 한다는 쇄국주의니, 또는 문호를 열어야 한다는 개화당을 운운할 시기가 아니다. 인천항의 파도는 이미 템스 강의 물과 닿아 있음을 알고 있고, 우주선 안의 생방송은 우리가 방 안에서 앉아 즉시로 보는 세계적 현실을 직시하고 있다.

주권主權의 대립은 무력 전쟁으로 인류 역사를 피로 물들였고, 인간의 지혜가 만들어낸 과학은 오늘날까지 그것을 뒷받침해왔음이 사실이다. 처참했던 1, 2차 세계대전은 그것을 우리에게 증명해주는 실례라고 해도 과언은 아닐 것이다. 그러나 아직도 어떻게 하면 보다 많이 살육殺戮할 수 있을까 하여 신무기를 개발하는 데 세계 각국이 경쟁하고 있는 실정임을 생각할 때, 이것은 확실히 인류의 병이 아닐 수 없다. 미국의 닉슨 대통령이 취임한 뒤 수개국을 순방하고 나서

"이제 나는 힘의 한계를 알았노라"고 갈파한 바가 있다.

세계의 문화는 바야흐로 일점一點으로 구심求心되어야 하고, 또 그 과정에 있다고 할 것이다. 모든 국가의 힘은 평화를 위하여 원심遠心으로 발산되어야 할 새로운 시대로 접어들었음을 느낀다. 아니, 이미 2,500여 년 전에 대동세계大同世界를 가르쳐준 공자의 심정을 되새기며 우러러보는 까닭이 여기에 있는 것이다.

공자의 이상을 주자가 건네주었다. 퇴계의 학설은 주자를 본받았다. 야마자키 안사이山岐闇齋의 이론은 퇴계에서 유래한다. 중국·한국·일본 동양 삼국은 이토록 유교에 젖어온 역사의 나라들이라고 생각할 때, 새로운 세계사로 각각 기여할 점은 역시 전통적 유교에서 발견되어야 할 비중이 큰 것이다. 그러한 점에서 조선시대의 유교는 새롭게 검토되어야 할 것이며, 조선시대의 민중을 지도해온, 정신사의 맥락을 이어온 선각先覺들의 이론은 앞으로 우리 민족의 주체적 기여 내지는 선도先導를 향하여 그 천명이 필요할 것으로 안다.

퇴계는 율곡과 더불어 쌍벽을 이루는 석학으로 조선 유학사에서 정상을 이룬다. 한국의 주자학은 퇴계에 의하여 이루어졌고, 일본 유학계에 절대적인 영향을 끼쳤다. 문화적으로는 중국은 친국親國이요 조선은 형국兄國으로 생각하는 것이 일본 학자들의 통념이라고 아베 요시오阿部吉雄 교수가 토로하고 있음을 보아도 짐작할 수가 있다.

여기서는 장황하게 퇴계의 사상을 논할 겨를도 없거니와, 그의 정치관의 일단을 육조소六條疏를 통하여 살펴보고자 한다.

Ⅱ.

'무진육조소'라고 함은 퇴계가 68세 되던 무진년(1568)에 홍문관 예문관 대제학大提學으로 있으면서 선조에게 올린 여섯 조항의

상소문을 말한다. 유명한 『성학십도』를 저술하여 바친 것도 이해의
일이다.

한국의 유학을 주자학 일색이었다고 단정해도 좋은지 여부는 그
만두고, 역대의 석학거유碩學巨儒로서 퇴계만큼 주자를 신봉한 이도
드물었다. 그 스스로도 주자를 배우기를 목표로 삼았다. 따라서 그의
학문도 주자와 경향을 같이함은 아무런 의심스러울 것이 없다. 퇴계
사상의 배경은 주자에게 있다고 해도 무방할 것이다. 그런즉 퇴계의
정치관을 논하려면 이에 앞서 주자의 정치관이 문제 될 것이다.

사물마다 이치가 있듯이 국가 사회의 조직에도 반드시 이치가 있
다. 따라서 이 이치에 근본해서 다스리면 국가가 잘 다스려지는 것이
요, 이 이치를 어기면 국가가 어지러워지는 것이다. 이 이치를 곧 치
국천하治國天下의 도道라고 봄은 곧 유교 정치의 도라고도 생각된다.
주자는 진동보陳同甫에게 주는 글에서, 요순 · 삼왕三王 · 주공 · 공자
가 서로 전해온 도가 오랫동안 행해지지 못했음을 한탄하면서 "도라
는 것은 한순간도 끊어지는 일이 없다. 다만 인간이 그것을 쉽게 한
[息之] 것뿐이다. 도가 없어진 것이 아니라 유려幽厲[1]가 이 도를 좇지
않았을 따름이다"라고 말하고 있다. 즉 치국 · 평천하의 도란 아득한
옛날로부터 오늘에 이르기까지 항상 존재하지만 그것을 행하느냐,
행하지 않느냐[行與不行]에 불과할 뿐이라는 것이다.

옛 성현은 근본을 따라서 유정유일惟精惟一 공부를 하고, 집중執中
해서 철두철미 무불진선無不盡善하는 수양이 있은 뒤에 비로소 정치
에 임한 까닭에, 주자는 정일精一 공부를 요堯 · 순舜 · 우禹의 상전밀
지相傳密旨라고 했다. 따라서 도심道心으로 수일守一하여 한 가지 일
이라도 득중得中하지 않음이 없이 천하 국가에 처하는 바 부당함이
없어야 한다고 생각한다. '중中'의 정치를 실현하기 위해서는 도에

1 중국 주(周)나라 시대의 폭군인 유왕(幽王)과 여왕(厲王)을 가리킨다.

입각한 정치여야 하며, 도에 입각한 정치는 인심人心이 언제나 명령을 듣는[聽命] 도심을 수호하는 데서만 가능한 까닭에, 이것을 위한 수기修己는 치인治人의 필수 조건이 아닐 수 없는 것이다. 이러한 주자의 생각은 퇴계에게도 연면하게 작용하였을 것이다.『심경』을 항상 애송한 일만 보더라도 그러하거니와, 일생을 걸어간 '경'의 실천 모습을 미루어볼 때, 임금에게 간곡하게 상소문을 올리는 심충心衷을 추찰推察할 수 있을 것 같다.

III.

육조의 조목은 다음과 같다.

첫째, 계승의 통서를 중시하여 인과 효의 덕을 온전히 할 것[重繼統以全仁孝]

둘째, 참소를 막아 양쪽 궁宮을 친하게 할 것[杜讒間以親兩宮]

셋째, 성학을 돈독하게 닦아 정치의 근본을 세울 것[敦聖學而立治本]

넷째, 도술道術을 밝혀 인심人心을 바르게 할 것[明道術以正人心]

다섯째, 복심腹心을 미루어 이목耳目을 소통하게 할 것[由推腹心以通耳目]

여섯째, 수양과 성찰을 진실하게 하여 하늘의 사랑을 이어받을 것[誠修省以承天愛]

이 여섯 조목을 보면 인효仁孝는 근본이요, 친양궁親兩宮은 근본의 실천이다. 그 이하는 방법으로 해석된다. 실행은 근본이 확립되어야 하는 것이다. 그 확립은 방법을 따르지 않고서는 바라기 어려운 일이다. 이렇게 볼 때 퇴계가 생각하는 성학의 비중은 매우 큰 것이며, 선조에게 『성학십도』를 올린 까닭도 짐작이 간다. 육조소六條疏에서 삼개 조목의 방법은 다시 한 말로 요약될 수 있지 않을까 한다.

사사로움이란 마음속의 해충이며 온갖 악의 뿌리입니다. 예로부터 나라가 잘 다스려진 날은 항상 적고, 어지러운 날은 언제나 많았습니다. 차츰 제 몸을 죽이고 나라를 망치기에 이른 것은 모두가 임금이 '사私'라는 한 글자를 제거하지 못했기 때문입니다.[2]

하나의 '사私' 자를 제거하지 못함으로써 난일亂日이 상다常多하여 점차로 멸신망국滅身亡國에 이른다는 것이다. 치란治亂의 분기점을 도치道治 여하에 두고 있음을 볼 때, 사심을 제거하는 것은 도치 실현의 긴요한 핵심처이며 정사에 임하는 선행 조건으로 미루어진다.

이제삼왕二帝三王의 정치는 도에 근본하고, 이제삼왕의 도는 심心에 근본한다. 심을 얻으면 도여치道與治를 진실로 말할 수 있으리라고 「서서書序」에 말하고 있음은 이 뜻에 지나지 않을 것이다. 이제삼왕은 이 마음을 능히 보존한 자요, 하걸夏桀과 상주商紂는 이 마음을 버린 자로서 치란지분治亂之分이 다만 그 마음을 보존하느냐, 보존하지 못하느냐 여하에 달린 것이라고 채침蔡沈이 말한 의도도 여기에 근원한 것으로 생각된다. 정치는 공公·도道로 구심求心되어야 한다. 따라서 대권을 장악하는 성상聖上에게 소문疏文을 통하여 이 점을 일깨우려 한 것으로 짐작된다.

---

2 『退溪先生文集』 권7, 「戊辰經筵啓箚二」 "私者, 一心之蟊賊, 而萬惡之根本也 自古國家, 治日常少, 亂日常多, 馴致於滅身亡國者, 盡是人君不能去一私字故也."

IV.

퇴계는 고매한 인격으로 정치를 통하여 중종·명종·선조 시대의 국가 방향을 확고하게 하는 데 힘을 기울였다. 심오한 학문은 교육을 통하여 도산陶山에서 후배를 키워 국가 동량을 산출産出하는 것으로 생애를 마쳤다.

"일에 임해서 너무 지나치게 사람을 살피면 느끼는 정이 반드시 그 정당성을 얻지 못하니 또한 경계해야 할 일이다"라고 주의를 환기하는 퇴계는 몸소 그것을 실천해왔다. "삼대三代에는 교법教法이 매우 잘 갖추어져 가家에는 숙塾이 있고, 당黨에는 상庠이 있으며, 주州에는 서序가 있고, 국國에는 학學이 있어 가는 곳마다 학교가 있었으나, 후세에 이르러 교학教學이 붕괴되어 국가 향교에는 겨우 문구文具만 있고, 가숙당상家塾黨庠의 제도가 적요寂寥하다"라고 한탄한 퇴계는 서당에 몸을 담아 시범示範으로 여생을 마쳤다.

원숙한 학문과 인격은 국가 민족의 앞날을 염려하여, 특히 선조에게 올린 상소를 통해서 그의 사상을 일관하여 흐르는 정견政見을 알아보기에 족하다고 생각된다.

제8장 퇴계의 철학사상과 현대사회

I.

한 사람의 언행은 그 사람의 철학의 산물이라고 한다. 이때 그의 언행은 그가 가지는 논리 체계와 함께 주의 깊게 살펴야 한다. 그러한 뜻에서 퇴계의 철학사상은 그의 생애를 함께 보아야 하며, 그의 일생에 그가 지니는 논리 구조가 반영되는 법이기에 언행에 특별히 관심을 가지게 된다.

퇴계는 60세 되던 1569년 3월 4일 심야深夜에 선조와 마주 앉게 되었다. 33세에 발을 내디딘 관직 생활은 4대 사화士禍를 배경으로 젖어오는 사회 분위기 속에서도 출세를 거듭해왔다. 이해 정월에는 예조판서, 지중추부사, 의정부 우찬성 등을 연이어 받게 되었으나 사양해왔던 것이다. 이미 관직을 떠나서 학구學究 생활을 하고자 결심한 것은 이보다 16년 전인 53세 때(1553)인 것으로 보인다. 3월 17일 일기에 '학이종신學以終身'이라고 기록되어 있어 학문으로 종신하려는 결심이 엿보인다. 이제 선조를 뵙고자 한 것도 고향으로 돌아가고 싶은 심정에서 윤허를 받으려 청원하였던 까닭이다.

선조의 나이는 18세. 69세 고령의 퇴계는 대좌하여 석별惜別의 이야기가 오고 갔다. 선조는 퇴계에게 더 머물러 있을 것을 권하였다. 그러나 계속 사양하는 퇴계를 더 이상 말릴 수 없음을 알아차린 선조는 말하였다. "경이 이제 가려 하니 나를 위하여 하고 싶은 말이 없는가?"

퇴계는 선조에게 "혼자만의 지혜로 세상을 다스리지 말 것과 국고國庫를 든든히 할 것"을 말하였다. 아울러『주역』건괘 상효上爻와 「심통성정도心統性情圖」를 가지고 아뢰었다. '혼자만의 지혜로 세상을 다스리지 말라'는 말은 현신賢臣의 진언進言을 귀담아들으라는 말이고, 국고를 든든히 하라고 함은 남북유흔南北有釁과 민생곤췌民生困悴를 예방하기 위함이지만, 건괘 상효와 심통성정은 인간의 주체적인 문제에 속하는 것이다.

선조는 이 심통성정과 도상圖上의 허령지각虛靈知覺을 물었다. 이에 대하여 퇴계는 장횡거張橫渠의『서명西銘』을 가지고 대답하였다. 선조가 다시 "더 하고 싶은 말이 없는가?"라고 하였더니 "무오, 갑자 사화는 더 말할 것도 없고, 기묘己卯에 사림들이 대화大禍를 입어 소인이 승세乘勢했던 비운을 한탄"하고 "선류善類를 보호하여 국가의 정맥正脈을 바로잡을 것"을 간절하게 역설하였다. 선조는 이 말을 듣고 "경의 말을 마땅히 경계하겠노라. 조신朝臣으로 추천할 만한 인재는 없는가?"라고 물었다. 선생은 대신과 육경六卿과 수상首相이 모두 훌륭한 사람들이라서 이보다 더 나은 사람이 없다고 하였다.

다시 선조는 "학문하는 이는 누구인가?"를 물었다. 선생은 난언難言이라고 하여 정자程子의 말을 인용하였고, 기대승奇大升이 글을 많이 읽어서 리학에 조예가 깊다고 칭찬은 하면서도 수렴공부收斂工夫가 적음을 염려하였다. 이로써 대화가 일단 끝이 났다.

여기서 주고받은 말을 통해 두 가지를 지적하고 싶다. 하나는 선생이 일생을 두고 쌓아 올린 사상의 정수精粹를 가지고, 그것도 평범한 학도나 학자가 아니라 대권大權을 장악하고 있는 군왕과의 학문적인 대화였다는 점과, 또 하나는 성상聖上으로서의 준엄한 권위와 어버이와 같은 자애로운 정의情誼가 교차된 인간적 장면이라는 것이다.

군왕과의 학문적인 대화를 중요하게 생각하는 까닭은 진리의 현실적 구현자로서, 당시의 사회 구조로 보아 군왕이 유일무이의 지존자至尊者이기 때문이다. 권위와 정의의 교차를 중시하는 이유는 때때로 정의가 따르지 않는 권위와 권위가 없는 정의는 반실결례半失缺禮의 결과를 가져오기 때문인 것이다.

이보다 1년 전인 68세 때에는 선조가 명종의 뒤를 이어서 권좌에 올랐다. 퇴계는 명종이 승하昇遐한 데 대한 슬픔도 있었겠지만, 나이 어린 임금에 대한 염려를 잊어버릴 수 없었던 것 같다. 이때에도 여러 가지 벼슬이 계속 주어졌으나 고관대작보다는 초야에 묻혀 도학에 심충心衷을 기울이고 싶은 심정이고, 국가 장래를 우려하는 충성忠誠은 유명한 「무진육조소」에 담겨 연소한 선조에게 진달進達되었던 것이다.

주지하는 바와 같이 그 내용은 여섯 가지 조목이 골자로 되어 있다. 뵈옵고 말씀을 드릴 때는 정신이 혼미하고 말을 더듬게 되어서 한 가지를 들면 만 가지가 새나가게 되기에 글월로 올린다는 전제를 하고 나서 여섯 조항을 차례로 진술하였다.

첫째 계통을 중히 하고 인효仁孝를 온전하게 하라고 했다. 둘째 참간讒間을 막고 양궁兩宮을 친히 할 것, 셋째 성학聖學을 돈독하게 해서 정치의 근본을 세울 것, 넷째 도술道術을 밝히고 인심을 바로잡을 것, 다섯째 복심腹心을 미루어 이목耳目을 통하게 할 것과 끝으로 수양과 성찰을 성심껏 하여 천애天愛를 승수承受할 것 등이었다. 명종에게 후사가 없었던 탓에 방지旁支로 입계入繼한 선조에게 제일 먼저 종통宗統의 무거움과 인효仁孝를 오로지 할 것을 강조하였고, 아첨과 이간 속에 자칫 양궁의 불화를 가져오기 쉬우므로 이 점에 특별한 주의를 환기시켰다. 진리가 담겨 있는 성현의 학문을 독실하게 해서 정치의 근본을 확립할 것을 고무시켰고, 성왕聖王의 도술道術을 밝혀서 인심을 바로잡는 일이 유신정치維新政治에 공헌이 된다고 역설하였다. 국가를 유기체有機體로 보아 대신과 대간臺諫과 원수元首가 혼연 일체가 될 것을 당부하였으며, 하늘과 임금을 부모와 자식에 비유해서 의성심意誠心으로 집정할 것을 끝으로 간곡하게 청하고 있다.

이 여섯 개 조항의 본의를 논자論者는 성학의 진리와 효의 실천 두 가지로 요약해보고 싶다. 3조와 4조에서 말한 성학과 도술은 진리 탐구에 관한 것이다. 1조와 2조의 전효친궁全孝親宮은 효도 실천에 관한 것이며, 5조와 6조는 이상정치의 현실을 뜻하는 것으로 생각된다. 행을 통해서 진리를, 진리에 의한 어진 정치를 이 여섯 개 항목에 엮은 것이다. 넓게 보아서 3 · 4조는 학리學理요, 1 · 2 · 5 · 6조는 천리踐理로 생각된다.

이 밖에도 먼저 일야대화一夜對話에 언급된 「심통성정도」가 여섯 번째로 그려져 있는 『성학십도』는 같은 해 12월에 관직 해임을 청원하면서 올린 선생 철학의 결정체結晶體이기도 하다. 요사이는 모두 출세를 원해서 나아가려고 함이 급한데, 당시의 퇴계는 물러가서 연학硏學하기를 바랐다. 요직에 있던 인사가 배신을 쉽게 하는 요즈음에 비해서 민족 장래를 근심하며, 청년기로 접어드는 선조를 앞에 놓고서 떠나는 마당에 쓰다듬는 모습은 409년 전 일이기는 하지만 409년 후인 오늘에 깊이 생각해보게 되는 것이다.

선조 앞에서의 말씀과 행동은 선생의 인생관 · 세계관에서 흘러나온 것이요, 진계陳啓한 육조소와 『성학십도』는 「천명도설」 및 격물치지설格物致知說과 함께 그의 논리 체계의 영향이라고 하겠다. 육조소와 『성학십도』의 공통점이 성학을 중요시하는 데 있다면, 『성학십도』와 『천명도설』, 격물치지설의 공약치公約値는 주체성의 학문적 확립에 있다고 할 수 있을 것 같다. 오늘을 살아가는 사람들이 주의 깊게 응시해야 할 요점이 여기 있는 것으로 본다. 과연 오늘의 사회는 달라져가고 있음을 보는 것이다.

II.

　1950년대에 저서 『현대』를 통하여 세인을 놀라게 한 앙드레 지그
프리드(André Siegfried: 1875~1959)는 "기계 문명의 진전으로 말미
암아 인간은 점차 자신의 운명, 자신의 창의력에 대하여 무책임해진
다. 그리하여 현대는 바야흐로 인간으로 하여금 '관리의 시대', '조직
의 시대' 속에 갇히게 하고 있다"라고 설파하였다. 이 말은 기계 문
명이 얼마나 무섭게 근본적으로 인간 사회를 변질시키고 있는가를
지적한 것이다.

　1968년에 스위스에서 조직된 로마 클럽은 일본 도쿄에서 열렸던
회의(1973. 10. 24~27)까지 네 번의 회의를 갖고, 이른바 '지구 최후
의 날(Dooms Day)'을 둘러싸고 논란을 거듭하였다고 한다. 그들의
주요 의제가 주로 사회학적 측면이라기보다는 생물 · 물리적 측면에
서 다룬 것이기는 하지만 비관적인 결론을 내렸다는 것이다.

　현대 사회의 특징을 사람에 따라서 다양하게 지적하고 있으나, 얼
른 "불안하다"는 말이 아마도 실감 있을 것도 같다. 세계는 대전大戰
으로부터 해방되어야 할 것임에도 신무기는 거듭거듭 발명되었다.
미국에서는 중성자탄中性子彈으로 기물 파괴 없이 사람만을 살상하
는 데 이르렀고, 소련에서는 광선光線으로 사람을 멸절滅絕시키는 살
인광선마저 만들었다고 한다. 스위스를 통해서 나온 보도이다.

　조국은 평화통일이 달성되어야 할 것임에도 남북의 대화마저 중
단되고 있는 실정임은 우리가 다 같이 알고 있는 사실이다. 미군의
철수 문제와 함께 우리의 긴장은 한층 더 고조되어가고 있는 심각한
현실이라고 하겠다. 눈앞에 전개되고 있는 국내외의 시국 추이는 도
무지 불안을 확대시켜주고 있는 것같이 보인다.

　그러나 인류가 공멸할 수 없고 민족이 분열로 끝날 수 없다면 산
업 이익사회에서 자원의 한계점상限界點上을 방황만 하거나, 고성능

의 신무기 앞에서 떨고만 있거나, 외면하는 민족 대화를 결코 포기할 수 없는 일이다. 여기에는 인간의 슬기가 필요하고, 또한 새로운 철학의 정립이 요청된다. 보다 염려되는 것은 새로운 무기도 아니며 자원의 고갈도 아니다. 그것을 이겨낼 수 있는 인간성의 상실에 있다고 하겠다. 현대 사회에서 가장 두렵게 생각되는 것은 인간 상실로서, 창의력이 둔화되고 주체의식의 빈곤을 가져오는 데 있는 것으로 이해된다. 창의력의 둔화는 물질 기계 생활의 중독 때문이요, 주체의식의 빈곤은 물질 위주의 전도顚倒된 가치관의 소산이라고 여겨진다.

이것은 가까이는 인간 자체 내의 심신 분열心身分裂을 의미하며, 멀리는 전 인류의 구심점이 증발된 것임을 뜻한다고 하겠다. 고장 난 기계는 사람이 고칠 수 있지만 분열된 인간은 인간 자체가 치료할 수밖에 없다는 데 자기반성이 필요하게 되며, 본래의 인간성을 성찰해야 한다. 개인의 심신 분열을 조화로 회복시켜줄 수 있는 단서와 인류의 구심점을 되찾을 수 있는 기점은 인간의 본래성에 대한 자성에서 발견할 수 있을 것이다. 산업사회 · 공업사회 · 기술사회, 또는 이익사회 · 금권사회 · 조직사회 등등은 수단적인 의미에 불과하다.

독일의 사회학자 퇴니스(Ferdinand, Tönnies: 1855~1936)는 사회를 크게 둘로 나누어 이익사회와 공동사회로 분류하고 있다. 그러나 이익과 공동이라는 말이 이해利害를 위주로 한다는 공통성에서 탈피하지 못하는 한 역시 비목적적인 것이요, 물론 영역 밖이기는 하나 인간 자체 문제와는 거리가 있는 것이라고 하겠다. 퇴계의 철학사상은 인간 자체의 성리학적 정립부터 명확하다고 생각된다.

Ⅲ.

인간 상호 간의 불신과 사회적 부조리의 해소는 합리적인 것, 과학적인 것만으로는 바라기 힘들다는 것은 주지의 사실이다. 그 밖에 이 것을 구사하는 인간 자체 문제와 아울러야 비로소 해결이 가능하다고 생각된다. 이 말은 내적인 것과 외적인 것이 병행되어야 한다는 말이다.

학문으로 종신하겠다고 결심한 퇴계의 일기를 보면, 앞서 말한 바와 같이 '내중외경內重外輕'이라고 보인다. 외계의 사실보다는 내계의 자체성을 더 중시해야겠다는 뜻으로 생각된다. 『대학』에서 말하는 '덕자본야德者本也, 재자말야財者末也'는 내본외말內本外末이라는 말이다. 이것이 전도되어 외본내말이 되었을 때 '쟁민시탈爭民施奪'이나 맹자가 말하는 '상하교정리上下交征利' 현상이 일어날 것은 명약관화한 사실이다.

여기서 주의하고자 하는 것은 내본외말이나 덕본재말이라는 말은 논리적인 표현으로, 외재가 불필요하다는 의미가 결코 아니라는 점이다. 인간성의 회복은 도덕적 선의지善意志인 내적 덕성의 계발로부터 시작되어야 하겠다고 생각할 때, 이 덕의 근원을 인식하려는 철학이 필요하다고 생각한다.

자사子思의 '천명지위성天命之謂性'이라고 함과 맹자가 인성이 선하다고 함은, 아는 바와 같이 유학에서 정통 이론으로 계승되어왔다. 송조宋朝의 리기철학이 성즉리性卽理를 표방하면서 인성의 리기론적인 설명이 시작되었고, 인간 문제를 리·기·심·성·정으로 시론試論하게 된 것이다. 퇴계는 기대승에게 주는 심통성정에 관한 글에서, 인간 이해의 학문적 조리를 다음과 같이 밝혀주고 있다.

사람이 날 때에 모두 하늘과 땅의 기氣를 받아서 인체가 되고, 하늘과 땅의 리理를 받아서 사람들의 인성이 되며, 리와 기가 모여서 마음이 된다. 그러므로 일인지심一人之心이 곧 천지지심天地之心이요, 일기지심一己之心이 곧 천만인지심天萬人之心이니 애당초 내외피차內外

彼此의 차이가 없다.[1]

사람과 사람이, 사람과 천지가 자리를 같이할 수 있는 점을 지적하고 있다. 인인人人의 심이 소종래所從來인 리기를 통해서 만날 수 있다는 것이다. 즉 천리天理와 성리性理의 리를 일원一元으로 추출하고 있음을 볼 수 있다. 뿐만 아니라 물계物界의 리와도 소통할 수 있는 리라는 것이다. 이 점은 역시 선생이 돌아가시기 직전에 고봉에게 준 격물치지설에서 볼 수 있다.

대개 리理가 비록 물物에 있기는 하지만, 용用은 사실상 심心에 있다.[2]

이렇게 되면 물리物理의 기능이 전혀 배제된 것 같은 인상을 주게 된다. 인식 과정에서 심이 외계의 물리로 간다든가, 또는 외계의 물리가 심으로 온다는가 하는 이론은 입장에 따라서 서로 다를 수 있겠으나, 선생은 양측을 모아서 리가 발현하는 용用의 묘妙로 이해하고 있다. 즉 인심이 이르는 곳을 따라서 바로 리가 도진到盡한다는 의미로 간주된다. 정의情意와 조작造作이 없는 것은 리의 본체요, 수우발현隨寓發見해서 반드시 도달하는 것은 리의 지신지용至神之用이라고 하여 리의 활성活性을 제시하고 있다. 퇴계가 존리尊理를 주장하게 되는 이유가 바로 여기에 있다고 생각된다.

병세의 악화로 회생을 못하고 돌아가시는 날 아침에 제자 이덕홍

---

1 『退溪全書』권18,「答奇明彦論改心統性情圖」"夫人之生也. 同得天地之氣以爲體. 029_465d同得天地之理以爲性. 理氣之合則爲心. 故一人之心. 卽天地之心. 一己之心. 卽千萬人之心. 初無內外彼此之有異."

2 위와 같음,「答奇明彦別紙」"蓋理雖在物. 而用實在心也."

李德弘에게 사서司書를 일임하고, 기르던 매화분을 밖으로 내놓아 물을 주라고 분부했다는 기록은 우리의 주의를 끌기도 한다. 임종 직전의 행동에서 선조와 대좌했을 때의 언설이 연상되기도 한다. 일국의 성상聖上에 대해 성리철학을 강론한 것과 임종 시 분매盆梅에 물을 주라는 행위는 성리의 사회적 권화權化인 성상을 높이고, 물리의 자연적 소산인 매화를 아끼는 선생의 모습이 구설口說의 존리尊理가 아니라 실천의 존리를 보여준 것으로 믿어진다. 이처럼 물리·성리·천리는 일리一理로 집약될 뿐만 아니라, 사회적으로는 의리의 리로 발현되는 것이다. 퇴계가 사회적으로 의를 강조한 모습은 황중거黃仲擧에게 준 의리지변義利之辨을 통해서도 본의를 엿볼 수가 있다.

그러나 일리一理는 알기도 어렵지만 안다고 해도 의리 실천이 어렵다. 의리 실천이 가능하다고 하더라도 존리 생활은 더욱더 어려운 것으로 짐작된다. 그래도 문제는 여전히 남는다. 어떻게 해서 그것이 가능한가라는 문제이다. 즉 존리의 주체 생활이 어떻게 정립되느냐 하는 문제라고 하겠다.

IV.

현대 사회에서 가장 두렵게 생각되는 점이 창의력의 둔화와 주체의식의 빈곤이라는 것을 앞서 지적한 바 있다. 정치적 주권이나 경제적 자립이나 사회적 협동이나 문화적 자긍自矜 등은 모두 자아와 직결된 약처約處라고 이해된다. 여기 말하는 주권이나 자립이나 협동이나 자긍은 어느 한쪽으로 기울지 않는 대중지정大中至正의 좌표에서 비로소 의미가 있다고 하겠다. 다시 말해서 '대중지정'이란 보편과 특수가 공존하는 곳이요, 주체 기능의 신장처新藏處라고 하겠다. 이 좌표에서 이 공존을 지키고 공존하면서 이 기능을 살린다는 것은 현대 사회의 민주 생활에서 매우 중요한 일로 생각된다.

이 좌표의 구출을 퇴계는 주자의 설을 계승하면서 주장하고 있다. 즉 공자가 "학문을 널리 배우고 배운 것을 예로써 단속한다"[3]라고 한 것이라든가, 자사가 "덕성을 높이고 묻고 배우는 길을 간다"[4]라고 한 것이라든가, 맹자가 "널리 배우고 그것을 자세히 풀어나가는 것은 장차 되돌아가서 그 요점을 풀려는 것이다"[5]라고 한 등등의 양면은 수레의 두 바퀴와 같고 새의 두 날개와 같아서, 어느 하나를 잃어도 수레는 구르지 않고 새는 날지 못한다고 하였다. 「전습록변傳習錄辯」을 지어서 왕양명의 심학을 비판한 것이나, 『연평답문延平答問』에서 선학禪學과 유학의 차이점을 지적한 것이나, 「심경후론心經後論」에서 육씨陸氏·노씨老氏에 대해 언급한 것 등등은 한결같이 대중지정에서의 이탈을 염려한 지적이라고 생각된다.

주권재민主權在民의 오늘날 대중 개개인이 모두 이 자리를 지킨다는 것은 바람직한 일이나, 주권재군主權在君 당시 군상君上이 그 대중지정의 좌표를 지킨다는 것은 진리 구현의 행권자行權者로서 더없이 긴요한 일이었다. 그렇기에 선조를 염려했고, 『성학십도』를 헌상한 것으로 이해된다.

제1도인 「태극도太極圖」로부터 제10도인 「숙흥야매잠도夙興夜寐箴圖」에 이르기까지 10개 도를 열거할 겨를도, 필요도 없겠으나, 퇴계 스스로의 말을 빌린다면 전반 5도 끝에 "이상 다섯 개의 도는 천도에 근본한 것으로서, 인륜을 밝히고 덕업에 힘쓰는 데 효과가 있다[以上五圖, 本於天道, 而功在明人倫懋德業]"라고 한 것과 후반 10도 끝에 "이상 다섯 개의 도는 심성에 근원한 것으로서, 일용에 힘쓰고 경

3 『論語』, 「顔淵」 "博學於文, 約之以禮."
4 『中庸』, 제27장 "尊德性, 而道問學."
5 『孟子』, 「離婁 下」 "博學而詳說之, 將以反說約也."

외를 높이는 데 요점이 있다[以上五圖, 原於心性, 而要在勉日用崇敬畏]"라고 한 것으로 미루어,『성학십도』전체를 흐르고 있는 선생의 본의가 짐작되는 것이다. 천도에 근본하되 공효는 인륜을 밝히고 덕업에 힘쓰는 데 있으며, 심성에 근원하되 추요樞要는 일용에 힘쓰고 경외를 높이는 데 있다는 것이다. 인륜 덕업이 천도와 유리될 수 없고, 일용 경외가 심성과 직결되어야 한다는 뜻을 시사하고 있다.

사실상 앞에서 끌거나 뒤에서 민다면 그것은 이미 고장 난 차일 것이다. 그러나 앞뒤의 보조 없이 구르는 자동차라고 하더라도, 그것은 사람의 운전을 기다려서 비로소 운행되는 것에 지나지 않는다. 여기서 주의 깊게 관심이 가는 것은, 차의 자동自動은 사람에 의한 것이지만 사람의 자동은 무엇에 의한 것인가 하는 문제이다. 차의 경우는 운전하는 기사와 운전되는 차가 확실하게 구별되지만, 사람의 경우는 운전하는 기사와 운전되는 사람이 다 같은 한 사람이라는 점에서 문제가 간단하지 않다.

인륜 덕업과 천도 사이의 주체적 기능과 일용 경외와 심성 사이의 주체적 기능을 전반 5도와 후반 5도로 요약해서 간명하게 교시해준 것이 바로 제5도와 제10도 말미의 글로 생각된다. 이렇게 볼 때, 천도와 심성은 주체적인 의미에서 잠시라도 떨어질 수 없는 관계에 있다고 하겠다. 즉 명령하는 나와 명령받는 내가 공존한다는 말이라고 이해된다. 공존한다고 해도 명령을 주기도 하고 받기도 하는 나도 있지만, 명령을 내리기만 하고 받지 않는 내가 있다고 할 때 그것은 궁극의 신성처라고 해야 할 것이다.

퇴계는 "사물에 명령을 내리되 사물로부터 명령을 받지 않는다[命物而不命於物]"[6]라고 하여 극존무대極尊無對한 리를 설명하고 있다. 성즉리라고 함은 송학 정통의 골자이기도 하지만, 퇴계에 의하면 마

6 『退溪全書』권13, 「答李達李天機」.

음은 일신의 주재요, 또 경은 일심의 주재라고 하였다.[7] 심 · 경 · 존리의 리는 현미무간顯微無間이나 체용일원體用一源으로 파악되는, 퇴계가 생각하는 궁극의 주체로 생각해보는 것이다.

노사勞使 간의 갈등은 피아의 주체 기능의 불연속에서 오는 것이다. 기업체의 안전과 번영은 노사 간 주체 기능의 일원화에 있다고 생각한다. 명령하는 나와 명령받은 내가 '같은 나'라고 할 때, 자칫 잘못하면 편벽된 자기 고집으로 고루해질 수 있다는 것이다. 어떻게 해서 명령하는 내가 '명물이불명어물' 하는 나로 지양될 수 있을까 하는 점은, 아마도 철학도라면 궁금하게 생각하는 부분이라고 하겠다.

퇴계는 앞서 말한 바와 같이 일신의 주재는 심이요, 일심의 주재는 경이라고 하였다. 이덕홍이 어떻게 하면 주체 확립이 가능한가를 물었을 때, 잠시 후에 "경이면 가능하다"라고 하였다. 또 많은 경설敬說 가운데서도 정程 · 사謝 · 윤尹 · 주朱의 설이 가장 절실한 것이라고 일러주었다. 이 네 명의 설의 공통점은 간단間斷 없는 일련의 지속성에 본지가 있는 것으로 생각된다. "거처공居處恭, 집사경執事敬"[8]이나 '삼월불위인三月不違仁'[9]이라고 함도 그러한 뜻으로 간주된다. 뿐만 아니라 이 '경'이 성학의 시종始終이 됨[10]을 극구 강조하고 있다.

물과 불은 자연계의 유행 면에서나 사회의 인간 생활에서 없어서는 안 될 필수물임 은 사실이다. 허공에 떠 있는 태양의 열이 허공의 열로 끝나버린다면 생물은 성장할 수 없을 것이다. 공중에 뜬 구름이 물임에는 틀림없지만 공중의 수증기로 끝나버린다면 생물의 성장

---

7 『聖學十圖』, 「第八 心學圖」.

8 『論語』, 「子路」.

9 위와 같음, 「雍也」.

10 『聖學十圖』, 「第三 小學圖」.

을 기대하기 어렵다. 땅속에 지열地熱이 있음으로써 만물에 온기가 상하상응上下相應하며, 지하로부터의 용천湧泉이 있음으로써 수기가 상하 유통되는 가운데 삼라만상의 생성 발전을 가져오는 것이다. 태양열이 단절되거나 부운浮雲과 용천이 격리될 수 없는 것처럼, 천리와 인성은 송학의 정통이 그런 것처럼 퇴계 선생에게는 '경'이라는 문을 통과함으로써 주체 기능의 일원적 정립이 가능하다는 것이다.

> 露草夭夭繞水涯 이슬 돋힌 고운 풀 물가를 둘렀고
> 小塘淸活淨無沙 작은 못 맑은 물 깨끗도 하여라.
> 雲飛鳥過元相管 구름도 흐르고 새는 날아서 서로 어울리는데
> 只怕時時燕蹴波 다만 제비의 발길 잔잔한 물결 흐릴까 두렵구나.[11]

이 시는 퇴계가 18세 때 지은 것이라고 한다. 일찍이 가경佳境을 보았고, 만상이 하나 되는 경지를 읊은 것으로 추측된다. 하나 되는 것만 알고 부분의 의미를 무시할 때, 기고만장하여 안하무인이 되기 쉬운 폐단을 범할 것을 염려하였다.

> 河南門下謝先生 정자의 문도門徒인 사 선생은
> 百聖心傳一語明 모든 성인의 심전心傳을 한 마디로 밝혔구나.
> 妙用深源都在熟 묘한 용과 깊은 근원은 모두 익는 데 있나니
> 瑞巖稊稗不須評 서암승瑞巖僧의 제패稊稗를 모름지기 평하지 말지어다.[12]

'체용일원'이니 '현미무간'이니 해서 높은 경지를 말하지만 아는

---

11 『退溪先生年譜』 권1, 「연보」, 〈十三年戊寅〉 참조.
12 『退溪先生文集』 권2, 「詩」, 〈琴聞遠東溪惺惺齋〉.

것보다 익히는 것이 중요하고, 실천도 소중하지만 경건이 뒤따라야 한다는 것이다. 같은 하나의 세계를 보고 경거망동과 정제엄숙整齊嚴肅의 차이를 가져온다면, 그것은 이론의 격차가 아니라 앎[知]과 익음[熟]에 말미암은 등차等差라고 생각된다. 온축된 학문과 원숙한 인격은 퇴계의 진면목이라고 믿어진다.

V.

선조와의 대화 속에서 퇴계 철학의 실마리를 찾아보았고, 현대 사회의 양상을 살피면서 「육조소」와 『성학십도』 및 격물치지설을 통하여 그 철학의 요점으로 리와 경을 고찰해보았다.

과거의 유학자들 가운데 '리'와 '경'을 말한 분이 적지 않다. 그렇지만 리라고 하더라도 '존리'·'양리養理'로 받아들인 학자가 없고, '경'이라고 하더라도 『심경心經』을 신명처럼 받들면서 지행쌍전知行雙全의 생활을 경으로 일관한 분은 드물다고 하겠다.

7년에 걸친 사칠논변四七論辨이 후생들에게 끼친 영향이 크다고 하나, 동질성과 이질성에 대한 엄격한 태도는 오늘날의 사회에서 특별한 관심을 가지게 한다. 도덕 연원이 배제된 사회나, 사회성이 유리된 종교는 똑같이 하나의 입장을 고수하는 일편一偏이라고 할 것이다. 하나를 지킴으로써 둘을 잊어버리거나, 둘만을 고집해서 하나를 잃어버리는 일은 다 같이 바람직한 일이 못 된다고 할 때, 둘을 지키면서도 하나의 존엄성을 상실하지 않고, 하나의 신성성을 우러러보면서 둘을 지켜가려는 데 퇴계의 철학적 핵이 있다고 생각된다.

세계는 싸울 수 없는 일가一家라는 테두리 안에서 여러 나라의 주권이 존중되어야 함은 더 말할 것도 없으나, 한민족의 남북통일은 하나의 민족적 종교에서 평화롭게 달성되어야 할 것이다. 따라서 존리

의 실현과 양리養理의 노력은 중대한 시대적, 역사적 의의를 갖는다
고 하겠다.

　가치관의 전도로 인하여 주권은 있는데 주체가 없다든가, 가정은
있는데 가족이 없다면 내외본말內本外末과 동정어묵動靜語黙을 통관
通貫하는 경은 존양尊養의 리와 함께 현대사회의 원심적 전향과 구심
적 변화에 핵심적 기여를 할 수 있으리라고 믿는다. 그것은 창의력을
소생시키고 새로운 가치관 정립에 도움이 되기 때문이다. 아울러 이
사상에 대한 서구 학문의 방법론적 접근은 앞으로 후학들에게 주어
진 과제라고 생각한다.

제3부 퇴계의 철학사상 연구
— 궁리窮理와 거경居敬을 중심으로

서론

Ⅰ. 사상의 형성과 그 변천 과정

Ⅱ. 철학사상의 내용

결론

서론

과거의 오랜 세월을 두고 쌓아올린 인류의 현대 문화는 오늘날 세계화 시대로 접어든 20세기에 있어서 철학적으로도 많은 문제를 안고 있는 것으로 보인다. 국가와 민족의 존립과 번영이 세계 평화와 직결되어야 할 때이기 때문이다. 그러므로 새로운 문화의 창조가 요구되고 참신한 인물의 등장이 요구되는 줄 안다.

공자의 육경六經 산술刪述은 신문화 창조를 위한 것이요, 시종일관 바람직한 인간상을 군자로 그려 제자 교육에 헌신한 것은 새로운 인간의 등장을 기대했던 까닭으로 생각된다. 공자의 이러한 헌신은 안자顔子·증자曾子·자사子思에 의하여 계승되었고, 정자程子를 거쳐 주자에 이르러서 집대성되었으며, 이 물결은 한국에 영향을 주어 유학사의 주축을 이루었다.

고려 말 주자학의 전래는 정포은鄭圃隱 이후로 조정암趙靜庵·이회재李晦齋·이퇴계李退溪·이율곡李栗谷을 경유하면서 꽃피어갔으며 학파를 형성해갔다. 조선의 유교 정책은 주자학을 강화하는 근원이 되었으며, 따라서 문화의 중추는 주자학을 중심으로 하는 유학에 있었고, 대부분의 학자들도 주자학을 기반으로 각자의 논리를 전개하였다. 그 절정을 차지하고 있는 두 사람이 퇴계와 율곡이었다.

중국의 고대와 현대의 세계가 우리 문화와 갖는 관계를 단절할 수는 없을 것이다. 공자와 주자와 퇴계를 이어서 생각할 때, 주자 속에서 공자를 볼 수 있고 퇴계 속에서 주자를 볼 수 있다면, 마땅히 현대 속에서도 퇴계를 볼 수 있을 것이다. 그러나 주자가 곧 공자는 아니고, 퇴계가 바로 주자도 아니며, 현대인이 곧 퇴계일 수도 없다. 다만 주자에 의해서 공자가 송대에 새로워졌고, 퇴계에 의해서 주자가 한국에서 새로워졌다면, 오늘날에 있어서 퇴계는 새로워질 수 있는 시기에 놓인 것으로 생각해보는 것이다.

퇴계를 연구함에 있어서 그의 존리尊理 정신과 경敬 사상을 그의 철학을 통해서 밝힘을 목적으로, 형성 및 변천 과정과 철학사상의 두 장으로 크게 나누었다. 제1장 형성 과정에서는 어려서부터 가진 '리'에 대한 주의와 성장하면서 가진 자연에 대한 관심이 더불어서 리기론으로 형성되어가는 양상을 살펴가며 그의 독창적 세계를 엿보았다. 변천 과정에서는 3단계로 구분해서 「천명도개정天命圖改訂」에서 고봉高峯과의 논변을 거쳐 리도설理到說로 정착되는 과정을 고찰하였다. 제2장 철학사상에서는 다시 이것을 넷으로 나누어 퇴계가 생각하는 원두처, 심·성·정과 인심·도심 문제, 사칠논변의 개요, 궁리와 거경 순으로 살펴보았다. 원두처에서는 특히 순수한 리를 중시하였고 심·성·정과 인심·도심 문제에서는 존리尊理 측면을 기저基底로 하여 분석해보았으며, 사칠논변에서는 그 전모를 요약해보았다. 끝으로 궁리와 거경에서는 리도설의 입장을 밝히면서 퇴계가 중시하는 경敬에 대하여 논술하였다. 다행히 일기를 얻어 원용할 수 있었다. 생활 속에서의 학문 성장과 '경'에 대한 집념을 구명하는 데 도움이 되었음을 다행스럽게 생각한다.

새 시대를 향해 가는 지금 기성문화가 재평가되어야 하며, 인간의 도구화로 인해서 상실되어가는 인성의 회복이 절실히 요구되는 현 시점에서 퇴계의 철학을 통해 존리의 입장을 밝히고, 그의 인간성에서 스며나오는 '경'의 의의를 고찰함은 새 이론의 정립을 위해서나 인성 회복에 결코 무의미한 일만은 아니라고 생각된다.

I. 사상의 형성과 그 변천 과정

1. 형성 과정

퇴계의 철학사상을 그 형성과 변천 과정으로 나누어서 고찰하기로 한다. 형성 과정에서는 대체로 리기론이 성립되는 경로를 리理에 대한 관심, 자연에 대한 관심, 리기론의 형성, 그리고 사상의 독창 면의 4단계로 구별하여 논술하고 변천을 3단계로 나누어 논술하고자한다.

A. 리에 대한 관심

'리理'라는 글자는 '다스릴 리' 또는 '이치 리'라고 해서 소당연所當然의 뜻이나 소이연所以然의 뜻으로 쓰인다. '소당연'이라고 하면 사회에서 사람들이 매사에 처리를 바르게 한다는 의미를 포함하는 것이며, '소이연'이라고 하면 모든 사물의 원인이라는 의미를 갖는다. 따라서 전자는 철학적인 측면에서의 표현이며, 후자는 윤리적인 측면에서의 용어로 구별된다. 철학과 윤리가 서로 떨어질 수 없는만큼, '소당연'의 리와 '소이연'의 리에 있어서도 리로 일관된다고생각할 수 있다. 이러한 점에서 리는 매우 중요하다고 생각된다.

리에 대하여 퇴계는 일찍부터 관심이 깊었던 것으로 보인다. 12세때에 송재松齋 이우(李堣, 1469~1517)로부터 『논어』를 배웠다. 퇴계의 숙부인 송재는 그를 교육하는 데 몹시 엄격하였다. 퇴계는 일찍이 "숙부께서는 권학勸學이 매우 엄하셔서 사색辭色을 꾸미지 않으시며, 뒤로 돌아앉아서 『논어』를 처음부터 끝까지 한 글자도 틀리지 않고 외워도 칭찬해주시는 말씀이 없었다. 내가 배움을 게을리하지 않은 것은 다 송재 숙부님의 은혜로 생각한다"[1]라고 말하였다.

자식처럼 돌보아주는 숙부의 사랑을 받아가면서[2] 자라온 퇴계는 그 고마움을 스스로 지은 「송재묘갈지松齋墓碣識」에 기록하였다. 『논어』를 배우다가 '제자가 집에 들어와서는 효도하고, 나가서는 공손히 한다[弟子入則孝, 出則弟]'는 내용에 이르러서 "사람의 자식 된 도리가 마땅히 이와 같아야 한다"[3]라고 자경自警한 일이 있다. 또 어느 날 송재에게 리理 자를 가지고 "범사에 옳은 것이 리입니까?"하고 물어서[4] 송재를 기쁘게 해준 일도 있었다. 퇴계는 "『논어』의 맛을 모르다가 모편某篇의 주註 '리' 자에 이르러서 황연怳然히 심득心得한 듯이 느껴져 송재 숙부님께 물었다"[5]라고 하였다.

여기에 말한 '모편某篇'이라는 것을 간재艮齋 이덕홍(李德弘, 1541~1596)은 「자장편子張篇」이라고 이해하고 있는 것으로 생각된다. 이덕홍은 어느 날 퇴계로부터 『논어』 강의를 들었을 때, 사상채(謝上蔡, 주자의 문인)가 "성인의 도란 미현微顯이 없고 내외內外가 없는 것이며, 쇄소灑掃·응대應對·진퇴進退의 실천을 통해서 천도天道

1 『退陶先生言行通錄』권2, 「類編」, 〈學問第一〉 "松齋叔父, 勸學甚嚴, 不假辭色, 嘗背誦論語, 自初章至終篇, 不差一字, 而亦無獎許之言, 余之不怠於學, 皆松齋敎督之力也."

2 『退溪全書』권46, 「墓碣誌銘」, 〈叔父戶曹參判府君墓碣識〉 "府君神骨淸秀, 韻致高遠, 溫良愷悌, 篤於孝義, 事大夫人, 承順怡愉, 極其懽豫, 撫敎諸孤姪, 猶己之子."

3 『退溪先生年譜』권1, 「연보」, 〈七年壬申〉先生十二歲 "至弟子入則孝出則弟, 惕然自警曰, 人子之道當如是矣."

4 위와 같음, 권1, 「연보」, 〈七年壬申〉先生十二歲 "一日將理字問松齋曰, 凡事之是者是理乎, 松齋喜曰, 汝已解文義矣."

5 『退陶先生言行通錄』권2, 「類編」, 〈學問第一〉 "受論語於松齋公, 茫然不知其味, 至某篇註理字, 怳然似有得於心, 便謂曰, 凡事物之當然者, 謂之理乎, 松齋喜曰, 汝自此有悟於學矣."

의 본말本末과 일이관지一以貫之에 도달하는 것이니, 『논어』 한 책도 이와 같이 보아야 한다."고 한 것을 인용하면서 "이렇게 읽은 뒤에야 비로소 『논어』의 뜻을 알 수 있고 성인의 도를 볼 수 있다"라고 한 말을 『언행록』에 기록하고 있다.[6] 이덕홍이 지적한 「자장편」에는 제12장에 쇄소灑掃 · 응대應對 · 진퇴進退와 본말本末에 관한 자유子游와 자하子夏의 대담이 있어서 주석 가운데 리理에 관한 것이 보인다.

정자程子가 "물 뿌리고 쓸고 응대하는 것이 곧 형이상자인 것은 리에 크고 작은 것이 없기 때문이다. 그러므로 군자는 다만 홀로 있을 때에 삼간다."[7]라고 주석한 곳에 '리'라는 글자가 보인다. 뿐만 아니라 "일에는 근본과 말단이 있지만, 근본과 말단을 두 가지 일로 나눌 수는 없다. 물 뿌리고 쓸고 응대하는 것은 그대로의 일이지만, 반드시 그러한 까닭을 갖고 있다"[8]라고도 하여 근본과 말단, 소당연所當然과 소이연所以然이 한 이치로 관통하고 있음을 밝혀주고 있다.

『연보』에는 이 '제자가 집에 들어가서는 효도하고, 나가서는 공손히 한다[弟子入則孝, 出則弟]'는 문장을 배운 날짜와 리를 질문한 날짜가 같은지 다른지가 분명하지 않다. 같은 날이라고 한다면 이덕홍의 말이 타당하지 않을 것이다. 만약에 같은 날이라고 생각할 때에는 '아무 편 주석의 리理 자'라는 퇴계의 말은 「학이편」 제6장의 주해[9]라고 생각된다. 『언행록』 제2권 「설록雪錄」에 보이는 퇴계의 질문에 나

---

6 위와 같음, 권2, 「類編」, 〈學問第一〉 "夫聖人之道, 無微顯, 無內外, 由灑掃應對進退, 而上達天道, 本末一以貫之, 一部論語, 只恁地看(以上上蔡語), 今須如此讀, 然後始知論語之義."

7 『論語』, 「子張」 제12장 章下註 "又曰: 灑掃應對, 便是形而上者, 理無大小故也, 故君子只在謹獨."

8 위와 같음, 「子張」 제12장 章下註 "又曰: 凡物有本末, 不可分本末爲兩段事, 灑掃應對是其然, 必有所以然."

9 위와 같음, 「學而」 제6장 주석 "愚謂力行而不學文, 則無以考聖賢之成法, 識事理之當然, 而所行或出於私意, 非但失之於野而已."

오는 사물지당연자事物之當然者는 사리지당연事理之當然과 그 표현이 유사하다. 과연 퇴계가 말한 '모편'이 어느 편일까를 규명하려고 「자장편」과 「학이편」을 비교하는 것이 아니라, 그 어느 쪽이든 리에 관한 의심을 일찍부터 갖고 있었다는 것을 밝히고자 할 따름이다.

제자들에게 교육할 때에도 '리'를 알기 어려움을 말하고, 또 일생 동안 리를 '지극히 높아서 짝이 없는[極尊無對]' 것으로 높인 퇴계는 12세 때부터 그러한 싹을 보여주었으며, 성장하는 동안에 자연에 대한 관심과 더불어 리에 대한 견해가 깊어진 것으로 생각된다.

B. 자연에 대한 관심

14세 때부터는 이미 독서를 즐겨 했고, 사람이 많이 모인 자리에서도 반드시 벽을 향해서 잠심완미潛心玩味하게 되었으며, 도연명陶淵明의 시를 좋아하고 그 인품을 사모하게 되었다.[10]

18세에 지은 「봄에 노닐며 들 연못을 읊다[遊春詠野塘]」라는 절구 한 수가 있다.

露草夭夭繞水涯 이슬 머금은 풀은 야들야들 물가를 둘렀고
小塘清活淨無沙 작은 연못은 맑고 깨끗하여 티끌도 없네.
雲飛鳥過元相管 구름 흐르고 새 나는 건 본래 제각각이나
只怕時時燕蹴波 때때로 제비가 물결을 찰까 걱정스러울 뿐.[11]

겨울잠으로부터 만물이 소생하는 봄 풍경 속의 자연을 이슬 머금은 풀에서 보며 연못의 물과 흐르는 구름이 어울린 하나의 세계를 읊

---

10 『退溪先生年譜』 권1, 「연보」, 〈九年甲戌〉 "好讀書, 雖稠人廣坐, 必向壁潛玩(愛淵明詩, 慕其爲人)."

11 위와 같음, 「연보」, 〈十三年戊寅〉 참조.

은 것으로 생각된다. 「설록雪錄」에는 선생이 소시少時에 우연히 연곡
燕谷에 놀러 갔는데 계곡 안에 작은 못이 있고 물이 하도 맑아서 느
낌이 있어 시를 지었다고 했고, 천리天理가 유행流行하는데 인욕人欲
이 끼어들까 두렵다고 한 것이 기록되어 있다.[12]

이덕홍이 이 시를 어느 때 지었느냐고 물었더니, 퇴계의 대답이
'18세 작'이라고 하면서 "당시에는 얻은 바 있는 것처럼 생각했는데
지금 생각하니 참으로 우습다"라 하고 "차후에 만일 다시 진일보하
면 반드시 오늘에 전일을 웃는 것과 같으리라"[13]고 하였다는 것이다.
이해가 신유년辛酉年이니 퇴계가 61세 때이다. 18세 때의 작품을 회
상하면서 나눈 대화인 것이다. 19세 작인 다음의 「마음을 읊은 시詠
懷詩」 절구 한 수를 보면 좋아하는 자연의 숲 속에서 독서와 사색에
잠겨가는 모습을 보여준다.

　　獨愛林廬萬卷書 숲 속 집의 만권서를 홀로 사랑하여
　　一般心事十年餘 한결같은 마음 십 년을 넘어섰네.
　　邇來似與源頭會 이제는 원두처를 만난 듯도 하여
　　都把吾心看太虛 내 마음을 잡고 태허를 본다네.[14]

이 시에서 '원두처를 만난[與源頭會]'이라는 표현과 '태허를 본다
[看太虛]'는 말은 매우 깊이 있는 표현임이 주목된다. 만나거나 보

12 『退陶先生言行通錄』 권2, 「類編」, 〈學問第一〉 "雪錄曰: 先生少時, 偶遊燕谷, 谷
　有小池, 水甚淸淨, 乃有詩曰, 露草夭夭繞水涯, 小塘淸活淨無沙, 雲飛鳥過元相
　管, 只怕時時燕蹴波, 謂天理流行, 而恐人欲間之."

13 위와 같음, 권2, 「類編」, 〈學問第一〉 "辛酉夏, 德弘問此何時所作也, 先生曰, 吾
　十八歲時作也, 當時以爲有得, 到今思之, 則心極可笑, 此後若更進一步, 則必如
　今日之笑前日矣."

14 『退溪全書』 권1, 〈詠懷〉 참조.

는 것은 지적知的이라기보다는 느낌의 표시라고 생각할 때, 1년 전 18세 작에서의 사실 세계에 대한 읊조림보다는 무형無形의 세계로 그 생각이 심화되어가고 있음을 엿볼 수 있다. 또한 『논어』를 읽고는 확고히 입지가 되었고, 오랜 노력 끝에 자연히 마음[心]과 이치[理]는 회통되어 차츰 위로 향해갔다.『태극도설太極圖說』을 읽고 나서 환하게 조화의 근원과 인물의 근본이 이미 마음에 분명하게 밝아졌다"[15]라고 한 퇴계의 말을 이덕홍은 기록하고 있다. 여기 "자연히 마음과 이치가 회통되었다[自然心與理會]"라는 말은 앞 시의 결구인 "내 마음을 잡고 태허를 본다"는 말과 상통됨을 알 수 있다.

그리고 같은 해에 『성리대전性理大全』의 수미首尾 두 권을 처음으로 얻어 보고 비로소 성리학을 알게 되었다고 퇴계 스스로 말하고 있는 것을 보면,[16] 뒤에 언급할 원두처에 대하여 주의를 기울이기 시작한 것 같다. 성리학에서의 체단體段을 스스로 구별할 수 있을 정도로 괄목할 만한 진전을 보게 된다.

20세에 이르러 『주역』을 탐독하게 되었다.[17] 『성리대전』의 수권首卷에서 태극에 관해 공부한 퇴계는 1년 후에 『주역』을 보게 되었다. 침식을 잊고 잠심해서 읽게 된 것은 그럴 만한 이유가 있었을 것이지만, 최후의 근본 문제 해결을 위한 진도 과정이 아니었던가 생각된다. 다만 여기서 주의하고자 하는 것은 일찍이 도연명을 사모하면서 자연을 좋아하게 되었고 그 자연 속에 깃들어 있는 리에 대한 철학적

---

15 『退陶先生言行通錄』 권2, 「類編」, 〈學問第一〉 "及讀魯論立志不群自能勤苦嚴立課程, 成誦精思, 溫故知新, 爛熟蓋久而自然心與理會, 習與性成, 雖未得形言, 而稍稍向上面去, 得太極圖說而讀之, 則渙然氷釋, 豁然貫通而造化之源, 人物之本, 已瞭然於心目之間."

16 위와 같음, 권2, 「類編」, 〈學問第一〉 "先生自言十九歲時, 初得性理大全首尾二卷試讀之, 不覺心悅而眼開玩熟, 蓋久漸見意味似得其門路, 自此始知性理之學體段自別也."

17 『退溪先生年譜』 권1, 「연보」, 〈十五年庚辰〉 "讀周易, 講究其義, 殆忘寢食."

인 탐구가 깊어갔다는 점이다. '태허'라는 용어가 장횡거張橫渠에게
서 나온 것이기는 하지만,[18] 퇴계는 그의 학문 방법을 원용하되 경敬
과 관련하여 이해하는 것[19]이 기일원론氣一元論과 구별되는 것이라
고 생각했다.

퇴계는 어려서부터 리에 주의가 깊었고, 자라면서 자연을 사랑하
는 가운데 소이연所以然의 리를 깊이 탐구하는 방향으로 발전되어
갔다. 차츰 리기론 형성의 기저를 굳혀가게 된 것으로 생각된다.

C. 리기론의 형성

숙부 송재에게 '리' 자에 대해 물었던 것은 『논어』의 주석에서 얻
은 동기였다. 도연명의 자연을 흠모하는 가운데서 현상과 더불어 내
재하는 본체를 생각하게 된 것으로 보임은 앞에서의 언급과 같거니
와, 『태극도설』을 비롯하여 『성리대전』과 『주역』을 차례로 독파해가
면서 차츰 리기에 관한 문제로 발전되어갔다. 이것은 퇴계가 태학에
들어가기 이전의 일이다.

태학을 거쳐 과거에 급제한 이래 관직 생활을 하면서부터는 잠시
그 학문의 진전이 모호해진다. 그러나 애당초 과거에 응시한 것부터
가 권유에 의한 것이었던 만큼, 뜻은 관리 생활이 아니라 학문에 있
었던 것이요, 정치에 있었던 것은 아니다. 그런 데다가 사화士禍로 말
미암아 격동하는 분위기 속에서 그는 일찍이 물러갈 것을 결심한 뒤
로부터 학문 · 도덕은 날로 진보되어갔다.

그의 리기론은 정지운(鄭之雲: 1509~1561)의 『천명도설天命圖說』

---

18 『正蒙』, 「太和」 참조.

19 『退陶先生言行通錄』 권2, 「類編」, 〈學問第一〉 "先生曰, 古人盤盂几杖, 皆有銘,
但心無儆省之實, 則箴書滿壁, 亦將視而不見, 固何益哉, 爲學如張橫渠晝有爲夜
有得, 言有敎動有常, 瞬有存息有養, 則此心常存而不放矣."

을 수정해준 데서부터 그 윤곽을 드러내기 시작한다. 퇴계가 53세 때의 일이다. 이것은 장차 기대승(奇大升: 1527~1572)과의 사단칠정론四端七情論으로 발전되어갔다. 기대승의 반론에 부딪치게 된 것이 그로부터 7년 후인 60세 때의 일이다. 도산서당을 건축하여 학문 연구에 몰두하고 제자들의 교육에 임한 시절이다. 기대승으로부터 사칠론에 대한 변론을 받을 때까지 퇴계의『주자서절요』가 완성된 것으로 보아『주자대전』을 완독한 것으로 보인다. 그뿐만 아니라『계몽전의啓蒙傳疑』와『송계원명이학통록宋季元明理學通錄』을 저술했을 때이고 보면, 송학宋學에 대한 조예는 일단락을 지었던 시기로 생각된다.

국내 학자들의 사상을 접했다면 정몽주(鄭夢周: 1337~1392), 권근(權近: 1352~1409), 정도전(鄭道傳: 1342~1398) 등의 고려 말 인사들을 비롯하여 김종직(金宗直: 1431~1492), 김굉필(金宏弼: 1454~1504), 조광조(趙光祖: 1482~1519) 등의 조선 초 학자들, 그리고 퇴계 당대의 학자로 서경덕(徐敬德: 1489~1546)과 이언적(李彦迪: 1491~1553)을 들 수 있다. 퇴계는 정몽주에 대하여 '동방 이학理學의 조종祖宗'이라 하였고,[20] 한훤당 김굉필과 정암 조광조를 리학의 으뜸으로 이해하였다.[21] 화재 이언적은 근세에 가장 뛰어난 이학자로 생각하였다.[22] 그러나 점필재 김종직에 대해서는 문장지사文章之士라고 지적하였고,[23] 화담 서경덕에 대해서는 '리'에 대해 심히 투철하지 못하며 기를 주로 하는 것이 너무 지나쳐 기를 리로 인식하는

---

20 위와 같음, 권2,「類編」,〈義論第四〉"嘗言, 吾東方理學以鄭圃隱爲祖."

21 위와 같음, "金寒暄·趙靜庵爲首."

22 위와 같음, "晦齋集, 其所學之正, 所得之深, 殆近世爲最也."

23 위와 같음, "佔畢亦是文章之士耳."

병통이 있음을 증언하였다.[24]

　이상의 여러 국내 학자들의 논저를 박람博覽하였을 것으로 보인다. 서경덕의 기론氣論에 대해서는 심한 공격을 한 반면, 이언적의 학술에 대해서는 높이기도 하였거니와 퇴계 자신이 매우 존경했던 인물이다. 퇴계가 이언적을 높은 것은 자신이 찬한「회재행장晦齋行狀」에서 그의 인품을 사모했음을 고백[25]하고 있음을 보아도 알 만하다. 학문 내용에 대해서 세 가지 저서(『대학장구보유大學章句補遺』, 『구인록求仁錄』, 『중용구경연의中庸九經衍義』)는 선생의 학문이요, 독창적 견해는 「망기당 조한보와 무극·태극을 논한 편지[與曹忘機漢輔論無極太極書]」4, 5편에서 가장 잘 알아볼 수 있고, 또 이것은 송유들이 남긴 것 아님이 없으며, 그 중에서도 주자(考亭: 朱子)에게 얻은 바가 많다고 한 다음, 독학으로서 대성한 동방의 걸출이라고 하였다.[26]

　대개 퇴계의 리기론을 형성해주는 과정에서 영향 또는 상호 교섭을 주고받은 학자들을 살펴보았다. 여기서 이루어진 사상적 기반에서 기대승과의 토론이 시작되었고, 7년이라는 오랜 기간을 지나면서

24　위와 같음, "先生曰: 觀其議論, 論氣則精到, 論理則未透, 或認氣爲理."

25　『退溪全書』권49, 「晦齋李先生行狀」"然先生在當時, 旣深自韜晦, 故人未有知其爲有道者, 滉之不肖, 固嘗獲登龍門而望芝宇矣, 亦懵然莫覺, 不能以是深扣而有發焉, 十數年來, 病廢林居, 若有窺覘於塵壒間, 顧無所依歸而考問, 然後未嘗不愾然想慕乎先生之爲人."

26　위와 같음, "凡先生之出處大節, 忠孝一致, 皆有所本也, 先生在謫所, 作大學章句補遺, 續或問, 求仁錄, 又修中庸九經衍義, 衍義未及成書, 而用力尤深, 此三書者, 可以見先生之學, 而其精詣之見, 獨得之妙, 最在於與曹忘機漢輔論無極太極書四五篇也, 其書之言, 闡吾道之本原, 闢異端之邪說, 貫精微徹上下, 粹然一出於正, 深玩其義, 莫非有宋諸儒之緖餘, 而其得於考亭者, 爲尤多也, 嗚呼, 我東國古被仁賢之化, 而其學無傳焉, 麗氏之末, 以及本朝, 非無豪傑之士有志此道, 而世亦以此名歸之者, 然考之當時, 則率未盡明誠之實, 稱之後世, 則又罔有淵源之徵, 使後之學者, 無所尋逐, 以至于今泯泯也, 若吾先生, 無授受之處, 而自奮於斯學, 闇然日章而德符於行, 炳然筆出而言垂于後者, 求之東方, 殆鮮有其倫矣."

이른바 호발설互發說의 정립을 보게 되었다. 기대승과의 논변이 일단 끝난 후에도 퇴계는 더욱 연마를 거듭해서『성학십도聖學十圖』를 선조께 올리게 되었고, 심 · 성 · 정 문제, 격물치지 문제 등의 만년정설晚年定說을 확립하기에 이른다. 리기론은 중국에 그 연원을 두고 있지만, 학술 토론이 오래되고 심각해지면서도 독창적인 데로 발전해갔다는 데 의의가 있다.

D. 사상의 독창 면

사람은 누구나 타율보다는 자율을, 억제보다는 자유를 원한다. 학자에게는 모방보다는 창의가 중요하다. 그러나 어느 때 어느 곳에서든지 어느 누구도 그 이전의 영향 없이 독창적인 사상을 형성할 수는 없다. 소크라테스 이전에 자연 철학자들이 있었고, 칸트 이전에 형이상학 · 경험론이 있었고, 그리스도 이전에 유대교가 있었고, 공자 이전에도 전통적 천제사상天帝思想이 있었고, 석가 이전에는 인도 전통의 브라만교가 있었다. 앞서 있었던 이러한 철학과 사상들은 모두 뒤에 오는 학자들에게 영향을 주었고, 이것을 계승한 그들은 그것을 기반으로 해서 그 나름대로 독창적 사상의 발전을 보았다. 퇴계는 조선조의 유교문화를 배경으로 하여 주자의 성리설을 주축으로 그 사상이 형성되었고, 그 기초 위에 그의 창견은 구축되어갔다.

기대승과의 논전이 한참 치열했을 때 퇴계는 지원해주는 이가 절실하게 필요했었다. 호발설의 주장은 결코 다른 곳에서 원용해온 것은 아니다. 육박해오는 기대승의 논조에 대하여 후원해주는 학자가 필요했던 바,『주자어록』을 읽다가 뜻밖에도 이를 발견하여 용기백배로 힘을 얻었고 자신감을 굳혀가게 되었다.

퇴계와 같이 호발설을 주장한 주자는 1130년에 출생하여 1200년에 돌아갔다. 퇴계의 출생 연대 1501년과 비교하면 300년의 차이가 난다. 즉 퇴계가 한 말을 주자가 이미 300년 전에 하고 있다. 그러

나 퇴계의 이 호발설을 비난, 부정하는 나머지 주자가 말한 그 자체
에 대하여 비판을 가한 것이 우암尤庵 송시열(宋時烈, 1607~1689)과
남당南塘 한원진(韓元震, 1682~1751)이었다. 그들의 견해에 따르면
『주자어록』의 기록이 잘못이라는 것이다. 그 까닭을 다음과 같이 설
명하고 있다.

　　사단칠정을 논하는 데 사단을 리지발理之發이라고 하고, 칠정을 기
　지발氣之發이라고 하는 것이『주자어류』에서 일견된다. 사단을 심지용
　心之用이라고 한 것이『맹자집주』에 보이고, 칠정을 성지발性之發이라
　고 한 것이『중용장구』에 보인다. 또 사단칠정은 다 정인데 선생이 혹
　은 정을 심지용心之用이라고 하고, 혹은 정을 성지동性之動이라고 했
　는데, 대개 심은 기이면서 성을 포함하고, 성은 리이면서 심에 갖추어
　있으니, 즉 정은 심지동心之動이면서 성지승性之乘인 것이라고 하였
　다. 심을 말하는데 성이 그 가운데 있고, 성을 말하는데 심이 그 가운
　데 있다. 그러므로 선생은 정을 말하는데, 심으로 인해서 말하면 심지
　용心之用이라고 하고, 성으로 인해서 말하면 성지동性之動이라고 해서
　일찍이 나누어 말하지 아니했다. 만일에 반드시 심·성의 작용을 분별
　하고자 한다면, 또한 다만 정이 움직인 곳에서 그 기가 움직인 것을 가
　리켜서 심지용心之用이라고 하고, 그 리지승理之乘인 것을 가리켜서
　성지용性之用이라고 하여 두 가지를 나누는 것은 옳지 못하다. 이것
　은 리·기에 이발二發이 없고 심·성에 이용二用이 없다고 하는 까닭
　이다. 선생이 사단칠정을 가지고 리기의 발發에 분속시키는 것은 다만
　일견해서 정을 가지고 혹은 심에 분속시키고 혹은 성에 분속시키는 것
　이니, 심성에 분속시키지 않는 것은 곧 아언雅言인 것이다. 그 일견한
　것은 혹 기록의 잘못일 것이다. 혹 이것은 일시의 견해요, 그 아언은

그 평생의 정론定論임을 알 수 있다.[27]

퇴계의 견해는 고봉·율곡·우암·남당의 계열과 반대였다. 그러나 여기서는 이들의 견해를 비판하자는 것이 아니라, 비록 퇴계의 호발설이 주자에 의해서 일찍이 언급된 바 있기는 하지만 이『주자어록』을 읽기 전에 발표된 것인 만큼 퇴계의 창견이라고 해야 하고, 또한 이로 말미암아 후세에까지 문제가 되었음을 지적하고자 할 뿐이다. 구체적인 내용은 뒤에 논급하겠지만, 만년의 리도설理到說과 같은 이론은 역시 그의 독창적인 견해에서 얻어진 것이라고 할 수 있다. 이렇게 형성되어온 그의 학문은 그 변천에 있어서 몇 개의 단계로 구별해볼 수 있다.

2. 변천 과정

『성학십도』는「제일태극도第一太極圖」로부터 시작하여「제십숙흥야매잠도第十夙興夜寐箴圖」로 끝을 맺고 있다. 퇴계는 제자들에게 제일 먼저『태극도설』을 가르쳤다. 그 이유를 퇴계 자신이 이로 말미암아 입도한 까닭[28]이라고 하였다. 이것을 보면, 학문을 시작하는

---

27 『朱子言論同異考』 권2,「情」“論四端七情, 以四端先爲理之發, 七情爲氣之發者, 一見於語類(見孟子四端章廣錄), 以四端爲心之用, 見於孟子集註(集註人之所以爲心者不外是四者), 以七情爲性之發, 見於中庸章句(章句喜怒哀樂情也, 未發則性也), 且四端七情皆情也, 而先生或以情爲心之用(元亨利貞說, 性者心之理, 情者心之用), 或以情爲性之動(孟子集註, 情者性之動), 蓋心卽氣也而包是性, 性卽理也而其於心, 靜則心之動而性之乘者也. 言心, 性在其中, 言性, 心在其中, 故先生言情, 因心而言則包心之用, 因性而言則謂性之動, 未嘗分言也. 若必欲分別心性之用, 亦只就情之動處, 指其氣之動者, 爲心之用, 指其理之乘者, 爲性之用而二者不可分開也. 此所以理氣無二發而心性無二用也. 先生以四端七情分屬理氣之發者, 只一見, 而以情或屬心或屬性, 不分於心性者, 乃其雅言也. 其一見者, 或是記錄之誤, 或是一時之見, 而其雅言者可知其爲平生之定論也.”

28 『退陶先生言行通錄』 권2,「類編」,〈學問第一〉“先生講太極圖說曰, 吾之告人, 必以此先之者, 吾初年由此而入故耳.”

데 있어서『태극도설』을 매우 중요시함을 알 수 있다. 그뿐만 아니
라『성리대전』에 실린『태극도설』은 퇴계의 입두처入頭處를 계발해
준 바요,「경재잠敬齋箴」은 수용지지受用之地[29]라고 하였다. 이것을
미루어볼 때 일생의 학문 연찬 과정을 실제로 그와 같이 밟았고, 또
그것을 학문을 달성하는 데 겪어야 할 도정途程으로 생각해서 그대
로 강학한 것으로 보인다. 그러므로 퇴계에 있어서 학문의 시발점
은『태극도설』에 있었고, 그 종점은 경敬에 있었으며, 그 중간기는
창의創意로 발전해가는 시기로 생각된다. 이러한 테두리 안에서「천
명도天命圖」를 개작한 전후까지를 제1단계, 기대승과 사칠논변을
시작하고 끝낸 시기를 제2단계, 그 이후를 제3단계로 구분할 수 있
을 것이다.

A. 제1단계

이 시기에 저작된 논저로서『개정정지운천명도改訂鄭之雲天命圖』,
『논숙흥야매잠주해論夙興夜寐箴註解』,『주자서절요朱子書節要』의 편찬
과 그 서문,「정재기靜齋記」,『송계원명이학통록』의 편찬 및 그 서문
등이 있다. 퇴계의 학문 배경을 보면『심경부주心經附註』와『성리대
전』과『주자대전』이 큰 비중을 차지하고 있다.[30] 대개 이것은 제1단
계에서 그의 학문의 기반으로 독파·정리되고 논저로 발표된다. 이
가운데『심경부주』와「정재기」는 이 시기의 사상을 엿보는 주요처가
된다고 생각된다.『심경부주』는 반궁泮宮 유학 시절에 처음으로 입수
하여 공부한 것으로 보인다.[31] 이로 말미암아 심학心學의 연원과 심

---

29 위와 같음, "先生嘗言, 性理大全中太極圖說, 乃吾所啓發入頭處, 敬齋箴乃吾受
用之地."
30 이상은,『퇴계의 생애와 학문』, 서문당, 1974, 8쪽.
31 『退溪全書』권41,「心經後論」"滉少時, 遊學漢中, 始見此書於逆旅, 而求得之."

법心法의 정미함을 알게 되었고, 평생토록 이것을 신명과 같이 믿고 엄한 아버지처럼 존경하였다.[32]

　제자들을 교육하는데도 『소학』·『대학』 다음에 『심경心經』을 가르쳤고,[33] 스스로는 늘 새벽이면 이것을 암송하였다는 것이다.[34] 『심경부주』의 내용은 삼경三經·사서史書, 『예기禮記』「악기樂記」, 주자周子·범씨范氏·주자朱子 중에서 심학心學에 관한 것을 초록한 것으로 되어 있다. 퇴계는 학자로 하여금 감발感發·흥기興起하여 진지眞知 실천에 힘쓰게 해야 하며, 그것은 『주자서절요』를 떠나서는 구할 수 없다고 하였다.[35] 가르치고 외우면서 감흥·실천한 모습으로 간주된다.

　이 시기에서 그의 사유 반경은 「천명도설후서天命圖說後叙」와 「정재기靜齋記」를 통해서 볼 수 있다. "「천명신도」는 주자설을 인용하고 태극의 본도本圖에 근거해서 『중용』의 대지大旨를 서술하였다"[36]라고 했으니, 그 사고 범위는 주자와 주염계와 자사子思로 윤곽 지을 수 있다. 「정재기」는 위의 「천명도설후서」와 같은 계축년(53세)에 지었던 것을 병진년(56세)에 개작한 것이다. 남언경南彦經의 간청에 의해서 지어준 「정재기」는 남언경이 의심처를 질문해온 바, 심사숙고한 나머지 부족한 곳이 많음을 부끄럽게 여기고 고쳐 쓰기에 이르렀

---

32 『退陶先生言行通錄』 권2, 「類編」, 〈學問第一〉 "先生自言吾得心經, 而後始知心學之淵源, 故吾平生信此書如神明, 敬此書如嚴父."

33 위와 같음, "先生敎人, 先之以小學, 次及大學, 次及心經, 次及語孟, 次及朱書, 而後及之於諸經."

34 위와 같음, "德弘嘗侍宿樹谷, 先生鷄鳴而起, 作聲誦心經, 因講魯論, 其自强不息, 有如此."

35 『退溪全書』 권42, 「朱子書節要序」 "然則將使學者, 感發興起, 而從事於眞知實踐者, 舍是書何以哉."

36 『退溪全書』 권41, 「天命圖說後叙」 "今是圖也, 不過用朱子說, 據太極之本圖, 述中庸之大旨."

다.[37]

공자의 적감寂感, 자사子思의 중화中和,『대학』의 정정定・정정靜, 주자
의 주경主靜, 그리고 구산龜山・예장豫章・연평延平으로부터 주자에
이르는 연원을 따라서 정정靜의 문제를 다루면서 선적禪寂과 익허溺虛
를 엄격하게 구별하고 있다. 양편의 글로 보아서 공자・자사・맹자
를 주축으로 하고 송학을 경과하면서 주자 중심의 성리설로 정착되
는 경향을 알 수 있다. 그러다가 기대승의 질문에 봉착하면서 '발發'
의 문제를 가지고 새로운 양상을 띠게 되었다.

B. 제2단계

사상 발전을 뒷받침해주는 발표된 논저를 살펴보면 다음과 같다.

   a.「답기고봉서변사단칠정答奇高峯書辨四端七情」(60세)
   b.「심무체용변心無體用辨」(64세)
   c.「심경후론心經後論」(66세)
   d.「무진육조소戊辰六條疏」(68세)
   e.『성학십도』(68세)

기대승과의 논변은 그 줄거리의 개략을 위해 별도로 취급하기로
한다. 다만 두 사람이 처음 입장 차이가 있었으나 나중에 접근을 보
게 되었으며,『주자어류』에 힘입었다고는 하나 창견創見이 앞섰음을
지적하고자 한다.

「심무체용론」에서는 종실宗室인 종성령鍾城令 이연방李蓮坊에 대

---

37 『退溪全書』권42,「靜齋記」"滉向爲南時甫作靜齋記, 乃癸丑秋也, 當時自以爲
無可訾也, 乙卯東歸, 屛處溪莊, 其明年, 時甫以書來問, 因憶是記, 取之舊篋而
讀之, 始覺其說道理太多, 著語下字, 疏繆處亦非一二, 心甚愧愓, 旣於答書言之,
間中爲之刪淨, 改撰如右."

하여 심心에 체용體用이 없다는 주장을 반박하고 있다. 언급 범위를
보면 『주역』·『중용』·『대기戴記』와 자사·맹자·정자의 심설心說을
인용하였다. 특히 주자의 말을 원용하여[38] 이연방을 공박하면서 끝
을 맺었다.

「심경후론」에서는 퇴계 자신이 「심경」을 평생 존신한다는 것과 정
황돈程簧墩에 관해서 세 조목을 지적하여 그의 견해의 그릇됨을 비
난했으며, 주자의 입장을 고수하여 말학末學의 잘못을 구하려는 뜻
에 동조하고 있다.[39]

「무진육조소」에서는 첫째 계통을 중시하여 인과 효를 온전히 할
것[重繼統以全仁孝], 둘째 참소와 이간질을 막아 양궁을 친히 할 것
[杜讒間以親兩宮], 셋째 성학을 도타이 하여 다스림의 근본을 세울 것
[敦聖學以立治本], 넷째 도술을 밝혀서 인심을 바르게 할 것[明道術以
正人心], 다섯째 복심을 미루어 이목에 통할 것[推腹心以通耳目], 여섯
째 닦고 살피는 것을 성실하게 하여 하늘의 사랑을 받들 것[誠修省以
承天愛]의 여섯 조를 들어서 순조를 격려했고, 끝으로 의리가 마음을
기쁘게 하는 것과 성정이 요순과 같이 되기를 기대하였다.[40]

『성학십도』는 「제일태극도第一太極圖」, 「제이서명도第二西銘圖」, 「제
삼소학도第三小學圖」, 「제사대학도第四大學圖」, 「제오백록동규도第五白
鹿洞規圖」, 「제육심통성정도第六心統性情圖」, 「제칠인설도第七仁說圖」,
「제팔심학도第八心學圖」, 「제구경재잠도第九敬齋箴圖」, 「제십숙흥야매

---

38 『退溪全書』 권41, 「心無體用辯」 "善乎朱夫子之破胡說曰, 不與動對, 則不名爲
靜, 不與靜對, 則不名爲動, 愚亦曰, 旣指靜爲體, 則更無可指爲無體處, 旣指動
爲用, 則更無可指爲無用處矣, 故合三賢之說, 而觀其病處, 蓮老之病可知矣."

39 위와 같음, 권41, 「心經後論」 "若其遵朱子之意, 贊西山之經, 註此於篇終, 欲以
捄末學之誤, 實亦至當而不可易也."

40 『退溪全書』 권6, 「戊辰六條疏」 "毋欲速, 毋自畫, 以極其至於此, 而果有所得, 則
其他事固亦隨日隨事, 而益明益實, 理義之悅心, 眞是如芻豢, 吾人之性情, 眞可
爲堯舜."

잠도第十夙興夜寐箴圖」로 구성되어 있다. 제1부터 제5까지의 5도는 천도에 근본하되 공이 인륜을 밝히고 덕업에 힘쓰는 데 있다고 하였다. 제6부터 제10까지의 5도는 심성에 근본하되 중요한 것은 일용의 일에 힘쓰는 데 있으며 경외심을 높이는 데 있다고 하였다.

이상에서 본 각 논저의 요점을 요약하면,「답기고봉서변사단칠정答奇高峯書辨四端七情」에서는 '발發'의 문제가 새롭게 제기되면서 퇴계의 창견이 움직이기 시작하였다.「심무체용변」에서는 이연방의 잘못을 분석·지적하여 퇴계 자신의 입장을 분명히 하였고,「심경후론」에서는 주자의 대중지정大中至正의 입장을 수호하였다.「무진육조소」에서는 6조항의 다스리는 요령을 설명하고 나서 맹자의 의리가 마음을 기쁘게 한다는 것과 요순은 본성대로 하였다는 것으로 끝을 맺고,『성학십도』에서는 천도와 인도를 10도로 풀이하여 천인합일의 선치善治를 권하고 있다. 대체로 이 시기에 정자와 주자의 사상 내에 있으면서도 점차로 발전되어감을 볼 수 있는 것이 특색이다. 심·성·정이나 격물치지에서 미해결되었던 문제를 다음 시기로 넘기게 된다.

C. 제3단계

사상의 원숙을 보여주는 이 시기의 주요 논설은 다음의 두 가지를 들 수 있을 것이다.

a.「답기명언서논개심통성정도答奇明彦書論改心統性情圖」(70세)
b.「답기명언서개치지격물설答奇明彦書改致知格物說」(70세)

『성학십도』 가운데 「제육심통성정도第六心統性情圖」의 중도中圖와 하도下圖에서 인·의·예·지의 위치를 호역互易하였다. 그 이유의 요점은 「하락도河洛圖」를 놓고 보는 사람의 위치를 상대화하는 데 있다. 이제 고치기 이전과 이후를 비교해본다.

개작 이전의 구중하도舊中下圖의 구상은 「하락도河洛圖」와 「태극도
太極圖」에 근거한다. 「하락도」와 「태극도」는 다음과 같다.

河圖洛書 南 東 西 北 前後天方位	太 極 圖 陽 陰 動 靜 左 右

　도서圖書의 방위는 소장消長·순환循環의 이치를 밝히고, 좌양우
음左陽右陰으로 되어 있어 보는 사람 또한 북에서 남을 향해 보는 방
위이므로, 도圖와 보는 사람 사이에 빈주賓主의 구분이 없다. 「태극
도」는 명물命物의 도를 주로 말한 것이므로, 음양이 교운交運하는 데
남·북·상·하의 방위 구분에 관계없다는 것이다. 구도舊圖에서의
구상은 빈주의 구분 없이 「하락도」의 방위를 따라서 이루어졌다. 여
기 미발로부터 이발로 이어지는 과정이 도상圖上에서 명시되어야 하
고, 그렇게 되려면 빈주의 구분이 분명해야 한다. 따라서 방위도 바
뀌어야 하고, 인·의·예·지의 위치도 바뀌게 된다.[41]

41　위와 같음, 권30, 「答金而精 別紙」 "右凡圖書之方位, 皆以左爲陽右爲陰, 是自

그러나 이것은 기대승의 이의에 의한 개작이지만, 퇴계의 본지本旨는 그것만이 옳다는 것은 아닌 것으로 보인다. 오히려 남과 자기를 지나치게 구별할 것도 아니라는 뜻을 공자의 '오직 마음을 말한 것이다[惟心之謂]', 맹자의 '사람이 모두 남에게 차마 하지 못하는 마음을 갖고 있다[人皆有不忍人之心]', 주자의 '사람이 얻어서 마음으로 삼은 것[人之所得以爲心]'을 열거하여 말하고 있다.

기대승에게 치지 · 격물설을 보낸 것은 70세 때이다. 작고 1개월 전으로 생전 최후의 논설이다. 주자의 리理의 무정의無情義, 무계탁無計度, 무조작無造作 설을 고수한 잘못을 시인하고, 객관 사물계事物界의 리와 주관 내심계內心界의 리의 본원적 귀일점을 명백히 해준 점은 퇴계의 새로운 경지라고 할 수 있을 것이다. 뒤에 자세히 논술하겠지만 심의 체體는 리에 갖추어져 있고, 리의 용用은 실은 인심에서 벗어나지 않기 때문에, 리가 비록 만물에 산재되어 있다고 할지라도 용用은 한 사람의 마음에 불과하다는 것이다. 즉 리의 작용은 심을 떠나서 있을 수 없는 것이니, 심의 작용이란 곧 리의 발견자로 이해하여 리는 하나의 사물死物이 아니요, 지신지용至神之用으로서 활물活物로 풀이하고 있다. 이는 퇴계가 리발설을 주장하는 태도를 끝까지 고수하고 있음을 보여준다. 그리고 다시 '무극이태극無極而太極'에 대한 그의 리적理的 해석을 내리고 있다. 심이 리와 기를 합하

北爲主, 而觀者亦由北從主而觀之, 圖與人無賓主之分, 故前後左右東西南北, 當如此, 前心統性情圖, 倣此而作之, 故仁左義右之位置, 如是分之, 以此言之, 智當下而居北, 禮當上而居南, 今乃倒置, 固當改矣, 但更思之, 河洛先後等圖, 主明消長循環之理而已, 太極圖, 主言命物之道, 在左陽右陰之交運, 而無系於南北上下之如何, 所以如是分方位, 可也, 此圖, 上面是心靜未發之時, 下面是性發爲情之次, 禮者, 發用亨嘉之會, 而反居未發之地, 智者, 斂藏機緘之妙, 而顧處發用之次, 無乃兩失其當乎, 故今欲變其位置向背, 以圖爲主在北, 而觀者爲賓在南, 自賓而向主, 自南而觀北, 則圖之上面, 爲北爲智, 下面爲南爲禮, 圖之左卽觀者之右, 爲東爲仁, 圖之右卽觀者之左, 爲西爲義, 此非仁義禮智本位之有互易.'

고 있으면서도 '심통성정'의 조리는 리로 세워진 것으로 생각한다.

II. 철학사상의 내용

복희伏羲는 팔괘八卦를 그렸지만[42] 태극太極을 말하지 않았다. 공자는 태극을 말했지만 무극無極을 말하지 않았다.[43] 주염계(周濂溪: 1017~1073)는 무극이태극無極而太極을 말했지만 리기를 강조하지 않았다.[44] 주자(1130~1200)는 리기론을 정립하고 태극을 리라고 말하였다.[45] 퇴계는 주자를 존신尊信하면서 만년까지 주서朱書에 뜻을 기울였다.[46] 팔괘와 태극과 리기와 리는 모두 궁극의 근원을 밝히고자 하는 점에서는 다를 바 없을 것이요, 이 점에 대해서 퇴계 자신도 관심이 깊었으리라고 생각된다. 그는 "최초의 근원처가 원두源頭이다"[47]라고 말하였다. 그의 철학사상을 ① 원두처源頭處 ② 심·성·정과 인심·도심 문제 ③ 사칠논변 ④ 궁리窮理와 거경居敬으로 구분하여 주장의 역점이 어디 있는가를 살피고자 한다.

---

42 『周易』, 「繫辭下」 제2장 "古者包犧氏之王天下也, 仰則觀象於天, 俯則觀法於地, 觀鳥獸之文與地之宜, 近取諸身, 遠取諸物, 於是始作八卦, 以通神明之德, 以類萬物之情."

43 위와 같음, 「繫辭上」 제11장 "是故易有太極, 是生兩儀, 兩儀生四象, 四象生八卦."

44 『太極圖說』 "此所謂無極而太極也."

45 『朱子語類』 권1, 「理氣上」 "太極只是一箇理字."

46 『退陶先生言行通錄』 권2, 「類編」, 〈學問第一〉 "先生於書, 無所不讀, 而尤用心於性理之學, 章章爛熟, 句句融會, 講論之際, 親切己當, 如誦己言, 晚年專意朱書, 平生得力處, 大抵皆自此書中發也."

47 『退溪全書』 권41, 「天命圖說後叙」 "最初源頭."

1. 원두처

퇴계는 「천명도설후서天命圖說後叙」에서 "『태극도설』은 명물을 위주로 하니, 도圖의 상면上面이 곧 상제강충上帝降衷의 최초 원두요, 품휘근저品彙根柢의 극치이다"[48]라고 하였다. 도의 상면이란 '무극이 태극'의 ○을 의미하는 것으로 보인다. 이 원두처를 다시 태극, 리기, 리의 순수성으로 나누어 논하기로 한다.

A. 태극

퇴계의 태극에 대한 이해를 살피기 위해서 첫째『성학십도』의 「제일태극도」, 둘째 정자중鄭子中에게 답하는 글에서 「충막무짐 만상삼연이구沖漠無朕萬象森然已具」, 셋째 기대승에게 답한 「후론後論」, 넷째 이언적의 「무극태극변無極太極辨」, 다섯째 기대승에게 답한 「치지격물설致知格物說」을 볼 수 있다.

먼저『성학십도』의 「제일태극도」부터 살펴본다.

『성학십도』는 「제일태극도」, 「제이서명도」, 「제삼소학도」, 「제사대학도」, 「제오백록동규도」, 「제육심통성정도」, 「제칠인설도」, 「제팔심학도」, 「제구경재잠도」, 「제십숙흥야매잠도」로 되어 있다. 「제일태극도」를 제일 먼저 놓고 근원적인 것으로 다루고 있음에 주의하게 된다. 「제일태극도」에서는 주염계의 「태극도」와 그 도圖의 주석 및 도설을 게재하고 도설의 주석을 수록하고 있다. 주염계는 ○을 '무극이태극'이라고 하였다. 도주圖註에는

○ 이것이 이른바 '무극이태극'이라는 것이니, 음양에 즉하여 그 본

---

48 위와 같음, "太極圖, 旣以命物爲主, 則其圖之上面, 乃是上帝降衷之最初源頭."

체를 가리켜서 음양을 섞지 않고 말했을 뿐이다.[49]

라고 되어 있다. '즉음양卽陰陽'은 '음양에 즉하여'란 말이며, '음양을 섞지 않고 말했다[不雜乎陰而爲言]'는 것은 음양과 섞이지도 않는다는 뜻이다. 떠날 수도 없고 섞일 수도 없다는 말이다. 본문을 게재하고는 말미에 주자를 비롯한 몇 사람의 말로 주석을 부가하고 있음을 본다. 즉 주자의 말을 인용하여

　　이 도圖는 「계사전」의 "역易에는 태극이 있으니 이것이 양의를 낳고 양의가 사상을 낳는다"는 뜻에 나아가 미루어 밝힌 것이다. 다만 역은 괘효로 말하였고, 도는 조화로 말하였다.[50]

라고 하였다. 이어서 주자의 말을 빌려

　　주자는 이것이 도리의 대두뇌처大頭腦處라고 말했고, 또한 백세 도술의 연원이라고 여겼다.[51]

라고 하였다. 여기서 '도리의 대두뇌처'나 '백세 도술의 연원'이라고 함은 태극을 지적한 말이라고 생각할 때, 말은 주자의 말이지만 인용한 사람이 퇴계인 이상 퇴계의 생각으로 간주할 수 있을 것이다.

　둘째로 정자중鄭子中에게 답하는 「충막무짐 만상삼연이구沖漠無朕 萬象森然已具」 조에서 살펴본다. 정자와 주자, 그리고 『태극도설해』의

49　위와 같음, 권7, 「進聖學十圖箚」, 〈第一太極圖〉"此所謂無極而太極也, 卽陰陽而指其本體, 不雜乎陰而爲言耳."

50　위와 같음, "謂此圖卽繫辭, 易有太極是生兩儀, 兩儀生四象之義而推明之, 但易以卦爻言, 圖以造化言."

51　위와 같음, "朱子謂此是道理大頭腦處, 又以爲百世道術淵源."

말을 원용하여 충막무짐沖漠無朕과 만상삼연이구萬象森然已具를 사事
와 리理, 저著와 미微로 구별하여 설명하였다.『역서易序』의 체용일원
體用一源, 현미무간顯微無間을 인용해서 이것을 리理와 상象, 리理와
사事, 형이상과 형이하로 분별, 해명하였다. 그러고 나서 퇴계는

> 만일 하늘과 땅이 이미 나뉘고 만물이 이미 생겨난 다음에 '무짐無
> 朕'이라는 글자를 부치는 것이 불가하다면 이것은 잘못이다.[52]

라고 하였다. 또 이어 "체용은 마땅히 곳에 따라 활간活看해야 한다.
굳게 정해서 말해서는 안 된다"[53]라고 끝을 맺었다. 무짐에서 유짐
으로 되는 것이 아니라 무짐 · 유짐이 같이 있는 것으로 보려는 퇴
계의 태도이다. 사事와 리理, 저著와 미微, 체와 용, 형이상과 형이
하, 무짐과 유짐이 시차 없이 공존한다는 것이며, 어느 한쪽에만 주
의가 집착되었을 때 다른 한쪽이 없어지므로 굳게 정해서 말하는
것은 불가하며 활간해야 한다고 한 듯하다. '마땅히 그렇게 해야 할
것을 그렇게 하는 것이 바로 일이고 리[所當然以然, 是事是理]'를 논
하는 끝에 가서 채씨蔡氏의 '이른바 태극이라는 것은[所謂太極者]'이
라는 구절을 포함하는 열아홉 글자는 그 말의 뜻이 충분해서 병통
이 없다고 동조하고 있다. 채씨의 '이른바 태극이라는 것은'이라는
구절을 포함하는 열아홉 글자를 퇴계는 다음과 같이 지적한다.

> 그 리가 이미 갖추어져 있고, 음양이 이미 생겨난 때로부터 말하자

---

52 위와 같음, 권25,「鄭子中與奇明彦論學, 有不合, 以書來問, 考訂前言, 以答如左
   (庚申)」"'論沖漠無朕, 萬象森然已具', 天地旣判, 萬物旣生之後, 則不可著無朕
   字者, 誤矣."

53 위와 같음, "'論沖漠無朕, 萬象森然已具', 當隨處活看, 不可硬定說."

면 이른바 태극이라는 것은[有其理已具, 自陰陽旣生之時而言, 則所謂太
極者]⁵⁴

그러나 『성리대전』 「태극도설주」에 있는 채절재蔡節齋의 말을 그대
로 옮겨보면 다음과 같다.

> 태극을 주로 해서 말하면 태극은 음양의 앞에 있고, 음양을 주로 해
> 서 말하면 태극은 음양의 안에 있다. 음양이 아직 생겨나기 이전의 때
> 로부터 말하면 이른바 태극이라는 것은 그 리가 이미 갖추어져 있고,
> 음양이 이미 생겨난 때로부터 말하자면 이른바 태극이라는 것은 곧 음
> 양의 가운데 있다.⁵⁵

한마디로 말해서 이론상으로는 현상에 앞서서 태극이 있다고 해
야 할 것이요, 사리상으로 말하면 현상 내에 공존한다는 의미가 될
것이다. 채씨의 이 말에 퇴계는 전적으로 동조하고 있다.

셋째로는 기대승에게 답한 「후론後論」에서 살펴본다. 퇴계는 허령
虛靈을 말하는 곳에서 주자의 말을 인용하면서 지허至虛 · 지실至實
을 허이실虛而實로, 지무至無 · 지유至有를 무이유無而有로 이해한다.
또한 정자가 혹인或人에게 대답한 바를 인용하여 지허위리至虛爲理
를 지적하고, 장자張子의 "허와 기를 합하여 성性의 이름이 있다[合虛
與氣有性之名]", 주자의 "형이상의 비고 흐린 것이 도이다[形而上底虛

---

54 위와 같음, "'論所當然所以然, 是事是理', 蔡氏此語, 亦見太極圖說註, 詳其文則
所謂太極者之下, 有其理已具, 自陰陽旣生之時而言則所謂太極者十九字, 則其
語意圓足無病."

55 『性理大全』 권1, 「太極圖」 "主太極而言, 則太極在陰陽之先, 主陰陽而言, 則太極
在陰陽之內, 蓋自陰陽未生之時而言, 則所謂太極者其理已具, 自陰陽旣生之時
而言, 則所謂太極者卽在乎陰陽之中云."

渾是道理]", 또 태허는 곧「태극도」위의 한 동그라미라고 한 것 등을 들어서 허虛와 리理의 일관성을 설명하고 있다.[56]

그리고 주자의 '무극이태극'의 다음과 같은 해석을 굳게 믿기에 이르렀다.

무극을 말하지 않으면 태극은 한 물건과 같아져서 모든 변화의 뿌리가 되기에 부족하고, 태극을 말하지 않으면 무근은 공적에 빠져서 모든 변화의 뿌리가 되기에 부족하다. 아, 이와 같은 말은 사방 팔면으로 두루 통하여 치우치지 않으며 넘어져도 깨지지 않을 말이라고 할 수 있다.[57]

허虛와 령靈, 허虛와 실實, 유有와 무無, 동動과 정靜 등의 공존·일관성을 태극(리)에서 인정하려 하고 있음을 볼 수 있다.

넷째, 이언적의 '무극이태극'에서 살펴본다. 퇴계는 이언적의 행장을 지었고, 그 가운데서 다음과 같이 칭찬하고 있다.

선생의 출처의 대절은 충효와 일치하니, 모두 근본이 있다. 선생이 유배지에서 『대학장구보유』, 『속혹문』, 『구인록』을 지었고, 또 『중용구경연의』를 편찬했다. 『연의』는 책을 이루지는 못했으나, 힘을 쓰는 것

---

56 『退溪全書』권46, 「答奇明彦論四端七情書後論」"朱子謂至虛之中, 有至實者存, 則是謂虛而實耳, 非謂無虛也, 謂至無之中, 有至有者存, 則是謂無而有耳, 非謂無無也, 程子之答或人曰, 亦無太虛而遂指虛爲理者, 是亦欲其就虛而認實耳, 非謂本無虛而但有實也, 故程張以來, 以虛言理者, 故自不少, 如程子曰, 道, 太虛也, 形而上也, 張子曰, 合虛與氣, 有性之名, 朱子曰, 形而上底虛, 渾是道理, 又曰, 太虛便是太極圖上面一圓圈."

57 위와 같음, "不言無極, 則太極同於一物而不足爲萬化之根, 不言太極, 則無極淪於空寂, 而不能爲萬化之根. 嗚呼, 若此之言, 可謂四方八面周徧不倚攧撲不破矣."

은 더욱 깊었다. 이 세 책으로 선생의 학문을 볼 수 있고, 정밀하게 나
아간 견해와 홀로 터득한 오묘함은 망기당 조한보와 무극·태극을 논
한 편지 4, 5편에 있다.[58]

홀로 터득한 오묘함이 '무극이태극'에 있다고 하였다. 이언적의
무극·태극 이해에 관한 찬양으로 미루어 퇴계의 무극·태극에 대
한 파악을 짐작할 수 있을 것이다. 이언적의 이 논문은 망재忘齋 손
숙돈孫叔暾과 망기당忘機堂 조한보曺漢輔가 설명한 무극·태극론을
비판하였고, 조한보와 이언적 사이에 왕복, 논란된 것이다. 전후 4회
에 걸쳐서 상호 논변하였다. 손숙돈과 조한보 사이에 논한 무극·태
극론은 그 요지를 알 수 없으나, 이에 대해 이언적은 「망재망기당무
극태극설후忘齋忘機堂無極太極說後」라는 글을 썼다. 여기서 조한보의
이른바 '태극이 곧 무극太極卽無極'이라고 한 것은 옳다고 하고, 그의
학문상의 병통을 다음과 같이 지적하였다.

대체로 망기당의 평생 학술의 잘못은 그 병통이 공허에 있고, 그 병
근의 소재는 내가 편지 가운데서 찾아 얻었다. 그가 "태허의 체體는 본
래 적멸하다"라고 하여 적멸이라는 글자로 태허의 체를 설명했다. 이
것은 결코 우리 유학자의 설이 아니다.[59]

58 『退溪全書』권49, 「晦齋李先生行狀」 "凡先生之出處大節忠孝一致, 皆有所本也.
先生在謫所, 作大學章句補遺, 續或問, 求仁錄, 又修中庸九經衍義, 衍義未及成
書而用力尤深. 此三書者, 可以見先生之學, 而其精詣之見, 獨得之妙, 最在於與
曹忘機漢輔論無極太極書四五篇也."

59 『晦齋集』권5, 「書忘齋忘機堂無極太極說後」 "大抵忘機堂平生學術之誤, 病於空
虛而其病根之所在, 則愚於書中求之而得之矣. 其曰太虛之體本來寂滅, 以滅字
說太虛體, 是斷非吾儒之說矣."

그리고 공부에 있어서는 중정中正 · 인의仁義에 힘써야 할 것을 강조하고 있다.

다음에 「답망기당 제일서」에서는 적멸寂滅 · 존양存養의 논의는 도에 합당치 않은 것 같다고 지적하고, 특히 유 · 무 관계를 다음과 같이 말하였다.

지금 보내주신 편지에서 말씀하신 "'무'는 없는 것이 아니라 신령한 근원으로서 독립하고 있는 것이며, '유'는 있는 것이 아니라 돌아가 다한다."는 것은 오로지 기화氣化로 리의 유 · 무를 말한 것으로, 어찌 도를 안다고 말할 수 있겠습니까?[60]

그뿐만 아니라

보내주신 편지에서 말씀하신 일리一理가 태허라는 설은 비록 매우 고원하지만 실제로는 타당하지 않습니다.[61]

라고 하여 그 주장의 부당성을 말했고, 그 피해의 심함을 다음과 같이 언급하였다.

만약 무극의 참에 마음을 노닐어 허령한 본체로 하여금 내 마음의 주인이 되게 한다고 말한다면, 그것은 사람으로 하여금 가까운 곳으로부터 생각해나가는 학문을 하지 않고 마음을 텅 비고 오묘한 데로 달

---

60 위와 같음, 권5, 「答忘機堂第一書」 "今如來敎所云, 無則不無而靈源獨立, 有則不有而還歸澌盡, 是專以氣化而語此理之有無, 豈云知道哉."

61 위와 같음, "來敎所云, 一理太虛之說, 雖甚高而實未當."

리게 하는 것입니다. 그 해로움을 이루 다 말할 수 있겠습니까?[62]

다음 「답망기당 제이서」에 의하면 조한보가 견해를 약간 시정하였다.

> 보내주신 편지에 무극 위에서 '유심遊心'이라는 두 글자를 지우고, '기체지적其體至寂' 아래에서 '멸滅'이라는 한 글자를 지우니, 이는 저의 말을 하찮게 여기지 않으시고 인정하여 채택한 것으로서 참으로 다행입니다.[63]

'유심遊心' 두 글자와 '멸滅' 한 글자를 삭제한 것이다. 이언적은 다시 주자의 말을 인용하여 노자老子와 주자周子의 유무관有無觀의 차이를 다음과 같이 말하면서 하학상달下學上達할 것을 부언하고 있다.

> 주자朱子가 말했다. "노자가 유무를 말한 것은 유와 무를 둘로 만든 것이고, 주자周子가 유무를 말한 것은 유와 무를 하나로 만든 것이다."[64]

다음 「답망기당 제삼서」에서도 망기당의 불체적멸不滯寂滅 설이 반궁체도反躬體道의 부족으로 광탕공허曠蕩空虛에 빠지고 있음을 경고하며, 적멸이라는 말이 매우 이치를 해친다고 다음과 같이 공격하면서 적멸의 교는 공허탄망空虛誕謾의 지경에 빠진다고 비판하였다.

---

62 위와 같음, "若曰, 遊心於無極之眞, 使虛靈之本體作得吾心之主, 則是使人不爲近思之學而馳心空妙, 其害可勝言哉."

63 위와 같음, 권5, 「答忘機堂第二書」 "來敎於無極上去遊心二字, 於其體至寂下去一滅字, 是不以愚言爲鄙, 有所許採, 幸甚幸甚."

64 위와 같음, "朱子曰, 老子之言有無, 以有無爲二, 周子之言有無, 以有無爲一."

　보내주신 편지에 또 말하기를 "세상 사람들이 환상에 집착하여 견
실한 것으로 생각하는 것을 깨뜨리기 위하여 적멸을 말했다"고 했는
데, 이 말은 심히 이치를 해칩니다.[65]

　그리하여 하늘을 어기고 이치를 멸하는 죄를 면하기 어려우리라
고 하였다.

　다음 「답망기당 제사서」에서는 약간 주장을 고치기는 하였으나,[66]
아직도 여전히 허공의 가르침에 떨어지고 있음을 시사하고 있다. 그
리하여 성문聖門의 가르침은 경敬을 주로 해서 근본을 세우고, 리理
를 궁구해서 그 앎을 이루고 몸을 돌이켜서 그 실질을 실천하며, 경
敬은 또 세 가지 사이를 관통해서 시작을 이루고 끝을 이룬다고 하
였다.

　이상의 인용 출처를 살펴보면 그 범위는 주자周子 · 자사 · 정자 ·
주자 · 장남헌張南軒과 『논어』 · 『중용』 · 『시경』 · 『역경』 등으로 집약
되나, 대체로 주자의 생각을 줄거리로 이어지고 있음을 알 수가 있
다.[67]

　끝으로 기대승에게 답하여 개정한 치지격물설에서 언급된 바를
살펴본다. 이 글은 작고하기 한 달 전에 기대승에게 송부되었다. 답

65　위와 같음, 권5, 「答忘機堂第三書」 "來敎又曰, 爲破世人執幻形爲堅實, 故曰寂
　　滅, 此語又甚害理."

66　위와 같음, 권5, 「答忘機堂第四書」 "今承賜敎, 辭旨諄諄, 反覆不置, 且去寂滅二
　　字而存下學人事之功, 迪之蒙許深矣, 受賜至矣, 更復何言, 然而竊詳辱敎之旨,
　　雖若盡去異說之謬, 入于聖門之學, 然其辭意之間, 未免有些病, 而至於物我無間
　　之論, 則依舊墜於虛空之敎."

67　'무극이태극'의 글을 통하여 이언적은 주자학의 정맥을 계승한 것을 보여준다. 그
　　정맥이란 다름 아니라 이기이원론적 우주관 · 인생관에 근거하여 도의의 주체인
　　인간의 자아 인식을 도의 체득과 실천을 통해서 해야 하며, 도의 체득을 위해서는
　　주경主敬과 궁리窮理, 직내直內와 방외方外 양면의 병행적 공부가 필요하다는 사
　　상이다. 이상은, 『대한민국학술원지』, 대한민국학술원, 1974, 191쪽.

서에 의하면

　　이 일이 아직 결말이 나지 않아 밤낮으로 우울합니다. 중간에 이정
이 그대의 편지에서 말한 '이도理到', '무극無極' 등의 말을 기록해 보
내왔기에, 바야흐로 지난날의 잘못을 깨달았습니다. 깨달은 몇 마디
말을 별지에 기록하였습니다.[68]

라고 하여 지금까지의 잘못을 깨닫고 다음 별지에 기록하였다고 하
였다. 여기에서 깨달았다는 잘못은 무엇인가? '무극이태극' 한 단
락에 대한 해석이 자신의 견해의 잘못이었음을 깨달았다는 것이니,
과연 그 해석을 어떻게 하였던가? 즉 "극極이라는 글자를 가지고
곧바로 리理라는 글자로 생각하여 함부로 무극을 설할 때를 당해서
는 다만 이 형이 없다고만 말할 따름이니, 어찌 이 리 없음을 말하
는 것이랴"[69]라고 하였고, "여러 선유들의 설을 차례로 점검해보니,
그 중에서 황면재黃勉齋의 설 같은 것은 가장 상세한 것"[70]이라고
하였다. 황면재의 설은 또 어떤 것인가?

　　면재 황씨가 말했다. "『태극도설』에 '무극이태극'이라고 말했다. 나
는 생각하건대 '무극이태극'이란 노자의 무에서 나와 유로 들어가는
것도 아니고, 불교의 이른바 공空도 아니다. 그것은 이 도의 본체이자
모든 변화의 핵심으로, 자산의 이른바 천명의 성이고 맹자의 이른바
생을 성으로 삼는다는 것이다. 『통서』는 통괄적으로 논하여 '성誠이란

68 『退溪全書』 권18, 「答奇明彦」 "此事未結末, 日夕鬱鬱. 中間而精錄示所敎示理到
　　無極等語, 方覺昨非. 所得數語, 錄在別紙."

69 위와 같음, 권18, 「答奇明彦 別紙」 "以極字直作理字看, 妄謂當其說無極時, 但
　　謂無是形耳, 豈無是理之謂乎."

70 위와 같음, "其中如黃勉齋說, 最爲詳盡."

성인의 근본이다. 크도다. 건원이여! 만물이 그에 의지하여 시작한다
고 한 것은 성誠의 근원이다. 건도가 변화하여 각각 성명을 바르게 한
다는 것은 성誠이 이에 서는 것이고, 순수 지선한 것이다.' 이것은 무
극이태극을 밝힌 것으로서 시작의 근원을 밝히고 끝을 맺는 것이다.
이어서 또 『주역』의 「계사전」을 인용하면서 이렇게 밝히고 있다. '한 번
음이 되고 한 번 양이 되는 것을 도라고 하니, 이를 이어가는 것은 선
이고 이를 이루는 것은 성이다. '원형'은 성誠의 형통함이고 '이정'은
성誠의 회복함이다. 크도다. 역이여! 성과 명의 본원이다.' 텅 비고 고
요하여 아무런 조짐도 없는 가운데 모든 형상이 이미 빼곡히 구비되어
이지러지거나 부족한 것이 없다는 것이다. 하늘이 덮어주고 땅이 실어
주며, 일월이 비추고 귀신이 그윽하며, 바람과 우뢰가 변하고 강과 시
내가 흐르며, 성과 명이 바르고 윤리가 드러나며, 사람이 성인이 되는
근거가 근본과 말단, 위와 아래에 하나의 리로 관통되어 있으니, 진실
로 그러하여 바꿀 수 없을 것이다."[71]

여기서는 첫째 '무극이태극'이란 것은 노자의 유무有無와 불교의
공空과는 다르다는 것, 둘째 이 도의 본체요 모든 변화의 핵심이라는
것, 셋째 본말 · 상하가 일리一理로 관통되어 있다는 것으로 요약할
수 있을 것이다. 그리고 "후세의 독자들이 극極이라는 글자를 알지

---

71 『性理大全』 권1, 「太極圖」 "勉齋黃氏曰, 太極圖說云無極而太極. 妄意謂無極而
太極者, 非老氏之出無入有, 與佛之所謂空也. 乃斯道之本體, 萬化之領會, 而子
思所謂天命之性, 而孟子所謂生之爲性也. 通書統論之曰誠者聖人之本也. 大哉
乾元, 萬物資始, 誠之源也. 乾道變化各正性命, 誠斯立焉, 純粹至善者也. 此所
以發明, 無極而太極, 原始而要其終也. 旣又引易之繫辭而明之曰, 一陰一陽之謂
道, 繼之者善也, 成之者性也. 元亨誠之通, 利貞誠之復. 大哉易也, 性命之源乎.
蓋冲漠無眹之中, 萬象森然已具而無所虧缺. 天之所以覆, 地之所以載, 日月之所
以照, 鬼神之所以幽, 風雷之所以變, 江河之所以流, 性命之所以正, 倫理之所以
著, 人之所以爲聖人本末上下貫乎一理, 其實然而不可易者歟."

못하고, 다만 비유를 취하여 문득 리理를 가지고 말하므로 오직 리는 없다고 함이 불가할 뿐만 아니라, 주염계의 무극無極이란 말에 대해서 통하기 어려운 바가 있다"[72]라고 퇴계는 말하였다.

퇴계의 태극에 대한 이해는 이상에서 열거한 『성학십도』「제일태극도」, 정자중鄭子中에게 답하는 「충막무짐 만상삼연이구沖漠無眹萬象森然已具」 조, 기대승에게 답하는 「후론」, 이언적의 「무극태극변無極太極辯」, 기대승에게 답하는 「치지격물설」 중에 나타난다. 태극 문제를 요약해본다면, 우선 「치지격물설」과 그 이전의 두 단계로 나눌 수 있고, 그 이전에는 대체로 주자설을 답습한 것으로 생각할 수 있으며, 「치지격물설」에는 황면재의 논지를 중시했고 극極에 대한 파악이 중요한 것으로 표현되어 있다. 태극은 도리의 대두뇌요, 백세 도술의 연원이라는 것, 논리상으로는 선후가 있지만 사실상으로는 공존한다는 것, 허실虛實·유무有無·동정動靜의 일관성, 적멸에 대한 이단적 이해 등은 퇴계의 태극관에 나타나는 주자적 요소라고 볼 수 있을 것이다. 율곡 이이는 퇴계에 대해 말하기를 "주자의 가르침을 한결같이 지켰고, 그 주장은 모두 주자의 설을 절충하고 있다"[73]라고 하였다.

그러나 퇴계는 퇴계대로 터득한 곳이 있음을 간과할 수 없다. 태극을 리라고 함은 주자 이후의 통설이기는 하지만, 리에서 기능적인 면을 특별히 강조하는 것은 리를 높이며 의리를 존중하는 경향으로의 가능 근거를 충분히 지니고 있음을 이해하게 된다. 이 리는 생생지리生生之理로서 만물 창조의 원두처로 보려는 것이다. 주자가 일찍이

---

72 『退溪全書』 권18, 「答奇明彦 別紙」 "其曰, 後之讀者, 不知極字但爲取譬, 而遽以理言, 故不惟理不可無, 而於周子無極之語, 有所難通."

73 『栗谷全書』 권28, 「經筵日記一」 〈隆慶四年庚午 今上三年〉 "滉之學, 因文入道, 義理精密, 一遵朱子之訓, 諸說之異同, 亦得曲暢旁通, 而莫不折衷於朱子."

리의 보편성을 물에 비유해서 "여러 물고기의 배 속에 들어 있는 물은 피차가 없는 다 같은 물이다"라고 하였다. 퇴계가 이에 대해 "그 표현이 부족하다"[74]라고 지적한 것을 보면, 물이란 벌써 질료를 가진 것으로서 순수한 리를 비유할 수 없다는 견해로 이해된다. 그러나 아무리 순수한 리라고 할지라도 백색 속에 백색을 그릴 수 없는 것처럼, 태극의 문제는 리를 리로써 밝히려는 데 난점이 있다. 여기 리기를 논하게 되는 이유가 있다.

B. 리기

리기론의 온당한 이해는 태극에 관한 의미 파악이 선행되어야 한다. 태극의 의미 파악도 리기론을 통해서 가능해지는 호상관계에 있음을 피할 수 없다. 본항에 의해서 전항은 더욱 분명해질 것이며, 전항으로 인해서 본항의 논리 확립에 도움이 될 것으로 생각된다.

본 리기론에서도 퇴계는 대체로 주자의 이론을 계승하는 것으로 보인다. 리와 기를 주자는 이물二物로 보면서 그 관계를 말하기를 "같이 있으면서도 섞이지 않는다"[75]라고 하였다. 퇴계는 이러한 리기의 관계를 받아들이면서 '하나이면서 둘이고, 둘이면서 하나임[一而二, 二而一]'을 다음과 같이 말한다.

> 같음 가운데 나아가 다름이 있는 것을 알고, 다름 가운데 나아가 같음이 있는 것을 보니, 나누어 둘로 하더라도 떨어지지 않는다는데 해롭지 않고, 합하여 하나로 하더라도 서로 섞이지 않는 데로 실제로 돌

---

74 『退陶先生言行通錄』권5, 「類編」, 〈義論第四〉 "鱖魚肚裏有水, 此亦水也, 鯉魚肚裏有水, 此亦水也, 此言無彼此也, 某則猶以此譬爲未精, 蓋水有形者, 理無形也."

75 『退溪全書』권41, 「非理氣爲一物辯證」 "朱子答劉叔文書曰, 理與氣決是二物, 但在物上看, 則二物渾淪, 不可分開各在一處, 然不害二物之各爲一物也."

아간다.[76]

　이러한 관계는 리기론에서 통설로 되어 있으나, 그러면서도 퇴계
는 스스로 지키는 입장이 있는 것으로 보인다. 주자의 주장 속에서도
구분해 보는 태도[77]에 관심을 기울이는 것이다. 태극을 리로 생각하
는 퇴계로서는 이 리가 성性에도 정情에도 있고, 그 성과 정은 묘한
관계에 있으므로 태극은 성정의 묘라고 하였다.[78] 다시 미발未發은
성이고 이발已發은 정이 아니냐는 물음에 대하여 "비유하면 물과 같
으니, 고여 있는 물은 성이요 흐르는 물은 정이며, 고인 물이 밖으로
나와서 흐름이 되고 흐름은 고인 물로부터 시작되는 것이니, 고인 물
과 흐르는 물이 어찌 물로써 다르랴"[79]고 한 것을 보면, 리기 관계의
묘를 자세하게 엿볼 수 있을 것이다. 물고기 배 속의 물을 가지고 보
편성을 설명하려는 주자의 주장을 정밀하지 않다고 한 퇴계는 고인
물과 흐르는 물을 가지고 하나는 물의 고요함이요, 하나는 물의 움직
임으로 보아 리기의 묘를 설명하고 있다. 보편을 물로써 말하는 것
은 부족하다고 하면서, 리기의 묘를 물의 동정으로써 설하는 물은 물
로써 무엇이 다른가? 물은 물이로되 보편과 피차를 구분하려는 것이
니, 바꾸어 말하면 리는 리로되 생생지리生生之理, 즉 창조적 리와 리
기의 리를 구분하려는 심리에서의 소치가 아닌가 생각된다. 이러한

---

76 위와 같음, 권16, 「答奇明彦 論四端七情第一書」 "就同中而知其有異, 就異中而
　　見其有同, 分而爲二, 而不害其未嘗離, 合而爲一, 而實歸於不相雜."

77 위와 같음, "今按朱子平日論理氣許多說話, 皆未嘗有二者爲一物之云, 至於此
　　書, 則直謂之理氣決是二物."

78 『退陶先生言行通錄』 권2, 「類編」, 〈學問第一〉 "隆問太極性情之妙, 何以言妙字,
　　先生曰妙是至深至妙, 難形難名底意, 性亦有理, 情亦有理, 故曰太極性情之妙
　　也."

79 위와 같음, "問未發是性, 已發是情否, 曰, 譬如水之瀦, 瀦爲性流爲情, 瀦者出而
　　爲流, 流者自予瀦, 瀦與流, 其水豈有二哉."

경향은「비리기일물변증非理氣一物辯證」과「심무체용변心無體用辯」에서 더욱 밝혀진다.

공자는「계사 상」에서 "역에 태극이 있으니, 이것이 양의를 낳는다[易有太極, 是生兩儀]"라고 하였고, 주염계는『태극도설』에서 "태극이 움직여 양을 낳고 고요하여 음을 낳으며 …… 무극의 참과 이오二五의 정이 묘합하고 응하여[太極動而生陽, 靜而生陰 …… 無極之眞, 二五之精, 妙合而凝]"라고 하였다. 퇴계는 여기서 태극과 양의는 일물이 아니라는 점에서 또 묘합보다는 묘합 이전의 진眞과 정精에 주의를 모아 다음과 같이 말한다.

> 지금 살펴보건대, 공자와 주자周子는 음양은 태극이 낳는다고 분명하게 말했다. 만약 리기가 본래 한 가지라고 말한다면 태극은 곧 양의이니, 어떻게 낳을 수 있겠는가? 진眞이라고 말하고 정精이라고 말한 것은 두 가지이기 때문이다. 그러므로 묘합하여 응결한다고 했던 것이다. 만일 한 가지라면 어떻게 묘합하여 응결할 수 있겠는가?[80]

태극이나 묘합을 부정하려는 것이 아니라 태극과 양의는 혼동을 할 수 있고, 무극의 진眞과 음양오행의 정精과는 엄격히 구별하고자 하는 의도로 생각된다.

도기道器 문제에서도 퇴계는 하나로 보지 않으려는 것은 아니나, 구별해 보려는 데 관심이 간다. 공자는『주역』「계사 상」에서

---

80 『退溪全書』권41,「非理氣爲一物辯證」"今按, 孔子周子明言陰陽是太極所生. 若曰理氣本一物, 則太極卽是兩儀, 安有能生者乎. 曰眞曰精, 以其二物, 故曰妙合而凝. 如其一物, 寧有妙合而凝者乎."

형이상을 '도道'라고 하고 형이하를 '기器'라고 한다.[81]

라고 하였다. 정자는 『이정유서』권1에서

형이상을 '도'라고 하고 형이하를 '기'라고 하니, 반드시 이와 같이
말해야만 기도 또한 도이고, 도도 또한 기이다.[82]

라고 한 것을 수긍은 하면서도, 도와 기의 나눌 수 없는 면보다도
서로 섞일 수 없는 면에 관심이 더 깊음을 보여준다. 퇴계는 이 점
을 다음과 같이 말한다.

지금 살펴보건대 리와 기가 과연 한 물건이라면 공자는 왜 꼭 형이
상과 형이하를 도와 기로 나누었으며, 명도明道는 왜 꼭 "반드시 이
와 같이 말해야만"하고 말했을까? 명도는 또한 기를 떠나서 도를 찾
을 수 없기 때문에 "기도 또한 도"라고 말했으니, 기가 곧바로 도라는
말은 아니다. 도를 벗어나 기가 있을 수 없기 때문에 "도 또한 기"라고
말했으니, 도가 곧바로 기라는 말은 아니다.[83]

리와 기가 한 물건이 아님을 말하며, 섞이지 않음을 철저하게 강조
하고 있는 것을 알 수 있다.

졸수재拙修齋 조성기(趙聖期, 1638~1689)는 말하기를 "율곡의 견
해가 유행流行·혼융混融 면에 치우쳐 있는 데 비해서, 퇴계는 리

81 『周易』,「繫辭 上」 제12장 "形而上者謂之道, 形而下者謂之器."
82 『二程遺書』 권1 "形而上爲道, 形而下爲器, 須著如此說, 器亦道, 道亦器."
83 『退溪全書』 권41,「非理氣爲一物辯證」 "今按, 若理氣果是一物, 孔子何必以形而
上下分道器, 明道何必曰須著如此說乎. 明道又以其不可離器而索道, 故曰器亦
道, 非謂器卽是道也. 以其不能外道而有器, 故曰道亦器, 非謂道卽是器也."

기를 엄밀하게 구별한다"[84]고 하였다. 농암農巖 김창협(金昌協, 1651~1708)은 "퇴계가 리기 · 선악의 뜻을 자세하게 말하고, 치밀하게 구분해서 말함을 후학들은 살펴야 한다"[85]고 지적하고 있다.

리기의 선후 · 동정 문제를 하나이면서 둘이고, 둘이면서 하나라는 입장에서 볼 때, 이론상으로는 리선기후理先氣後라고 해야 하고 사실상으로는 공존한다는 것이며, 기는 동정하는 것이지만 리는 소이자所以者로 이해함은 주자 이래의 통념이다. 퇴계는 이러한 기반 위에서 리와 기를 구분하는 데 역점을 두었으며, 그 이유는 앞에서 언급한 태극관에 연유한다고 해야 할 것이다. 그러나 구별만이 능사가 아니라, 어찌하여 구별하는가 그 이유가 더욱 중요할 것이다. 하나의 궁극적인 것, 생생하는 창조의 논리적인 것, 명령은 하되 명령받지 않는 것의 절대성이나 신성성을, 퇴계는 다른 어떠한 것과도 혼동하기를 원하지 않는다. 이 점에 대하여 다음에 논하고자 한다.

C. 리의 순수성

이미 태극을 말하고 리기를 살펴본 이상 다시 리를 고찰할 필요가 있겠는가 하는 의심이 있을 수 있다. 그러나 퇴계가 리와 기가 섞이지 않음을 역설하며 또 비난을 받아가면서도 리발설을 굽히지 않는

---

84 『拙修齋文集』 권11,「退栗兩先生四端七情人道理氣說後辨」"退陶則知人心道心有主理主氣之不同, 而四端七情, 有兩箇意思, 故遂以理氣分, …… 栗翁則知人心道心之同是氣發理乘, 而遂執而爲言…… 夫退陶之沈潛縝密, 深造自得之見, 栗翁之高明通達, 超詣脫灑之識, 求之我東, 絶無其比, 而其發爲言論, 尙不能無此可疑者, 況以余之庸陋滯局, 乳臭蒙學, 何敢有曲議贅論於其間乎, 第有所疑於胸中者, 終不能自解, 故玆敢吐以爲書, 以質於具眼者耳."

85 『農巖續集』 卷下,「四端七情說」"蓋七情, 雖兼理氣, 而其善者, 氣之能循理者也, 其不善者, 氣之不循理者也, 初不害爲主氣也, 退溪於此處, 極精微難言, 故分析之際, 輒成二歧, 而至其氣發理乘, 理發氣隨, 則爲名言之差, 然其意之精詳縝密, 則後人亦不可不察也."

기저에는 움직일 수 없는 순수하고 신성한 리에 대한 확신이 있음을
보게 된다.

태극을 말한다고 하여도 리기론적인 관찰로는 기의 부잡성不雜性
으로 말미암은 혼잡으로 순수성을 드러내기 어렵다. 그렇다고 무극
으로 설명을 시도해보아도 그것은 주염계의 주장에 불과하게 된다.
리기를 논하여 리의 무형을 설명한다고 하더라도 또한 기와의 불상
리不相離로 인하여 그 오염을 피하기 어렵게 되니 순수성을 확보하
기 어려워진다. 퇴계는 지극히 귀한 것을 위해서 지극히 천한 것을
우선 말한다. 리보다는 기를 천한 것으로 하여 기론자를 반박한다.
서경덕에 대해 평함을 보면 여실함을 알 수 있다.

> 화담이 기기묘묘하다고 한 것은 잘 알 수 없으나, 시험 삼아 화담
> 의 설을 가지고 여러 성현의 말씀을 비추어볼 때 하나도 부합되는 곳
> 이 없다. …… 스스로는 깊고 묘한 것을 다했다고 하나 마침내는 리라
> 는 글자에 투철하지 못하다. 죽을 힘을 또 해서 기를 말하고 묘를 설한
> 다고 하더라도, 형기라는 거칠고 얕은 한쪽에 떨어짐을 면하지 못하니
> 안타깝다.[86]

또 서경덕의 학설에서 리를 철저하게 알지 못함을 한스럽게 말하
고 있다.

> 기를 논하는 데는 지극히 정밀하지만 리에 대해서는 매우 투철하지

---

[86] 「退溪全書」 권41, 「非理氣爲一物辯證」 "不能覿到花潭奇乎奇妙乎妙處, 然嘗試
以花潭說, 揆諸聖賢說, 無一符合處, 每謂花潭一生用力於此事, 自謂窮深極妙,
而終見得理字不透, 所以雖拚死力談奇說妙, 未免落在形器粗淺一邊了, 爲可惜
也."

못하며, 지나치게 기를 주장하여 기를 리로 착각하고 있다.[87]

리는 기보다 소중하기 때문에 기론자의 주장을 형기라는 한쪽에 떨어진 부족함으로 이해하는 것이며, 반면에 "리를 아는 것은 매우 중요하고, 또한 궁리하는 사람은 먼저 이 뜻이 어떠한가를 알아야 한다"[88]라고 하였다. 리를 기와 구별하여 높이는 마음은 먼저 기론자를 리에 투철하지 못한 자라고도 하고, 기는 형기 한쪽이라고도 지적한 바로써 알 수 있다. 그래서 먼저 리를 알아야 하고, 또 알되 대강 아는 것이 아니라 철저하게 알아야 한다고 하였다.

'리'라는 글자의 뜻을 물었더니 퇴계는

알기가 어려운 것 같으면서도 실은 쉽다. 대개 천하에 마땅히 행해야 할 바가 리요, 마땅히 행해서 안 될 바는 리가 아니니, 이것으로 추측하면 리의 실처實處를 알 수 있다. 일에는 대 · 소가 있으나 리에는 대 · 소가 없는 것이다. 놓아서 바깥이 없는 것도 리요, 거두어서 안이 없는 것도 또한 리인 것이다. 방소가 없고 형태가 없으며, 곳에 따라 넉넉하여 부족이 없어 각각 하나의 극極을 갖추고 있으므로 부족하거나 남는 곳을 볼 수 없는 것이다.[89]

---

87 『退陶先生言行通錄』 권5,「類編」,〈義論第四〉"論氣則精到無餘, 而於理則未甚透徹, 主氣太過, 或認氣爲理."

88 위와 같음, "心雖主乎一身, 其體之虛靈, 足以管乎天下之理, 此自人而言理雖散在事物, 其用之微妙, 實不外乎一人之心, 初不可以內外精粗論註, 理雖在物, 用實在心, 窮理者須先知此義之如何."

89 위와 같음, "問理字之說, 先生曰, 知之似難而實易, 若從先儒造舟行水, 造車行陸之說, 仔細思量, 則餘皆可推也, 夫舟當行水, 車當行陸, 此理也, 舟而行陸, 車而行水, 則非其理也, 君當仁臣當敬, 父當慈子當孝, 此理也, 君而不仁, 臣而不敬, 父而不慈, 子而不孝, 則非其理也, 凡天下所當行者, 理也, 所不當行者, 非理也, 此而推之, 則理之實處, 可知也, 又曰, 事有大小, 而理無大小, 放之無外者, 此理也, 斂之無內者, 亦此理也, 無方所無形體, 隨處充足, 各具一極, 未見有欠剩處."

라고 대답하였다. 퇴계의 이러한 대답을 미루어보면 리를 하나의
보편으로 파악하려는 것을 알 수 있다. 안도 없고 밖도 없으며, 방
소도 없고 형태도 없다는 말은 바로 무한하며 보통이라는 말이다.
그러면서 그 보편은 우리의 일상생활에서 마땅히 행해야 바로 구
체화되는 것이다. 구체화될 때에 보편에서의 능동을 리발이라고
하여 리를 귀하게 생각한다. 천리天理·도심道心·사단四端·본연
지성本然之性 등에 비중을 더 놓는 이유가 이 점에 있는 것이다. 박
택지朴澤之에게 주는 글에서 "리는 귀하고 기는 천한 것이나, 리
는 무위요 기는 유욕이므로 성현은 천리를 주로 하되 기를 기름이
그 가운데 있고, 노장은 양기養氣에 치우치므로 반드시 성을 해치
는 데 이른다"[90] 하였음은 리를 높이는 증언이라고 할 수 있다. 그
러므로 리를 주로 실천하는 자는 상급자로 생각했다. 따라서 이색
李穡으로부터 "이리저리 리를 논한 것이 다 리에 합당치 않음이 없
다"고 칭찬을 받은 정몽주를 퇴계는 동방 이학의 시조로 모시기도
했다.[91]

따라서 노장의 기氣를 해로운 것으로, 그리고 서경덕이 기를 논한
것은 투철하지 못한 것으로 보는 것은 퇴계로서는 당연한 일이다. 정
몽주를 높이는 뜻도 짐작이 간다. 그뿐만 아니라 왕양명(1472~1528)
의 심학을 배척하는 것도 "인심이 형기에서 발하는 것은 배우지 않
아도 알고 힘쓰지 않아도 능할 수 있는 일이지만, 의리에 이르러서는
그렇지 않다."고 하여 학學과 면勉을 중시한 것[92]과 또한 형기와 의

90 『退溪全書』 권12, 「與朴澤之」 "理貴氣賤, 然理無爲而氣有欲, 故主於踐理者, 養
氣在其中, 聖賢是也, 偏於養氣者, 必至於賊性, 老莊是也."

91 『退陶先生言行通錄』 권5, 「類編」, 〈義論第四〉 "嘗言吾東方理學以鄭圃隱爲祖."

92 『退溪全書』 권41, 「傳習錄論辯」 "蓋人之心發於形氣者, 則不學而自知, 不勉而自
能, 好惡所在, 表裏如一, 故才見好色, 即知其好而心誠好之, 才聞惡臭, 即知其
惡而心實惡之, 雖曰行寓於知, 猶之可也, 至於義理則不然也, 不學則不知, 不勉

리를 엄격하게 구분하는 태도에서 오는 것이다.

리를 이처럼 소이연이나 소당연에서 파악하는 것은 순수 내지 신성성과는 아직 구별된다. 리기론상 담연일기湛然一氣를 말할 때에는 또한 보편이 아닐 수 없고, 장횡거의 태허太虛도 역시 보편으로 이해할 수 있다. 소당연은 일상 사물과의 관계에서, 즉 '리기의 관계에서' 파악되는 것인 이상 사실 내지 현상을 떠나서 생각할 수 없고, 이론상으로 말한다고 하더라도 그것은 특수한 분수分殊의 리에 불과하므로 리일理一의 리와는 구별되는 것이다. '담연일기'나 '태허'를 보편이라고 할 수는 있지만 그렇다고 해서 궁극의 초월자라고는 할 수 없다. 역시 기는 질質이 있는 것이기 때문이다. 소당연의 리도 리일理一의 리가 아닌 점에서는 창조적일 수 없다. 여기에 퇴계가 요구하는 것이 있다. 기론적인 보편성을 초월자와 엄격하게 구별하고 리일理一의 리를 창조적인 논리로 이해하려는 퇴계는 '물物에 명령하기는 해도 물에 명령받지 않은 것'으로 리를 신성화한다. 이는 태극에 동정이 있다는 이달李達·이천기李天機의 주장에 대답하는 퇴계의 답서에 의하면 분명해진다.

태극에 동정이 있음은 태극이 스스로 동정하는 것이요, 천명이 유행하는 것은 천명이 스스로 유행하는 것이지 어찌 다시 부리는 것이 있으랴! 다만 무극과 음양·오행이 묘합妙合해 응결되어 만물을 화생化生하는 측면에서 본다면 주재主宰가 있어서 부리기를 이와 같이 하는 것 같으니, 이것은 경전에서 말하는 "크신 상제가 마음을 아래 백성에게 내렸다[惟皇上帝, 降衷于下民]"는 것이요, 정자가 말하는 "주재를 일러서 제帝라고 한다"는 것이다. 대개 리기는 합해서 물을 명하는 것이니, 그 신성한 작용이 스스로 이와 같을 따름이다. 천명이 유행하

則不能."

는데 또한 따로 부리는 것이 있다고 함은 옳지 못하다. 이 리는 지극히 높아 상대가 없으며, 물物에 명령하되 물에 명령받지는 않기 때문이다.[93]

퇴계가 이와 같이 답하였음을 생각해보면, 여기서 '물에 명령하되 물에 명령받지 않는다'는 말의 의미는 주체적이고 창조적인 논리를 의미한다. 여기서 리발理發의 문제가 발생하게 된다. 즉 주체적이고 창조적인 논리에 따르자면 리가 발한다고 해야 할 것이나, 리가 발한다고 하면 '발'이란 용어의 의미 파악에 혼선이 생긴다. 발이란 용어의 적용이 현상계에 한한다면 리가 발한다는 말은 성립될 수 없는 애로가 생기고, 그렇다고 해서 기가 발한다고 한다면 선악을 겸유兼有하는 입장에서 선의 당위성, 또는 순선무악의 생생하는 논리성이 결여되는 폐단을 면할 수가 없게 된다. 스스로 동정하는 태극이나 스스로 유행하는 천명이란 능산적能産的이고 논리적인 측면에서 하는 말이다. 따라서 물物에 명령받지 않고 물에 명령하는 궁극의 입장에서 하는 말이니, 이는 곧 리의 순수성의 표현이라고 할 수 있을 것이다.

퇴계의 이러한 순수한 리는 창조적인 능력의 근거로서 그 용用을 강조하게 된다. 그가 신神을 논하는 것을 보면 "주염계가 말한 동動하면서 동함이 없고, 정靜하면서 정함이 없다는 신, 주자가 말한 오행五行의 신, 자사가 말한 신지격사神之格思의 신, 공자가 말한 무방체無方體의 신은 다 리가 기를 타고서 출입하는 신이니, 즉 하늘에 있

93 『退溪全書』 권30, 「答李達李天機」 "'太極之有動靜, 是天命之流行, 止理爲之主, 而使之流行歟': 太極之有動靜, 太極自動靜也, 天命之流行, 天命之自流行也, 豈復有使之者歟, 但就無極二五妙合而凝, 化生萬物處看, 若有主宰運用而使其如此者, 卽書所謂惟皇上帝, 降衷于下民, 程子所謂以主宰謂之帝, 是也, 蓋理氣合而命物, 其神用自如此耳, 不可謂天命流行處, 亦別有使之者也, 此理極尊無對, 命物而不命於物故也."

는 신"[94]이라고 하였다. 아울러 사람에게 있는 신을 말하여 음위정陰
爲精, 양위신陽爲神으로 신에 대한 리기론적인 견해를 보이고, 양신
兩神의 혼魂은 둘이면서 하나[二而一]라고 말하면서도 여전히 리를
앞세워 "기는 리에 근거해서 날로 생기는 것이 호연浩然하여 무궁하
다"[95]라고 하였다. 『주역』의 신명기덕神明其德이라든가, 신이명지神
而明之라든가, 『맹자』의 불가지不可知의 신 등은 다 이러한 의미를 뒷
받침해준다는 것이다. 그러므로 그 리는 스스로 작용이 있어서 자연
히 음양을 낳고,[96] 본연의 본체로서 낳을 수 있는 지극히 오묘한 작
용을 갖는다고 하였다.[97]

기대승과의 학적 논변은 피아의 진전을 촉구해주었다. 그 과정을
거쳐서 얻은 만년의 결론이 리는 사물死物이 아니라는 점이다. 기대
승에게 답하는 글에서 "정의情義가 없고 조작造作이 없는 것은 이 리
의 본체요, 발현을 따라서 두루 유행하는 것은 이 리의 지극히 신묘
한 작용이다. 먼저 다만 본체가 무위하다는 것만 보고 묘용妙用의 능
동적인 현행顯行을 알지 못하여 리를 사물死物이라고 오인한다면 도
에서 또한 매우 멀지 않겠는가"[98]라고 하여 리가 활물活物임을 시사
하고 있다. 이렇듯이 리를 순수한 것으로, 생생하는 근원자로 활물시
活物視함은 퇴계가 리를 지극히 귀한 것으로 신봉하는 근원이 되었

---

94 『退溪全書』 권29, 「論李仲虎碣文示金而精 別紙」 "來諭所說周子動無動靜無靜
   之神, 晦菴五行之神, 子思神之格思之神, 孔子無方之神, 是理乘氣出入之神, 卽
   所謂在天之神也."

95 위와 같음, "其氣之根於理而日生者, 浩然而無窮."

96 『退溪全書』 권39, 「答李公浩養中 庚午」 "理自有用, 故自然而生陽生陰也."

97 위와 같음, "本然之體, 能發能生, 至妙之用也."

98 『退溪全書』 권18, 「答奇明彦 別紙」 "是知無情意造作者, 此理本然之體也, 其隨
   寓發見而無不到者, 此理至神之用也, 向也但有見於本體之無爲, 而不知妙用之
   能顯行, 殆若認理爲死物, 其去道不亦遠甚矣乎."

다.[99] 나아가 성선을 강조하고 리발을 주장하는 기반을 이루었다.

2. 심 · 성_ 정과 인심 · 도심의 문제

퇴계의 우주 · 본체론적 측면을 원두처로 해서 태극, 리기, 리의 순수성으로 삼분해서 논하였다. 이제 인생론적인 측면에서 성性과 본연 · 기질 문제, 심통성정의 문제, 인심 · 도심의 문제로 삼분하여 고찰하기로 한다. 퇴계는 여기서도 리를 숭상함이 규명될 것이다.

A. 성과 본연 · 기질 문제
『주역』「계사전 상」에

한 번 음이 되고 한 번 양이 되는 것을 도라고 하고, 잇는 것을 선이라고 하며, 이루는 것을 성이라고 한다. [一陰一陽之謂道, 繼之者善也, 成之者性也.]

라고 해서 성性이란 말이 보인다. 또한『중용』제1장에

하늘이 명한 것을 성이라고 하고, 성을 따르는 것을 도라고 하고, 도를 닦는 것을 교라고 한다. [天命之謂性, 率性之謂道, 修道之謂敎.]

라고 하여 '성'이라는 글자가 보인다. 이루는 것을 성이라고 하면 음이 되고 양이 되는 도의 실현임을 의미하고, 하늘이 명한 것을 성

---

99 『退陶先生言行通錄』 권5,「類編」,〈義論第四〉 "先生曰, 談命之事, 亦豈可謂無其理也, 但死生禍福, 預定於冥冥, 先知何用, 且聖賢貴理, 而不貴數."

이라고 하면 주재主宰의 측에서는 명이요, 품수稟受의 측에서는 성임을 뜻한다고 하겠다. 이루는 성이나 명하는 성이나 주재의 천과 관련을 갖는 표현이라는 것이 그 공통점이요, 이루는 것은 그 천의天意의 실현이란 점에서, 명하는 것은 천체天體의 분신分身이란 점에서 그 표현이 달라졌을 뿐이다. 그러나 다 같이 천인天人 관계에서 하는 말일 것이다. 천리天理와 인성人性 문제는 태극의 이해와 성선의 당위성을 밝혀주는 데 중요한 기여를 한다고 생각된다.

율곡 이이는 태극을 본연의 묘妙[100]로 이해한 데 비해서, 퇴계는 태극을 성정性情의 묘妙라고 하였다. 태극의 문제는 공통인데, 묘는 묘이지만 하나는 우주론적인 본연의 묘요, 하나는 인생론적인 성정의 묘라고 한 점이 차이 나는 것이다. 퇴계가 이렇게 태극을 성정의 묘라고 한 것이 태극을 '리'라고 생각하는 기반에서 유래된 것으로 미루어볼 때, 리의 순수성을 고수하려는 태도는 성의 순수성도 지키려고 할 것이요, 정에 연유하는 선악의 선과 태극의 리, 성정의 묘로서의 성선의 선과 구별하고자 하게 될 것은 추측이 가능해진다. 여기서 퇴계의 천인관계에 대한 이해를 자세히 살펴볼 필요가 있다.

주자학을 충실하게 받아들이는 퇴계로서는 역시 주자의 천인관이 생각의 배경을 이루고 있음을 간과할 수 없다. 주자는 인仁을 애지리愛之理, 심지덕心之德이라고 설명한다. 인의 현현은 성덕聖德에 도달하는 일이다. 성론性論은 인간이 천리를 실현하려는 데서 문제되며, 천인이 합일하는 관계에서 천리와 인성은 해명되어야 할 것이다. 주자의 성론은 천인합일의 경지에서 도출된다. 그의 인설에 따르면 "천지는 물物을 낳아주는 것으로 마음을 삼고, 사람과 물의 생은 또 각각 그 천지의 마음을 얻어서 마음으로 삼는다"[101]고 하여 마음

---

100 『栗谷全書』 권20, 「聖學輯要 二」 "太極者, 本然之妙也."
101 『朱子大全』 권67, 「仁說」 "天地以生物爲心者也, 而人物之生又各得夫天地之

의 덕을 말하였다. "천지의 마음으로 말하면 건원乾元 · 곤원坤元이라고 하여 원형리정의 사덕의 체體가 자족하고, 인심의 묘로 논하면 인은 인심이라고 하여 인의예지의 사덕이 또한 자족한다"고 한다.[102] 이 천지의 마음이나 인심의 묘는 덕을 통하여 귀일된다. 천지에 있어서는 앙연坱然히 물을 낳는 마음이요, 사람에게 있어서는 온연溫然히 사람을 사랑하고 물을 이롭게 하는 마음으로서[103] 천지의 마음은 보편성을 말하는 것이요, 인심은 인간이 가지고 있는 특수성이라고 할 수 있다. 맹자가 설하는 측은하게 여기는 마음이 인의 실마리라고 할 때, 이 인은 상대방을 동정하는 인심의 발로요, 천지가 물을 낳는 천지의 마음이 인간에게 내재되어 발동된 것이다. 대자적對自的으로는 살고자 하는 생을 좋아하는 마음이요, 대타적對他的으로는 약자를 구하려는 측은하게 여기는 마음이 인심이라면 이러한 인심은 천지가 물을 낳는 마음이 인간에게 품수되어 발현됨을 알 수 있다. 퇴계는 주자의 이러한 심경을 파악하였고, 그것을 「무진육조소」, 『성학십도』 그리고 치지 · 격물설을 통해서 여실하게 보여주고 있다.

「무진육조소」 제4조에서는 도술을 밝혀 인심을 바르게 함을 말하여 도술이 천명에서 유출되어 사회에 이륜彛倫으로 행해짐을 설명하였다. 제6조에서는 닦고 살피는 것을 성실하게 하여 하늘의 사랑을 받들 것을 말하여 마땅히 천심이 인으로 나를 사랑함을 알아야 한다고 설파하고 있다.

『성학십도』「제이서명도」에서는 쌍봉雙峯 요씨饒氏의 말을 인용하여 "「서명西銘」의 앞 한 절은 사람이 천지의 아들이 됨을 밝혔으며,

心以爲心者也."

102 위와 같음, "論天地之心者, 則曰乾元坤元, 則四德之體用, 不待悉數而足論人心之妙者, 則曰仁人心也, 則四德之體用不待遍擧而該, ……"

103 위와 같음, "在天地則坱然生物之心, 在人則溫然愛人利物之心."

뒤 한 절은 사람이 천지를 섬기되 마땅히 아들이 부모를 섬기는 것처럼 해야 함을 말한 것이다"[104]라고 하면서 "성학이란 인을 구하는 데 있으니, 마땅히 이 뜻을 깊이 체험해서 천지 만물과 일체가 됨을 이해해야 한다."[105]라고 강조하고 있다.

기대승에게 답한 별지인 만년(70세)의 치지 · 격물설에 의하면 "리는 비록 만물에 산재되어 있으나 작용은 실로 마음에 있다."[106]고 하여 외계 만물의 리와 인심이 격格 · 치致로 회통됨을 말하고 있다.

이상에서 퇴계의 천인합일의 경지를 살펴보았다. 이 경지는 리요, 성이요, 순선이라고 한다. 퇴계는 홍응길洪應吉에게 답하는 글에서

> 성은 곧 리이니, 진실로 유선有善 · 유악有惡하다. 심은 리 · 기를 합한 것이니 유악을 면하지 못하는 것 같다. 그러나 그 애당초로 말하면 마음도 또 유선 · 유악하다. 어째서인가? 심이 발하지 않을 때 기도 용사用事하지 아니하고 오직 리뿐이니, 어찌 악이 있겠는가? 다만 발하는 곳에 리가 기에 가리워져 악으로 기울어지게 되니, 이른바 기幾에서 선과 악이 갈라진다는 것[幾分善惡]이요, 양물兩物이 상대해서 생기는 것이 아니라고 선유先儒들이 역변力辯하였다.[107]

라고 하여 성의 순선임을 역설하고 있다. 퇴계는 이러한 생각으로

---

104 『聖學十圖』,「第二西銘圖」"雙峯饒氏曰, 西銘前一節明人爲天地之子, 後一節言人事天地當如子事父母也."

105 위와 같음, "蓋聖學在於求仁, 須深體此意, 力見得與天地萬物爲一體, 眞實如此處, 爲仁之功如親切有味."

106 『退溪全書』권18,「答奇明彦 別紙」"蓋理雖在物, 而用實在心也."

107 『退溪全書』권13,「與洪應吉」"性卽理, 固有善無惡, 心合理氣, 似未免有惡然後極其初而論之, 心亦有善無惡, 何者, 心之未發, 氣未用事, 唯理而已, 安有惡乎, 惟於發處, 理蔽於氣, 傍趨於惡, 此所謂幾分善惡, 而先儒力辯其非兩物相對而生者也."

성의 본연과 기질을 엄격하게 구별하게 된다. 그는 말하기를 "성이라는 한 글자로 말하면 자사의 소위 '천명지성天命之性'이요, 맹자의 소위 '성선지성性善之性'이니, 이 두 '성'이라는 글자가 가리켜 말하는 것이 어디에 있는가? 리기가 부연된 가운데 나아가서 이 리의 원두 · 본연처를 지적해서 말하는 것이 아니겠는가? 지적하고자 하는 바가 리에 있고 기에 있지 않으므로 순선무악이라고 할 수 있을 따름이다. 만약에 리기가 서로 떨어지지 않는다는 이유로 기를 겸하여 말하고자 한다면 이미 성의 본연이 아니다"[108]라고 한다.

성을 논하려면 기를 떠나서 말할 수 없다. 대개 성이란 생후生後의 문제, 즉 "기로써 형을 이루고 리 또한 부여된다[氣以成形, 理亦賦與焉]"의 문제인 까닭에 품생稟生 뒤에 비로소 성이 있는 것이며, 기의 청탁淸濁 · 수박粹駁의 차이로 인과 물을 달리한다는 것이다. 천명의 성과 성선의 성은 리기가 부여된 가운데 가리켜 말하는 바가 리의 원두 · 본연처이므로 성의 본연이라고 이해하고 있다. 퇴계의 천인합일관은 우주론적인 태극과 인생론적인 성을 원두 · 본연처로 일관하여 파악하고 있다. 그러므로 본연과 기질은 그의 리기관을 기초로 해서 생각한다면 현실적으로는 공존하고 있으나 논리상으로 구별할 따름이다. 기대승에게 답하는「논사단칠정제삼서論四端七情第三書」에서 퇴계는 주자의 말을 인용하여 본연과 기질의 설명을 분명히 해주고 있다.

주자가 말했다. "천지의 성은 태극 · 본연의 묘이며 만수萬殊의 일본一本이다. 기질의 성은 두 기가 번갈아 움직여 생기고 일본이며 만

---

108 『退溪全書』 권16,「答奇明彦 論四端七情書 改本」"且以性之一字言之, 子思所謂天命之性, 孟子所謂性善之性, 此二性字所指而言者何在乎, 將非就理氣賦與之中, 而指此理源頭本然處言之乎, 由其所指者在理不在氣, 故可謂之純善無惡耳, 若以理不相離之故, 而欲兼氣爲說, 則已不是性之本然矣."

수이다. 기질의 성은 이 리가 기질의 가운데 떨어져 있는 것이고, 따로
한 성이 있는 것이 아니다."[109]

본연과 기질이 한 성임을 말하면서도 하늘 위의 달과 물 가운데
의 달로 다시 비유해서 "달은 같은 달이로되 '물 가운데 달'의 물
은 어찌 무애無碍라고 할 수 있겠느냐?"라고 한 것을 보면, 달[리, 성]
로 회통되지만, 하늘과 물[본연과 기질]을 엄격히 구분하려는 태도임
을 간과할 수 없다. 그러므로 퇴계는 성정도性情圖에서도 중도中圖에
서는 본연·기질의 공존을 표시하면서 하도下圖에서는 역시 기질에
서 본연을 추출, 명시하지 않을 수 없었던 것으로 보인다.

B. 심통성정의 문제

심에 관한 것은 성정 문제와 아울러 허다하게 논급되어 있지만
「전습록논변」,「심무체용변」, 김취려(金就礪: 而精)와의 왕복서,「심통
성정도」, 선조와의 입대入對·야대夜對에서의 문답,「답고봉논개심통
성정도答高峯論改心統性情圖」에 잘 나타나 있다. 이 순서를 따라서 퇴
계가 심을 논한 역점이 어디 있는가를 알아보기로 한다.

「전습록논변」에 의하면 왕양명과 문인의 대담 중에서 심즉리心卽
理의 부당처를 지적, 변론하여 성즉리性卽理의 입장을 견지하고 있
다. 왕양명은 심즉리의 기반 위에 지행합일知行合一을 주장하므로 온
정溫情, 봉양奉養의 효친孝親은 심이 천리의 순선이요, 이것은 학學·
문問·사思·변辨의 공이 아니라는 것이다.[110] 여기에 대하여 왕양

109 『退溪全書』 권17,「答奇明彦 論四端七情第三書」"朱子曰, 天地之性則太極本
然之妙, 萬殊之一本也. 氣質之性則二氣交運而生, 一本而萬殊也. 氣質之性,
則此理墮在氣質之中耳, 非別有一性也."
110 『退溪全書』 권41,「傳習錄論辯」"惟於溫情時, 也只此心純乎天理之極, 奉養
時, 也只要此心純乎天理之極, 此非有學問思辯之功."

명은 한갓 외물이 마음을 얽맴을 근심하고, 민이民彝 물칙物則과 진
지眞至의 리가 곧 내 마음이라는 본래 갖춘 리를 알지 못하여 강학講
學 · 궁리窮理가 바로 본심의 본체를 밝히고 본심의 작용을 달성하는
바라고 비판한다.[111]

　인심이 형기에서 발한 것은 배우지 않아도 자연히 호오好惡에 따
라서 알고 행하는 것이 가능하지만, 의리에 이르러서는 배우지 않으
면 모르고 힘쓰지 않으면 능히 행할 수 없다. 내성內省이 부족하므로
선을 보아도 알지 못하는 경우가 있고 선을 알고도 행하지 않는 경우
가 있으며, 악을 보아도 알지 못하는 수가 있고 악을 알고도 심중心中
에 미워하지 않는 사례가 생긴다는 것을 공박하고 있다. 즉 왕양명은
형기의 소위所爲를 가지고 의리지행義理之行의 설을 밝히려고 하니,
이것은 큰 잘못이라는 것이다.[112] 심을 심즉리心卽理에서 파악하려는
양명에 대하여 심에서 형기와 의리를 분명히 구분하는 퇴계의 모습
을 볼 수 있다. 이러한 태도는 또한 태극을 리로 높이며 성을 천명으
로 존중하는 저심底心에서 오는 것으로 생각된다.

　「심무체용변」에서는 심에 체용이 없을 수 없음을 힘써 변론하고
있다. 김취려로부터 받은 이연방의 심무체용설에 대해서, 먼저 선유
들의 체용설을 인용하고 진북계陳北溪와 정자와 주자의 말을 채택하
여 체용관을 피력하면서 양구산楊龜山 · 호오봉胡五峯 · 호광중胡廣仲
의 주장의 부당처를 지적하여 연방의 병처病處를 밝혀내고 있다. 이
연방의 주장을 보면 심에 본래 체용이 있으나 그 근본을 탐구하면 체
용이 없다는 것이다.

　선유들의 심무체용설로는 『주역』의 '적감寂感', 『대기戴記』의 '동

111　위와 같음, "陽明徒患外物之爲心累, 不知民彝物則, 眞知之理卽吾心本具之理,
　　講學窮理正所以明本心之體達本心之用."

112　위와 같음, "陽明乃欲引很形氣之所爲, 以明此義理, 知行之說則大不可."

정동정動靜', 자사의 '미발·이발', 맹자의 '성·정'을 예거例擧하고 있다. 이 점에 대하여 진북계의 심설心說이 잘 드러내고 있다고 퇴계는 동조한다. 진북계의 심설에 의하면 심에 본체가 있고 작용이 있는데, 본체로 말하면 "뭇 이치를 갖추고 고요히 움직이지 않는 것이며, 이른바 성으로서 고요함으로 말한 것"이다. 작용으로 말하면 "만사에 응하고 느껴서 드디어 통하는 것이며, 이른바 정으로서 움직임으로 말한 것"[113]이라고 하였고, 큰 작용이 유행하는 가운데도 거울처럼 비고 저울처럼 공평한 본체가 항상 자약自若하다는 것이다. 또 퇴계는 정자의 체용일원體用一源·현미무간顯微無間의 설을 이끌어 말한 뒤에 "태극을 성인이 억지로 이름 지은 것이라고 하여 체용이 없다고 할 수 있겠느냐?"[114]라고 말하였다. 그리고 양구산의 도의 높고 묘함, 호오봉의 성의 높고 묘함, 호광중의 동정의 묘함이 다 병처病處임을 미루어 이연방의 병통을 알 수 있다고 말한다. 퇴계가 묘함을 퇴계가 모르는 바 아니지만, 지나치게 높은 것을 경계하여 도리의 동정動靜의 실질이 곧 도리의 체용體用의 실질이라고 이해한다.

김취려에게 답하는 글 가운데 심과 성의 동정 문제에 관해서 논한 바가 있다. 심과 성의 동정의 선후 문제에 대해서 퇴계는 다음과 같이 답하였다. "대개 정은 리를 갖추고 있어서 능히 동정하는 까닭에 성정의 이름이 있는 것이요, 심과 상대해서 두 가지가 되는 것이 아니다. 이미 두 가지가 아닌즉, 심의 움직임은 바로 성의 소이연所以然이요, 성의 움직임은 바로 심의 소능연所能然이니, 어찌 선후를 분별하는 것이 불가하겠는가. 심은 성이 아니면 움직일 수 있는 원인이

---

113 『北溪字義』, 卷上 "心有體有用, 具衆理者其體, 應萬事者其用, 寂然不動者其體, 感而遂通者其用, 體即所謂性, 以其靜者言也, 用即所謂情, 以其動者言也."

114 『退溪全書』 권41, 「心無體用辯」 "豈可以太極爲聖人之所强名, 而謂之無體用乎."

없으므로 반드시 먼저 움직인다고 함은 불가하고, 성은 심이 아니면 능히 스스로 움직이지 못하므로 성이 먼저 움직인다고 함은 불가하다"[115]라고 하였다. 심의 움직임은 성의 소이연이요, 성의 움직임은 곧 심의 소능연이니, 다시 말하면 성은 리가 되고 심은 기가 되며, 소이연은 리요 소능연은 기가 된다는 것이다. 성·리는 심·기가 아니면 현현될 수 없고, 심·기는 성·리가 아니면 움직일 수 없다는 말이다. 그러므로 성은 심의 본체로서 심의 '소이연'이 되며, 따라서 심이 움직일 수 있는 것이 실은 성이 움직이게 하기 때문이라고 한다.

  여기서 주의하게 되는 것은 움직일 수 있는 것을 이어주는 일이다. 또 심의 '움직임'이라고 하지 않고 심의 '움직일 수 있음'이라고 하여 '할 수 있음'을 더한 점이다. 이것은 '소이연'을 기능화해서 강조한 것으로 보인다. 맹자가 사단을 논하는데 성·정을 다 심으로 일컫고, 장자張子가 심통성정心統性情이라고 하는 것도 이 때문이다. '소이연'의 기능화와 성·정의 통섭은 주재력主宰力을 의미하는 것이며 이 심은 태극[116]이라고까지 생각하기에 이른다. 심구태극心具太極을 심위태극心爲太極으로까지 확대 이해함[117]도 역시 퇴계의 확고한 리

---

115 위와 같음, 권41,「答金而精」"蓋性非有物, 只是心中所具之理, 性具於心, 而不能自發而自做, 其主宰運用, 實在於心, 以其待心而發故, 不可謂性先動也."

116 『退溪全書』권24,「答鄭子中」"心爲太極, 卽所謂人極者也, 此理無物我, 無內外, 無分段, 無方體, 方其靜也, 渾然全具, 是爲一本, 固無在心在物之分, 及其動而應事接物, 事事物物之理, 卽吾心本具之理, 但心爲主宰, 各隨其則而應之, 豈待自吾心推出而後爲事物之理, 北溪在朱門, 最精於窮理, 豈不知此而云哉, 但於此, 下一出字, 似微有如來喩所疑之嫌, 乃語言小疵, 善讀者以意逆志, 自無所礙, 恐不當云自在心者片片分來也, 且來喩在心在事只是一理者, 得矣, 但又云, 所謂一本者, 指理之總腦處, 非指在心者, 夫旣曰只是一理, 則理之總腦不在於心, 更當何在."

117 『退溪全書』권31,「答禹景善問目 啓蒙」"心靜而太極之體具, 心動而太極之用行, 故云心爲太極."

관리觀의 소치所致로 보인다.[118]

이것은 쉽게 이해되는 일이 아니므로 체인體認해야 한다. 퇴계는 이에 대해 다음과 같이 말한다.

반드시 '소이연'과 '소능연'이라는 여섯 글자에 대해서 체인해야 한다.[119]

뿐만 아니라 활간活看[120]해야 한다고 했다. "체용이라는 두 글자는 살아 있는 법이지 죽은 법이 아니다"[121]라고 하여 체득해야 함을 새삼 강조하고 있다.

『성학십도』의 「제육심통성정」에 의하면, 상도上圖는 임은정씨林隱程氏의 「심통성정도」를 옮겨온 것이고, 하이도下二圖는 성현의 입언수교立言垂教의 뜻을 미루어서 지은 것이다. 중도中圖는 기품氣稟 가운데 나아가 본연의 성이 기품에 섞이지 않음을 지출指出해서 그린 것이며, 하도下圖는 리기를 합해서 말한 것이다. 여기서 기품 가운데에서 본연을, 기氣 가운데에서 리를 추출하여 구별함을 주의해야 할 것이다. 퇴계가 판중추부사를 제수받고 대궐에 나아가 사은謝恩하여 선조를 뵙고 물러날 것을 청하면서 선조와 나눈 대담 가운데 '심통성정'을 언급한 것이 있다. 선조가 "심통성정은 무엇을 말하는가?"라고 물었을 때, 퇴계는 다음과 같이 답하였다.

---

118 퇴계 역시 '心具太極'을 가지고 '心爲太極'을 말하였으니, 대개 '心動而太極之用行'으로 입언한 것이다. 퇴계의 이와 같은 입언은 理尊觀이나 理發說과 관계가 있는 것 같다. 蔡茂松, 『退栗性理學의 比較研究』, 성균관대학교 출판부, 1983, 70쪽.

119 『退溪全書』 권29, 「答金而精」 "須就所以然所能然六字體認出."

120 위와 같음, "眞西山所謂斂之方寸, 太極在眴散之萬事, 其用無窮當如此活看."

121 『退溪全書』 권41, 「心無體用辯」 "體用二字, 活非死法."

「서명西銘」에 "하늘과 땅에 가득 찬 것은 나의 몸이고, 하늘과 땅을 거느리는 것은 나의 성이다"라고 하였습니다. 기는 형체가 되고 리가 그 가운데 갖추어지며, 리와 기를 합쳐서 심이 되어 한 몸의 주재가 되니, 성과 정을 통섭하는 것이 아니겠습니까? 이 성을 간직하는 것도 심이고 발용하는 것도 또한 심이니, 이것이 심이 성과 정을 통섭하는 까닭입니다.[122]

심이 한 몸의 주재요, 성과 발용이 다 심이므로 심이 성과 정을 통섭한다는 뜻이다. 도圖 안에 '허령虛靈' 두 글자가 위에 있고 '지각知覺'이 아래에 있는 이유를 물었을 때, 퇴계는

대답하여 말하기를 "허령은 심의 본체이며, 지각은 일에 응하고 사물에 접하는 것이기 때문에 이와 같습니다"라고 하였다.[123]

라고 하였다. 본체이므로 위에, 일에 응하고 사물에 접하는 발용이므로 아래에 부속시켰다는 뜻이다. 여기서도 하나의 심 가운데서 허령과 지각을 구별해서 본체·작용으로 나누어 본체를 높이려는 경향을 파악할 수 있다.

기대승에게 답하는 「논개심통성정도論改心統性情圖」는 그의 심관心觀을 새롭게 보여주고 있다. 심합리기心合理氣나 심통성정心統性情은 선유들의 통념이었던 바, 퇴계는 이를 계승한다. 기대승에게 답한 글은 70세로 임종하던 해 10월의 견해라고 할 수 있다. 사람들

---

122 「退溪先生年譜」권2,「年譜」,〈三年己巳, 先生六十九歲〉"西銘言天地之塞吾其體, 天地之帥吾其性. 氣爲形而理具於其中, 合理氣爲心, 而爲一身之主宰, 非統性情乎. 蓋盛貯是性心也, 發用亦心也, 此所以心統性情也."

123 위와 같음, "對曰, 虛靈心之本體, 知覺乃所以應事接物者, 故如此矣."

이 위학爲學하는 바는 심과 리뿐이라고 하여[124] 위학爲學의 주요 목표로 삼고 있다. 그는 심과 리에 관해서

리는 비록 만물에 산재되어 있지만, 그 작용의 미묘함은 실로 한 사람의 마음을 벗어나지 않는다.[125]

라고 했고, 또

리는 비록 만물에 있지만, 작용은 실로 마음에 있다.[126]

라고 하였다. 이렇게 되면 주체적 기능의 소종래所從來는 과연 리인가, 심인가 하는 의심을 품게 된다. 주자의 리에 정의情意도 없고, 계탁計度도 없고, 조작造作도 없다는 설에 따르면, 리는 스스로 작용할 수 없으므로 반드시 인심을 기다려야 한다는 결과가 된다. 이렇게 되면 아마도 스스로 이른다고 말하는 것이 불가하게 될 것이다. 또 리에 반드시 작용이 있다고 하면, 하필 또 심의 작용을 말할 필요가 있겠는가?

그러니 그 작용이 비록 인심의 밖으로 벗어나지 않는다고 할지라도, 그 작용하는 오묘함의 까닭은 실로 리의 발현이므로 인심이 이르는 데 따라서 이르지 않는 바가 없으며, 다하지 못하는 바가 없다는 것이다. 그러므로 격물格物해서 알지 못함을 두려워할 일이지, 리가능히 스스로 이르지 못함을 근심하지 말라는 것이다. 요컨대 물격物格이 되고 나면 리는 스스로 이른다는 뜻으로 보인다. 급기야는 "정

---

124 『退溪全書』 권18, 「答奇明彦 別紙」 "人之所以爲學, 心與理而已."
125 위와 같음, "理雖散在萬物, 而其用之微妙, 實不外一人之心."
126 위와 같음, "蓋理雖在物, 而用實在心也."

의도 없고 조작도 없는 것은 이 리의 본연의 본체"요, "만나는 곳을 따라서 발현하여 이르지 못하는 곳이 없는 것은 이 리의 지극히 신묘한 작용"이라고 하기에 이른다. 본연의 본체와 지극히 신묘한 작용을 하나의 리로 묶어서 그 묘함을 간파한 것이라고 할 것이다. 본체와 작용의 일원一源의 묘를 모를 때, 퇴계도 말했듯이 체용이 단절되고 그 리는 사물死物로 오인되어 도로부터 매우 멀어지는 결과를 초래한다고 할 것이다.

이상에서 말한 바는 다음과 같이 요약할 수 있다. 「전습록논변」에서는 성즉리의 입장에서 의리를 높임으로써 심즉리의 기성氣性을 배제했다. 「심무체용변」에서는 심유체용心有體用을 논변하고 허성虛性을 배제하여 실리實理를 강조했다. 김취려와의 왕복서에서는 성리性理와 심기心氣를 소이연所以然과 소능연所能然으로 구별하되, 심으로 묶어서 성이 움직이는 까닭은 심이 움직일 수 있는 것이라고 성의 소이所以를 기능화하고 있다. 또 「심통성정도」에서는 성·정 속에서 정을 배제한 순수한 리를 확보하였고, 심통성정에 관해 선조와 나눈 대화에서는 같은 심 속에서도 지각보다 허령을 높이고 있다. 끝으로 기대승에게 준 「논개심통성정도」에서는 체용일원體用一源, 현미무간顯微無間의 묘경妙境을 리도理到로 설파하였다. 기성氣性의 배제, 허성虛性의 배제, 성의 소이所以로서의 기능화, 순수한 리의 확보, 허령虛靈의 상위上位 등은 둘로 구분해서 순수성을 높이려는 의사의 발로로 보이며, 만년의 리도理到 주장은 둘을 하나의 묘妙로 모아 존리尊理로 결론 짓는 태도가 아닌가 생각된다. 퇴계의 이러한 생각은 인심·도심설에도 반영된다고 생각된다.

C. 인심·도심의 문제
공자의 '역유태극易有太極', 주염계의 '무극이태극無極而太極', 정자의 '리理'는 주자에 이르러서 태극·리기론을 정립하는 데 기초가 되었다. 순(舜)이 인심·도심을 말한 뒤 주자가 이를 문제 삼아서『중용』「서문」에 언급한 이래로 공문孔門의 중요한 심법心法으로 다루어졌다. 태극·이기론이 성리학에서의 우주·본체론적인 측면이라면, 인심·도심론은 인간의 덕성론적인 측면이다. 이론의 논리적 전개의 편의상 태극·이기론과 심·성·정, 인심·도심론을 구별, 설명하는 것뿐이다. 이것의 분열을 기피하는 퇴계로서는 앞서 논한 태극·이기론의 경향을 인심·도심론에서도 보이고 있다. 인심·도심을 논한 것은「답홍반答洪胖」,「답교질문목答喬姪問目」,「답이굉중문목答李宏仲問目」,「답이평숙문목答李平叔問目」에 보인다.

「답홍반」에 의하면 인심·도심설은 주자로부터 계승된[127] 것으로 생각된다. 그리고 인심과 도심이 두 가지가 아님을 역시 주자의 말을 인용하여 다음과 같이 말한다.

나누어 말하면 인심은 본래 형기에서 생겨나고, 도심은 본래 성명에 근원하며, 합하여 말하면 도심은 인심의 사이에 섞여 나오니, 실제로 서로 의지하고 서로 발하여 확실하게 두 가지가 된다고 말할 수 없습니다. 그러므로 주자는 공부하는 즈음에 대해 말하기를 반드시 도심이 주가 되고 인심이 명을 듣는다고 하였습니다. 이는 반드시 절실하게 체험하고 공부를 오래 한 후에 마땅히 저절로 드러나는 것입니다.[128]

---

127 『退溪全書』권39,「答洪胖」"人心道心之義, 考亭發明無復餘憾, 後來諸儒說, 雖或有得失, 苟能硏思熟玩, 何待吾說而後知之耶."

128 위와 같음, "分而言之, 人心固生於形氣, 道心固原於性命, 合而言之, 道心雜出於人心之間, 實相資相發而不可謂判然爲二物也, 故朱子言用功之際, 必曰道心爲主而人心聽命云云, 此須親切體驗, 用功之久, 當自見也."

대체로『중용』「서문」에 언급된 범위에서 벗어나지 않는다.[129]

「답교질문목」에서는『중용장구』「서문」의 인심人心과 인욕人欲의 동이와 선후를 물어온 데 대하여 다음과 같이 답하고 있다.

인심이란 인욕의 본원이고, 인욕이란 인심의 말류이다. 형기에서 나오는 마음은 성인 역시 없을 수 없기 때문에 인심이라 할 수 있지만 바로 인욕이 되는 것은 아니다. 그러나 인욕이 생기는 것이 실로 여기에서 말미암기 때문에 인욕의 본원이라 하는 것이다. 물욕에 빠지는 마음은 보통 사람이 천리를 어겨서 그렇게 되기 때문에 인욕이라 이름하여 인심과 다르게 부르는 것이다. 이에 인심의 시초는 본래 이와 같지 않다는 것을 알게 되어 인심의 말류라고 하는 것이다. 이렇게 되면 인심이 먼저이고 인욕은 나중이며, 하나는 바른 것이고 하나는 그릇된 것이니, 경중으로 말할 수는 없다.[130]

인심과 인욕은 두 가지가 아니고, 인심이 선先, 인욕이 후後라는 것이다.

「답이굉중문목」에 의하면 "이미 칠정·사단을 말하고 인심·도심을 또 말함은 무슨 까닭이냐?"는 물음에 대하여 다음과 같이 답하고 있다.

인심은 칠정이 그것이고 도심은 사단이 그것이니, 두 가지 도리가

---

129 『中庸章句』,「序文」 "精則察夫二者之間而不雜也, 一則守其本心之正, 而不離也, 從事於斯無少間斷, 必使道心常爲一身之主而人心每聽命焉."

130 『退溪全書』권40,「答喬姪問目 中庸」 "人心者, 人欲之本, 人欲者, 人心之流. 夫生於形氣之心, 聖人亦不能無, 故只可謂人心, 而未遽爲人欲也. 然而人欲之作, 實由於此, 故曰人欲之本. 陷於物欲之心, 衆人逌天而然, 故乃名爲人欲, 而變稱於人心也. 是知人心之初, 本不如此, 故曰人心之流. 此則人心先而人欲後, 一正一邪, 不可以輕重言也."

아니다.[131]

즉 인심 · 도심을 칠정 · 사단으로 말하고, 이 인심 · 도심은 하나
의 도리임을 밝히고 있다.

「답이평숙문목」에 따르면 "먼저는 인심 · 도심을 칠정 · 사단으로
말하는 것이 불가하다고 했는데, 이덕홍李德弘의 기록에는 인심은
칠정이요 도심은 사단이라고 했으니, 그 다른 까닭은 무엇이냐?"고
물은 데 대하여 퇴계는 우선

> 인심은 칠정이 되고 도심은 사단이 된다.『중용』「서문」의 주자의 설
> 과 허동양의 설과 같은 종류로 살펴보면 두 가지를 칠정과 사단으로
> 하는 것은 보내 불가할 것이 없다.[132]

라고 하여 불가할 것이 없다고 하였고, 도심은 심을 가지고 말한 것
이므로 시종을 일관하여 유무를 관통한 것이며, 사단은 단端을 가
지고 말한 것이므로 발현처에 나아가서 단서를 가리켜 말한 것이
니, 조금 다름이 없을 수 없으나 귀결점은 다르지 않다고 하였다.
전자는 「답이평숙答李平叔」의 경우요, 후자는 「답이굉중答李宏仲」의
경우이다. 이 논지에서 주의하고자 하는 것은 퇴계가 인심과 도심
에 대하여 구별하는 태도이다. 즉 인심을 도심에 상대해서 입언하
면 한쪽에 떨어져 명을 도심에서 들을 수는 있지만 하나가 될 수 없
는 폐단이 생긴다는 것[133]이며, 인심 · 도심을 혼륜渾淪하여 말하면

---

131 『退溪全書』권36,「答李宏仲問目」"旣謂之七情四端, 而又謂之人心道心者, 何
也? 人心七情是也, 道心四端是也, 非有兩箇道理也."

132 『退溪全書』권37,「答李平叔問目」"人心爲七情, 道心爲四端. 以中庸序朱子說
及許東陽說之類觀之, 二者之爲七情四端, 固無不可."

133 위와 같음, "蓋旣曰私有, 則已落在一邊了, 但可聽命於道心而爲一不得."

칠정이 기에서 발한다고 하더라도 실은 공적으로 공평하게 세운 이름이므로 한쪽에 떨어지지 않는다는 것이다. 하나가 될 수 없다는 것은 인심·도심의 분열에서 오는 실제적이 아닌 것을 뜻하며, 칠정이 기발氣發이라고 할지라도 공적으로 공평하게 세운 이름으로 순수성을 가려내려는 태도를 간과해서는 안 될 부분으로 생각된다. 그리고 계구戒懼와 근독謹獨을 가지고 도심과 인심을 분속시키는 문제에 대해 이평숙李平叔이 다음과 같은 질의를 해왔을 때, 퇴계는 다음과 같이 말하였다.

「심경찬心經贊」에서 계구는 도심에 속하고, 근독은 인심에 속한다고 하였다.[134]

또 존천리存天理, 알인욕遏人欲으로 분속할 수 있다는 점을 다음과 같이 말하고 있다.

심학에 비록 단서가 많다 해도 요점을 총괄하여 말하면 인욕을 막고 천리를 보존한다는 두 가지 일에 지나지 않습니다. 그러므로 계구 이하의 여러 설은 이발已發과 미발未發, 공부를 하고 안 하고를 불문하고 인욕을 막는 일은 인심 쪽에 소속시켜야 하고, 천리를 보존하는 일은 도심 쪽에 소속시켜야 옳습니다.[135]

「답홍반」에서는 주자설을 따르면서 인심·도심이 두 가지가 아님을 말했다. 「답교질문목」에서는 인심·인욕이 두 가지가 아님을 주

---

134 위와 같음, "心經贊戒懼屬道心, 謹獨屬人心."

135 위와 같음 "心學雖多端, 總要而言之, 不過遏人欲存天理兩事而已, 故戒懼以下所言諸說, 不問已發與未發, 做工與不做工, 凡遏人欲事, 當屬人心一邊, 存天理事, 當屬道心一邊, 可也."

장하면서 인심이 앞이요, 인욕이 뒤임을 들었다.「답이굉중문목」에서
는 인심·도심을 칠정·사단으로 분속시킬 수 있지만 다 같은 하나
의 도리라고 하였다.「답이평숙문목」에서는 이 분속 문제에 대하여
인도가 한 마음이요, 성정이 한 이치라는 입장을 견지하면서 분속이
불가할 것 없다고 주장하였다. 아울러 계구·근독으로 나눌 것이 아
니라 존천리·알인욕으로 구분할 것을 말하였다.

　대체로 인심·도심을 한 가지로 보려는 경향은 인심·도심이 두
가지가 아니라고 한 점, 인심과 인욕이 두 가지가 아니라고 한 점, 인
심·도심이 다 같은 하나의 도리라고 한 점, 인도·성정을 한 마음이
요 한 이치라고 한 점을 미루어 지적할 수 있다. 또 사단·칠정으로
분속시킴이 불가하다고 한 점, 존천리·알인욕으로 분속시킨 점을
들어서 지적할 수 있을 것이다. 여기서 특별히 주의를 끄는 것으로,
인심·인욕을 구별하면서도 인욕보다 인심을 우위, 우선으로 생각
하려는 점, 인심·도심을 구별하면서 도심과 사단을 심정 속에서 우
위로 놓으려는 점, 나아가 도심을 존천리로 높이려는 점 등은 기저에
퇴계의 리관理觀이 서려 있는 것으로 이해된다.

3. 사칠변론에 관하여

　사칠변론의 중심 문제는 '발發'에 있다. 이제 이를 밝히기 위해서
먼저 '발'의 의미와 그 문제성을 살펴보기로 한다. 이어 변론의 개요
를 조사하고 나서 미해결 부분의 문제점이 어디에 있는가를 알아본
다음 호발설互發說이 갖는 진의를 밝혀 보기로 한다.

A. '발'의 의미와 그 문제성
　철학에서 구하는 창조의 생생지리生生之理를 명확히 하기 위해서
는 두 가지 측면이 고려될 수 있다. 그러므로 형이상과 형이하, 본체

와 현상이라든지 차안과 피안, 도와 기, 본과 말, 체와 용 등으로 표현되어온 것으로 생각된다. 형이상과 형이하라고 하면 형체를 놓고 그것이 생기기 이전과 이후로 표시한 것이다. 본체와 현상이라고 하면 현상의 가능 근거와 그 근거로부터 나타난 현상 면을 구별한 용어이다. 차안과 피안이라고 하면 생사고락의 세계와 이 상황을 넘어선 열반의 세계를 구분한 표상이다. 도와 기나 본·말이나 체·용이라고 하면 작용 면과 작용하게 하는 면을 나누어 말한 것들이다.

두 가지 측면을 무엇이라고 하든지 간에 남는 문제는 이 양면의 관계에 대한 이해일 것이다. 신앙으로 처리해버리면 주관적인 이해로 끝나지만, 논리로 체계를 객관화하여 이해를 구하는 일은 간단하지 않다. 이것은 주·객이 관련되기 때문이다. 혹은 유·무라고 해서 유형의 세계와 무형의 세계로 나눈 것이지만, 역시 그것만으로는 유·무의 관계가 여전히 선명하지 않다. 이 두 가지 측면을 우주론적인 의미에서는 리와 기, 인생론적인 의미에서는 성과 정으로 비교할 수 있을 것이다. 이 리와 기, 성과 정의 체·용 관계를 '발'이란 용어로 표현한 것이 아닌가 생각된다. '발'이라는 용어는 『중용』에 보인다.[136]

사람의 감성인 희로애락이 발하기 이전을 '중中'이라 하고 '발'해서 모두 절도에 맞은 것을 '화和'라고 해서 '발'을 '중'과 '화' 사이에 놓고 그 이전과 이후를 이어주고 있다. 동動·정靜으로 바꾸어 말하면 '정'은 '발' 이전의 '중'이 될 것이요, '동'은 '발' 이후의 '화'가 될 것이다. 이처럼 '중'과 '화' 사이, '동'과 '정' 사이를 '발'로 연접시켜 형이상과 형이하, 본체와 현상, 차안과 피안, 도와 기, 본말·체용의 관계로 이어주는 하나의 논리적인 표상으로 이해할 수 있을 것이다.

---

136 『中庸』, 제1장 "喜怒哀樂之未發謂之中, 發而皆中節謂之和, 中也者天下之大本也, 和也者天下之達道也."

그러나 여기서 두 가지 주의할 점이 있다. '발'이라고 할 때 리와 기 사이에 적용되는 경우가 하나요, 성과 정 사이에 적용되는 경우가 둘째이다. 퇴계와 기대승 사이에 벌어진 논변은 처음에 성과 정 사이의 문제였다. 그러나 이것이 발전되어 나중에는 리와 기 사이의 문제로 확대되었다. '발'이 하나의 동사로서 술어에 속한다면 주어가 무엇이냐 하는 것이 문제 된다. 즉 '발'의 주격主格이 무엇이냐 하는 것이다. 리와 기 사이의 '발'의 주객은 창조원創造源과 관계되는 것이요, 성과 정 사이의 '발'의 주격은 인간의 주체와의 관련을 피할 수 없게 된다.

'발'을 '나타난다'는 뜻으로 생각할 때 무엇이 무엇으로 나타나느냐를 밝혀야 할 것이다. 이때 무엇이라는 무엇과 무엇으로라는 무엇은 서로 동질同質이냐 이질異質이냐, 또는 선악은 어떻게 갈라지느냐 하는 등의 문제에 부딪치게 된다. 여러 가지 새로운 문제점이 많이 발생한다고 하더라도 이 밝히고자 하는 핵심이 신앙으로써 절대자를 가려내는 것이 아니다. 논리로써 창조원을 체계화하는 데 있어서는 주체가 중심 문제일 것이다. '발'의 문제가 성性과 정情 사이의 관계로 시작된 것이요, 성정 문제인 이상 인간의 심리적인 면을 고찰하지 않을 수 없다. 또 체계화 과정에서는 두 개의 주체가 설정될 수 없는 일이다. 하나의 주체를 정초하여 논리를 전개하는 작업은 철학에서는 매우 중요한 일이 아닐 수 없다.

'발'의 의미를 양자 사이의 관계로 볼 때, 여기에 따르는 문제성이 기대승으로 하여금 토론을 점화하도록 한 셈이다. 이제 부수되는 문제성을 좀 더 자세히 알아보자. 앞에서 언급한 바와 같이 리와 기 사이의 문제라든지 성과 정 사이의 문제를 고려할 때, 우주의 창조원이나 인간의 주체성과 관계없이 이 '발' 문제는 해결되기 어려울 것이다. 논리를 추구하는 데 있어서 리기, 성정의 주체 확립은 문제 해결의 열쇠가 될 것이며, 이것과 관련해서 논리의 체계도 세울 수 있을

것이다. 리와 기, 성과 정 사이의 '발'을 문제 삼을 때 해결이 복잡해
지는 이유도 그 때문인 줄 안다.

리기론은 송대에 성립되었다. 정자는 리론理論을 주장했고, 장횡
거나 소강절은 기론氣論을 주창했다. 주자는 리기론을 정립하는 데
이르렀으나, 그 후 리일원론이나 기일원론이나 또는 이기이원론 등
의 경향을 보였고 '발'은 문제 되지 않았다. '발'을 문제 삼은 것은 한
국 성리학이 중국의 것과 비교되는 중요한 분점이라고 하겠다. 리기
론에서 '발'을 문제 삼을 때 야기되는 문제점은 리와 기를 어떻게 이
해하느냐에 따라서 달라지므로 그 해명이 선행되어야 할 것이다.

『논어』에는 '리'라는 글자가 없다.『맹자』에서는

마음이 같이 그렇게 여기는 것은 무엇인가? 리이며 의이다.[137]

라고 하여 인심의 보편자로 지적하고 있다.『주역』에서는

리를 궁구하고 성을 다하여 명에 이른다.[138]

라고 한 것이 보인다. 송대에 와서 리는 형이상학적인 의미로 자주
사용하게 되었다. 하늘이 만물을 낳아주었고 따라서 사물이 있으면
법칙이 있게 되며,[139] 하나의 사물이 있으면 반드시 하나의 리가 있
는 것으로 말한다.[140] 하나의 사물이 있으면 반드시 하나의 리가 있
다거나 사물이 있으면 법칙이 있다고 할 때의 두 리는 만리萬理를

137 『孟子』,「告子章句 上」제7장 "心之所同然者何也, 謂理也義也."
138 『周易』,「說卦傳」제1장 "窮理盡性, 以至於命."
139 『詩經』,「大雅」"天生蒸民, 有物有則."
140 『大學或問』, 二 "凡有一物, 必有一理."

귀일시키는 하나의 근원이라고 유추할 수 있다. 그러므로 '리'라고 할 때 동원同源으로서의 일반자인 리와 만리의 특수한 리로 생각할 수 있다.[141] 기氣에 관해서는 『서경』「홍범」에 이미 오행五行이 나와 있고 『역경』에는 음양으로, 『맹자』에는 호연지기로 언급되어 있다. 한대를 거치면서 기론의 기초가 굳어져갔으며, 송대에 와서 장횡거에 의해서 정립을 보게 되었다.

기는 현상을 말하는 것이며 만물이 각각 다르게 형체를 갖추게 됨은 기의 응취의 차이에서 오는 것이요, 형체가 형성되기 전에는 그것이 생성될 수 있는 기본으로서의 일기一氣를 상정하기에 이르렀다. 따라서 기는 생성원生成源으로서의 일반자인 기와 만물로서의 특수한 기를 생각하게 된다.[142]

이렇게 보면 리에도 만리萬理와 리일理一을, 기에도 만물萬物과 기일氣一을 생각할 수 있고, 논리상 특수는 일반에서 유래된다고 해야 할 것이므로 '발'의 문제는 일반자에서 특수화할 때의 문제로 볼 수 있을 것이다. 리에도 일반성과 특수성의 양면이 있고 기에도 일반성과 특수성의 양면이 있음을 알 수 있을 뿐 아니라, 리기 양자의 하나이면서 둘이고 둘이면서 하나라는 관계에서 '발'을 문제 삼을 때, 그것이 창조원이나 인간 주체와 관련되므로 논리를 체계화하는 데에는 난점이 생기게 된다. 리발理發 또는 기발氣發이라고 할 때에는 리와 기의 직결이 불투명해지고 철학과 윤리의 불연속 현상을 가져오게 된다. 호발互發이라고 할 때에는 더욱이 논리의 주체 기능상 이원성을 초래하는 문제에 부딪치게 되는 난점이 생긴다. 퇴계로서는 도덕 연원을 고수하면서 이 이원성을 변호하는 고심이 바로 여기에 있

---

141 위와 같음, "蓋萬物各具一理, 而萬物同出一源, 此所以可推而無不通也."

142 『栗谷全書』권10, 「答成浩原」"夫理之源, 一而已矣, 氣之源, 亦一而已矣, 氣流行而參差不齊."

었던 것으로 생각된다. 이제 기대승의 항변에 대해서 퇴계가 전개하는 논리를 알아보기로 한다.

B. 논변 경위의 개요

퇴계가 기대승에게 사칠론에 관해서 처음으로 서간을 보낸 것이 기미년(59세)이었다. 그로부터 여러 차례 왕복 서한을 주고받으면서 피차에 '발' 문제를 논하였고, 작고하던 경오년(70세) 11월 기묘에 「치지격물설致知格物說」을 고쳐 답신한 것이 문서 왕래의 마지막이었다. 많은 왕래 서신 가운데 사단칠정에 관한 것만을 따라서 논변 경위를 요약해본다.

추만 정지운(1509~1561) 작으로 알려진 「천명도」에는 "사단의 발은 순리이기 때문에 선하지 않음이 없고, 칠정의 발은 기를 겸하기 때문에 선악이 있다[四端之發純理, 故無不善, 七情之發兼氣, 故有善惡]"라고 되어 있는 것을 퇴계가 "사단은 리의 발, 칠정은 기의 발[四端理之發, 七情氣之發]"로 수정을 가한 것이 논변의 발화점이 되었다. 사우師友들의 논박을 전해 들은 퇴계가 기대승에게 서한을 보낸 것이 시발점이 되어 논란은 계속되어갔다. 이제 차례로 서신의 내용을 간추려 그 요지를 살펴본다.

a. 퇴계 : 「여기명언與奇明彦」

"사단은 리의 발, 칠정은 기의 발"이라고 고친 것을 "사단의 발은 순리이기 때문에 선하지 않음이 없고, 칠정의 발은 기를 겸하기 때문에 선악이 있다"로 고치면 어떻겠느냐고 제의하였다.[143]

---

143 「退溪全書」 권16, 「與奇明彦大升 己未」 "又因士友間, 傳聞所論四端七情之說, 鄙意於此, 亦嘗自病其下語之未穩, 逮得砭駁, 益知疎繆, 卽改之云, 四端之發純理, 故無不善, 七情之發兼氣, 故有善惡, 未知如此下語無病否."

b. 고봉 :「상퇴계사단칠정설上退溪四端七情說」

첫째 그와 같이 개정하면 먼저 것보다는 좀 낫다고 긍정하고, 둘째 사단 칠정이 같은 정에 속한다는 것을 주장한다. 리기는 떨어질 수 없는 하나요, 사단은 칠정에 속한다고 한다. 리기가 이물二物일 수는 없고, 성선이 인간의 문제인 한 칠정에 사단을 포함시켜야 한다는 것이다.[144] 여기에 대해 퇴계는 12절로 구성된「리기변理氣辨」을 지어서 다음과 같이 답한다.

c. 퇴계 :「답고봉사단칠정분리기변答高峯四端七情分理氣辨」

1절: 사단 칠정은 다 정이요, 리기로 나누어 설명한 것은 못 보았다.

2절: 정지운이 주장한 "사단은 리의 발, 칠정은 기의 발[四端理之發, 七情氣之發]"은 구별이 너무 심해서 순수한 선[純善], 기를 겸함[兼氣]으로 고쳤으나 말의 병폐가 없지 않다.

3절: 고쳐보기는 했으나 잘못된 점은 자세히 지적해주기 바란다.

4절: 사단 칠정이 다 같은 정이지만 말하는 측면이 다르다. 리기는 상수相須하여 체體가 되고, 상대相待하여 용用이 된다.

5절: 성정이 같은 정이기는 하나 본연지성은 혼칭混稱할 수 없다. 성에 있어서 본연과 기질을 구별할 수 있는데, 정에서만 리기로 나누어 말하는 것이 불가할 수는 없다.

6절: 사단 칠정은 그 '발'이 인심에서 벗어날 수는 없으나, 소종래所從來로 인해서 주가 되고 중요한 것을 따라 리발, 기발을 구별해서 불가할 것이 없다.

---

144 『高峯集』,「兩先生四七理氣往復書上篇」권1, 〈高峯上退溪四端七情說〉"夫理, 氣之主宰也, 氣, 理之材料也, 二者固有分矣, 其在事物也, 則固混淪而不可分開, 但理弱氣强, 理無眹而氣有迹, 故其流行發見之際, 不能無過不及之差, 此所以七情之發, 或善或惡, 而性之本體, 或有所不能全也, 然其善者, 乃天命之本然: 惡者, 乃氣稟之過不及也, 則所謂四端七情者, 初非有二義也."

7절: 리기의 상순불리相循不離를 지나치게 고집함은 성현의 뜻에 어긋난다.

8절: 일설에 선입견을 가지고 고집해서는 안 되며, 같은 가운데 다른 것이 있고 다른 가운데 같은 것이 있음을 알아야 한다.

9절: 공자의 계선성성繼善成性, 주자周子의 무극태극설無極太極說은 리기의 상수相須 가운데 리의 측면이요, 공자의 서로 가까운데 습관에 의해 서로 멀어진다는 성, 맹자의 이목구비의 성은 리기의 상성相成 가운데 기의 측면이다. 그것들은 같은 가운데 다르고, 다른 가운데 같은 설이다.

10절: 같은 것을 기뻐하고 분리分離를 미워하여 리기를 일물로 보려 함은 부당하다.

11절: 분석을 싫어하고 혼전混全을 좋아하는 고집은 기를 가지고 성을 논하는 폐단에 떨어져 인욕을 천리로 오인하는 병에 걸릴 것이다.

12절: 『주자어류』 가운데 맹자의 사단을 논하는 마지막 조목에서 주자가 "사단은 리의 발, 칠정은 기의 발[四端理之發, 七情氣之發]"이라고 한 것을 읽고 자신을 얻었다.

12개 절의 답을 다시 요약하자면 첫째, 리기가 하나라고 하는데 이에 대해서는 불상리不相離의 관계에서 긍정이 되나 리기의 불상리까지 무시될 수는 없다. 둘째, 사단 칠정이 다 같은 속성에서 하나의 정이라는 점에 대해서는 수긍하지만, 그렇다고 해서 사단의 성은 리의 발로 순선무악하다는 것과 칠정이 기의 발로 선악이 있다는 것과는 혼동할 수 없다는 것이다. 순선과 선악이 있다고 할 때의 선을 구별하고자 하는 태도라 하겠다. 기대승은 절별로 일일이 답한다.

d. 고봉 :「답퇴계논사단칠정서答退溪論四端七情書」

1절: 리기가 묘합妙合한 가운데서 '리'만을 가리킨 것이 맹자의 사
  단이고, 리기가 묘합한 가운데서 혼륜渾淪해서 말한 것이 자
  사의 정이다. 절도에 맞는 것은 천명의 성이요, 절도에 맞지
  않는 것은 기를 품수한 물욕物欲의 소위所爲이니 본연의 성이
  아니다. 리기의 묘합으로 보아 사단 칠정을 하나의 정으로 말
  할 수 있다.

2절: "사단의 발은 순리이기 때문에 선하지 않음이 없고, 칠정의
  발은 기를 겸하기 때문에 선악이 있다"라고 고친 것은 먼저
  것보다는 좀 낫지만 역시 순조롭지 못하다. 그러므로 사단과
  칠정의 위치를 달리하면 두 정이 나오게 되니, 순리純理에서
  나와 선하지 않음이 없다는 것과, 기를 겸하기 때문에 선악이
  있다는 것의 두 선善이 나오게 됨은 온당하지 못하다.

3절: 힘들여 성리학을 공부한 바도 없고 자득한 바도 없이 되풀이
  해 말하는 것이 죄스럽고 부질없이 시비를 일삼자는 것이 아
  니다.

4절: 사단과 칠정이 같은 정이지만 합해서 말할 때가 있고 구분해
  서 말할 때가 있다. 가리키는 뜻을 살펴서 주가 되는 것과 중
  요한 것을 잘 가려내야 한다.

5절: 성과 정이 하나의 정인 이상 '발'의 두 가지가 있을 수 없다.

6절: 리기를 분개分開함이 심하면 기는 리를 섞지 않는 순기純氣가
  된다. 이런 일은 일찍이 없었다. 자사가 말한 '중화中和'에서
  화和는 리를 유리遊離시킨 것이 아니며, 맹자의 성선性善 · 정
  선情善의 주장도 자사에서 나온 것으로 미루어 칠정이 결코
  기만을 가리킨 것이 아니다. 이천이나 주자의 생각도 다 이것
  과 부합된다. 그러므로 기도 중간에 리를 실유實有하므로 외
  감外感한다고 하더라도 분개함은 부당하다.

7절: 사단이란 칠정 중에서 절도에 맞는 것과 동실이명同實異名이
　　　라고 함을 근원이 둘이라는 것으로 오해해서는 안 된다. 또
　　　이것이 성현의 뜻에 어긋나지 않는다.

8절: 책을 읽고 이치를 연구하는 데 매우 중요하므로 명심하여 잊
　　　지 않겠다.

9절: 리와 기가 서로 떨어지지 않는 관계에 있는데, 곧 가리켜 나
　　　누어 말하면 두 가지가 되어버리니 부당하다.

10절: 리와 기가 서로 떨어지지 않는 것은 물론이요, 사단 칠정이
　　　하나의 정임을 강조하고 기의 자연 발현을 문제 삼고 있다.

11절: 다 같은 정인데 사단이라고도 하고 칠정이라고도 하는 것은
　　　말하는 측면의 차이일 뿐이지, 두 가지 정이 있다는 것이 아
　　　니다. 인욕을 천리라고 해서는 안 된다.

12절: 리발과 기발로 우연히 말한 치우친 말에 집착한다면 스스로
　　　를 그르치고 타인마저 그르치는 데 이른다.

이렇게 축조로 답변하고 나서 말미에 장문으로 다시 보충 설명한
다. 『주자대전』 중에서 호광중胡廣仲 · 호백봉胡伯逢에 대한 주자의
답서를 인용했다. 또 『대학』 「경1장」 집주를 원용했으며, 『성리대전』
소재의 「주자성도朱子性圖」를 인용해서 설명했다. 요약하여 말하면
리기 · 성정 · 중절 · 부중절 등을 구분함이 아니라 하나에 근원한다
는 점을 증명하고 있다. 미발이나 이발에 대해서도 미발을 적寂이나
성性이나 허虛나 중中이라고 한다면, 이발은 감感이나 정情이나 령
靈이나 화和라고 보아서 그 사이의 전혀 관계없는 이원적인 해석을
해서는 불가하다는 것이다. 즉 소종래가 각각 다를 수는 없고, 그 발
하는 단처端處로서 바꾸어 말하면 중절과 부중절의 차이로서의 소
종래가 다르다는 것은 인정이 되나 본원을 두 곳에 둘 수는 없다는
것이다. 정지운을 직접 만나보고 견해를 피력했던 바 이의가 없었

다고 한다.

퇴계는 기대승의 위 답신을 보고 나서 앞서 보낸 서신을 고쳐 쓴 「답고봉비사단칠정분리기변제이서答高峯非四端七情分理氣辨第二書」를 보냈다.

e. 퇴계 : 「답고봉비사단칠정분리기제일서개본答高峯非四端七情分理氣第一書改本」

7개 조항에 걸쳐서 고쳤다. 그 수정 내용의 공통점을 말하면 소종 래로서의 리와 기를 철두철미하게 구별하는 태도이며, 천명으로서 성선의 순수성을 투철하게 리기의 불리성不離性으로 긍정하면서도 '비일물非一物'은 고수하는 것을 지적할 수 있다.

f. 퇴계 : 「답고봉비사단칠정분리기변제이서答高峯非四端七情分理氣辨第二書」

전체로 보아서 보내준 편지의 말이 옳다. 스스로 잘못 보았던 것을 고친 것이 1개 조목이고, 나의 말이 옳지 못한 것을 발견하여 고친 것이 4개 조목이며, 나의 아는 바와 본래 같아서 다름이 없으므로 다시 거론할 필요 없는 것이 13개 조목이요, 본래 같지만 취향이 달라진 것이 8개 조목이며, 견해가 달라서 끝까지 동의할 수 없는 것이 9개 조목, 그 외에 5개 조목이 있다고 지적하였다. 요지는 기대승이 "리기를 겸하여 선악이 있다[兼理氣, 有善惡]"는 것과 "발하여 절도에 맞는 것과 발하여 절도에 맞지 않는 것[發而中節, 發而不中節]"을 중요한 이유로 내세워서 사단과 칠정이 다 같은 것이라고 하지만, 주로 삼아서 말하는 것에 따라 다르며 그 소종래가 같지 않음을 인식해야 한다는 데 있다. 여기서 "사단은 리가 발하여 기가 따르고, 칠정은 기가 발하여 리가 탄다[四端理發而氣隨之, 七情氣發而理乘之]"는 결정적인 수정이 가해진다. 답서에 이어서 다시 「후론」을 첨가하였다.

「후론後論」

　대체로 요약되는 대립점은 리발, 기발의 문제와 리발설理發說로 좁혀진다. 여기서 퇴계의 논의는 "리가 발하여 기가 따르고, 기가 발하여 리가 타는 것"을 부연하고, 리허설理虛說에 대해서는 노장의 허무론에 빠질 것을 매우 염려하여 그 엄격한 구별에 힘쓰고 있다. 기대승은 다시 여기에 응수한다.

　g. 고봉 :「답퇴계재론사단칠정서答退溪再論四端七情書」
　내용을 세 가지로 간추릴 수 있다.
　첫째 가만히 있는 사람을 치고 넘어뜨렸다는 것, 둘째 사단 칠정의 리기를 겸하여 선악이 있다는 것에 대한 문제로서 기대승의 사단 칠정은 애초에 두 뜻이 없다는 견해에, 퇴계는 "두 뜻이 있는 것이 아니라면 달리 가리키는 것이 없다는 것이 된다[非有二義, 爲無異指]"라고 하여 상이점을 드러낸 것, 셋째 중절中節에 대한 이해로서 기대승의 경우 중절의 '발'은 리에서 이루어진다는 것을 찬동하면서도 기발의 선과 같다는 견해이다. 퇴계는 기대승의 기발의 선을 받아들이면서도 순리純理의 선과 구별하고자 하는 경향이다. 조목에 따라 답신한 요지는 다음과 같다.
　첫째 양자의 입장이 인설因說과 대설對說로 구분된다는 것, 둘째 맹자의 사단의 '발'은 리발이라고 양자가 승인하면서 성정에 한해 기대승은 기를 섞어서 생각해야 한다고 한 반면, 퇴계는 기를 섞어서는 이미 순선이 될 수 없다고 한 것, 셋째 퇴계의 "사단은 리가 발하여 기가 따르고, 칠정은 기가 발하여 리가 탄다"는 것을 기대승은 "칠정의 발은 혹은 리가 같은 가운데 기가 갖추어지며, 혹은 기가 느끼고 리가 탄다[七之發也, 理同而氣具, 或氣感而理乘]"로 개수하고 싶다는 것, 넷째 리기를 분별해 말하는 것에 동의할 수 없다는 것, 다섯

째『대학』전7장 정심조正心條의 호오好惡, 공구恐懼, 분치忿懥, 우환
憂患도 감성을 섞지 않고는 이해할 수 없다는 것, 여섯째 '허虛'의 이
해는『중용』의 무성무취無聲無臭와 장자張子의 천·도·성·심의 입
장에서 해야 한다는 것이다. 퇴계는 다시 여기에 회답한다.

　h. 퇴계 :「여고봉서與高峯書」
　내용으로 보아 더 이상 논란할 필요를 느끼지 않는다. 아직 문제로
남는 것이 한두 가지 있지만 쓸데없는 물건을 가지고 서로 올렸다 내
렸다 하는 토론은 무의미하다고 하며, 다음과 같은「희작戱作」일절
을 첨부한다.

　　兩人駄物重輕爭 두 사람이 짐을 지고 경중을 가리는데
　　商度低昂亦已平 이리저리 헤아려보아도 아주 고르네.
　　更剋乙邊歸盡甲 그런데 을의 짐을 갑에게 떠넘기니
　　幾時駄勢得勻停 어느 때나 짐의 무게 고르게 될까.[145]

　오랜 뒤에야 기대승이 회신을 보낸다.

　i. 고봉 :「답퇴계서答退溪書」
　보낸 절구 일절을 읽고 심사숙고하여 스스로의 부족했던 것을 깨
닫고「후설」과「총론」을 지어 보낸다. 지금까지의 긴 변설이 이제 결
론 단계에 접어든다.

　「사단칠정후설四端七情後說」

---

145 『退溪集』권17,「與奇明彦」

이 「후설」의 핵심처는 절도에 맞는 정이 "리는 선하지 않음이 없다 [理無不善]"고 할 때의 선인가, 아니면 "리기를 겸하여 선악이 있다 [兼理氣, 有善惡]"고 할 때의 선인가 하는 데 있다. 즉 본연의 선과 기질의 선이 같은가, 다른가 하는 문제이다. 기대승의 생각으로는 여전히 기질의 선이 본연의 선과 다를 바 없다는 것이며, 이 점을 밝게 교시해달라고 청한다. 「총론」에서는 다음과 같이 「후설」과 유사한 뜻을 표시한다.

「사단칠정 총론」

사단의 '발'과 칠정의 '발'에 있어서 선악을 논하였다. 순선무악한 리의 '발'로서의 선과 리기를 겸하여 선악이 있는 기의 '발'로서의 선이 처음에는 다르지 않다는 것을 반복 강조하면서, 칠정과 사단의 설이 각각 하나의 뜻을 밝힌 것이므로 합해서 하나의 설로 만드는 것은 옳지 못하다는 뜻으로 매듭을 지었다. 여기에 퇴계는 다시 회답을 한다.

j. 퇴계 : 「답고봉서答高峯書」

사단 칠정의 「후설」과 「총론」을 잘 읽었다. 옛 견해를 용감하게 고쳐서 새로운 뜻을 따르니 좋은 일이다. 논하는 가운데 성현의 희로애락과 각각 소종래가 있다고 한 말들은 과연 타당하지 않음이 있는 듯하니 재삼 생각할 것을 자성한다. 퇴계는 거듭 서한을 보낸다.

k. 퇴계 : 「여고봉서與高峯書」

상호 의견이 접근됨을 기뻐하면서 퇴계는 '본'이 같은데 '말'은 다르다는 차이점을 밝힌다. 리의 '발'은 리만을 가리켜서 말한 것이고, 기의 '발'은 리기를 섞어서 말한 것뿐이니, 기대승이 사단 칠정을 리기로 분속시킴이 불가하다고 함은 말이 다를 뿐이라고 명시한다. 그러고는 아직도 미진한 부분에 대해서 유감의 뜻을 표한다.

이상에서 사칠론에 관한 양현의 왕복 문서를 통해서 그 전모의 개략을 살펴보았다. 미해결 부분에 관한 문제는 다음에 고찰해보기로 한다.

C. 미해결 부분의 문제점

왕복 변론을 통해서 미해결 부분을 두 가지로 집약할 수 있을 것이다. 첫째는 미발의 가능 문제요, 둘째는 '사단의 순선'과 '칠정의 선악'에서의 선이 같은가, 다른가라는 문제라고 하겠다.

a. 리발의 가능 문제

대체로 리와 기가 하나이면서 둘이고, 둘이면서 하나인 관계에 대해서는 퇴계도, 기대승도 이의가 없다.[146] 그러나 '발'의 관계에 이르러서는 양인이 서로 대립하여 합의를 못 보았다. 기대승은 「사단칠정 총론」에서 리발의 순선과 기발의 선악의 선은 같은 것[147]이라고 해서 기를 배제한 리발은 의심스러울 뿐만 아니라, 기발을 이물화二物化[148]하게 되어 부당하다고 주장한다. 그러나 퇴계는 리기의 묘합에서도 주로 삼는 것과 중요한 것을 따라서 나누어 말할 수 있다고 응수한다. 리가 발하고 기가 따르는 것은 주리로 말한 것이요, 기가 발

---

146 『退溪全書』권16, 「答奇明彦論四端七情第一書」 "蓋理之與氣, 本相須以爲體, 相待以爲用, 固未有無理之氣, 亦未有無氣之理."

147 위와 같음, 권17, 「重答奇明彦 附奇明彦四端七情總論」 "乃發於理而無不善, 則與四端初不異也."

148 『高峯集』, 「兩先生四七理氣往復書上篇」권1, 〈高峯答退溪論四端七情書〉제9절 "今謂之偏指而獨言氣, 恐未然也, 且辯曰子思之論中和, 是就理氣中渾淪言之則七情者, 豈非兼理氣乎."

하고 리가 타는 것은 주기로 말한 것[149]이라고 맞선다.

양인의 이러한 엇갈린 견해는 시종일관 계속되어갔다. 퇴계는 끝에 가서 기대승에게 주는 글 속에서 다음과 같이 말하여 깊이 생각할 것을 촉구한다.[150] 여기서 말한 성현의 희로애락과 각각 소종래가 있다는 것은 타당하지 않은 듯하다고 하여 숙고의 필요를 느끼고 있다. 그러나 역시 순수한 리의 수호를 의미하는 것으로 생각된다. 그래도 부족해서 병인년(66세) 11월에 보낸 서한에서는 기대승과의 차이점을 근본은 같은데 말단이 다르다고 결론 짓는다.[151]

기대승과의 의견의 일치를 보았다면 근본이 같다는 의미에서의 같음일 것이고, 말단의 다름은 여전히 상충을 보인다. 기대승은 이 두 입장을 인설因說과 대설對說로 설명한 바[152] 스스로의 입장을 인설로 표명하고, 퇴계의 입장을 대설로 간주하고 있다. 결국 리발 문제는 '발'에 있어서 기를 섞느냐, 섞을 수 없느냐의 양론으로 귀결된 셈이다. 퇴계는 "사단은 리가 발하여 기가 따르고, 칠정은 기가 발하여 리가 탄다"[153]라고 '발' 문제의 결론을 지었다.

---

149 「退溪全書」 권16,「答奇明彦論四端七情書 改本」"大抵有理發而氣隨之者, 則可主理而言耳, 非謂理外於氣, 四端是也, 有氣發而理乘之者, 則可主氣而言耳, 非謂氣外於理, 七情是也."

150 「退溪全書」 권17,「答奇明彦」"所論鄙說中, 聖賢之喜怒哀樂及各有所從來等說, 果似有未安, 敢不三復致思於其間乎, 兼前示人心道心等說, 皆當反隅以求敎."

151 위와 같음, 권17,「重答奇明彦」"其言是理之發, 專指理言, 是氣之發者, 以理與氣雜而言之, 況曾以此言, 爲本同末異者, 鄙見固同於此說, 所謂本同也, 顧高明因此而遂謂四七必不可分屬理氣, 所謂末異也."

152 「高峯集」,「兩先生四七理氣往復書下篇」 권2,〈高峯答退溪再論四端七情書〉"盖對說者, 如說左右, 便是對待底; 因說者, 如說上下, 便是因仍底, 聖賢言語, 固自有對說因說之不同, 不可不察也."

153 「退溪全書」 권17,「答奇明彦論四端七情第三書」"但四則理發而氣隨之, 七則氣發而理乘之耳."

기대승의 생각으로는 "정의 발은 혹은 리가 같은데 기가 갖추어
지며, 혹은 기가 느낌에 리가 탄다[情之發也, 或理同而氣具, 或氣感而理
乘]"[154]로 시정하고 싶었지만, 받아들여지지 않은 채로 논변이 끝나
버렸다.

리발과 기발이란 말을 쓰지 않고 '정의 발'이라고만 한 것은 리는
무위이므로 이것을 피한 것처럼 생각된다. 사단 칠정이란 말을 쓰지
않고, 다만 "혹은 리가 같은데 기가 갖추어지며, 혹은 기가 느낌에 리
가 탄다"고만 한 이유는 사단 칠정은 같은 정이라고 생각하는 까닭
이 아닌가 싶다. 분개分開해서 이물화二物化하는 병을 면하려는 점에
서 '정의 발'로 통일한 것은 적절한 것[155]으로 생각된다. 그러나 "혹
은 리가 같은데 기가 갖추어지며, 혹은 기가 느낌에 리가 탄다"는 것
은 "리가 발하고 기가 따르는 것"을 "리가 같고 기가 갖추어지는 것"
으로, "기가 발하고 리가 타는 것"을 "기가 느끼고 리가 타는 것"으
로 대치한 것처럼 느껴진다.

리무위로 이해할 때 역시 리동理動이라고 해서 리발理發보다 별로
나을 것이 없을 것[156] 같다. 그러나 사단과 칠정을 '정의 발'로 요약
하고, 리발·기발을 '혹은 리가 움직이고 혹은 기가 느끼는 것'으로
바꾼 것은 둘로 나누는 것을 피한 태도로서 인설因說의 입장을 명증
明證해주는 것으로 생각된다. 퇴계로서는 리발을 굽히지 않았고, 기

154 『高峯集』, 「兩先生四七理氣往復書下篇」 권2, 〈高峯答退溪再論四端七情
書〉, 條列의 '第五條·第七條·第九條·第十二條·第十四條' "抑此兩句, 大
升欲改之曰, 情之發也, 或理動而氣具, 或氣感而理乘."

155 情之發이라 하여 四와 七을 分對하지 않은 것은 七包四의 논리로 보아 매우
적절한 표현이다. 이상은, 「四七論辨과 對說·因說의 意義」, 『아세아연구』 통
권16호, 61쪽.

156 理動이니 理乘의 말은 역시 퇴계의 '理發', '理乘'을 답습한 것으로 애매성을
면치 못한 것 같다. 이상은, 「四七論辨과 對說·因說의 意義」, 『아세아연구』
통권16호, 61쪽.

대승은 리발이 불가하다고 하면서도 리동이라고 한 것이 애석하게
도 약점으로 지적될 수 있을 것 같다.

b. '사단의 순선'과 '칠정의 선악'에서의 선이 같은가, 다른가라 는 문제

이 문제는 리기의 각각의 '발'을 인정하느냐, 안 하느냐와 직결되
는 문제이다. 리기론과 구별되는 성정론의 입장에서 비교해보기로
한다. 리의 순수성을 고수하려는 생각은 기를 섞지 않으려고 한 것
처럼, 성의 순선을 수호하기 위해서는 선악의 선과 혼동을 피하려
고 함도 당연할 것이다. 절도에 맞는 선은 사단의 순선과 다르지 않
다[157]고 하는 데 비해서는 기를 겸하는 것으로 말할 수 없다[158]고 주
장한다.

이러한 대립은 시종 일치를 보지 못하고 끝난다. 여기서 퇴계는 소
종래를 가려서 순선을 지키는 데 비해서, 기대승은 선에 두 가지가
있을 수 없다는 결론으로 생각된다. '발'에 있어서 리발이 불가하다
고 하면서 리동理同으로 접근을 보였으나, 성선에 있어서는 순선과
절도에 맞는 선의 동이同異 문제는 합의를 못 본 결과가 되었다. 기
대승의 생각으로는 리발이 못마땅한 것 같으나, 리동으로 수정을 하
고 보니 리무위를 완전히 드러내지는 못했다고 해야 할 것이다. 이제
다시 양인의 지론을 비교해본다.

---

157 『高峯集』, 「兩先生四七理氣往復書下篇」 권2, 〈四端七情後說〉 "四端七情之說, 前此認得七情之發而中節者, 與四端不異."

158 『退溪全書』 권16, 「答奇明彦論四端七情第一書 改本」 "且以性之一字言之, 子 思所謂天命之性, 孟子所謂性善之性, 此二性字所指而言者, 何在乎, 將非就理 氣賦與之中, 而指此理源頭本然處言之乎, 由其所指者, 在理不在氣, 故可謂之 純善無惡耳, 若以理氣不相離之故, 而欲兼氣爲說, 則已不是性之本然矣."

퇴계 : 四端理發而氣隨之 七情氣發而理乘之

[사단은 리가 발할 적에 기가 따르는 것이고, 칠정은 기가 발할 적에 리가 거기에 타고 있는 것이다.]

고봉 : 情之發也 或理動而氣俱 或氣感而理乘

[정의 발은 혹 리가 움직일 때 기가 함께 있거나, 혹 기가 감응할 때 리가 타고 있는 것이다.]

____ 부분은 '사단 칠정'과 '정의 발'로 양인의 견해를 비교할 수 있고, ～～ 부분은 '발'이 '동'으로 대치되었을 뿐 같은 내용으로 짐작되며, ……… 부분은 '발'이 '감'으로 대체되었을 뿐 역시 같은 의미로 추측된다. 그러니 기왕의 애매성을 면하지 못했다면 달라진 것은 퇴계의 '기발'을 '기감氣感'으로 고친 데[159] 불과한 것처럼 보인다. 즉 "사단은 리가 발함에 기가 따르는 것이며, 칠정은 기가 느낌에 리가 타는 것[四端理發而氣隨之, 七情氣感而理乘之]"으로 정정한 것에 지나지 않는 것이 아닌가 한다. 그러므로 리발을 끝까지 부정하지 못할 바에야 "기의 발은 혹 리가 움직이고 기가 갖추어지는 것이며, 혹 기가 느끼고 리가 타는 것[氣之發也, 或理動而氣俱 或氣感而理乘]"이라고 했으면 차라리 기대승의 리기양발일도설理氣兩發一途說이 관철되었을 것[160]으로도 추측이 된다. 양인의 토론 결과로 리기성정 문제에서 그 양립이 각각 인설因說, 대설對說에 있음이 밝혀졌다. 다만 해결해야 할 문제는 양인의 주장을 만족시킬 수 있는, 공약公約되는 표현이

159 그리고 또 '或'에 관해서는 이미 말한 바 있지만 이 '或'을 퇴계와 같이 四와 七에 配當할 수도 있으니, 그러면 퇴계의 '氣發' 대신에 '氣感'을 사용한 것뿐이라고도 볼 수 있음직하다. 이상은, 「四七論辨과 對說·因說의 意義」, 『아세아연구』 통권16호, 61쪽.

160 이상은, 「四七論辨과 對說·因說의 意義」, 『아세아연구』 통권16호, 61쪽.

무엇이겠는가에 있다고 생각된다.

D. 호발설이 가지는 진의와 그 현대적 의의

퇴계에 대하여 율곡은 "활연관통처에 미급하다"[161]고 하였고, 다카하시 도루高橋亨는 "사단에도 리발, 기발이 있고 칠정에도 리발, 기발이 있음을 퇴계는 생각하지 못하였다"[162]라고 하였다. 후학들 중에 갈암葛庵 이현일(李玄逸: 1627~1704)은 리발·기발을 공과 사로 구분하여 그 호발의 당연함을 시인하였고,[163] 리발·기발을 구별은 하였으나 리와 기의 불리성不離性을 잃지 않으며, 다만 사단에는 리가 주가 됨을 인정하고 있다.[164] 대산大山 이상정(李象靖: 1710~1781)은 리가 사회死灰 아닌 활물活物이라고 하였고,[165] 정재定

---

161 『栗谷全書』권10,「答成浩原」"其於朱子之意, 不可謂不契, 其於全體, 不可謂無見, 而若豁然貫通處, 則猶有所未至, 故見有未瑩, 言或微差, 理氣互發, 理發氣隨之說, 反爲知見之累耳."

162 高橋亨,「李朝儒學史主における主理派主氣派の發達」, 170쪽 "若し然されば 四端理發七情氣發の主張を罷めて 四端にも理發氣發ありと改めて第三章に於て述べる私の說と金く一致することさせなければならなぬ, 倂し此は退溪の未だ事ひ到らぬ所であった."

163 『葛庵集』권19,「愁州管窺錄」"是故四端之發, 公而無不善, 達之天下, 此其所以謂之理發也, 至於七情, 凡人之喜也是私喜, 怒也是私怒, 哀也是私哀, 懼也是私懼, 愛也是私愛, 惡也是私惡, 欲也是私欲, 必克去己私然後方得公而善, 是則七情之發, 私而或不善, 人人各異, 此其所以謂之氣發也, 是皆義理之當然, 更何致疑之有."

164 위와 같음, 권19,「讀金天休論李大柔理氣性情圖說辨」"七者易熾而蕩, 氣爲之主也, 四者粹然而正, 理爲之主也, 氣爲之主而理乘而行, 理爲之主而氣隨而發, 然則理與氣, 果是一物, 而四與七, 果無分別乎."

165 『大山集』권39,「四端七情說」"四端之所隨, 卽七情之氣, 而七情之所乘, 卽四端之理也, 妙合混融, 元不相離, 則又豈有彼此之間隔哉, 就異而見其有同, 故渾淪言之者有之, 就同而見其有異, 故分別言之而無不可, 所謂一而二二而一者也, 且二情之發, 非齊頭俱動並轡偕出, 又非各占一邊而自爲動靜也, 隨事而感, 互相資乘, 而但於其中, 見其有主理主氣之分耳, 亦何有二歧之疑哉, 彼見理氣之不離而謂四端亦氣發者, 固見一而不知二, 其弊也鶻圇無別, 而其或專主分

齋 유치명(柳致明: 1777~1861)은 리가 활물임을 말하였다.[166]

기발리승일도설氣發理乘一途說을 주장한 율곡은 소신 있게 "성인
이 다시 난다고 하더라도 이 말은 바꿀 수 없다"고 하여 다음과 같이
말하였다.

대체로 발하는 것은 기이고, 발하게 하는 것은 리이다. 기가 아니면
발할 수 없고, 리가 아니면 발하게 할 것이 없다('발' 이하 23글자는 성
인이 다시 일어나도 이 말을 바꾸지 않을 것이다).[167]

퇴계는 무극을 말하는 데 주자의 말을 인용하면서 "이와 같은 말
은 사방팔면으로 두루 통하고 치우치지 않아서 메어쳐도 깨지지 않
는다"고 하면서 다음과 같이 말하였다.

주자가 "무극을 말하지 않으면 태극이 한 물건과 같아서 모든 변화
의 뿌리가 되기에 부족하며, 태극을 말하지 않으면 무극이 공적에 빠
져서 모든 변화의 뿌리가 될 수 없다"고 했다. 아, 이러한 말은 사방팔
면으로 두루 통하고 치우치지 않아서 메어쳐도 깨지지 않는다.[168]

그리고 '리'라는 글자를 투철하게 알고 실천해야 함을 강조하여

開, 不相統一, 至謂七情不可謂性發, 則又見異而不知同, 其弊也闊疎不情."

166 『定齋集』 권19, 「理動靜說」 "如曰理無動靜, 則是特認爲死灰無情之物, 而氣便
無所自而爲動靜矣, 大抵是理活物也, 洋洋乎流動充滿, 無乎不在, 是豈漠然無
爲者哉."

167 『栗谷全書』 권10, 「答成浩原 壬申」 "大抵發之者, 氣也, 所以發者, 理也, 非氣
則不能發, 非理則無所發(發之以下二十三字, 聖人復起, 不易斯言)."

168 『退溪全書』 권16, 「答奇明彦論四端七情第一書 後論」 "不言無極, 則太極同於
一物, 而不足爲萬化之根, 不言太極, 則無極淪於空寂, 而不能爲萬化之根. 嗚
呼, 若此之言, 可謂四方八面, 周徧不倚, 攧撲不破矣."

소신을 다음과 같이 피력하였다.

    옛날 사람들과 지금 사람들의 학문이나 도술이 차이가 나는 이유를 깊이 생각해보면, 다만 리라는 글자를 알기 어렵기 때문일 뿐입니다. 이른바 리라는 글자를 알기 어렵다고 하는 것은 대략적으로 아는 것이 어렵다는 것이 아니라, 참으로 알고 신묘하게 이해하여 궁극에까지 이르는 것이 어렵다는 것입니다. 뭇 이치를 궁구하여 완전히 투철할 수 있으면 이 사물이 지극히 허하면서도 지극히 실하고, 지극히 무이면서도 지극히 유이며, 움직이면서도 움직임이 없고, 고요하면서도 고요함이 없어 깨끗하게 한 터럭도 더할 수 없고 한 터럭도 뺄 수 없어서 음양·오행과 만물·만사의 근본이 될 수 있으면서도 음양·오행과 만물·만사의 가운데 있는 것도 아니라는 것을 통찰할 수 있을 것이니, 어찌 기를 섞어서 하나로 인식하여 한 물건으로 간주할 수 있겠습니까? 도의에 대해서 다만 무궁함만을 볼 뿐이라면 저에게 있건 나에게 있건 무슨 한계가 있겠으며, 남의 말을 듣고 오직 옳은 것만을 따르면 마치 얼음이 풀려 봄날이 화창한 것처럼 될 것이니, 어찌 사사로운 뜻을 고집할 수 있겠습니까?[169]

    즉 참으로 알고 신묘하게 이해하기가 어렵다는 것이다. 완전히 투철함을 얻었을 때 마치 얼음이 풀려 봄날이 화창한 것처럼 될 것이라고 했으니, 퇴계에게 있어서 이 말의 가능 근거가 무엇일까를 이해한

---

169 위와 같음, 권16, 「答奇明彦論四端七情第一書 別紙」 "蓋嘗深思古今人學問道術之所以差者, 只爲理字難知故耳. 所謂理字難知者, 非略知之爲難, 眞知妙解, 到十分處爲難耳. 若能窮究衆理, 到得十分透徹, 洞見得此箇物事至虛而至實, 至無而至有, 動而無動, 靜而無靜, 潔潔淨淨地, 一毫添不得, 一毫減不得, 能爲陰陽五行萬物萬事之本, 而不囿於陰陽五行萬物萬事之中, 安有雜氣而認爲一體, 看作一物耶. 其於道義, 只見其無窮, 在彼在我, 何有於町畦, 其聽人言, 惟是之從, 如凍解春融, 何容私意之堅執."

다면 그의 통관처를 엿볼 수 있을 것이다. 다카하시 도루는 사단과 칠정에 각각 리발과 기발이 있다는 기대승의 논지에 동조한다. 그러한 경향은 리기가 서로 떨어지지 않음을 강조하는 입장으로 간주된다.

갈암 이현일 이후의 이상정·유치명은 퇴계로부터 사상의 원류를 얻었다고 하겠으나, 호발로부터 리가 활물이라는 데로 발전이 되었다. 과연 퇴계가 활연관통처에 미급한 바가 있는지는 망설妄說을 허許하기 어렵다고 하겠으나 다음에 언급하고자 한다.

율곡은 "리기의 묘함은 보기도 어렵거니와 그 설명도 쉽지 않다"[170]라고 하였다. 진리 파악이 어려운 데다가 말하기도 어렵다는 뜻이다. 진리의 체인은 '얼음이 풀려 봄날이 화창한 것'이라는 표상으로 퇴계의 회통처를 미루어볼 수 있으나, 그 설명에서 호발설을 주창함으로써 기대승과 율곡, 다카하시의 비판을 받게 되었다. 호발설이 하나의 설명인 한 율곡의 말과 같이 가설可說이 아닌 난설難說일진대, 무엇이라고 표상하든지 그것은 언설인 이상 불가한 것을 면하기 어려울 것으로 안다. 퇴계는 이미 설명한 바에 말의 병통을 자인하고 있다[171]는 데 주의를 하게 된다. 언설의 제한성을 가지고 진리의 완전성을 표상한다는 점에서 생기는 난점이라고 할 것이다. 그러므로 설명 내용을 분석 이해함도 중요한 일이지만, 그렇게 설명하는 까닭을 이해하는 것은 더욱 소중한 일로 생각된다.

리와 기가 서로 섞이지도 않고 떨어지지도 않는다는 것을 다 같이 논하면서도 '발'을 말할 때 차이가 나며, 기대승이나 율곡이나 다카

---

170 『栗谷全書』권10,「答成浩原」"理氣之妙, 難見亦難說."

171 『高峯集』,「兩先生四七理氣往復書上篇」권1,〈退溪答高峯非四端七情分理氣第一書 改本〉"往年鄭生之作圖也, 有四端發於理, 七情發於氣之說, 愚意亦恐其分別太甚, 或致爭端, 故改下純善兼氣等語, 蓋欲相資以講明, 非謂其言之無疵也."

하시가 모를 바 아니건만 굳이 리발을 굽히지 않는다면 거기에는 이유가 있다고 보아야 할 것이다. 내 마음의 작용이 곧 천지의 조화란 말이 틀린 것이 아니며, 천지의 조화에 두 근본이 없으므로 내 마음이 발함에 두 근원이 없다고 함도 옳은 말이로되, 내 마음의 발함이 바로 천지의 조화라고 하기는 어렵지 않을까 생각된다. 그럴 수 있을 경우를 생각할 수 있고, 그렇지 못할 경우도 생각할 수 있을 것이다. 그렇지 못할 경우는 말할 것도 없거니와 그럴 수 있는 경우라고 할지라도 우주와 인생의 주재자가 아니고서는 감히 단언하기 어려울 것이다. 다만 천리에 승순承順하는 뜻에서 받아들여져야 할 것이 아닌가 생각된다.

논리로 하는 말과 사리事理로 하는 말은 구별되어야 할 것이다. 논리로 하는 말을 사리로 오해하거나, 사리로 하는 말을 논리로 받아들여도 차질이 생길 것이다. 리발이 부당하다고 지적하는 것은 사리의 입장에 서는 태도요, 기발의 부족을 지적하는 것은 창조 기능을 수호하고자 하는 논리의 입장에 서는 태도로 추측된다. 정의 선과 성의 선이 다른 것이 아니라고 함은 논리와 사리의 구분 없이 하나로 묶어서 하는 판단이요, 순선과 선악을 겸한다고 할 때의 선을 구별함은 신성성의 능산적 순수 선의 논리와 일상성의 소산적 겸선악兼善惡의 사리를 엄격하게 가려내는 판단으로 보인다. 논리와 사리의 회통은 언어 효과를 넘어서는 곳이 아닌가 생각된다. 그러므로 퇴계도 말의 병통을 자인할 수밖에 없었던 것이 아닐까? 철학과 윤리, 논리와 사리의 일관적 전개는 언설을 빌리지 않을 수 없는 한 어느 쪽도 결함처가 따를 수밖에 없다. 그러나 철학적 조리로 인해서 윤리적 실천에 오만을 초래하는 폐단보다는 차라리 엄격하게 구분함으로써 논리 체계의 불투명성이라는 폐단이 있더라도 윤리적 기능이 강화됨은 바람직한 것으로 믿어진다. 왜냐하면 언어의 제한성에서 오는 결과이지, 퇴계가 활연관통처에 미급한 데에서 오는 것은 아니라고 생

각되기 때문이다. 호발설이 본원의 이중성이라는 의심을 무릅쓰면
서도 순선을 고수하려는 요지가 여기에 있을 것이다.

이러한 문제는 동서가 더불어 찾고 있는 신문화 창조에 기여하는
비중이 큰 것으로 생각된다. 문화적·인간적 반성이 절실히 요구되
고 있는 시기라고 생각되기 때문이다. 이 사칠론의 '발' 문제가 언어
의 장애 요소를 넘어서 사회적·개인적 주체 확립에 이바지할 수 있
다면, 중요하고도 흥미 있는 일[172]이 아닐 수 없을 리와 기의 보편성
과 특수성의 '발' 문제로 조리가 정립된다는 것은 하나의 역사 방향
을 정초하고 기능화하는 뜻에서도 가치 있는 일이라고 추측된다.

E. 호발설이 학술적으로 끼친 직접적 영향과 간접적 영향

'발'을 문제 삼은 결과, 퇴계는 '리가 발함에 기가 따르며, 기가 발
함에 리가 타는 것[理發而氣隨之, 氣發而理乘之]'으로 그 주장이 굳어
졌고, 기대승의 주장에 뒤이어 율곡의 '발'은 기발리승일도설氣發理
乘一途說로 정립되었다. '발'에 대한 이 두 견해는 앞으로 영남을 중
심으로 해서 직접적으로는 주리설로 발전되어갔으며 간접적으로는
유리론唯理論으로의 계기가 되었고, 기호를 중심으로 해서 직접적으
로는 주기론으로 발전되어갔으며 간접적으로는 유기론으로 변질되
기에 이르렀다.

a. 직접적인 영향

퇴계의 제자들은 퇴계의 리발기수理發氣隨, 기발리승氣發理乘의 설

---

172 互發說, 一途說을 막론하고 理氣의 논리적 함수관계를 현대철학에서 이른바
　　존재 내지 존재성과 存在者, 또는 投企性과 被投性의 변증법적인 제약 관
　　계에 비추어 고찰하면 무척 흥미 있는 諸問題가 발견되리라는 유혹을 느끼
　　곤 한다. 박종홍, 「四七論의 현대철학적 전개에 관한 覺書」, 『哲學的 摸索』,
　　267쪽.

에 별로 이의가 없었다. 원래 퇴계의 호발설의 기저는 주자에 의거한 것이요, 또 기대승이 퇴계에게 설복된 것[173]으로 생각했던 탓으로 보인다. 뒤에 '기발리승일도설'의 반론에 봉착하자 갈암 이현일이 그 변호를 시작하여 다음과 같이 말하였다. "대체로 리는 비록 무위이지만 실로 조화의 추뉴樞紐요, 품휘品彙의 근저가 된다. 만약 이씨의 설과 같으면 리는 다만 허무·공적한 것이 되어 만화萬化의 근원이 될 수 없으므로 홀로 음양 기화氣化만이 종횡縱橫·전도顚倒하여 그 조화를 행한다는 것이니, 또한 잘못된 것이 아닐까?"[174]

그러면서 주자의 "리에 동정이 있으므로 기에 동정이 있다"[175]고 함과 황면재의 "싣고 있는 리에 어찌 동정이 없다고 말할 수 있으랴"[176]라는 말을 인용하여 율곡의 '기발리승일도설'을 비난한다. 생각하건대 주자의 이른바 "리에 동정이 있다"는 것은 동정의 이치가 있다는 뜻이고, 면재의 이른바 '무형無形'은 관념성의 뜻, '유형有形'은 질료적이란 의미이다. 그러나 갈암은 관념성의 리를 질료적인 것으로 이해한 것이라고 하겠다.[177] 질료적인 이해라면 퇴계의 리로부터 주리의 경향으로 달라져가고 있음을 여기서 볼 수 있을 것이다.

---

173 아마도 이것은 저들 생각에 기대승은 퇴계에게 설복되어 자신의 학설에 대한 주장을 버린 것이라 하며, 또 퇴계의 학설이 퇴계 한 사람의 주장뿐이 아니요 주자의 학설에 의거한 것인즉, 정당한 견해라고 생각하였던 까닭이라고 추측된다. 현상윤, 『조선유학사』, 민중서관, 1949, 370쪽.

174 『葛庵集』 권18, 「栗谷李氏論四端七情書辨」 "夫理雖無爲, 而實爲造化之樞紐, 品彙之根柢, 若如李氏之說, 則此理只是虛無空寂底物, 不能爲萬化之原, 而獨陰陽氣化, 縱橫顚倒, 以行其造化也."

175 『朱子大全』 권56 "理有動靜, 故氣有動靜, 若理無動靜, 氣何自而有動靜乎."

176 『葛庵集』 권18, 「栗谷李氏論四端七情書辨」 "太極有動靜, 又勉齋黃氏推說動靜者所乘之機之義曰, 太極是理, 陰陽是氣, 然理無形而氣有迹, 氣旣有動靜, 則所載之理, 安得謂之無動靜."

177 배종호, 『한국유학사』, 연세대학교 출판부, 1974, 119쪽.

밀암密菴 이재(李栽: 1657~1730)에 와서는 "태극의 동정으로 인해
서 음양이 갈라지고 오행이 구비되는 것으로 생각하여 기의 관여 없
이 태극의 소위所爲로 일용 동정의 체용이 갖추어진다"[178]라고 하였
다. 자못 퇴계의 "태극에 동정이 있음은 태극이 스스로 동정하는 것
이다"[179]를 연상케 한다.

한편 기대승의 리기 분속分屬을 비난하는 태도는 율곡에 와서 '기
발리승일도설'로 정리되었다. 율곡이 '심시기心是氣'[180]라고 한 것을
다시 우암 송시열이 계승하여 '심위기心爲氣'[181]라고 단언하였다. 우
암의 제자인 수암遂庵 권상하(權尙夏: 1641~1721)는 율곡의 '심시기'
를 이었으며,[182] 남당南塘 한원진(韓元震: 1682~1750)은 권상하의 주
장을 다시 계승하여 심시기, 성즉리性卽理[183]의 입장을 견지하였다.

---

178 『密菴集』 권25, 「墓誌銘(李光庭)」 "太極有動靜, 而陰陽分五行具, 惟人也得其
秀而最靈, 太極之妙, 各 其於其中, 根於性則爲仁義禮智之德, 發於情則爲惻隱
羞惡辭遜是非之端, 形於身則爲耳目口鼻手足百骸之則, 見於事則爲君臣父子
夫婦長幼朋友之倫, 是其日用動靜之間, 體用全具, 莫非此一太極之爲也."

179 『退溪全書』 권13, 「答李達李天機」 "太極之有動靜, 太極自動靜也."

180 『栗谷全書』 권10, 「答成浩原」 "且朱子曰, 心之虛靈知覺, 一而已矣, 或原於性
命之正, 或生於形氣之私, 先下一心字在前, 則心是氣也."

181 『宋子大全』 附錄 권15, 「語錄」,〈金榦錄〉 "榦問心之虛靈, 只是氣歟, 抑以理
氣合故歟, 先生曰, 是氣, 榦曰, 竊嘗思之, 天地間萬物之生, 莫非氣之所爲, 而
唯人也得其氣之秀, 人之一身, 五臟百骸, 莫非氣之所成, 而唯心也尤是氣之秀,
是故, 其爲物自然虛靈洞澈, 而於其所具之理, 無所蔽隔然則所謂虛靈者, 只是
稟氣淸明故也, 不是理與氣合然後方爲虛靈, 今且將自家去體察吾心, 一時間身
氣淸爽, 則心便惺惺, 一時怠惰了, 便昏昏, 此處亦見心之虛靈是氣, 先生曰然,
故栗谷先生嘗以心爲氣, 榦曰, 然則心之虛靈, 分明是氣歟, 先生曰分明是氣
也."

182 『寒水齋集』 권21, 「四七互發辨」 "栗谷先生曰, 發者氣也, 所以發者理也, 深味
此言, 可辨互發之說矣, 孟子曰, 惻隱之心仁之端也云云, 蓋栗翁所謂氣者卽心
也, 所謂發者, 卽心之用惻隱也, 所謂所以發之理, 卽心之體仁也, 孟子之言, 如
彼其分曉, 何故以四端偏屬於理發也."

183 『南塘集』 권36, 「雜識」,〈內篇(下)〉 "此盖未察乎專言心, 則固理氣之合, 而與

이는 앞에서의 심즉리心卽理와 대조를 이룬다. 이렇게 보면 퇴계의 '발' 문제는 직접적으로 주리파와 주기파를 양립시키는 데 영향을 주게 되었고, 간접적으로는 여기서 다시 유리파唯理派, 유기파唯氣派로 발전시켜주는 기점이 된 것으로 생각된다.

b. 간접적인 영향

주리파와 주기파의 논란은 다시 진일보해서 유리, 유기를 주장하는 경향을 띠게 되었으니, 이것은 간접적으로 파생된 것이라고 생각할 수 있을 것이다.

권상하의 문하에서 인물성동이人物性同異 문제를 가지고 호락논쟁이 벌어졌을 때, 낙파의 계통인 도암陶庵 이재(李縡: 1680~1746)의 제자 녹문鹿門 임성주(任聖周: 1711~1788)는 스승의 설을 계승하였으나, 마음을 기울여 연구하기 10여 년에 옛 설의 잘못을 깨닫고 자신의 학문 체계를 따로 수립하게 되었다. 호락논쟁의 근본 요인은 양파가 모두 리기를 두 가지로 보려는 데 있다고 하여 그는 리기를 한 가지로 이해하려고 한다. 리를 기의 자연自然, 당연當然의 뜻으로 해석하여 기의 성이나 법칙으로 리를 파악하여 태극을 원기元氣라고 했고,[184] 사람들은 주자의 결단코 두 가지란 말만 믿고 리기를 두 가지로 생각하니 슬픈 일이라고까지 말하고 있다.[185] 그리하여 '리일분수'를 세인들이 말하지만 그것은 주리의 견지에서 말하는 것이지, 리의 일一이 곧 기의 일一임을 알 때 주기로 말하면 '기일분수'라고 해

性對言, 則心只是氣, 性只是理."

[184] 『鹿門集』 권19, 「鹿廬雜識」 "萬理萬象也, 五常五行也, 健順兩儀也, 太極元氣也, 皆卽氣而名之者也."

[185] 위와 같음, "今人不識此意, 只信朱子決是二物之語, 往往眞以理氣爲有兩箇物事."

도 무방하다는 것이다.[186] 리기 중에서 주기로 논하는 것과는 달리
리기를 하나로 보았고, 리를 기의 속성으로 보는 데서 유기론자로 지
적될 수 있을 것이다. 또 한편 유기론과는 달리 주리파로부터 진일보
하여 유리론의 파생을 보게 되었다.

노사蘆沙 기정진(奇正鎭: 1798~1879)은 다른 주리학파 학자들이
이원적으로 리를 기에 대립시켜 생각하는 정도를 넘어서 기를 어디
까지나 리 가운데 포함되는 개념으로 생각하였다. 주리학파에서 이
채를 띠는 동시에 또 그 최고봉이 되므로 유리론자라고 칭하게 되
는 것이다.[187] 즉 임성주가 리를 기의 자연, 당연의 연然이라는 글자
로 이해하여 기 가운데 리를 포함시키고 있는 것과 대조적이다. 기
정진의 견해에 따르면 우선 호락 제가諸家의 잘못은 다음과 같다. 즉
제가의 의사를 살펴보면 한결같이 다 리를 '분分'이 없는 것으로, 그
리고 '분'을 기로 말미암아 있게 된 것으로 생각함으로써 리일理一은
형기를 떠난 것에 한재限在시키고, 분수分殊는 형기에 타재墮在한 뒤
로 국한해버린다. 여기서 리는 스스로 리, 분은 스스로 분이 되므로
성과 명이 가로로 절단되어버린다는 것이다.[188] 그러니 리와 기의 원
융은 체용일원을 말하는 것이요, 현미무간이란 것은 같은 가운데 다
름이 있고 다른 가운데 같음이 있는 것을 의미하는 것인데, 이렇게
되면 천명과 인성이 유리되는 결과가 되어 불가하다는 뜻이다. 리와
기를 기 대신 리와 분이라고 함은 은연중에 리를 높이는 태도로 추측

186 위와 같음, "今人每以理一分殊, 認作理同氣異, 殊不知理之一, 卽夫氣之一而
見焉, 苟非氣之一, 從何而知其理之必一乎, 理一分殊者, 主理而言, 分字亦當
屬理, 若主氣而言則曰氣一分殊, 亦無不可矣."

187 현상윤, 『조선유학사』, 민중서관, 1949, 385쪽.

188 『蘆沙集』 권16, 「納凉私議」 "詳諸家之意, 一是皆以理爲無分之物, 分爲因氣而
有, 限理一於離形氣之地, 局分殊於墮形氣之後, 於是理自理分自分, 而性命橫
決矣."

되거니와, 기라는 글자의 사용을 피하고 도처到處에서 리는 절대의 개념이니 서로 대립시킬 개념이 없다고 하는 이유도 이 때문일 것이다. 우주의 본체·본질은 오직 리가 있을 뿐이요, 기도 리 가운데 내포되고 내재하는 작은 조리이며 한 속성이라고 이해하는 것이나 '기 또한 리 가운데의 일[氣亦理中事]'이라는 말[189]은 그의 지론을 단적으로 드러내주는 것이 아닌가 한다. 기정진은 우주의 본체·본원이 오직 리뿐이요, 인간 도리의 기본 근거도 오직 리에 있다고 생각한 것이다. "기가 리를 따라 발하는 것은 마땅히 리발이라고 할 것이지 기발이라고 말한 것이 아니다"[190]라고 하여, 리를 높이는 경향을 뚜렷하게 볼 수 있다.

임성주는 기일분수설, 즉 일기론一氣論의 입장에서 태극·음양·오행·만물을 원기·양의·오기·만기로 보는데, 기정진은 일리론의 입장에서 태극·음양·오행·만물을 일리·이리·오리·만리로 비교하며[191] 이 양인의 지론은 주리파와 주기파 사이에서 인물성동이에 대한 격론을 거치면서 발전된 간접 영향으로 간주된다.

189 위와 같음, 권16, 「猥筆」 "把氣與理對擧, 喚作理氣, 始於何時, 愚意此必非聖人之言, 何以言之, 理之尊無對, 氣何可與之對偶, 其關無對, 氣亦理中事, 乃此理流行之手脚, 其於理本非對敵, 非偶非敵, 而對擧之何哉, 說本原, 宜莫如孔子, 孔子之說本原, 宜莫如大易, 言理時, 必理以率氣, 說氣時, 便卽以明理, 曰一陰一陽之謂道, 曰太極生兩儀是也, 十分停當, 罔有滲漏, 曷嘗見一處對峙而雙擧者乎, 形而上下, 非對擧乎, 曰此節眼在上下字, 上下乃의 對也, 欲爲千萬世, 開分別道器之門戶, 其言不得不爾, 雖然而上而下, 以形字爲冒頭, 不可分開之意自在, 何嘗如今各立竇窟, 各自頭腦耶, 今人纔見理字, 必覓氣來作對偶, 於是理之流行一大事, 盡被氣字帶去作家計, 所餘者, 秪混淪也沖漠也, 此雙本領之履霜也, 悲夫."

190 위와 같음, "氣之順理而發者, 氣發卽理發也, 循理而行者, 氣行卽理行也, 理非有造作自蠢動, 其發其行, 明是氣爲, 而謂之理發理行何歟, 氣之發與行, 實受命於理."

191 배종호, 『한국유학사』, 연세대학교 출판부, 1974, 262쪽.

4. 궁리와 거경에 관하여

거경과 궁리의 두 일은 똑같이 중요한 것이며, 궁리가 능하면 거경 공부가 날로 나아가며 거경 공부가 능하면 궁리 공부가 날로 엄밀해 지는 상호 관련을 가진다.[192] 이러한 궁리와 거경을 중시하면서 퇴계 는 반성·실천을 가하여 이 세 가지를 참다운 앎에 도달하는 데 필요 한 공부[193]로 생각하였다. 먼저 궁리의 문제로부터 고찰한 다음에 거 경의 문제로 옮기기로 한다.

A. 궁리의 문제

궁리는 소이연所以然의 리와 소당연所當然의 리를 밝히는 것이다. 소이연을 알면 앎의 미혹됨을 면할 수 있고, 소당연을 알면 행동의 오류에 이르지 않는 것[194]이니, 리를 높이는 퇴계가 이 궁리를 주의 깊게 다루게 됨[195]은 당연한 일로 생각된다. 먼저 궁리를 격물치지와 관련시켜 고찰하고 나서 다시 리도설理到說을 언급하고자 한다.

a. 궁리와 격물치지의 문제

『대학혹문』「제1장」에는

천하의 사물은 반드시 소이연의 까닭과 소당연의 법칙을 가지고 있

---

192 『朱子語類』 권9 "學者工夫, 唯在居敬窮理二事, 此二事互相發, 能窮理則居敬 工夫日益進, 能居敬則窮理工夫日益密."

193 『退溪全書』 권36, 「答李宏仲問目」 "主敬以立其本, 窮理以致其知, 反躬以踐其 實, 三者之功, 互進積久, 而至於眞知其如此, 眞知其不可如此, 則庶可免矣."

194 『朱子大全』 권64 "知其所以然, 故志不惑, 知其所當然, 故行不謬."

195 『退陶先生言行通錄』 권2, 「類編」, 〈學問第一〉 "嘗曰, 學貴窮理, 理有未明則或 讀書, 或遇事無所往而不礙."

으니, 이른바 리이다.[196]

라고 하였고, 「보망장」 조에는

> 신신身·심心·성性·정情의 덕과 인륜일용의 일상으로부터 천지 귀신의 변화와 조수초목鳥獸草木의 마땅함에 이르기까지 한 사물의 가운데 소당연을 보아 그만둘 수 없고, 소이연을 부여하여 바꿀 수 없는 것이 있다.[197]

라고 하였다. 사물에 구비된 이러한 이치를 궁구함은 바로 궁리인 것이다. 그러므로 궁리를 주자는

> 궁리란 사물의 소이연과 소당연을 알려고 하는 것일 뿐이다.[198]

라고 하였다. 소이연의 리와 소당연의 리를 알고자 함이 곧 궁리라고 할 것이다. 이 궁리에 있어서 기대승이 소당연을 사事, 소이연을 리理로 보고자 하는 데 대해서 퇴계는 주자·신안진씨·서산진씨·북계진씨의 제설을 인용하면서 소당연도 또한 리라는 것이며 사事외에 따로 소당연이 있지 않음을 밝히고 있다. 신안진씨가

> 소당연의 법칙은 리의 실처實處이고, 소이연의 까닭은 곧 그 위위

---

196 『大學或問』, 제1장 "天下之物, 則必有所以然之故, 與其所當然之則, 所謂理也."

197 위와 같음, 「補亡章」 "身心性情之德, 人倫日用之常, 以至天地鬼神之變, 鳥獸草木之宜, 自其一物之中, 莫不有以見其所當然而不容已, 與其所以然而不可易者."

198 『朱子大全』 권64 "窮理者, 欲知事物之所以然與其所當然者而已."

한 층인 리의 원두源頭이다.[199]

라고 한 것을 인용한 의도로 보아, 리의 원두源頭와 실처實處의 리로
서 소이연과 소당연을 연결시키고 있음은 기저에 리일분수의 생각
이 깔려 있는 것이라 생각된다. 이러한 견해는 『언행록』에 보이는 김
융金隆과 퇴계의 문답 속에서도 발견된다. 그 문답은 다음과 같다.

　　문 : 『도해』 소주小註의 면재의 말에 '이른바 뭇 이치의 집합이요,
　　모든 조화의 본원이다'라는 말은 대개 태극을 가리켜서 한 말입니다.
　　이른바 '만물이 각각 하나의 태극을 갖추고 있다'라는 말 또한 '모든
　　이치의 집합이요, 모든 조화의 본원'이라고 할 수 있겠습니까? 사람은
　　과연 뭇 이치를 갖추었다 할 수 있지만, 사물은 각각 자신에게 적용되
　　는 한 이치만을 갖추었을 뿐인데, 어떻게 뭇 이치를 갖출 수 있겠습니
　　까?"
　　선생 : "하나의 사물에 있는 것을 뭇 이치의 집합이라고 할 수 없을
　　것 같지만, 그러나 그것이 부여받은 것이 곧 태극의 이치라면 어찌 각
　　각 하나의 태극을 갖추었다고 말할 수 없겠는가? 어찌 태극의 뭇 이
　　치가 집합한 가운데 하나의 이치만 베어내어 한 사물에 붙여주었겠는
　　가? 마치 한 조각의 달빛이 두루 비치면 비록 저 큰 강이든 바다든, 하
　　나의 잔에 있는 물이든 비치지 않은 곳이 없는 것과 같다. 하나의 잔에
　　비친 달빛을 어찌 그 물이 적다고 해서 달이 비치지 않았다고 말할 수
　　있겠는가?"[200]

---

199 『退溪全書』 권25, 「鄭子中與奇明彦論學, 有不合, 以書來問, 考訂前言, 以答如
　　左·庚申」 "論所當然所以然, 是事是理 : 所當然之則, 理之實處, 所以然之故,
　　乃其上一層理之源頭也."

200 『退溪先生言行錄』 권1, 「類編」, 〈論格致〉 "問 : 圖解小註勉齋說所謂衆理之總
　　會, 萬化之本原, 蓋指太極而言. 若所謂萬物各具一太極者, 亦可謂仲理之總會,

여기서 보면 원두를 뭇 이치의 집합 또는 태극이라고 생각하고, 실처의 리를 '각각 한 태극을 갖춘 것' 또는 '사물은 각각 자신에게 적용되는 한 이치만을 갖추고 있는 것'이라고 한 김융의 의심은 '각각 자신에게 적용되는 한 이치만을 갖추고 있는 것'이 어찌 뭇 이치를 갖추고 있겠느냐는 것이었다.

퇴계는 부여받은 것으로 보아서 태극의 리가 아닐 수 없고, 사물에 있는 한 리라고 하더라도 태극의 뭇 이치가 집합한 가운데 하나의 이치만 베어내어 부여된 것이 아님을 달과 물의 관계로 말한다. 이러한 리를 궁구하려면 격물치지 공부가 필요하게 되는 것이다. 주자에 의하면 격치格致는 사물에 나아가 궁리하는 데 있다고 하여 「보망장」에서

근간에 일찍이 정자程子의 뜻을 가만히 취하여 빠진 부분을 다음과 같이 보충하였다. "이른바 앎을 지극히 하는 것이 사물을 궁구함에 있다는 것은, 나의 앎을 지극히 하고자 한다면 사물에 나아가 그 이치를 궁구함에 있음을 말한 것이다. 사람 마음의 신령함은 앎이 있지 않음이 없고, 천하의 사물은 이치가 있지 않음이 없지만, 오직 이치에 대하여 궁구하지 않음이 있기 때문에 그 앎이 다하지 못함이 있는 것이다."201

萬化之本原否? 人果具衆理矣, 若物各自具適用之一理而已, 豈備衆理乎? 先生曰：在一物者, 似不可謂之衆理之總會, 然其所稟來者, 卽太極之理, 則豈不可謂各具一太極乎?' 豈太極衆理總會之中, 割取一理各付一物乎? 如一片月輝遍照, 雖江海之大, 一杯之水, 無不照焉. 一杯之月光, 豈以其水之小, 遂謂月不照也?"

201 『大學』,「補亡章」"嘗竊取程子之意以補之曰, 所謂致知在格物者, 言欲致吾之知, 在卽物而窮其理也. 蓋人心之靈, 莫不有知, 而天下之物, 莫不有理, 惟於理有未窮, 故其知有不盡也."

라고 언급하고 있다. 앎이 나아가는 것이 사물에 나아가 궁리하는 여하에 매여 있다고 할 때, 참된 앎을 강조하는 퇴계로서 궁리를 중시함과 동시에 격물에 대하여 소홀히 할 수 없을 것이다.

퇴계는 알기 어려운 것은 마음에 있고 일에 있는 리에 있으며,[202] 마음에 있고 사물에 있는 한 리에 투철한 뒤에야 비로소 참된 앎에 도달한다[203]고 하였다. 여기서 말하는 마음에 있다는 것은 인심의 신령함이나 앎에 관한 것이요, 일에 있고 사물에 있는 것은 천하의 사물이나 리에 속한 것이니, 치지와 격물의 문제로 전이轉移될 것이다.

『대학장구』에서 치지는 '나의 지식을 끝까지 미루어 아는 바가 다하지 않음이 없는 것[推極吾之知識, 欲其所知無不盡]', 격물은 '사물의 리를 궁구하여 그 궁극적인 곳에 도달하지 않음이 없고자 하는 것[窮理事物之理, 欲其極處無不到]'이라고 하였다. 『대학혹문』에서 '치致'는 '미루어 다함을 말하는 것으로, 예를 들어 상례에서는 진심을 다한다고 할 때의 다함이니, 미루어 다하는 데로 가는 것을 말한다[致推致之謂, 如喪致乎哀之致, 言推之而之於盡也]', 그리고 '격格'은 '지극히 이르는 것을 말하는 것으로, 예를 들어 문조에 이른다고 할 때의 이름이니, 끝까지 이르러 그 극함을 다하는 것을 말한다[極至之謂, 如格於文祖之格, 言窮至而其極也]'라고 하였다. 즉 '치'는 추극推極·추치推致로, '격'은 궁지窮至·극지極至의 뜻으로 풀이하고 있다. 앎을 지극히 하는 것이 사물을 궁구함에 있다고 할 때, 추극·추치는 궁지·극지에 달려 있음을 알 수 있게 된다. 인심의 지를 추극·추치함이 물리를 궁지·극지하는 데 있다고 할 것이다. 여기서 마음에 있고 사물에

---

202 『退溪全書』 권24, 「答鄭子中 別紙」 "在心在事之說, 看得透, 知此則理之難知處, 漸可融會矣."

203 위와 같음, 권24, 「答鄭子中」 "但須知在心在物本無二致處, 分明透徹, 然後始爲眞知."

있는 것이 본래 둘이 아니라는 말은 마음에 있는 추극처推極處와 하나의 극極으로 만남을 생각할 수 있을 것 같다.

이때에 다시 문제로 제기될 수 있는 것이 극에서 만난 사물의 리와 내 마음의 지의 체용 관계일 것이다. 퇴계는 「보망장 뭇 사물의 표리·정조가 이르지 않음이 없음에 관하여[補亡章衆物之表裏精粗是無不到]」에서 정자·주자·연평·서산의 '격'의 의미를 인용하고 나서 "이것들은 다 리가 사물에 있으므로 사물에 나아가서 궁구하여 극처에 이를 것을 말한 것이다. 비록 리로 말하면 사물과 나의 구별이 없으나 사물로 말하면 천하의 사물이 실은 나의 밖[外]에 있으니, 리일이라고 해서 천하 사물이 나의 안[內]에 있다고 할 수 있겠는가?"[204] 라고 하여 마음과 사물의 구분이 없을 수 없음을 주장한다. 격물格物의 '격'과 물격物格의 '격'을, 사람이 이곳으로부터 군읍郡邑을 거쳐 가면서 서울에 도달하는 예를 들어서 설명한다. 만일에 거쳐가는 것이 사람이 아니고 군읍이며 이르는 것이 사람이 아닌 서울이라고 한다면, 격물의 격도 내가 아닌 사물이요, 극처에 이르는 것도 내가 아닌 극처로 될 것인즉 말이 되지 않고 의리가 되지 않는다고 하는 것이다. 이러한 퇴계의 생각은 「격물과 물격의 두 주석의 설명에 대해 일찍이 여러 공들의 말을 듣고 본 것에 대하여[格物物格兩註說嘗聞見諸公語]」에서 다음과 같이 표현되고 있다.

---

204 『退溪全書』 권26, 「格物物格俗說辯疑, 答鄭子中」 "補亡章, 衆物之表裏精粗是無不到 : 按今人, 以辭爲疑者有二焉, 一謂理本在吾心, 非有彼此, 若云, 則是理與我爲二而分彼此, 故不可也, 一謂功效, 註若云, 則是涉工夫著力, 故不可也, 然愚嘗歷考先儒諸說矣, 程子曰, 格, 至也, 窮之而至其極, 朱子曰, 理之在物者, 旣有以詣其極而無餘, 又曰, 須窮極事物之理到盡處, 延平曰, 凡遇一事, 且當就此事, 反覆推尋, 以究其理, 西山曰, 於天下事物之理, 窮究到極處, 此皆謂理在事物, 故就事物而窮究其理, 到極處也, 何者, 以理言之, 固無物我之間, 內外精粗之分, 若以事物言之, 凡天下事物, 實皆在吾之外, 何可以理一之故, 遂謂天下事物皆吾之內耶."

나는 생각하건대 극처에 다 도달하는 것은 본래 마음이고 나이다. 그러나 마음이 도달하고 내가 도달한다고 설명하면 곧 병통이 있으니, 다만 마땅히 극처에 도달했다고 말해야 한다.[205]

그가 70세 때 기대승에게 답한 글 속에 "어제까지의 잘못을 깨달았다"[206]고 한 바, 그 잘못은 다만 주자의 '리는 정의情意가 없고 계탁計度이 없고 조작造作이 없다[理無情意, 無計度, 無造作]'는 설만을 굳게 지킨 데 있다고 고백하여, 리가 도달하는 것이 아닌 마음과 내가 도달한다는 생각이었음을 솔직히 고백하고 있음[207]을 본다. 즉, 리는 무위이므로 자기가 이르고 자기가 도달하는 것이라고 이해하고 있음을 볼 수 있다. 이것은 만년의 리도설理到說 이전의 주장으로서 서로 비교되는 곳이다. 다음은 리도설에 대하여 밝혀본다.

b. 격물치지와 리도설의 입장

퇴계의 만년정설은 경오년 11월 기묘에 기대승에게 답한 「개치지격물설改致知格物說」로 확실해진다. 경오년 11월 17일자로 기대승에게 보낸 글에는 지금까지의 물격설과 무극·태극설에 대한 자신의 견해가 잘못되었기 때문에 김취려金而精 편에 고친 설명을 보냈으나, 혹 실전失傳을 걱정하여 한 편지를 보낸다[208]라고 되어 있다. 「별

---

205 위와 같음, 권26, 「格物物格俗說辯疑, 答鄭子中」 "格物物格兩註說, 記嘗聞見 諸公語': 愚謂窮到極處固心也我也. 然說著心到我到便有病, 只當云窮到極處 可也."

206 『退溪全書』 권18, 「答奇明彦」 "精錄示所敎示理到無極等語, 方覺昨非, 所得數 語, 錄在別紙."

207 위와 같음, 권18, 「答奇明彦 別紙」 "前此滉所以堅執誤說者, 只知守朱子理無 情意, 無計度, 無造作之說, 以爲我可以窮到物理之極處, 理豈能自至於極處, 故硬把物格之格, 無不到之到, 皆作己格己到看."

208 『高峯集』 권3, 「兩先生往復書」, 〈拜答上狀, 奇承旨宅〉 "向來, 物格說無極而太

지」에 의하면 "왕년에 서울에 있을 적에 리도설을 듣고 되풀이해서 생각해보았으나 잘 알 수가 없었다"[209]라고 하였다.『고봉집』에는 다만

> 물격에 대해서 주자의 『무신봉사戊申封事』에 "이치가 이른다理到"는 말이 있고, '발미불가현發微不可見' 조목 아래『통서通書』주註에는 "그 만나는 바에 따라서 이치가 이르지 않는 바가 없다"고 하였고,『대학혹문』주에는 "털끝만큼도 이르지 않은 곳이 없다"고 하였으니, 이러한 말과 글귀를 가지고 반복하여 연구해본다면, 이치가 그 지극함에 이른다는 말과 지극한 곳이 이르지 않음이 없다는 말은 저의 뜻과 같이 해석해도 본래 불가함이 없을 듯합니다.[210]

라고 하고 있다. 퇴계가 그것을 가지고 오히려 의혹을 풀지 못했다고 했는지 자세하지 않으나, 근래에 김이정이 전하는 바에 따라서 옛 견해를 제거하게 되었다는 것이다. 여기서 밝혀야 할 것은 궁도窮到를 주장하는 태도가 리도理到로 바뀌는 점이다.

도극到極이라고 할 때 도到는 주빈主賓이, 그리고 극極은 내외內外가 문제 될 것이다. 주빈은 '내가 물리의 극처에 도달하는' 것인지, '극처가 나에게 스스로 이르는' 것인지 양론이 있을 수 있으며, 내외는 외물의 극과 내심의 극이라는 양설이 있을 수 있다. 여기서 주빈

極說, 鄙見皆誤, 亦已改說, 寄于而精, 恐或失傳, 故今呈一紙, 照諒, 惟冀以時益自珍衛, 進學不倦, 以副時望."

209『退溪全書』권18,「答奇明彦」"往在都中, 雖蒙提諭理到之說, 亦嘗反復紬思, 猶未解惑."

210『高峯集』권3,「答退溪先生問目」"物格, 戊申封事理到之言發微不可見條下通書註, 隨其所寓而理無不到, 大學或問註無一毫不到處, 以此等言句反覆求之, 則理諸其極及極處無不到者, 如鄙意釋之固無不可也."

으로서의 사물과 내가 분열됨이 없이 통일을 유지하며, 내외로서의 양극이 하나로 회통되는 경지는 퇴계의 격치설과 리도설의 중심점이 될 것이다. 외물의 리는 비록 만물에 산재하지만 작용의 미묘함은 실로 한 사람의 마음을 벗어나지 않는다고 하여 사물과 나의 한 이치를 말한다. 이렇게 되면 사물과 내가 한 이치라는 설명은 되지만 여전히 리는 무위로, 인심은 유위로 되어버린다. 여기서 소주『혹문』의 주자와의 문답을 원용하여 심(리)의 작용과 포괄하지 않음이 없는 리로 접근을 시도한다.[211]

그러나 주자가 리는 반드시 작용을 갖지만 그 작용은 인심 밖에 있지 않다고 하니, 리의 작용의 능동성으로는 아직 빈약함을 느낀다. 퇴계는 주자의 이 말을 이어서 다음과 같이 리도理到의 경지를 피력한다.[212] 소이所以로서의 리와 작용으로서의 기는 자못 마음은 리기의 합이라는 말을 연상하게 한다. 다만 심의 체가 리에 구비되어 있으며 이 리가 포괄하지 않는 것이 없다고 할 때, 마음은 리기의 합이라고 할 때의 리와 포괄하지 않는 것이 없는 리를 하나로 모아 리의 발현이라는 주체 기능을 생각하게 된 것으로 이해된다. 이것은 격물이 되면 리가 스스로 이를 수 있기 때문에 격물의 미진함을 염려할 것이요, 리가 스스로 이르지 못하는 것을 근심하지 말라고 한다. 그러므로 격물로 말하면 본래 내가 물리의 극처에 이른다고 할 것이지만, 물격으로 말하면 물리의 극처가 나의 이르는 바를 따라서 도달하지 않음이 없다고 어찌 말하지 못하겠는가?

정의와 조작이 없는 것은 리의 본연의 본이요, 만나는 바에 따라

---

211 『退溪全書』 권18, 「答奇明彦 別紙」 "其小註, 或問用之微妙, 是心之用否, 朱子曰, 理必有用, 何必又說是心之用乎, 心之體, 具乎是理, 理則無所不該, 而無一物之不在, 然其用實不外乎人心."

212 위와 같음, "然而又曰, 理必有用, 何必又說是心之用乎, 則其用雖不外乎人心, 而其所以爲用之妙, 實是理之發見者, 隨人心所至, 而無所不到, 無所不盡."

서 발현하여 도달하지 않음이 없는 것은 이 리의 지극히 신묘한 작용
임을 알았다고 말하는 퇴계의 의중에는 내가 이른 물리의 극처의 극
과 물리의 극처가 만나는 바에 따라서 발현하여 도달하지 않음이 없
는 물리의 극처의 극과는 두 가지가 아니라, 만나서 일치하여 지극히
신묘한 작용으로 생생하는(창조적, 주체적) 기능으로 파악되고 있음을
엿볼 수 있을 것 같다. 이것은 분명히 극처에 이르는 것이 마음이요
나이기는 하지만, 마음이 이른다거나 내가 이른다고 해서는 병통이
된다고만 하여 극에 이르러서의 주빈·내외의 융회의 모호성으로부
터 리가 본체이고 심이 작용이라는 묘함을 리가 이르는 것으로 천명
한 것은 그 생애 학문 연구의 결산으로 추측된다. 이렇게 생각할 때
다음에 제기되는 또 하나의 문제는 리발의 리와 발하여 이르는 리는
과연 퇴계의 리관에 비추어서 어떻게 연결될 수 있느냐 하는 점이다.

퇴계가 리발을 주장하는 이유를 들면 다음과 같다.

① 리는 높아서 사물을 명령하는 것이다[理尊, 命物者].
② 리에는 동정이 있는데, 리가 동하여 기가 따라서 생한다[理有動
靜, 理動氣隨而生].
③ 리는 반드시 작용을 갖는다[理必有用].
④ 도체는 스스로 발현하여 유행할 수 있다[道體自能發現流行].
⑤ 리는 발할 수 있고 생할 수 있다[理能發能生].[213]

지극히 높은 것으로 리를 높이는 태도는 기를 천시하였고, 기에 동
정이 있는 것도 리에 동정이 있기 때문이었다. 그러니 리는 반드시
작용을 갖는다는 주자의 말이 옳게 받아들여졌으며, 도체가 스스로
발현할 수 있고 리가 발할 수 있는 것으로 이어져간 것으로 보인다.

---

213 채무송, 『퇴율성리학의 비교연구』, 성균관대학교 출판부, 1983, 80쪽.

「개치지격물설改致知格物說」에서 리가 활물活物임을 암시하는[214] 듯
한 곳이 있다. 여기서 의문 나는 것은 이전에는 과연 리를 사물死物
로 생각했던가 하는 것이다. 이에 대해 이종술李鍾述은 다음과 같이
말하고 있다.

> 리도설에서 말한 퇴계의 리를 사물死物로 오인할 뻔했다는 것은 리
> 도설만을 두고 한 말임을 알아야 할 것이고, 리의 작용에 대한 말은 그
> 본의를 심찰深察하여 활간活看하지 않으면 안 될 것으로 안다.[215]

따라서 이전에도 리의 활성活性을 인정하고 있었다고 해야 한다.
그렇지 않다면 리발설이 나올 수 있었을까 의심스럽다. 리발설의 리
는 사단칠정이 감발되는 측면에서 말한 것이니 안으로부터 밖으로
발하는 일변일 뿐이고, 리도설의 리는 외물의 리를 궁구하여 치지하
는 공부인 데서 생긴 문제인 듯하니, 심의 인식에 따라 (밖으로부터 안
으로 들어가며) 활연관통하는 내외 일관의 묘한 점이 비교되는 것[216]
이 아닌가 한다. 리를 사물死物로 인식하는 것으로부터 리를 활물活
物로 인식하는 것으로 전이되었다고 생각한다면 잘못일 것이다.

궁지窮至를 설명하는 예로서 초권初卷부터 전10장까지 다하지 않
음이 없다고 할 때, '도到'라고 함은 초권부터 이어온 것이다. 권말卷
末 전10장만 단절해서 생각할 수 없음을 시사하고 있음을 보면,[217]
초권부터 자세히 읽어서 이해의 연속으로 권말까지 도달한다는 뜻

---

214 『退溪全書』권18, 「答奇明彦 別紙」 "殆若認理爲死物, 其去道不亦遠甚矣乎."
215 이종술, 「퇴계 선생의 理到說小考」, 『퇴계학보』 제4집, 1974, 59쪽.
216 위와 같음, 58쪽.
217 『退溪全書』권26, 「格物物格俗說辯疑, 答鄭子中」 "格物物格兩註說, 記嘗聞見
    諸公語."

으로 미루어 리발설이 변질되어 리도설이 되었다고 생각해서는 안 될 것이다. 아마도 리발설이 그의 도덕 연원에 근본한 윤리적인 표현 이라면, 리도설은 리체심용理體心用의 활연관통하는 묘경妙境의 철 학적 표현이라고 비교됨 직하다.

기대승은 인설因說과 대설對說을 상하와 좌우로 구분하여 이해하 고 있다.[218] 퇴계의 리발설을 인설의 입장에서, 리도설을 인설과 대 설이 교차하는 입장에서 이해할 수 있지 않을까 생각된다. 인설을 논 리로, 대설을 사리로 이해할 수 있다면, 논리와 사리의 공존 속에서 도 주 · 빈을 엄격하게 나누고자 하는 퇴계의 본의로 추측되기 때문 이다.

궁리窮理는 치지하는 일이요, 주경主敬은 근본을 세우는 일이라고 말하며 퇴계는 자신을 반성하여 실천하는 것과 더불어 서로 나아가 게 하는 결과로 참된 앎에 도달하게 된다고 생각하였다. 이제 이어서 '경'에 관하여 고찰하고자 한다.

B. 거경의 문제

퇴계는 학문의 시종을 경으로 생각하였고 일생의 생활을 또 경으 로 실천하였다. 먼저 학문 면에서 a. 퇴계 학문에서의 경의 위치, b. 인간의 주체성과 의리지변의 문제, c. 거경 공부의 실질적 내용으로 나누어 살펴본 다음, 일기를 통해서 본 퇴계의 존리尊理와 경의 생활 을 살펴보기로 한다.

---

218 『高峯集』, 「兩先生四七理氣往復書下篇」 권2, 〈高峯答退溪再論四端七情書〉
    條列의 '首條 · 〈學問第一〉 條' "大升以爲朱子謂 "四端是理之發, 七情是氣之
    發'者, 非對說也, 乃因說也, 盖對說者, 如說左右, 便是對待底; 因說者, 如說上
    下, 便是因仍底, 聖賢言語, 固自有對說因說之不同, 不可不察也."

a. 퇴계 학문에서의 경의 위치

퇴계는 학문하는 근거를 심과 리로 생각한다.[219] 심은 '경' 공부요, 리는 격물 공부로 이해할 수 있을 것이다. 심학을 경 공부로 생각하기 때문에 『심경』을 신명과 같이 믿었고 엄한 아버지와 같이 존경하였으며, 또 『심경』을 얻은 뒤에야 비로소 심학의 연원을 알게 되었다"[220]라고 한다. 심을 일신의 주재로 생각하고, 경은 또 심의 주재라고 한다.[221] 퇴계는 학문을 하는 데 이 주재를 세우는 일이 무엇보다도 가장 급한 일[222]이라 생각하므로, 심이 일신의 주재요 경은 다시 일심의 주재라고 생각한다면, 경을 주로 하는 것으로 근본을 세울 것은 쉽게 생각이 미칠 것이다.

「천명도」에는 심권心圈 내에도 경을, 「정의권情意圈」 내에도 경을 중심에 고정시키고 있다. 제10절에서는 심과 주재와 경과 학에 대하여 설명해주고 있다. 즉 일신의 주재를 심이라 하고, 심의 작용은 정의情意이며, 군자는 고요할 때에는 존양해서 본체를 보존하고, 정의가 발할 때에는 성찰해서 작용을 바르게 한다는 것이다. 경이 아니면 성을 보전하여 본체를 세우기 어렵고, 경이 아니면 기미를 바르게 알아 작용에 통달하기 어렵다. 그러므로 군자의 학문은 마음이 아직 발하지 않았을 때에는 경을 주로 하여 존양 공부에 힘쓰고, 마음이 이미 발했을 때에도 경을 주로 하여 성찰 공부를 가해야 한다는 것이

---

219 『退溪全書』권18, 「答奇明彦 別紙」 "其說曰, 人之所以爲學, 心與理而已, 心雖主乎一身, 而其體之虛靈, 足以管乎天下之理."

220 『退陶先生言行通錄』권2, 「類編」, 〈學問第一〉 "先生自言 吾得心經而後, 始知心學之淵源, 心法之精微, 故吾平生信此書如神明, 敬此書如嚴父."

221 『退溪全書』권7, 「進聖學十圖箚」, 〈第九心學圖〉 "蓋心者, 一身之主宰, 而敬又一心之主宰也."

222 『退溪先生言行錄』권1, 「類編」, 〈論持敬〉 "德弘嘗侍坐於巖栖軒, 先生曰, 人之爲學, 莫如先立其主宰."

다. 경은 학문의 시작이 되고 끝이 되어 체용을 관통하는 것이니, 이 그림의 긴요한 뜻이 무엇보다도 여기에 있다고 하였다.[223]

이 설명에 의하면 경이 심권과 정의권에 다 같이 표시되어 있는 이유는 심이 발하기 전에 심의 체인 성을 존양해야 하고, 심이 발한 이후에는 심의 용인 정의에 대하여 성찰을 가해야 하는데, 이 존양과 성찰은 모두 경의 방법이 아니면 안 되기 때문이다.[224] 요점은 심체·심용이 다 같이 경을 주로 하는 것으로 존양·성찰 공부가 가능하며, 경이 또한 학문의 시종이 된다는 것이다. 「천명도」을 수정한 퇴계는 『성학십도』를 지을 때의 자료로서 그 「천명도설」을 생각할 수 있었을 것으로 추측된다.

『성학십도』「제삼소학도」에는

나는 들으니, 경이라는 한 글자는 성학의 처음을 이루고 마지막을 이루는 것이라고 한다.[225]

라고 하였다. 앞서 언급한 「천명도설」 제10절을 자못 연상하게 한다. 뿐만 아니라 동 『성학십도』「제사대학도」에서는 『성학십도』 전체

---

223 「退溪先生續集」권8,「天命圖說」,'右第九節, 論氣質之稟'"問, 心裏之敬與存養及情意之省察與敬, 何謂也, 曰, 人之受命于天也, 其四德之理, 以爲一身之主宰者, 心也, 事物之感於中也, 隨善惡之幾, 以爲一心之用者, 情意也, 故君子於此心之靜也, 必存養以保其體, 於情意之發也, 必省察以正其用, 然此心之理, 浩浩然不可模捉, 渾渾然不可涯涘, 苟非敬以一之, 安能保其性而立其體哉, 此心之發, 微而爲毫釐之難察, 危而爲坑塹之難跆, 苟非敬以一之, 又安能正其幾而達其用哉, 是以, 君子之學, 當此心未發之時, 必主於敬而加存養工夫, 當此心已發之際, 亦必主於敬而加省察工夫, 此敬學之所以成始成終而通貫體用者也, 故圖之切要之意, 尤在於此也."

224 이상은,『퇴계의 생애와 학문』, 서문당, 1974, 240쪽.

225 「退溪全書」권7,「進聖學十圖箚」,〈第三小學圖〉"吾聞敬之一字, 聖學之所以成始而成終者也."

가 경을 위주로 한 것이라고 명언하고 있다.[226]

퇴계가 "군자의 학이란 자기를 위할 따름이라"[227]고 함은 일신의 주체 확립이 요구되기 때문이며, 심의 주재로 더욱 경이 중시된다는 뜻은 『성학십도』로서 충분히 알 수 있는 일이다. 퇴계학의 최고 목적은 바로 인을 구하여 성인을 완성하는 데 있다. 그러므로 십도를 이름 붙여 『성학십도』라고 하였으니, 여기에서 우리는 퇴계학의 성취 목표가 성인에 있음을 알 수 있다.[228]

이렇게 볼 때 퇴계의 학문에서 경이 그 기반을 이루고 있음을 인식하게 되며, 학문에서 궁리가 귀중하다고 하지만 이 경을 떠나서는 이룰 수 없다고 함을 쉽게 추측할 수 있을 것이다. 궁극의 학문 목표가 군자·성인이 되는 데 있다면, 퇴계의 학문에서 경을 떠나서 성인을 완성하기를 바란다는 것은 어려운 일로 생각되며, 그 경은 인간의 주체성과 분리할 수 없는 핵심처로 보인다.

b. 인간의 주체성과 의리지변의 문제

의리 판단은 인간의 주체 확립이 선행되어야 할 것이다. 퇴계가 생각하는 인간의 주체성에 관해서 먼저 살피고, 나아가 의리 문제에 대해 언급하고자 한다.

가. 인간의 주체성

퇴계의 학문에서 경은 반드시 없어서는 안 되는 위치에 있음을 앞에서 보았거니와, 퇴계가 학문의 근거所以는 심과 리뿐이라고 한 것

---

226 위와 같음, 권7, 「進聖學十圖箚」, 〈第四大學圖〉 "敬者, 又徹上徹下, 著工收效, 皆當從事而勿失者也, 故朱子之說如彼, 而今玆十圖, 皆以敬爲主焉."

227 『退陶先生言行通錄』 권2, 「類編」, 〈學問第一〉 "先生曰, 君子之學爲己而已."

228 채무송, 『퇴율성리학의 비교연구』, 성균관대학교 출판부, 1983, 88쪽.

도 인간의 주체성을 확립하는 일과 무관할 수 없는 일이요, 이 심은
리·태극·천·제와 일련의 맥을 함께하면서 경을 중시하는 데 퇴
계의 주체관의 생명이 있는 것으로 생각된다.

인간은 천지 만물과 유리될 수 없다.[229] 천인天人이 하나라는 이해
는 유학에서 연면하게 이어오는 사상이요, 퇴계에게만 예외일 수도
없을 것이다. 「도산십이곡」 가운데

> 춘풍春風에 화만산花滿山하고 추야秋夜에 월만대月滿臺라
> 사시가흥四時佳興 사람과 한가지라
> 하물며 어약연비魚躍鳶飛, 운영천광雲影天光이야 어느 그지 있을고
> 꼬.[230]

의 한 수를 읽을 때, 그의 상하에 달한 심경을 느껴보게 된다. 이러
한 자연의 조화 속에서 의연한 주재력을 간과할 수 없다. 모두 상제
上帝의 소위所爲요, 이 상제는 하민下民과 직결되어 있는 것으로 생
각하는 것이다.[231] 상제의 심과 하민의 심이 다를 수 없다면, 심에
서 그 소통점을 생각할 수 있을 것이다. "천지는 만물을 생하는 것
을 마음으로 삼고, 만물의 생은 또한 각각 천지의 마음을 얻어서 마
음으로 삼는다"[232]는 주자의 생각은 퇴계에게 반영된다. 그리하여
정자의 말을 인용하면서 한 사람의 마음이 천지의 마음임을 말한

---

229 『周易』, 「咸卦」序 "有天地然後有萬物, 有萬物然後有男女."

230 「陶山十二曲」, 제6수 〈欣賞道妙〉.

231 『退溪全書』권30, 「答李達李天機」"太極之有動靜, 是天命之流行, 止理爲之
主, 而使之流行歟 : 但就無極二五妙合而凝, 化生萬物處看, 若有主宰運用而使
其如此者, 卽書所謂惟皇上帝, 降衷于下民, 程子所謂以主宰謂之帝, 是也."

232 『朱子大全』권67, 「仁說」"天地以生物爲心者也, 而人物之生, 又各得夫天地之
心, 以爲心者也."

다.[233]

  한 사람의 마음이 천지의 마음이라고 할 수 있는 이유로, 퇴계는
리가 하나이고 기도 또한 둘이 아니라는 것을 들고 있다. 그러나 그
이전에 다만 하나의 리뿐이라고 지적하고 있음을 주의하게 된다. 통
체通體를 하나의 태극으로 파악할 때, 하나의 리뿐이라면 태극은 리
라고 할 수 있을 것이요, 인심·천지심의 통체를 하나의 태극으로
본다면 심이 태극이라고 할 수 있을 것이다. 퇴계는 다음과 같이 말
한다.

  심이 태극이라고 함은 인극人極을 말하는 것이다. 이 리는 물아物我
도 없고, 내외內外도 없고, 분단分段도 없고, 방체方體도 없는 것이다.
그 고요함에 있어서는 혼연渾然히 다 갖추어 한 근본이 되니, 진실로
마음에 있고 사물에 있는 구분이 없는 것이요, 그 움직여 일에 응하고
사물에 접함에 있어서는 사사물물事事物物의 리가 내 마음에 본래 갖
추고 있는 리인 것이다. 다만 심이 주재가 되어 각각 그 법칙을 따라서
응하는 것이니, 어찌 마음으로부터 추출한 다음에야 사물의 리가 될
것이랴?[234]

  이것을 보면 주재는 심과 리와 태극을 연결하여 이해되고 있음을
엿볼 수 있다. 그러나 심이 일신의 주재요, 경이 또 심의 주재가 된다

---

233 『退溪全書』 권19, 「答黃仲擧」 "自這一箇腔子, 通天地萬物, 只此一理, 理一,
氣亦非二, 故曰, 一人之心, 卽天地之心."

234 『退溪先生言行錄』 권1, 「答鄭子中」 "心爲太極, 卽所謂人極者也, 此理無物我,
無內外, 無分段, 無方體, 方其靜也, 渾然全具, 是爲一本, 固無在心在物之分,
及其動而應事接物, 事事物物之理, 卽吾心本具之理, 但心爲主宰, 各隨其則而
應之, 豈待自吾心推出而後爲事物之理?" 『退溪全書』 권24, 「答鄭子中」에도
같은 글이 실려 있다.

는 퇴계로서는 경을 떠나서 주체를 파악한다는 것은 불가능한 것으로 여겨진다.

이상으로 주재의 본원이라는 측면을 살펴보았거니와, 이 기능은 인간의 주체 면에서 없는 곳이 없고, 어느 때고 그렇지 않음이 없다는 진리성을 충족시켜주어야 할 것이다. 퇴계는 이 점을 경으로 보완하고 있다. 진리는 잠시도 간단이 있어서는 안 되며,[235] 안자도 3개월 이상을 넘지 못하였으니, 그 어려움을 짐작할 만한 일이다. 「보망장」에 "사람 마음의 신령함은 앎이 있지 않음이 없다"[236]라고 하였는데, 이것은 주체적 인식 근원을 지적한 것으로 보인다. 또한 이 기능은 공간적으로 내외가 없어야 하며, 시간적으로는 동정이 끊어져서는 안 될 것이다. 이 점에 대한 해결을 퇴계는 경으로 시도한다. 퇴계는 이르기를

그러므로 고요할 때 생각하지 않는 것을 곧 요명과 적멸로 인식하고, 움직일 때 생각하게 되면 또한 함부로 대상을 따라가 모두 의리에 있지 않으니, 그러므로 이름은 학문이지만 끝내 배움에서 힘을 얻지 못합니다. 오직 경을 주로 하는 공부는 동정을 통관하여 거의 공부하는 데 어긋나지 않을 것입니다.[237]

라고 하여 경 공부야말로 동정을 통관하는 가장 큰 것으로 이해하고 있다. 참된 앎과 실제적인 터득은 어느 한쪽도 잃어버릴 수 없는 것이니, 퇴계는 참된 앎은 리의 파악으로, 실제적인 터득은 경을

235 『中庸』, 제1장 "道也者, 不可須臾離也, 可離, 非道也."

236 『大學』, 「補亡章」 "蓋人心之靈, 莫不有知."

237 『退溪全書』 권14, 「答李叔獻 別紙-戊午」 "故靜時不思, 便認以爲窈冥寂滅, 動時思量, 又胡亂逐物去, 都不在義理上, 所以名爲學問, 而卒不得力於學也, 惟主敬之功, 通貫動靜, 庶幾不差於用工爾."

주로 하여 달성되는 것으로 보는 것이다. 진리는 아는 데 그치는 것
이 아니라 모시는 데 의의가 있다면, 퇴계의 경천敬天 · 외천畏天은
그의 존리尊理 · 천리踐理의 주체 기능에서[238] 현현되는 것이요, 또
한 모시는 경건한 모습도 여기서 유래되는 것으로 믿어진다. 『주역』
「곤괘 문언전」에

　　직直은 그 바름이고, 방方은 그 의로움이다. 군자가 경으로써 안을
곧게 하고, 의로써 밖을 바르게 하여 경과 의가 확립되면 덕이 외롭지
않다. 곧고 바르고 커서 익히지 않아도 이롭지 않음이 없다는 것은 그
행하는 바를 의심하지 않는 것이다.[239]

라고 함을 볼 때, 경과 의는 내외 관계에 있는 것으로 이해된다. 같
은 곳 주석에

　　직直은 그 바름을 말하고, 방方은 그 의로움을 말한다. 군자가 경을
주로 하여 안을 곧게 하고, 의로움을 지켜 밖을 바르게 한다.[240]

라고 한 뜻은 퇴계의 "경을 주로 하여 변덕스러움이 없는 것이 실제
로 터득한 것이 된다[主敬而能無二三爲實得]"는 말로 이어지는 감을
준다. 요컨대 경을 심의 주재로 생각한다면, 이러한 주체의 확립은

238 이것이 퇴계의 敬天 · 畏天하는 사상인데 퇴계에 있어서는 敬天 · 事天 · 畏
天함으로써 尊理 · 天理에서 나온 것이다. 채무송, 『퇴율성리학의 비교연구』,
성균관대학교 출판부, 1983, 96쪽.

239 『周易』, 「坤卦 文言傳」 "直其正也, 方其義也, 君子敬以直內, 義以方外, 敬義立
而德不孤. 直方大不習无不利, 則不疑其所行也."

240 위와 같음, "直言其正也, 方言其義也. 君子主敬以直其內, 守義以方其外, 敬
立而內直, 義形而外方, 義形於外, 非在外也. 敬義既立, 其德盛矣, 不期大而大
矣, 德不孤也, 无所用而不周, 无所施而不利, 孰爲疑乎."

행동에 있어서 의와 이익으로 발양됨을 능히 생각할 수 있을 것이다. 다음에 의義와 이利 문제를 고찰하고자 한다.

나. 의義와 이利의 분변

사실상 의리와 이익에 대한 설은 유학자의 가장 중요한 일이다.[241] 퇴계는 "세상에 태어나서 관직에 나아가고 물러나며 운을 만나고 만나지 못함에 오직 그 몸을 결백하게 유지하여 의를 행할 따름이요, 화복을 논할 바가 아니다"[242]라고 말하고 있다. 의가 상실되는 가장 큰 원인을 퇴계는 개인의 원모願慕 때문이라고 하며, 원모의 극복이 안 되는 까닭으로 리의 미진과 의지의 굳세지 못함을 들고 있다.[243] 그러므로 사리를 궁진窮盡하고 의지를 굳세게 가진다는 것은 실현할 수 있는 기반이 된다는 것이다.

의와 이익이라고 할 때 의는 "의로써 밖을 바르게 하고[義以方外], 경으로써 안을 곧게 한다[敬以直內]"는 데서 연원하는 의인 데 비해서[244] 이익은 두 가지 경향을 생각할 수 있다. 긍정이 그 하나요, 부정이 그 둘째이다. 동중서董仲舒의 "의를 바르게 하고 이익을 도모하지 않으며, 도를 밝히고 공을 계산하지 않는다[正其誼義而不謀其利, 明其道而不計其功]"[245]고 한 데서의 이익은 "소인은 이익에 밝다[小人喩

241 『朱書百選』,「上延平先生」"義利之說, 乃儒者第一義."

242 『退溪全書』권16,「答奇明彦」"夫士生於世, 或出或處, 或遇或不遇, 歸潔其身行其義而已, 禍福, 非所論也."

243 위와 같음, "第患平時理有所未精, 志有所不剛, 則其所自決, 或不免昧於時義, 奪於願慕而失其宜耳."

244 『周易』,「坤卦 文言傳」"直其正也, 方其義也, 君子敬以直內, 義以方外, 敬義立而德不孤, 直方大不習无不利, 則不疑其所行也."

245 『春秋繁露』권17 "正其誼, 不謀其利, 明其道, 不計其功."

於利"²⁴⁶고 할 때의 이익와 마찬가지로 부정하려는 이익이다. 그러
나 "이利는 의의 조화이다[利者, 義之和也]"²⁴⁷라고 할 때의 이익은 긍
정하려는 이익일 것이다.

이 두 이익 사이에 모순이 있어 서로 어긋나는 듯하다는 의심에서
문인 황준량(黃俊良: 1517~1563)이 퇴계에게 질문한 바가 있다. 그의
질의는 다음과 같다.

의를 바르게 하고 이익을 도모하지 않는 것은 의를 가지고 이익에
대비하여 설명한 것인데, 또한 "이란 의의 조화이다"라는 말을 인용하
니, 도모하지 않는다는 뜻에 어떻습니까?²⁴⁸

도모하지 말라는 동중서의 '이'와, 의의 조화라는 『주역』의 '이'에
대하여 의심을 불러일으켰던 것이다. 퇴계는 다음과 같이 두 가지로
대답한다.

ㄱ. 이익의 근본으로부터 말하면, 이익이란 의의 조화이고 불선이
있는 것이 아니니, 『주역』에서 이익과 불이익을 말하고 『서경』에서 씀
을 이롭게 한다고 말한 종류가 그런 것들이다.²⁴⁹

ㄴ. 사람이 이익을 구하는 것으로부터 말하면, 군자에게는 마음이
하는 바가 있는 해로움이 있고, 보통 사람에게는 사사로운 자기 탐욕

246 『論語』, 「里仁」 제16장 "子曰 君子喩於義, 小人喩於利."
247 『周易』, 「乾卦 文言傳」 "利者, 義之和也."
248 『退溪全書』 권19, 「答黃仲擧論白鹿洞規集解」 "正其義不謀其利, 以義對利說, 而又引利者, 義之和也, 於不謀之意如何."
249 위와 같음, "自利之本而言之, 利者, 義之和, 非有不善, 如易言利不利, 書言利用之類, 是也."

의 구덩이가 되어 천하의 악이 모두 여기에서 생긴다.[250]

즉 이익의 근본에서 보면 의의 조화라고 해야 하며, 사람이 이익을 구하는 측면에서 보면 소위所爲에 따른 해로움이 있다는 것이다. 이익이 의의 조화라면 의를 바르게 하면 이익은 그 속에 있는 것이지 의 밖에 따로 이익이 있는 것은 아니다. 그런데 그 이익을 도모하지 말라고 하면 이익은 의 밖에 따로 또 있는 것처럼 되어, 이것을 하고자 하면 저것을 하지 못하는 뜻이 생기게 된다. 이익이 비록 의의 조화에 있다고 하더라도, 필경은 의와 상대적으로 소장消長·승부勝負하므로 서로 어긋나는 것이 아니라는 것이다. 행위에 따른 해로움이란 의를 바르게 하고자 해서 일에 임하였을 때, 혹 의에 전일하지 못하면 이익을 향하는 마음이 생겨서 자연 의의 조화로서의 이익으로부터 멀어지게 된다는 것이다.

이렇게 생각하면 의와 이익은 간단이 없는 것이다. 따라서 선악·시비도 또한 소장·승부하는 것으로 미루어 역시 리를 높이고 경을 유지하는 마음을 지킴으로써 의의 실현이 가능하며, 그렇게 함으로써 의의 조화로서의 이익은 보유된다고 할 것이다. 이렇듯 경이 주체성의 확립, 또는 이익과 의의 근원이 된다면, 그 거경 공부의 실질적 내용이 무엇인가를 밝힐 필요가 있다.

c. 거경 공부의 실질적 내용

퇴계에게 있어서 경은 한 마음의 주재라고 함은 이미 앞에서 언급하였다. 그 경은 유사有事·무사無事, 유의有意·무의無意, 동動·정

---

250 위와 같음, "自人之爲利而言之, 在君子則爲心有所爲之害, 在衆人則爲私己貪欲之坑塹, 天下之惡, 皆生於此."

靜을 일관하는 것이다.[251] 『성학십도』 「제구경재잠도」 주석에서 다음과 같은 임천오씨臨川吳氏의 말을 인용하고 있다.

> 「경재잠敬齋箴」은 모두 10장으로 장마다 4구씩이다. 1장은 고요함이 어김이 없는 것을 말하였고, 2장은 움직임이 어김이 없는 것을 말하였고, 3장은 겉이 바른 것을 말하였고, 4장은 속이 바른 것을 말하였고, 5장은 마음이 바르고 일에 통달함을 말하였고, 6장은 일을 할 때 하나만을 주로 하되 마음에 근본을 둘 것을 말하였고, 7장은 앞의 여섯 장을 총괄하였고, 8장은 마음이 움직임이 없을 수 없는 병폐를 말하였고, 9장은 일을 할 때 하나만을 주로 하지 못하는 병폐를 말하였고, 10장은 한 편을 총결하였다.[252]

이것 또한 움직임과 고요함, 겉과 속 사이에 일관한다는 뜻이라고 생각된다. 뿐만 아니라 실제로 경을 하는 방법이 무엇인가 알아야 할 것이다. 이 경을 유지하는 방안을 알면 리에 밝고 심이 안정된다.[253]

방법은 두 가지로 생각할 수 있을 것이다. 존양이 그 하나요, 성찰이 그 둘이다. 「천명도」의 심권心圈과 정의권情意圈에 다 같이 경이 표시되어 있는 이유는 심이 발하기 전에 심의 본체인 성을 존양해야 하고, 심이 발한 이후에는 심의 작용인 정의情意에 대하여 성찰을 가해야 하는데, 이 존양과 성찰은 모두 경의 방법이 아니면 안 되기 때

---

251 『退溪全書』 권28, 「答金惇敍 丁巳」 "大抵人之爲學, 勿論有事無事有意無意, 惟當敬以爲主, 而動靜不失, 則當其思慮未萌也, 心體虛明, 本領深純, 及其思慮已發也, 義理昭著, 物欲退聽."

252 『退溪全書』 권7, 「進聖學十圖箚」, 〈第九敬齋箴圖〉 "箴凡十章, 章四句, 一言靜無違, 二言動無違, 三言表之正, 四言裏之正, 五言心之正而達於事, 六言事之主一而本於心, 七總前六章, 八言心不能無適之病, 九言事不能主一之病."

253 『退溪全書』 권28, 「答金惇敍 癸丑」 "蓋敬者, 徹頭徹尾, 苟能知持敬之方, 則理明而心定, 以之格物, 則物不能逃吾之鑑, 以之應事, 則事不能爲心之累."

문이다.254 이제 존양과 성찰에 대하여 차례로 논하고자 한다.

가. 존양

퇴계는 존양을 일이 없을 때의 경 공부로 생각하여 성성惺惺일 따름이라고 했고,255 고요할 때에는 천리의 본연을 함양한다고 말하였다.256 이와 같이 일이 없을 때나 고요할 때의 경 공부는 또한 유래가 있는 듯하다. 주재를 세우기를 경으로써 하는데, 설이 많지만 정자程子·사상채謝上蔡·윤화정尹和靖·주자朱子의 설이 가장 적절하다.257 주자에게 어떻게 경에 대해 힘써야 하는가를 물었을 때, 주자의 답이 "정자는 일찍이 주일무적主一無適이라고 했고, 또한 정제엄숙整齊嚴肅이라고도 하였고, 그의 문인 사상채의 설은 이른바 상성성常惺惺의 법이라고 했으며, 윤화정의 설로 말하면 순수수렴純粹收斂을 말한다"258라고 하였다. 여기 '상성성의 법'이란 다름 아닌 "일이 없을 때에 존양하고 성성할 뿐이다[無事時存養, 惺惺而已]"라고 한 데서의 성성惺惺일 것이다. '성성'이란 '깨닫는다', '각성한다', '정신 차린다' 등으로 번역할 수 있다. '상성성'이란 마음이 항상 각성 상태에

---

254 이상은, 『퇴계의 생애와 학문』, 서문당, 1974, 240쪽.

255 『退溪全書』 권14, 「答李叔獻 別紙-戊午」 "無事時存養, 惺惺而已."

256 『退溪全書』 권28, 「答金惇敍-丁巳」 "靜而涵天理之本然, 動而決人欲於幾微."

257 『退陶先生言行通錄』 권2, 「類編」, 〈學問第一〉 "德弘嘗侍坐於巖栖軒, 先生曰, 人之爲學, 莫如先立其主宰, 曰, 如何可以能立其主宰乎, 先生久之曰, 敬可以立主宰, 曰, 敬之爲說多端, 如何可以不陷於忘助之病乎, 先生曰, 其爲說雖多, 而莫切於程謝尹朱之說矣."

258 『退溪全書』 권7, 「進聖學十圖箚」, 〈第四大學圖〉 "或曰, 敬若何以用力耶, 朱子曰, 程子嘗以主一無適言之, 嘗以整齊嚴肅言之, 門人謝氏之說, 則有所謂常惺惺法者焉, 尹氏之說, 則有其心收斂, 不容一物者焉云云, 敬者, 一心之主宰, 而萬事之本根也."

있음을 말한다.[259] 이렇게 연면한 각성 상태는 일에 응하고 사물을
접할 때 의지하는 바가 될 것이다. 그러므로 이 일이 없을 때의 경은
일이 있을 때의 경과 연관되는 것이며, 또 연관되어야 주체일 수 있
을 것이다.

나. 성찰

주체는 일이 없을 때나 일이 있을 때나를 막론하고 유지되어야 할
것이요, 살아 있는 한 망각될 수 없는 생생원生生源이 아닐 수 없다.
이 주재의 확립과 고수를 위한 경 공부는 일이 없을 때와 똑같이 일
이 있을 때에도 필요한 것이다. 움직일 때나 고요히 있을 때나 동정
을 기뻐하거나 싫어함 없이 경해야 할 것이다. 『대학』에서 운봉호씨
는 계구戒懼를 고요할 때의 경이라고 하고, 신독愼獨을 움직일 때의
경이라고 하였다.[260] 신독에 관해서는 『성학십도』「제십숙흥야매잠
도」에서 '아침 일찍 일어나 밤늦게까지 부지런히 힘쓰는' 뜻을 충분
히 살필 수 있을 것이다.

도의 유행은 잠시도 간단이 없으므로 리가 없는 한 자리도 없으며
리가 없는 한 시각도 없으니, 어느 곳에서 경 공부를 놓으며, 어느 때
인들 경 공부를 놓을 수 있으랴? 도라는 것은 잠시도 떠나서는 안 되
는 것이므로 군자는 보이지 않는 곳에서도 경계하고 삼가며 들리지
않는 곳에서도 두려워하고, 드러난 것과 은미한 것에 사이가 없는 경
을 신독으로 실천하는 것이다.[261] 일이 없을 때의 성성惺惺은 일이 있

259 이상은, 『퇴계의 생애와 학문』, 서문당, 1974, 243쪽.

260 『中庸』, 제1장 '致中和, 天地位焉, 萬物育焉'에 대한 小註 "西山眞氏曰, 致中
和之所以用功不過, 曰敬而已, 不睹不聞而戒懼静時敬也, 謹獨動時敬也."

261 『退溪全書』권7, 「進聖學十圖箚」, 〈第十夙興夜寐箴圖〉 "夫道之流行於日用之
間, 無所適而不在, 故無一席無理之地, 何地而可輟工夫, 無頃刻之或停, 故無
一息無理之時, 何時而不用工夫, 故子思子曰, 道也者, 不可須臾離也, 可離, 非

을 때의 공구恐懼로 이어져야 할 것이며, 이것은 또한 경의 일관성에
서 주효할 수 있을 것이다. 새벽에 일어나서부터 밤늦게 잠자리에 들
때까지 날마다 부지런히 힘쓰는 공구·신독은『성학십도』의「제십숙
흥야매잠도」에서 볼 수 있는 일이 있을 때의 경 공부로 생각된다.
　『맹자』「공손추장구(상)」의「활연豁然」장 "반드시 일삼음이 있지만
꼭 기대하지는 않으며, 마음에 잊지도 말고 조장하지도 말라[必有事
焉而勿正, 心勿亡, 勿助長]"는 구절의 주석에서 다음과 같이 말하였다.

　　'필유사언이물정必有事焉而勿正'을 조씨趙氏와 정자程子는 일곱 자
　로 구절을 삼았고, 근세에는 혹 아래 글의 '심'이라는 글자까지 아울러
　읽는 자도 있으니, 또한 통한다. '필유사언'이란 종사하는 바가 있는
　것이니, "전유에 일이 있다[有事於顓臾]"고 할 때의 '일이 있다'는 것
　과 같다.262

　여기서 "'필유사언'이란 종사하는 바가 있는 것"이라고 한 것은 일
이 없을 때를 말함은 아니고, 일이 있을 때로 보아야 할 것이다. 같은
곳의 소주小註에는

　　문 : "반드시 일이 있을 때에도 마땅히 경을 써야 합니까?"
　　정자 : "경은 다만 함양하는 한 일이다. '필유사언'은 모름지기 집의
　集義에 해당하니, 경을 쓸 줄 알고 집의를 알지 못하면 도리어 모두 일

　　道也, 是故, 君子戒愼乎其所不睹, 恐懼乎其所不聞, 又曰, 莫見乎隱, 莫顯乎
　　微, 故君子, 愼其獨也, 此一靜一動, 隨處隨時, 存養省察, 交致其功之法也, 果
　　能如是, 則不遺地頭, 而無毫釐之差, 不失時分, 而無須臾之間, 二者竝進, 作聖
　　之要, 其在斯乎.'
262 『孟子』,「公孫丑章句上」 제2장　小註 "必有事焉而勿正, 趙氏程子以七字爲句,
　　近世或幷下文心字讀之者亦通. 必有事焉, 有所事也, 如有事於臾之有事."

이 없는 것이다."²⁶³

라고 하여 '필유사언'을 집의로 말하고 있다. 역시 일이 있을 때 경을 쓰는 것으로 이해하고 있음을 볼 수 있다. 퇴계는 조씨와 정자처럼 '필유사언이물정必有事焉而勿正'의 일곱 글자를 한 구절로 보는 것이 아니라, 네 항으로 나누어서 다음과 같이 해석한다.

> 선생이 말했다. "'반드시 일삼음이 있어야 하고, 꼭 기대하지 말고, 마음에 잊지도 말고 조장하지 말라'는 것은 마땅히 네 항목으로 나누어 보아야 한다. 일삼음이 있는 것이 하나이고, 꼭 기대하지 말라는 것이 둘이고, 잊지 말라는 것이 셋이고, 조장하지 말라는 것이 넷이다."²⁶⁴

'일삼음이 있는 것이 하나'에서 일삼음이 있다는 것은 "반드시 일삼는 것이 있어야 한다"고 할 때의 일삼음이 있는 것으로서 "꼭 기대하지 말고, 마음에 잊지도 말고 조장하지 말라"는 것은 집의하는, 일이 있을 때의 경으로 생각된다. 비약이 아니라 하나의 성장 과정으로 생각할 때, 성숙에 소요되는 시간은 지경持敬으로 지속되어가는 것처럼 보인다.

강습講習하고 응접應接할 때에는 의리를 사량思量하고, 움직임에 인욕人欲을 기미幾微에서 결단함이 퇴계의 성찰, 즉 일이 있을 때의 경 공부라면, 아침 일찍 일어나 부지런히 힘쓰는 것과 "일삼음이 있

263 위와 같음, "問, 必有事焉, 當用敬否?" 程子曰, "敬只是涵養一事. 必有事焉須當集義, 只知用敬不知集義, 却是都無事也."
264 『退陶先生言行通錄』 권2, 「類編」, 〈學問第一〉 "先生曰, 必有事焉而勿正, 心勿忘, 勿助長, 當作四項看了. 有事一也, 勿正二也, 勿忘三也, 勿助長四也."

어야 하고, 꼭 기대하지 말고, 마음에 잊지도 말고 조장하지도 말라"는 것은 그것을 실현하려는 구체적 방안이 아닌가 생각된다. 앞에서 논급한 학술 연마나 경 공부는 그의 일기 속에서 역력히 읽을 수 있다.

d. 일기를 통해 본 존리尊理와 경敬의 생활

일기는 그 사람의 사생활을 가장 정확하게 말해주는 것이다. 이제까지 알려진 퇴계의 일기로는 54세 당시의 8개월분이 있을 뿐이다. 즉 1554년 2월부터 6월까지, 10월부터 12월까지의 부분에 보존되어 있다. 그 사이라고 할지라도 기록되지 않은 날도 많고, 또한 기록한 날이라고 하더라도 간략하게 표시되어 있기는 하나, 퇴계의 생활 태도라든지 학술 사상 발전의 자취를 어느 정도 알아볼 수 있음은 다행한 일이라고 생각된다. 다음은 일기의 보존된 부분이다.

갑인甲寅 2월

10일, 마음을 평안하게 하고 기를 조화롭게 하며, 리를 기르고 허물을 제거하다[平心和氣, 養理去咎].

12일, 즐겁고 순조로우며 여유롭고 편안히 하다[樂易敍泰].

13일, 넓고 굳세며 여유롭고 편안히 하다[弘毅敍泰].

17일, 다른 사람에게 의지하지 말며, 후일을 기다리지 말라[勿靠他人, 勿等後日].

21일, 닿는 곳마다 모두 리이니, 어느 때인들 즐겁지 않겠는가[觸處皆理, 何時不樂]?

23일, 잠깐 사이라도 존양하고 조용히 함양한다[瞬存息養, 涵養從容].

26일, 자주 돌아오는 위태로움과 자주 낮추는 부끄러움[頻復之厲, 頻巽之咎].

23일, 만물이 생하는 뜻을 보고, 사사로움을 인으로 변화시킬 수 있다[觀物生意, 私化仁得].

[필자 주 : 당일의 난이 좁아서 추기한 것으로 보임]

동 3월

3일, 한 생각의 삿됨은 뿌리를 잘라야 한다[一念之邪, 和根斬斷].

4일, 마음이 발로되는 것이 영욕의 주이다[樞機之發, 榮辱之主].

5일, 정신을 잘 지켜서 지기를 화창하고 펴게 한다[頤保精神, 暢舒志氣].

11일, 일을 따르고 때를 따라 잊지 말고 조장하지 말라[隨事隨時, 勿忘勿助].

15일, 황중거에게 답한 편지[答仲擧書]

기뻐하고 사모하며 사랑하고 즐거워 스스로 그만둘 수 없다[欣慕愛樂, 不能自己].

17일, 위와 같은 편지[同上]

안은 중하고 밖은 가벼우니, 학문으로 평생을 마치리라[內重外輕, 學以終身].

22일, 남시보에게 준 편지[本書與時甫]

집의는 기를 기르는 일이고, 거경은 집의의 근본이 된다[集義爲養氣之事, 居敬爲集義之本].

정한鄭韓

미치게 하는 약(술)을 삼가고 더러운 구덩이(마음)를 메우라[愼狂藥, 塡汙壑].

28일, 상규相規

다른 학문의 유혹을 경계하고 주자학을 숭상해야 한다[戒他惑, 崇朱學].

동 4월

1일, 아직 돌아오지 않았는데, 돌아옴을 말하니, ○○○○, 먼저 그 말을 행하고 나서 따른다[未歸言歸, □□□□, 先行其言而後從之].

2일, 말의 함정은 입으로부터 만들어지고, 미치게 하는 약은 입으로부터 들어온다. 지극히 경계할 것이 여기에 있다[語穽自口作, 狂藥從口入, 至戒在此].

3일, 하루에 그 힘을 인仁에 쓸 수 있는가? 만일 하루에 그렇게 한다면 하루 후에는 ○하는 것이 가능하다[有能一日厞用其力於仁矣乎? 如云一日へ那則一日之後□可].

성인의 뜻이 아니고 또한 나도 아직 보지 못하였다. ○○○○ 원태초[輟非聖人之意, 又我未之見也. □□□□ 元太初].

4일, 남이 과장해주기를 기다리는 것은 장부가 아니다[待人吹噓非丈夫].

5일, 존망存亡과 진퇴進退, 척강陟降과 비잠飛潛(날짐승과 물고기)에 털끝만큼도 어긋나지 않고 틀리지 않는다[存亡進退, 陟降飛潛, 曰毫曰釐, 匪差匪繆].

6일, 반드시 중정中正하게 해야 길하고 형통할 것이니, 일깨우지 않으면 더욱 황폐해지고 기억하지 않으면 더욱 누락된다[必中必正, 乃吉乃亨, 匪警滋荒, 匪識滋漏].

7일, 참으로 즐거운 일을 구하지 않고 얽매이는 건 반드시 보통 사람이라[無求眞樂事, 有累必凡人]. 조송강에게 답한 시[答松江詩]

9일, 고요할 때에는 보존되다가 일에 응하고 사물에 접할 때에는 깨닫지 못하는 사이에 잃어버린다. 말하기를, 경과 의를 지키기를 오래 하면 안과 밖이 하나가 된다[靜時存, 應事接物不覺失去. 曰敬義夾持久, 則內外打成一片].

10일, 마음을 보존하다가도 오래지 않아 문득 달려 일어나고, 힘써 제재하면 마음이 근심된다. 말하기를, 다만 뜻을 쓰지도 않고 쓰

지 않는 것도 아닌 상태에서 공부를 익숙하게 해야 한다[存心未久輒
走作, 力制則心恙. 日只於非着意非不着意上用功熟]. 정유일[鄭惟一]

12일, 굳게 설 수 있으면 바뀌지 않는다[立脚能堅不轉機]. 남시보에
게 답한 시[答時甫詩]

13일, 마음을 놓아 열고서 화평하고 넓게 하여야 서서히 도리를
좇아 젖어들어 배양할 수 있으니, 자신의 뜻을 세워 너무 긴장하게
잡는 것은 삼가야 한다[放開心胸, 平易廣闊, 徐徐旋看道理, 浸灌培養, 忌立
己意把捉太緊]. 주자가 황인경에게 답한 편지[朱子答黃仁卿]

15일, 접하여서는 예가 있는 것을 알고, 사귀어서는 도가 있는 것
을 알아야 한다. 오직 경이란 잘 지켜서 잃지 않는 것일 뿐이니, 음
식 · 남녀의 일을 말한다[接而知有禮, 交而知有道. 惟敬者能守而不失耳,
謂飲食男女之事]. 주자가 호백봉에게 답한 편지[朱子答伯逢]

17일, 이것을 유지하는 사람은 충분히 저것을 이길 수 있으니, 자
연히 진보하는 곳이 있을 것이다[持於此者, 足以勝乎彼, 則自然有進步
處]. 주자가 반숙창에게 답한 편지[朱子答潘叔昌]

19일, 천지는 네 계절의 운동으로 만물을 낳으니, 배우는 사람이
항상 지금 이 마음을 ○하지 않도록 한다면 날마다 진보할 것이다[天
地生物以四時運動, 學者常喚今此心不口, 則日有進]. 주자朱子

20일, 구방심求放心은 주해에 기대지 말아야 한다. 매일 24시간
항상 절실하게 잘 살펴 방심하지 않도록 한다면, 오래 지나면 저절
로 공효를 보고, 의리가 분명해져서 유지하고 지키는 데 기력을 허비
하지 않을 것이다[求放心, 不須注解. 只日用十二時常切照管, 不令放出, 卽
久久自見功效, 義理自明, 持守不費氣力也]. 주자가 이숙문에게 답한 편지
[朱子答李叔文]

22일, 항상 날마다 단정하게 공부하면 시간이 지남에 따라 점차
진보할 것이다[常日端的用功, 逐時漸次進步]. 주자가 반문숙에게 답한
편지[朱子答潘文叔]

24일, 리에 동정이 있다. 그러므로 기에도 동정이 있다[理有動靜, 故氣有動靜]. 주자가 정자상에게 답한 편지[答鄭子上]

26일, 정자상이 물었다 : "화정和靖은 정제엄숙으로 경을 논했습니다만, 오로지 안을 주로 하였습니다. 상채上蔡는 오로지 일에서 공부를 했기 때문에 상성성법을 말하였습니다." 주자 : "두 설을 안과 밖으로 나누기 어려우니, 모두 마음 위에서 공부하는 것이다. 일에 대해서라도 어찌 상성성하지 않겠느냐?"[鄭子上問, "和靖論敬以整齊嚴肅, 然專主於內. 上蔡專於事上作工夫, 故云常惺惺法." 曰, "二說難分內外, 皆心地上工夫. 事上豈可不常惺惺乎?"]

동 5월

4일, 여백공이 말했다. "배우는 사람이 반드시 마음을 오로지 하고 앎을 다하며 이익이라는 한 근원을 끊고 응취하고 머물러야 바야흐로 비로소 수습할 수 있다."[呂伯恭曰, "學者須是專心致知, 絶利一源, 凝聚停潴, 方始收拾得上"]

20일, 장부가 오십이 되었으면 행장行藏에 대해 반드시 알아야 한다[丈夫五十年, 要須識行藏].

동 10월

1일, 만일 한 마디라도 소리를 높이면 곧 잘못이다[假使高聲一句, 便是罪過].

2일, 자긍하는 것은 잘못이니, 반드시 누를 수 있어야 한다[矜字罪過, 須按伏得].

3일, 부귀하고자 하면 매우 심하게 ○토하여 병근을 가져와 잘라버려야 한다[要富貴要他做甚口討, 病根將來斬斷].

4일, 고요함은 많아도 무방하다[多着靜不妨].

5일, 성인은 언어를 삼가는 것을 가지고 학문을 잘하는 것으로 여졌으며, 군자의 말을 들었다[聖人以愼言語爲善學, 君子之言聽之也].

7일, 힘써 반드시 이 기미를 자신의 흉중에 보존하여 조석으로 완미해야 하며, 다른 사람에게 전하여 설명해주려고 하지 않아도 된다[厲須存這箇氣味在自胸中, 朝夕玩味, 不須轉說與人].

8일, 문장 배우는 것을 우선적으로 한 사람치고 도에 도달한 경우는 아직 없다[先學文, 未有能至道].

9일, 편지를 써서 객을 청하여 법도와 같았으니 적합하였다. 다만 아래의 한 구절이 병의 뿌리이니, 사람이 좋다고 말해준들 나에게 무슨 보탬이 되겠는가[作簡請客如法, 是合做底. 只下面一句是病根, 得人道好於我何加]?

10일, 투호를 하였는데 신묘하게 맞았다[投壺神中].

11일, 문을 나가서는 큰손님을 본 듯하고, 백성을 부리기를 큰 제사를 받들 듯하라[出門如見大賓, 使民如承大祭].

12일, 부족한 머리로 힘쓰려면 마땅히 어찌해야 하는가[鳥頭力去, 當如之何]?

13일, 용모를 움직일 때에는 사나움과 태만함을 멀리하고, 얼굴빛을 바룰 때에는 성실함에 가깝게 하며, 말과 소리를 낼 때에는 비루함과 도리에 위배되는 것을 멀리하여야 한다[動容貌, 斯遠暴慢, 正顏色, 斯近信, 出辭氣, 斯遠鄙倍].

14일, 한 집을 흉중에 두지 말라[毋以一第置胸中].

16일, 흉중에 한 일도 두지 않아야 하니, 뜻을 붙이는 것도 아니고 뜻을 붙이지 않는 것도 아니다[胸中不可有一事, 非着意非不着意].

17일, 민첩함은 리를 터득하는 것이 빠른 것이니, 리를 밝혀 행하면 기대하지 않아도 빠르다[敏是得理之速, 明理而行, 不期而速].

19일, 의관을 바르게 하고 단정하게 앉아서 엄숙하게 하면 저절로 보통의 기상을 갖겠지만, 이를 집행하면서 찾는 것이 훨씬 더 분명한 것만 못하다[正其衣冠, 端坐儼然, 自有一般氣象, 不如執事上尋, 便更分明].

20일, 정좌하다[靜坐].

23일, 고요한 가운데 묵좌하다[晦默].

30일, 노여움을 옮기다[遷怒].

동 11월

8일, 증자가 조심하라 경계하는 것을 옛날에 들었고, 정자 문하에
서 자긍을 제거하라는 것을 오늘에 깨달았네[舊聞宗聖戒淵氷, 今悟程
門印去矜].

10일, 마음이 게으르면 곧 리가 어긋나고 욕심이 불어난다. 경계
하고 두려워하지 않는 때가 없는 것이 곧 경이니, 경하면 곧 욕심이
없어지고 리가 보존된다[心纔慢, 卽理差而欲滋. 所以無時不戒懼, 卽敬, 敬
便欲消而理存].

16일, 바르지 않은 일이 많이 누적되면 또한 우리의 큰 올바름에
도 충분히 해를 끼칠 수 있게 되어, 지극히 크고 지극히 굳센 나의 호
연지기로 하여금 날로 속에서 굴복되게 하고, 덕망과 위명으로 하여
금 날로 밖에서 손상되게 할 것입니다[事之不正者, 積之之多, 亦足以害
吾之大正, 使吾至大至剛之氣, 日有所屈於中, 而德望威嚴, 日有所損於外]. 양
승상에게 주는 편지[與梁丞相書]

   [自註 : 문장 가운데의 ○는 분명하지 않는 글자를 표시함]

  퇴계가 54세가 된 때는 서기 1552년이다. 성균관 대사성으로 있
으면서 정지운의 『천명도설』을 개정한 다음 해의 일기이다. 이기李
芑·윤원형尹元衡 등이 일으킨 을사사화로 정국이 흐려져 퇴계의 정
치 생활에 대한 의욕은 감퇴되어갔고, 반비례하여 학문 연구의 열은
더욱 굳어간 시기로 보인다.

  3월 17일자 일기에

안은 중하고 밖은 가벼우니, 학문으로 평생을 마치리라.

　　[內重外輕, 學以終身.]

라고 기록된 것은 학문으로 종신할 결심이 뚜렷하게 보여준다. 조
정에서 부르면 사양하고, 거듭 벼슬을 명하면 부득이 나아갔다가
도 오래 머무르지 않는 것이 통상이었다. 일기에서 읽을 수 있는 것
처럼 학문을 사랑하고 도학을 연구하기 위한 결심에 기인한 것으로
생각된다. 퇴계의 사상을 리와 경으로 집약해볼 때, 기대승과의 오
래도록 논란된 리발 문제와 연면하게 이어온 경에 관한 집념의 자
취를 일기 속에서 찾아볼 수 있다. 기발을 주장해온 기대승에 대하
여 끝내 리발을 굽히지 않았고, 이러한 논리 구성의 자취를 읽을 수
있다.

4월 24일자 일기에는 주자가 정자상鄭子上에게 답하는 글 중의 한
구절이 기록되어 있다. 후인들에게 존리尊理 사상이 성장하는 과정
의 일면을 보여주고 있다. 주자의 사상을 충실하게 계승하고, 또 주
자를 배우려는 학도들을 위해서 퇴계가 편찬한 『리학통록理學通錄』
은 여러 주문학도朱門學徒들과 왕복 문답한 서간을 간추려서 모은
것이다. 정자상도 여기에 들어 있다.

　　리에 동정이 있다. 그러므로 기에도 동정이 있다.

　　[理有動靜, 故氣有動靜.]

　4월 24일자 일기 중의 이 표현은 주자가 정자상에게 답한 글이기
는 하지만, 이 구절에 대한 공감이 깊었고 또 정지운의 「천명도」를 개
정한 다음 해의 일기라고 생각할 때, 퇴계의 리발설은 이미 이 당시
에 굳어져 있었던 것 같다. 그토록 오랫동안 리가 어떻게 발할 수 있
느냐는 쟁점을 일으켜왔으나, 그 리발에 대해 퇴계가 공명을 한 시기

를 이 기록을 통해서 추측할 수 있다. 리에 통달하여 생활이 즐거웠음은 2월 21일자의 다음과 같은 기록으로 미루어 보기에 충분하다.

> 닿는 곳마다 모두 리이니, 어느 때인들 즐겁지 않겠는가?
> [觸處皆理, 何時不樂?]

더욱 놀랄 만한 일은 2월 10일자 일기에 있는 '양리養理'라는 표현이다. 맹자가 존심存心·양성養性을 말했으니, 성즉리性卽理라는 명제에 비추어 양성養性을 양리養理라고 해도 무방할 것이다. 존리尊理에 대한 생각에 철저함을 볼 수 있다. 퇴계의 경우 양성보다는 양리라고 함이 실감이 있어서가 아닐까 한다.

경에 관한 기록은 여러 곳에서 산견된다. 4월 9일자 기록에는

> 고요할 때에는 보존되다가 일에 응하고 사물에 접할 때에는 깨닫지 못하는 사이에 잃어버린다.
> [靜時存, 應事接物不覺失去.]

라고 하여 경의 일관성을 말하였다. 엄숙하게 생각할 때 경의 모습을 볼 수 있다면서 10월 5일자에는 다음과 같이 기록하고 있다.

> 엄숙하게 무엇인가를 생각하는 데서 경의 모습을 볼 수 있다.
> [儼若思時, 可以見敬之貌.]

이뿐만 아니라 4월 15일자 일기에서는 접하고 사귀는 사이에 예와 도가 있음을 알아서 오직 이것을 지키고 잃지 않는 것은 경뿐이라며 다음과 같이 말하고 있다.

접하여서는 예가 있는 것을 알고, 사귀어서는 도가 있는 것을 알아야 한다. 오직 경이란 잘 지켜서 잃지 않는 것일 뿐이니, 음식·남녀의 일을 말한다.

[接而知有禮, 交而知有道, 惟敬者能守而不失耳, 謂飮食男女之事.]

이 경 공부에 대해서는 안[內]만을 주로 할 것도 아니고, 일에서의 공부만을 일삼을 것도 아니며, 내외의 정제·엄숙과 상성성법을 분리하기 어려움을 4월 26일자 일기에서 볼 수 있다.

정자상이 물었다 : "화정和靖은 정제엄숙으로 경을 논했습니다만, 오로지 안을 주로 하였습니다. 상채上蔡는 오로지 일에서 공부를 했기 때문에 상성성법을 말하였습니다."

주자 : "두 설을 안과 밖으로 나누기 어려우니, 모두 마음 위에서 공부하는 것이다. 일에 대해서라도 어찌 상성성하지 않겠느냐?"

[鄭子上問, "和靖論敬以整齊嚴肅, 然專主於內. 上蔡專於事上作工夫, 故云常惺惺法." 曰, "二說難分內外, 皆心地上工夫, 事上豈可不常惺惺乎?"]

이러한 내외 공부를 해가면서 거경하는 생활을 집의하는 근본으로 삼았고("집의는 기를 기르는 일이고, 거경은 집의의 근본이 된다[集義爲養氣之事, 居敬爲集義之本]": 3월 22일자 일기), 3월 11일자 일기에서는 "일을 따르고 때를 따라 잊지 말고 조장하지 말라[隨事隨時, 勿忘勿助]"고 하여 성찰하는 경 공부의 자취를 보여주고 있다. 더욱이 리를 밝히고 마음을 안정시키는 것이 경을 유지하는 방안을 알고 난 뒤의 일이라고 할 때, 10월 17일자 일기 "민첩함은 리를 터득하는 것이 빠른 것이니, 리를 밝혀 행하면 기대하지 않아도 빠르다[敏是得理之速, 明理而行, 不期而速]"의 '민敏'은 의미 있는 표시이다. 11월 10일자 일기에서 "마음이 게으르면 곧 리가 어긋난다[心纔慢, 卽理差]"는 것은 "민첩

함은 리를 터득하는 것이 빠른 것[敏是得理之速]"이란 말이며, 계구戒
懼의 지속이 경이라고 했고, 욕심을 소멸해야 리가 보존된다는 것이
다. 특별히 주의를 끄는 것이 리와 경의 상호 연관 관계이다. 이 밖에
퇴계가 정좌와 투호를 한 기록도 보인다.

> 정좌하다[靜坐]. (10월 20일자)
> 투호를 하였는데 신묘하게 맞았다[投壺神中]. (10월 10일자)

정좌는 얼른 보기에 불교의 정좌처럼 보이지만, 이것도 하나의 경
공부이다. 주염계周濂溪가 고요함을 주로 하고 인극人極을 세운다고
하여 정情을 입론한 이후로 유가에서도 정좌에 관심을 갖기에 이르
렀지만, 정자와 주자 이후에 경 공부로 해석하게 되었다. 퇴계 또한
이것을 이어받은 것으로 생각된다. 정좌를 일이 없을 때의 경 공부라
고 한다면, 하나의 일이 있을 때의 경 공부로는 투호를 한 것이 아닌
가 한다. 지금 도산陶山 성역聖域 내의 기념관 안에 사용하던 투호가
보존되어 있다. 투호는 일정한 크기의 병에 일정한 거리에서 화살을
던져서 병 안에 명중시키는 운동이다.

이 투호에 관한 오랜 기록은 『예기』에서 볼 수 있으며, 우리나라에
서는 조선시대에 성행했던 것으로 짐작된다. 『조선왕조실록』에서 그
단편을 찾아볼 수 있는데, 단순히 승패를 겨루는 경기가 아니었던 점
이 주목된다. 세조 6년 3월에 명나라 사신이 왔을 때 투호를 한 기록
이 있고,[265] 동 13년 12월에는 세조가 "선왕이 겨울에는 격구를 했
고 여름에는 투호를 했으며 춘추로는 활쏘기를 했는데, 이제 겨울을

---

265 『朝鮮王朝實錄』, 世祖 6년 3월 3일(庚辰) 조 "迎接都監副使權引啓, 明使云,
我等欲投壺, 速將壺矢來, 命內藏靑銅壺二事, 具箭四十八枚送之."

당해서 세자에게 이 모든 훈습勳習을 주고자 한다."[266]라고 한 말이 있다. 성종 9년 10월에는 투호란 놀이하는 일이 아니라 마음을 다스리는 것이라고 기록되어 있으며,[267] 명종 15년 4월에는 경회루 아래에서 왕이 종친과 손님을 인견하고 강경講經 · 제술製述과 투호를 하여 성적순으로 시상施賞을 한 기사가 보인다.[268] 이 실록을 통해서 생각되는 것이 첫째 연중행사 중 여름에 하는 일이었음이요, 둘째 투호란 단순한 놀이가 아니라는 것이다.

퇴계는 수시로 투호를 한 것으로 추측된다. 정좌를 한 일과 투호를 한 것은 이 기록에서는 각각 한 군데밖에 없다. 그러나 『성학십도』에서 읽을 수 있듯이 경에 대한 퇴계의 집념으로 미루어 비록 이 일기에 보이는 것은 불과 한 곳이지만, 중단 없이 수련이 계속되었을 것으로 짐작된다. 투호가 단순한 놀이가 아니라고 함은 또 다른 마음을 다스리는 일이 있음을 말하는 것이요, 이 운동을 통해서 마음을 다스린다는 말은 일이 있을 때의 경 공부로 미루어볼 수 있을 것 같다. 10월 10일자에는 "투호를 하였는데 신묘하게 맞았다"라고 표현하고 있다. 얼마나 명중률이 좋았기에 신묘하게 적중되었음을 특기했을까? 이것을 생각한다면 하루 이틀이 아니라 연일 있었으리라고 쉽게 추측이 간다. 퇴계는 투호에 대하여 시를 읊은 바도 있다.

禮樂從來和與嚴 예악의 유래는 화합과 엄숙인데

---

266 위와 같음, 世祖 13년 11월 30일(壬辰) 조 "自我先王, 冬則擊毬, 夏則投壺, 春秋則弓射. 今當冬月, 正擊毬時也. 予欲世子與諸勳盟擊毬, 因論世務, 則豈無小益? 僉曰允當."

267 위와 같음, 成宗 9년 10월 27일(乙卯) 조 "御經筵. 講訖, 上曰古有投壺之禮, 今何不行歟? 知事洪應對曰, 古有司馬溫公投壺譜. 上曰投壺非戱玩之事, 要治心耳."

268 위와 같음, 明宗 15년 4월 10일(乙巳) 조 "上御慶會樓下, 引見宗親及儀賓, 試以講經製述投壺, 賞賜有差."

投壺一藝已能兼 투호 한 기예는 이 둘을 겸하였네.
主賓有黨儀無傲 주인 손님 짝지어 위의로 오만 없고
算爵非均意各厭 벌주는 달라도 뜻은 각각 만족해.
比射男兒因肄習 활쏘기와 함께 남자들 연습하는데
其爭君子可觀瞻 그 다툼 군자다워 볼만한 것 있네.
心平體正何容飾 마음 평안하고 몸 바르니 무얼 꾸밀까
一在中間自警潛 마음을 지키도록 스스로 경계하네.[269]

이 시에 의하면 투호란 기예이기는 하지만 예악의 화합과 엄숙함을 겸하고 있는 것이다. 따라서 주인과 손님 사이에 이상적인 응접일 뿐만 아니라, 전후를 통해서 밖으로 꾸밈이 없고, 안으로는 자경을 하게 되는 군자의 경 공부임을 은연중에 표시하고 있는 것으로 보인다. 이 일기를 통하여 볼 때 거의 전부가 일상생활의 세속사가 아니라 학문에 관한 기사이고, 수양론에 관한 내용이 압도적임에 놀라게 된다.

겸해서 또 한 가지는 주자에 대한 존경심이라고 할 것이다. 물론 기대승에게 보내는 답서에서 '주자는 나의 스승'이라고 한 바 있지만, 일기에서까지 볼 수 있음은 그 존모심을 한층 더 두드러지게 보여주는 것이라고 믿는다. 서간은 상대방에게 보이기 위함이지만, 일기는 그런 것이 아니라 충심에서 우러나오는 것이기 때문이다. 3월 28일자 일기에는

다른 학문의 유혹을 경계하고 주자학을 숭상해야 한다.

---

269 『退溪全書』 권3, 「和子中閒居二十詠」, 〈投壺〉 "禮樂從來和與嚴, 投壺一藝已能兼, 主賓有黨儀無傲, 算爵非均意各厭, 比射男兒因肄習, 其爭君子可觀瞻, 心平體正何容飾, 一在中間自警潛."

[戒他惑, 崇朱學.]

라고 하였다. 다른 학문의 유혹을 경계하고 주자학을 숭상해야 한
다는 퇴계의 적나라한 표현은 그의 주자관을 더한층 정확하게 보여
주는 일면이라고 할 것이다. 불과 수개월간의 일기이기는 하지만,
리와 경과 주자학에 대한 퇴계의 소신을 읽을 수 있다는 점에 이 일
기의 가치가 있는 것으로 이해된다.

결론

　퇴계의 사상을 형성하는 요소로서 어려서부터 리를 탐구하는 노력, 성장해가면서 자연에 대한 애호, 주자로부터 받은 학술적인 경향, 기대승과의 논변을 통한 이론의 진전 등을 살폈다. 그의 철학사상에서는 리를 높이는 기저에서 순수 리·본연의 선·도심·리발·경의 문제들이 일관되어 흐르고 있음을 보았다. 이제 퇴계 철학의 본지 이해를 위한 천견淺見으로 결론을 맺고자 한다.

　율곡은 '기발리승일도설'과 성誠이 특징이라면, 퇴계는 리를 높이는 사상과 경敬을 지적할 수 있을 것이다. '리'론 체계를 요약해본다면 다음 몇 가지로 묶을 수 있을 것 같다.

　　① 지극히 높아서 짝이 없는 것으로의 리
　　② 이것을 인식할 수 있는 참된 앎
　　③ 참된 앎을 위한 궁리와 거경
　　④ 이상 세 가지가 용해된 의리 생활

　원두처源頭處를 생생하는 창조원創造源으로 생각하여 순선의 신성성을 리발설로 고수하였다. 참된 앎은 그 리라는 글자의 알기 어려움을 극복하는 데서 파악된다고 생각하였다. 이 극복은 궁리와 거경에 힘입어 가능한 것으로 믿었으며, 이와 같은 사상 반경에서 그의 일생은 의리로 일관하는 생활로 구현된 것이 하나의 특징이 아닌가 한다.

가장 문제가 되었던 것이 리의 '발' 문제였던 만큼, '리발'을 정확히 이해한다는 것은 그의 철학사상 이해의 골자가 되는 것으로 생각된다. 리기의 주체를 태극이라고 한다면 태극은 리기의 묘妙라고 할 수 있으며, 이 묘에서 볼 때는 리발이라고 해도, 또는 기발이라고 해도 전혀 부당한 말은 아닐 것이다. 퇴계에게 있어서 기발이라고 할 때, 다만 '형이하'라고 하는 비초월성에서 순수한 리를 오염시킨다는 우려 때문에 그것을 피하려는 것뿐이지, 기대승의 리발을 반박하는 의취를 몰라서가 아닐 것이다. 리기의 묘에서 리발을 강조하는 퇴계의 입장이 주체적 내지 윤리적인 데 장점이 있고, 기발을 역설하는 기대승의 입장이 지식적 내지 합리적인 데 장점이 있다면, 양측을 다 수긍할 만한 일이다. 그러나 리발의 순선이 정선情善의 선과 무관하거나 기발로서의 선악의 선이 천리의 순선과 무관하다면, 또한 똑같이 부정되어야 할 것이다.

퇴계의 리는 순리의 순선과 성정의 선이 유관하며, 선악의 선과 천리의 순선이 무관한 것이 아니라고 하면서도 이것을 엄격하게 구별하는 데 마음을 쓴 것이 뚜렷하다. 이 논리를 천명하는 데 고심이 있었던 것이다.

그러나 격치格致 공부의 점진으로 물격物格의 다함에 도달한 모습을 만년의 정설에서 우리는 이해할 수 있다. 리도理到에 도달하지 못함을 근심하지 말고 사물을 아직 궁구하지 못함을 걱정하라고 했으니, 격물에 리도는 부수된다는 뜻이다. 그리고 보면 여기서 말하는 리도설에서는 주·빈의 문제가 야기된다. 퇴계가

리는 비록 사물에 있지만, 작용은 실제로 마음에 있습니다. "리가 만물에 있지만 그 작용은 실제로 한 사람의 마음을 벗어나지 않는다" 고 말하면, 아마도 리는 스스로 작용할 수 없고 반드시 사람의 마음을

기다려야 하는 것이니, 스스로 이르는 것으로 말할 수 없을 듯합니다. 그러나 또 말하기를 "리는 반드시 작용을 가지고 있으니 어찌 반드시 또 마음의 작용을 말하겠는가?"라고 한다면, 그 작용은 비록 사람의 마음을 벗어나지 않지만 작용을 하는 묘는 실로 리가 발현한 것으로서 사람의 마음이 이르는 바를 따라 이르지 않음이 없고 다하지 않음이 없을 것입니다. 다만 나의 격물이 아직 지극하지 못한 것이 걱정이지, 리가 스스로 이를 수 없는 것은 걱정이 아닙니다.[270]

라고 한 말을 음미해볼 때, 물物과 심心의 리를 직결시켜서 그 주체적인 작용이 한 사람의 마음에 불과하다고 하는 것까지는 이해가 용이하다고 하더라도, "작용을 하는 묘는 실로 리가 발현한 것[所以爲用之妙, 實是理之發見者]"이라고 한 리는 마음에 있는 리인가, 아니면 사물에 있는 리인가에 대한 의심이 생긴다. 리로 말하면 물아物我의 구별이 없다고 하였는데, 물아의 리를 어느 한쪽으로 편중시켜서 다른 쪽을 잃을 수도 없고, 그렇다고 해서 하나로 묶어 치우침이 없다고 주장하여 주체를 잃을 수도 없는 어려운 경우에 부딪치게 된다. 여기서 부득이하게 '묘妙'라는 글자를 놓아서 물아의 어느 리의 한쪽도 잃지 않으려 했고, 그 '리기가 모여서 심이 되는[會理氣爲心]' 리에서 본연의 성을 수호하며 경으로 격치格致해가면서 리에 반드시 작용이 있다는 리도理到의 경지를 개척한 것으로 짐작된다.

리를 높이는 입장에서 리발을 끝내 지켰고 참된 앎을 역설하였으며, 궁리와 경을 강조한 것은 모두 원두처에서 일관되어 나오는 사유

270 『退溪全書』권18, 「答奇明彦 別紙」 "蓋理雖在物, 而用實在心也. 其曰, 理在萬物, 而其用實不外一人之心, 則疑若理不能自用, 必有待於人心, 似不可以自到爲言. 然而又曰, 理必有用, 何必又說是心之用乎, 則其用雖不外乎人心, 而其所以爲用之妙, 實是理之發見者, 隨人心所至, 而無所不到, 無所不盡. 但恐吾之格物有未至, 不患理不能自到也."

체계의 소치로 생각된다. 만년의 리도설理到說은 그의 철학사상의
통일의 장이요, 묘비를 「만은퇴도진성이공지묘晩隱退陶眞城李公之墓」
라고 쓰도록 유언하는 의리 생활의 권화權化로서 저절로 증명된 것
이 아닌가 한다. 더욱이 철학과 과학으로 인류 문화를 쌓아온 20세
기는 지금도 불안의 요소가 의연히 잔존한다고 생각할 때, 여러 가지
로 재평가되어야 할 것이 있을 것이며, 철학과 과학 이전에 더욱 소
중한 것이 있음을 무시할 수 없다면 현실 문화의 병폐는 그것으로 보
완해야 할 것으로 생각된다. 또한 공자의 '독실하게 믿고 배움을 좋
아하는[篤信而好學]' 이유가 퇴계의 '경과 리에 대한 참된 앎'에서 천
명 · 실천될 수 있다면 인류 장래의 신문화를 위해서 매우 유익할 것
으로 믿어진다. 리발설의 난해점은 정의情意 · 조작造作이 없는 리가
어떻게 발하느냐에 있고, 리도설의 난해점은 주 · 빈 관계를 어떻게
파악하느냐에 있다. 다만 퇴계의 철학사상이 하나의 지식 체계에만
국한된 것이 아니라고 생각할 때, 지나친 분석적 고찰이 도리어 퇴계
의 학문을 손상하지 않을까 두려운 마음 금할 수가 없다.